人·與·法·律 8

法律的故事

THE STORY OF LAW

約翰·麥克西·贊恩（John Maxcy Zane） 著
劉昕 胡凝 譯

〈出版緣起〉

為中國輸入法律的血液

何飛鵬

衡諸中國歷史，法治精神從未眞正融入政治傳統，更遑論社會倫理和國民教育。現代國家以人民爲「理性之立法者」的立憲精神，在台灣顯然是徒具虛文。法律和國家的基本精神一樣遭到政客和商人的任意蹂躪，國家公器淪爲權力鬥爭的手段，司法尊嚴如失貞的皇后，望之儼然卻人人鄙夷，我們的司法體制眞的與社會脫了節。

近年來，台灣正面臨司法改革的轉捩點。然而長期以來，司法啓蒙教育被獨裁者的愚民政策所壓抑，使得國人普遍缺乏獨立判斷的法學教養，在面對治絲益棼的司法亂象時，失去了盱衡全體制度及其社會脈絡的根據。改革之聲高唱入雲，而所持論據卻總是未能切中時弊，不是見樹不見林，就是病急亂投醫，國家之根基如此脆弱，豈不危乎殆哉。

司法體制之矮化爲官僚體制，連帶使我們司法人員的教育和考選，成爲另一種八股考試，完全忽視了法律與社會互相詮釋的脈動。學生只知道死記法規和條文解釋及學說，成為國家考試的機器人；至於法的精神和立法執法的原則卻置之罔顧。如此國家所考選的司法人員知法而不重法，不是成為爭功諉過的司法官僚，就是唯利是圖的訟棍。在西方國家裡，法學專家與司法人員由社會菁英與知識份子構成，不惟力執超然公正的社會角色，甚至引導風氣之先，為國家之中堅。在歐洲，在美國，法律的歷史和社會變遷是息息相關的，布藍迪斯（Louis Dembitz Brandeis）大法官曾說：「一個法律人如果不曾研究過經濟學和社會學，那麼他就極容易成為社會的公敵。」我們希望法律人能夠眞正走出抽象法律的象牙塔，認眞思考社會正義與價值的問題，這才是法的精神所在。

《人與法律系列》之推出，正是有感於法學教育乃至大眾法律素養中的重大缺陷，提出針砭之言，以期撥亂反正，讓法的精神眞正在國人心中植根。我們想推薦讀者「在大專用書裡看不到的司法教育」，為我們整個司法環境中出現的問題，提供更開放的思考空間。選擇出版的重點，旨在（一）譯述世界法學經典；（二）就我國司法現況所面臨的問題，引介其他國家之相關著作，以為他山之石。（三）針對現今司法弊病提出建言。系列之精神在於突破學校現有法律教育之窠臼，致力司法教育與社會教育之融貫。

就翻譯作品部分，計劃以下列若干範疇為重點：（一）訴訟程序與技巧；（二）法律與社會、政治的關係；（三）西洋法理學經典。

卡多索（Benjamin Nathan Cardozo）大法官說過：「法律就像旅行一樣，必須爲明天作準備。它必須具備成長的原則。」對我們而言，成長或許是明天的事，但今天，我們期待這個書系能爲中國輸入法律的血液，讓法律成爲社會表象價值的終極評判。

〈專文推薦〉

以古爲鑑，可知興替

王玉葉

法制史（legal history）不論在中外都是冷門的學科，尤其是在台灣，自從司法官與律師考試不考法制史以後，大概學生就不會對這門學科多加青睞了。筆者在法律系念書時，教法制史的老教授一學期沒講幾頁書，我也對這門學科沒留什麼印象就畢業了。畢業以後有個機緣考進研究機構，從事「中國法制史研究計畫」工作多年，才有機會深入認識一個法律體系的運作，開始觸發我思考法律的功能，公平正義的眞義。接觸到民國以前歷代的律例典章，深感中國固有法系綿延數千載，博大精深，法網思慮不可謂不密。但傳統律例爲統治階級所訂，帝皇有絕對權威，法律淪爲治民工具，並無民主法治觀念，人民無以藉法律保障自己的權利與幸福。迨至清末變法，欲仿傚西洋，勵精圖治。在西方兩大法律體系中，英美法（Common Law）爲長期累積的判例法，猶如生命體似的慢慢生長蔓延數百年，體系散漫，分枝繁雜，與我國的社會組織文化差異太大，實不適於移植。至多不過取其精神與方法，在自己土地生根，慢慢發展出一套適合自己國情，可被國人接受的法系。故當時主政者選擇引進已經經過法學家思考整理，較有條理系統，具有抽象化法典的歐陸法系（Civil Law）。惟徒法不足以自行，中國接收西方法制近一世紀，法治效果仍差西方甚遠，其緣由須從根追索，答案可能就在法制史中。

筆者由研究中國法制史，因而轉念美國法制史，是想比較中西文化之不同，以探究美國民主法治之根如何奠基。筆者首度赴美進修，即在哈佛法學院研習美國法制史，從美國新英格蘭區的殖民地法著手，對殖民地人民主動發起法典編纂運動最感訝異，人民會自動主張藉法律保護自己的權利，我想民主法治即植根於此。我對美國法律專業人才的養成教育特別感興趣，因爲我想一國的法治水準，一定與從事法律專業人員的水準息息相關。這種想法也在《法律的故事》書中得到印證。傳統中國文化特別輕視法家，不承認法律是一門學問和專門行業。讀過一些經書通過科舉考試的士子，就可派任知縣參與決訟，操百姓生殺大權，眞正習法的幕僚紹興師爺及坊間幫百姓寫訴狀的訟師都是見不得光的行業，訟師更被打成爲謀利唆訟，惹事生非，萬惡不赦的訟棍。從《法律的故事》書中看到，西方法制所以能夠發展，歸因於受無數人尊敬的法學家與律師，默默努力獻身其中。

本人赴美進修，曾選修英美法制史、羅馬法、日本法、歐洲共同體法、國際人權法以及比較法，希望深入探索古今中外各種法制之特徵，比較法律的共通功能，作爲本國法制改革之借鏡。但個人能力非常有限，雖然下了不少功夫，要全然了解外國的法制，只覺力有未逮，還待下更深的功夫。近日看到《法律的故事》一書，始自新石器時代原始人的法律，溯至二十世紀的近代法律，述及雅利安人、巴比倫人、猶太人、希臘人、羅馬人的法律、歐洲中世紀法律、英國法與國際法，載籍浩瀚，嘆爲觀止，即使讓外國人如我者再花數十年功夫，也無法研讀如此透徹。我不禁好奇本書的作者是如何的出身，才能如此博學多聞，寫出這樣的書呢？原來作者贊恩先生生於美國伊利諾州春田鎭。父親是名律師，母親是一位與林肯先生合夥開律師事務所（Lincoln and Herndon）的律師的姪女。當林肯先生離開春田鎭去就任總統大位時，他父親即塡補了林肯先生在律師事務所留下來的空缺。贊恩先生由於家學淵源，自小即好學深思，精通拉丁文與法文，有能力讀遍伊利諾州最高法院圖書館各種法律舊籍，自然滋生出對法律歷史歷久不渝的興趣。他在一八八四年由密西根大學畢業之後，即開始跟隨父親習法。之前其父已被派任猶他領地聯邦法院（Federal Territorial Court in Utah，其時猶他尚未建州）首席法官，贊恩一邊做法院書記，一邊習法，於一八八八年取得律師執照，開始在猶他執業，一八九九年轉往芝加哥發展，也開始出版他的法律論著。他的專著不只是供律師用的普通法律參考書（restatement of law），饒富英國法的來源與學說，顯示他對法律歷史的特別興趣。由這樣出身背景的人來寫《法律的故事》，應不作第二想。本書雖已出版七十餘年，但過去的歷史並沒改變，書中關於法律發展的觀察與論述仍然正確而甚具價值，值得再向讀者推薦。

觀覽全書，作者揭開了西方文明中大部分法律演進的歷史，他似乎有意忽略一般史家所重視的政治、宗教因素對對法律的影響，而著重決定法律形成的基本社會因素，譬如由於巴比倫、希臘、羅馬商業的發展，促成商法的發展、私法的發達。作爲一個法制史學者，看到書中某些論點，正與平時研究心得相符，似與古人交心，特別竊喜，雖斯人已作古五十年矣！茲舉數例，與讀者分享。就如美國大法官赫姆斯（Oliver Wendell Holmes, Jr. 1841-1935）名言，法律是經驗而非邏輯，書中也強調法律的實用性高於邏輯性。法律雖講究理性，但法律並不能全然依理性發展，所有法律的內容都是人類歷史的經驗。人類常墨守成規，依靠習慣而非依理智思考行動。要建立新習慣，需要動力與時間。法律並不能強加於人，必須依據群體的普遍意見與接受度而制定，要反映普遍傳播的正當概念及普遍接受的公共利益。書中最顯著的例子，就是英國在一三六三年制定的一項法案，爲使一般百姓易於了解訴訟內容，命令法庭訴訟用語由原來使用的拉丁語與法語，改用英語進行。但此項法案經過一百四十年無法生效，因爲當時的英語太粗陋，無法用來清楚解釋法律概念，必須等到英語發展至有足夠的法律字彙讓律師來使用爲止。書中又提到法律的改進，全依賴模仿抄襲，這似乎是東西方法制史不變的定律。在東方以中國法爲中心，爲東北亞、東南亞所借鏡，在西方則以羅馬法爲中心。歐陸各國與英國都繼受羅馬法法律原則，而美國殖民地法完全繼受英國普通法（Common Law）。本書可提供法律人或一般讀者對法律來源更深一層的認識，也可拓寬律師的視野。對於研究法制史或法理學的「歷史法學派」，本書更是不可或缺的參考書籍。

（本文作者為中央研究院歐美研究所副研究員）

代序

詹姆斯・貝克（James M. Beck）

爲《法律的故事》寫序言令我猶豫再三。這本書無需任何序言，如果一本書的首章就能使有思想的讀者著迷的話，那麼任何希望激發讀者興趣的嘗試都將冒畫蛇添足的風險。

本書的主題非常令人感到興趣，奇怪的是，迄今爲止很少有人嘗試講述法律的故事以饗一般的讀者，本書正切此時機。近年來，文學領域由瑣碎與短暫轉向嚴肅與永恆的現象令人感到欣慰。幾年前，對我們當中的一些人而言，科學的發展與視野開闊似乎導致常人想像力的匱乏與對瑣碎事物的不尋常偏好。我在美國憲法一書的最後四章中闡述過這樣的論點，即我們這一代的罪惡就是喪失對人類生活價值的眞正感覺，一直到最近幾年，我尚未有機會可以修正這種悲觀的結論。幾年前像韋爾士（Wells）所著《世界史綱》（*Outline of History*）、威爾・杜蘭（Durant）所著《哲學的故事》（*Story of Philosophy*）等諸如此類的書籍能成爲當季的暢銷書幾乎是不可能的。相反的，那些暢銷書很可能是最新的文學垃圾，顯然地，影像思考的年代不要求任何可以滿足心靈飢渴的事物，而僅只要求在電影院的螢幕上，移動的影像所產生的泡沫式的精神印象。

事情終於發生令人矚目的變化，那些暢銷書籍不僅關注嚴肅與艱深的主題，並且嘗試涵蓋人類發展的完整領域。否則如何解釋杜蘭特《哲學的故事》一書不凡的成功？這本書闡述每個時期偉大哲學家們神秘的、有時是難以理解的沈思。

如果一本關於哲學的書能成爲暢銷書，那麼一本關於法律歷史的書更能成爲受讀者歡迎的暢銷書，因爲法律是哲學的具體實現。它是每個時期對人類行爲規則的所有思想的綜合，法律的實施不僅爲了保護作爲一個有機體的社會，而且爲了保衛個人不受罪惡的侵害。

此外，法律是人類歷史的縮影。本書揭示長期以來人類向上攀爬的艱苦，以及從不止息地探索人類成就的最高峰。法律與每個人息息相關，它與我們同在，從搖籃到墳墓，它指引我們通往目的地的途徑。即使在我們已與大多數亡靈會合之後，也是由法律決定如何處置我們所遺留下的財產。

法律伴隨著人類進步，尤其是政治社會進步的歷史，在此過程中，人類前撲後繼以流血的雙腳在充滿荊棘的道路上從奴役走向自由。戲劇化的歷史插曲一般都與法律有關，愛國的公民可以在本書的描述中發現最富吸引力的事件。史詩般的美國獨立運動主張不成文法規定下賦稅的權利。在美國的歷史上，能夠引起廣大興趣的插曲，歸於建國先烈們能夠在無政府狀態下照常集會，並在進行四個多月關於人類社會基本要件的討論後，起草一份全面性的政府憲章。

如果這本書在主題上是幸運的，作者使本書具有雙倍的幸運，在此，這篇序的作者更可以正當地沈溺於滿意的感覺中。出版者給予我推薦美國律師來撰寫本書的榮幸，我熟悉一些美國律師界的傑出人物，在擔任美國司法部副部長（Solicitor General of the United States）的四年期間，有機會見到來自全國各部門出色的律師，要從他們當中推薦一位確實是艱巨的任務。因難之處在於一個不尋常的事實：只有少數的律師是哲學家，而哲學家中同時又是律師的更少。原因很明顯，哲學是抽象的，而法律是具體的。每位律師都應理解法律的哲學基礎，但是，一般而言，他們的時間和精力全部花費在決定何謂法律，而幾乎沒有時間研究法律的哲學辯證。他們日常工作所遵循的精神是：這就是法律（Sic ita Lex），因爲他們很少有時間也無意探詢法律是好是壞，只要關心法庭可能執行的法律就足夠，他們必須考慮的是現實而不是抽象的事物。

另一方面，哲學家生活在抽象思維的氛圍中，他們很少有機會研究人類法律在具體適用時的實際問題。我認爲，正因爲如此，法律這個領域中最博學的理論家和法學院中最博學的教授們沒有太多實務經驗；而受限於現實，成功的執業律師對法律的歷史以及其純粹的哲學辯證通常認識不多，他們對法律的態度也僅僅是務實的。

因此，我的任務就是推薦一位集執業律師和眞正的哲學家於一身的人物，就我所知，這樣的人物在美國律師界爲數不多。

如果要使如此重要主題的書籍眞正不負衆望，對作者的要求是很高的，這位律師不僅要具有表達流利的天份，還要富有想像力，可以傳達深沈的理念給不同才能的人。毫無疑問地，律師界有些哲學家能夠就此主題創作博學的文章，但其寫法可能使普通人感到迷惑，因爲它就像出自於索然無味的歷史學派。其他的人也許表達清晰，但他們卻缺乏想像力，因此不能成爲眞正的老師，不能爲讀者指明方向，同時也不能把這般通常不能吸引人，也不能引起共鳴的題材闡述得扣人心弦。

本人曾讀過集博學與闡述清晰於一體的法律文章，一直不能忘懷。這些文章是芝加哥法律界的一位傑出人物所寫，在法律期刊上發表，他就是本書的作者。就我所知，能把以上談到的素質如此良好地結合起來再無別人，我確信本書的讀者會同意我對這位傑出作者完成這項艱巨任務的所具備的不凡資格的評價。我向出版者建議，請約翰·麥克西·贊恩來向大衆闡述法律的歷史，我相信我爲這一代有思想的讀者做了一件好事，他同意寫書也讓我感到由衷的喜悅。一些出色的法理學家曾說過，每位律師都有責任爲自己的專業寫一本書，如果確實如此，那麼現在贊恩先生不僅爲他的專業，而且也爲廣大的讀者群慷慨地償還這筆文債。

作者的寫作技巧令人驚訝，據我所知，沒有哪位律師會比他做得更好。豐富的想像力、與讀者強烈的共鳴、淵博的知識、像山間小溪一樣清澈而流暢的措詞，以及哲學的洞見，這些特質顯現於字裏行間中，本書是當代文學的眞正貢獻，它將使其讀者，無論律師還是行外人，成爲更好的公民。

（本文作者為前美國司法部副部長）

目錄

今天的自然界與人類產生以前並無不同，人類的產生只不過為世界增添了另一種動物，這種動物也許既不懂哲學也不懂形上學，但都擁有一定的行為「法則」。聖人們萬萬沒有想到從螞蟻這一低等昆蟲的研究中可以獲得法律誕生的智慧。

作為社會性的人類，原始人在日常生活中可以看別人怎樣做，他也有同樣行為方式的本能。習慣的行為方式就是法律，但除集體的輿論之外不存在法律的執行者。那些古老的懲罰形式，諸如用亂石砸死，或者驅逐流放，則明白無誤地表明由暴民代表公眾來執法。

混雜的雅利安人亦稱印歐人，經由遷移佔據波斯、印度北部以及整個歐洲。雅利安人原始法律的精神至今仍然活在歐洲的文明法律之中。財產繼承、爭端以及損害賠償等法律觀念，甚至民主的立法程序都可以從中找到源頭。

家，必須樂意給予其他國家相同的平等，它必須讓自己的公民懂得尊重他國人民的權利。

法律的發展過程中也許有污點，但是人類可以以雙手抹去此一污點，而法律的變革是循序漸進的，對於法律的未來是充滿信心的，它指引我們，即使我們因做不到而指責它，但它始終緘默不語。

第1章

法律的自然基礎

「自然界中按一定法則生活的生物教給人類王國秩序的道理。」

幾乎所有具有普通常識的人都明白「法律」這個詞的含義，但要對這術語作出明確的定義時，就連最博學的法理學家都會感到茫然。迄今爲止，沒有哪位法理學家能在爲「法律」下定義時不使用隱諱或清楚的法律的概念作爲定義的一部分。大家一致認爲，這個詞包括普遍原則與特定規則。我們所說的「正確」奠基於法律，而根據法律，「錯誤」是被禁止的，但是如果我們詢問「正確」與「錯誤」這兩個用語的含義，我們就會簡單地說，「正確」是法律承認的正確，「錯誤」是根據法律定義的錯誤，這樣我們只不過是在繞圈子，因此我們又回到了開始。

法律與社會發展的關係

美國一位著名法官把法律定義爲：「陳述法庭上執行公權力的情形」，此定義使得其實質變得抽象而難解，它忽視法律也是某種規則。法律在公權力未被適用的情況下也是存在的，因爲遠在法庭誕生之前，就出現人們不得違反並且必須遵守的法律。事實上，人們也只能說，法律是人們在其所屬的社會組織中的相互關係及行爲規則的部分指導，僅僅是一部分而已。必須明白，這裡我們把人們與所屬的社會組織之間的關係的規則也包括在內，而且文明人都認爲，法律也指導著社會組織相互之間的關係。對這後一種法律我們稱之爲「國際法」，而它的執行是不能由任何一個法庭決定的。過去各個時期的法律規則比其他時期都包含了更多的人與人之間的關係，一般而言，法律的進步和發展體現生活中規則的區分，規則一旦足夠強大，致對社會組織形成足夠的影響力，即被視爲法律，其他規則演變爲僅是社會習俗。

這裡有必要強調人類總是生活在社會組織中的重要事實，可以想像人類有可能過著獨居的生活，但如果眞是如此就不會產生法律了。法律的存在是以人類生活在社會環境中爲先決條件，法律作爲學科，如果存在這樣一種學科的話，只不過是與人類生活的社會狀態有關的幾門學科之一。社會學、倫理學、政治學、政治經濟學，以及歷史、生物和心理學都有共同的基礎，因爲它們都是社會科學，或具有社會科學的面向。它們多多少少彼此相關，而適當理解每一門學科都是必須的。最偉大的羅馬辯士西賽羅（Cicero）爲詩人阿基亞斯（Archias）所做的辯護中就愉快地闡釋這個眞理，這篇辯護詞達到律師在法庭辯論中所能達到的最高境界。他說：「所有關於人類行爲的科學都有一種共同的關連，並由一種血緣關係而彼此相關。」

生活於社會狀態下這個事實是法律歷史的基本事實，法律的發展僅是社會發展的一個階段，法律的發展是自然的社會歷程與結果，這是人類無可逃避，就如同其與生具有的身軀一樣，人類的生活一直是某種社會的存在，這一眞理即是亞里士多德的著名推論「人是社會性動物」的基礎。

迄今爲止，人文學科告訴我們，人一直生活在社會中，但這並不意味著家庭，而是大於由男性、女性或女性和子女組成的家庭的某種社會群體。關於人類發展的普遍概念，認爲家庭是原始單位，但相反的，從某些確切的證據可以斷定，人類在由動物轉變爲眞正獨特的人類時，與文明人相比，智力水平還相當低，他們在相當長一段時間之後才開始過家庭生活。人類是從以群居方式生存的某些低等動物演化而來的，如果人類不是社會性動物，就有可能具有不同於現在的心智，但是我們也必須接受另一種基本命題，即人類的思維是社會性的，它的歷程是由人生活於社會狀態下而非其他條件下這一事實所決定。

當然，法律就是人類調整自身以適應其自然環境，並在戰勝這些環境的過程中，所形成的社會性思維的產物。

最初的人類心智與軀體

人類的無知、偏見與極度愚昧的時代早已成爲過去。如果要寫一部關於地理的書，已大可不必在開始時詳細闡述地球是圓的，雖然在幾世紀之前，還有人爲了堅持這個合理的主張而被燒死在火刑柱上。與此相同，一本旨在解釋人類生活法律層面的書籍，必須假定人類的智力以及作爲這種智力產物的法律是漫長演化發展的結果，儘管很多誠實與懇切的人認爲這種教義是有罪的，儘管這種教義在美國的有些地區被認爲是一種罪行。卒於西元六三六年的聖及西多（St. Isidore）曾說：「人類最早是赤裸與赤手空拳的，無助地對抗野獸，無法禦寒，無法保存熱量」，他認爲這是毫無疑問的眞理；阿爾奎（Alcuin）（西元七三五年－八〇四年），偉大的教士，則說：「曾幾何時，人像野獸一般在地球上到處游盪，不具備任何理性的力量。」

因此，法律的故事必須從人類最初的心智與軀體開始。那些代代相傳最初的心智與軀體的特質在今天仍以一種潛意識或本能的方式控制著人類。在漫長的歲月中，人類的自然體格仍然保持最初的形態，但其心智的發展堪稱爲有機生命中最不尋常的現象。一句拉丁文的格言講道：「世界上最偉大的是人，而人最偉大的是其心靈。」然而人類創造出如此高超的智力卻需要漫長的歲月，並且人類智力的進展仍在繼續。

今天控制我們軀體的自然法則與人類開始時是相同的，因爲人類的自然體格並沒有改變。世代交替、出生、營養、成長、衰老與死亡的法則是不可避免的自然法則。這種自然法則與我們所謂的自然規律的其他規則是相同的，它們是固定的，不因人的努力而改變。違反這些自然法則將產生根據自然法則的後果，但是人類的法律並不具備自然規律的不可避免性，違反人類的法律可能不會帶給違反者自然法則上的影響，因爲法律試圖設立或者它們就是人類相互間的行爲標準。關於人類法律的知識和學說被冠以科學的名稱——「法理學」，一般而言，它將法律定義爲：人類理性與意識目的的產物。然而當人類尚未發展必需的心智能力以產生有意識、有目的的法律之前，人類的社會行爲規則曾經擁有自然法則的不確定性和不可避免性，因爲當時的法律僅僅是對周圍的環境所做出的習慣性動物反應。

如果，爲了取得較好的觀點以檢視這個題目，我們應該回到人類存在地球之前的那段時期，那麼我們會發現回到了悠久的地質期的第三紀（Tertiary）結束之時。那時大自然創造了適於在地球上緊密結合的社會群體中生存的小型動物，從而完成了人類誕生之前的最成功的試驗。在這種社會群體中，我們會發現與人類的相似之處，因爲人類起源於動物，一直生活在某種社會群體中，並創立了我們稱之爲「法律」的那些社會行爲規則。

還有另外一個原因，可解釋在法律歷史的開始時要談論人類在地球上的誕生。律師們不曾以廣泛的方式寫作法律的歷史，法律的哲學史是哲學家與形上學學者的作品，他們使得法律科學對律師以及外行人而言都晦澀難懂。如果我們以人類的起源開始，我們可以立即擺脫形上學的不切實際與哲學的夢囈，因爲這種模糊的學問純粹是人類思維的建構。今天的現實世界與人類生之前並無不同，人類的誕生只不過爲世界增加另一種動物，這種動物也許既不懂哲學也不懂形上學，但卻擁有一定的法則。

在第三紀的後半，也就是人類誕生之前，某些動物已經過著完美的群居生活，以至於從百萬年前至今，這些動物的生活習慣沒有改變。牠們自那時起，直到現在仍然良好地適應著環境。舊約《箴言》（*Proverbs*）六：六中，聖人告訴我們，如何在這些動物身上尋找智慧，「懶惰人哪，你去察看螞蟻的動作，就可得智慧。」當然這是對螞蟻，也就是雌蟻努力不懈的讚嘆，對雄蟻的工作講得越少越好。但是螞蟻不僅只是改造懶惰的楷模，聖人萬萬沒想到，也可以從研究這些低等昆蟲中獲得法律領域中的智慧。

螞蟻的法理學

即使談論螞蟻的法理學也並非荒謬，正如一位偉大的劇作家所言：「自然界中按一定法則生活的生物教給人類王國秩序的道理。」牠們有自己的一套政體，在其中牠們的群居組織按照一套法則生存和繁榮，這套法則規定社會的延續、對幼小者的愛護與培育，以及用人工方式提供食物以維持整個社群，這套法則運行得如此成功，以至於螞蟻是迄今爲止，地球上爲數最眾多的動物居民，而且幾乎像人類一樣在不同的氣候區中廣泛分布著。而牠們的堂兄弟——蜜蜂尚未如此馴化，蜜蜂一直是非常令人感興趣的，關於牠們有眾多的文章記載觀察與實驗的結果，人們得以使用確定的口吻來談論這些小生物，馬克吐溫對於螞蟻的愚笨所做的幽默在嚴肅的討論中不能被視爲是有價值的。

我不需要評論顯而易見的事實，即螞蟻是其他膜翅目（Hymenoptera）如蜜蜂和黃蜂昆蟲的盟友；整個社群中只有蟻后繁衍子孫；整個社群清楚地分成不同的階級：沒有翼的與發育不全的雌性工蟻；有翼的雄蟻，除去給蟻后授精的雄蟻外，其餘的是無事可做與無用的階級，無用的雄蟻被殺死，也只有屈從於這種命運。螞蟻們根據土壤的排水性能及其性質，精心挑選住所以建築蟻穴。集體住所中有專門用來培育幼蟻的育蟻室，以及用來儲藏和保存食物的儲藏室。人類邁向文明時，引人注目的兩大進步就是馴化動物和栽培植物，可是在那些集體住所中，切割樹葉的小螞蟻能在其各自的居室中爲黑暗中的土地施肥，能栽培與呵護爲牠們提供食物的細小植物。同樣，主要依賴樹木和植物的甜汁生存的蜜蟻有自己的一群蚜蟲，這些蚜蟲以吸食樹木的甜液爲生，並爲其蟻主人分泌出甜液，這些蚜蟲是成群的，並定期由工蟻來餵食，牠們是螞蟻一族中不折不扣的馴化動物。

這些令人驚訝的螞蟻也學到社區生活中注重衛生的經驗，牠們嚴格執行個人衛生和居所衛生的規則，不知疲倦地把各種棄物和食物殘渣從家中搬走。據說在蟻穴中還養甲蟲，目的是爲了讓甲蟲搬走社區的垃圾。蟻穴定期關閉，並定期開門，大門設有守衛的步哨。

道路的養護是人類文明中比較後期的事情，然而螞蟻修築從家園向各方延伸的道路，道路的布局是精心設計的，使牠們能順利地尋找食物和進行掠奪的遠征。當築路遇到溪流時，牠們按眞正的工程標準挖掘隧道並維修隧道。建築圓柱形拱門是人類的偉大發明，然而遠在最低等的人類出現前，螞蟻已經熟悉此道。切割樹葉的螞蟻非常聰明，牠們可以按照自己的目的把樹葉縫合起來。

螞蟻對異族具有掠奪欲，人類過去與現在也擁有這種本能。行進中的牧蟻縱隊會吞噬任何遭遇到的生物，牠們或許是地球上最兇猛的食肉群了。一個定居下來的螞蟻部落擁有自己的偵察蟻，牠們就像聖經中「許諾之地」（Promised Land）的偵察兵那樣外出探訪，當牠們發現想要攻擊的另一個部落的領地後，立刻趕回部落的本營並報告，然後螞蟻的大軍開始集合，其摻雜興奮的場景猶如人類城市中大軍奔赴前線的情景。除雄蟻外，整個部落都奔出家門開始遠征，到達進攻地點就突然發動野蠻的屠殺。遭到攻擊的部落爲了家園和親屬英勇地反擊，雌性工蟻組成的進攻大軍同樣英勇奮戰，就像達荷美

（Dahomey）的婦女現役部隊或是在特洛依迎風平原的潘瑟西利亞（Penthesilea）的亞馬遜軍團。最終，一個部落的戰士全部戰死，年少和年幼的俘虜被帶走撫養長大，以充實征服者的奴隸營，就像修斯提底斯（Thucydides）筆下雅典人攻克美洛斯島（Melos）一般。這也就像聖經舊約《申命記》（*Deuteronomy*）二〇：十三中對以色列人的命令：「耶和華你的上帝，把城交付你手，你就要用刀殺盡這城的男丁。惟有婦女、孩子、牲畜、和城內的一切的財物，你可以取爲自己的掠物……」，這就是人類普遍奉行的原始戰爭法。

豢養奴隸也許是螞蟻最令人好奇的一面，奴隸蟻一般都很順從與勤勞，牠們似乎對環境很滿意，對其主人極爲忠心。某些螞蟻部落則完全不能自己照顧自己，就依賴奴隸操持生活。當然螞蟻從本能上會謀求更多的工蟻，人類奴隸制的起源也正是因爲相同的原因。螞蟻沒有武器，但牠們當中的一些會開發較好的自然攻擊工具，如螞蟻當中的士兵階級，牠們的頭較大，顎更有力，顯示這種改良的「突擊部隊」似乎所向披靡。

正如忠於部落與家鄉的愛國者一樣，螞蟻是一種出色的生物。牠不知何爲恐懼，牠作戰英勇，渴望作戰，牠撲向敵人，永不後退；要麼戰死疆場，要麼贏得戰鬥的最後勝利。螞蟻明白集體利益高於一切，沒有集體就沒有自己。如果從軍是一種考驗，那麼螞蟻最應贏得最崇高的讚譽。螞蟻是不知疲倦的工人，背負沉重的負擔，與牠的身體大小相比，牠的力量大得驚人。如果一個螞蟻負擔不了，就會有兩個或更多的螞蟻和牠一起團結戰鬥，牠隨時準備爲了公眾的利益而犧牲自己，確實令人讚嘆。

人類生活中沒有任何事物可以與蜜蟻的利他主義公民服務相提並論。有些工蟻就像是食物的水庫，牠們吸食甜液，直至其腹部驚人地膨脹起來，然後牠們大腹便便地回家，在其他螞蟻幫助下沿牆壁爬上天花板，牠們一直堅守在那裡，直至牠們儲存的蜜被社會所需。爲了公共利益而合作是螞蟻生活的絕對法則，這個法則得到淋漓盡致的遵守。這種集體生活的強度以及對異族螞蟻的極端敵意，和人類是一樣的。我們已經看到牠們如何無情地搗毀另一族螞蟻的家園並把俘虜變爲奴隸。很多實驗表明，一旦幾隻異族螞蟻被放進螞蟻的社群中，牠們立刻被圍攻，直至殺死。

觀察螞蟻通常會發現，這個組織化的社群的特殊之處在於沒有明顯的組織。每隻螞蟻似乎都自發地行動，沒有任何指示或命令，沒有高低貴賤之分，大家都絕對地平等。沒有霸主，沒有現役部隊，沒有軍官，沒有列兵，螞蟻有最有效的政府，卻沒有政府首長。碩大的蟻城中，功能各異與極端複雜的政府分支，如締造家園、保衛家園、培育家園、道路修築、儲藏室、育嬰房以及與螞蟻身材大小頗成比例的巨大結構都與大的人口中心相似。供給的集中和分發、莊稼的種植和儲存、看守牧群、發動戰爭與利用俘虜，這一切都十分有序地進行。法則是自動執行的，很顯然從來未被違犯過，此一工作就像自動機器一樣有序與精確地進行，「沒有指令，沒有監督員或統治者」。螞蟻們在這樣的法則下生活了那麼久，以至於牠們已完全地適應了，甚至連關大門的時間也不需要任何聲響來預警。這還不夠明顯嗎？螞蟻能在沒有指示或命令的狀況下生活和工作，不就是因爲牠們都依本能行動，而且所有的螞蟻的行動都完全如出一轍嗎？

不可否認，大自然的試驗徹底成功了，螞蟻當然具有相當程度的智力，其他動物也如此。在寒冷的北方，當一群麝牛聽到狼群的飢餓吼聲時會立即組成戰鬥隊形，公牛肩並肩地站在外圈，朝外組成一圈直逼敵人的可怕牛角，母牛和小牛被圍在中間，處在牛角圈的保護之下，很難說麝牛的行爲與一八五〇年穿越美國西部平原的移民火車有什麼區別。當印第安人的攻擊接近時，火車的車廂被組成圓圈，人、牛和馬被圍在圈中。在智力上，這兩種表現大同小異。當然，麝牛和人一樣，根據同等智力的合作精神而行動。馴化的狗或馬的表現通常不能反映最高的智力，我們稍後會討論海狸驚人的集體生活、工程技巧和辨別力。與此相似，當螞蟻決定在小溪下開通隧道，或爲家園選址時都表現出出色的智慧與判斷力。

很顯然，螞蟻的社會組織法則只適用於一種自然狀況，即所有幼蟻都是由一隻蟻后生產的，工蟻都是不能生育和發育不全的雌蟻，雄蟻在與蟻后交配後立刻被殺死。在公牛、公鹿或公馬群中，爲爭奪母牛、母鹿或母馬而引起的糾紛時有所見，而在蟻群中不可能出現，也不會有財產糾紛的問題出現，因爲財產屬於群體所有。這種群體的相互關係類似人類在原始社會時期的狀況。蟻群中的工蟻盡其全力去獲得財產，所有其他螞蟻對財產亦有相等的權利。每隻螞蟻的行動都彷彿能成爲行動的準則，絕對平等的自然條件在於每隻螞蟻都能像任何其他螞蟻般具有完全的行動自由。對群體的高度忠誠、對個體的完全忽略、爲群體取得財產的天生情感，這些都是基本的本能，任何群居的動物需要儲存食物以使群體得以生存，必須發展這些本能。

每個螞蟻社群都遵循不論是在社會主義者或無能者之間都受歡迎的原則，亦即社群應對其成員的生活負責。年輕之輩不會有麻煩，因爲牠們屬於集體，是整個部族的珍貴財富，牠們是沒有父母的孤兒，在全體工蟻的精心照顧下成長。螞蟻的這些生活習慣一百萬年來保持不變，這一事實說明，支配螞蟻群體生活的法則產生絕對回應與服從這些法則的動物，換句話說，所有的螞蟻都是守法的。那麼對改革者來說，有什麼比把人類變爲模仿螞蟻的社會群體，並使所有人都遵守法律更簡單呢？

人類超越動物本能

所有理想的聯邦都從螞蟻身上學到了一些經驗，這一點奇怪嗎？所有的社區社會主義基於螞蟻的法理學，嘗試把這一政體適用於人類。世人普遍認爲，人類生活的全部就是有飯吃有房子住，正如螞蟻的生活，對野蠻人來說也是如此。幾乎所有新誕生的宗教都始於對此一共同利益的迷人夢想，沒有爭執，沒有等級之分，大家都很自然地爲共同目標而奮鬥。社會主義者認爲，讓每個人都像螞蟻那樣對環境作出反應，讓每個人都具有螞蟻那樣的十全十美的自我紀律、自我約束、自我放棄與自我退讓，以及對群體利益的獻身，這就是螞蟻生活的支柱——讓每個人都停止爲自己考慮，社會主義與共產主義就很容易實現。當然，這就意味著歷經漫長歲月而形成的人類心靈的本性必須被拋棄，沒有任何人，只有笨蛋才會希望或預期這樣的轉變。

如果螞蟻的所有行爲並非我們所謂的本能行爲，那麼蟻腦的構造在數百萬年的漫長歲月中一定會改變。我們滿足於說螞蟻所做所爲是出自本性，螞蟻社會生活的法則是堅決改變不了的，除非受到一些新的自然條件的作用才會改變。這可能就意味著巴斯卡（Pascal）關於人類的偉大論斷：「什麼是本性？也許本性即第一個習慣，正如習慣即第二本性。」

我們從研究螞蟻中得到結論：即使是有智力的動物，其行爲的習慣或習慣性的行爲模式也變得很固定，因此不可能被純粹動物性的力量而改變。人作爲動物既然已走出遙遠的過去，他就被印上繼續其習慣性的行爲這一本能趨勢的烙印。但是既然他已能夠改變其習慣性的行爲方式，他就不再僅僅是動物，而是已具備超絕的品質。或許可以肯定，除非不得已，他是不會改變其生活方式的，他會盡其所能遵循並保留祖先的習慣。

接著我們可以說，所有動物的社會群體都是由個體共同生活而組成的，正是由於這一事實，根據本性或習慣，或者根據習慣性的行為模式，使每個個體強烈地希望看到其社會群體作為組織而保存下來。為了保存群體就必須為嚴冬儲存食物，而需要高度的勞動。因此產生了螞蟻的部落財產、共同的家園、團結一致的勞動及奴隸制的實行。在原始人身上我們會發現相同的本能、相同的部族情感，以及極度缺乏任何個體的概念。在保存群體的過程中，個體是微不足道的，任何動物都是如此，不管牠們有沒有社會組織。動物身上存在著繁衍種族的趨勢，這對所有正常的動物而言都是自然的與壓倒性的情感。這兩種趨勢，繁衍並延續種族，在人還處於動物階段時就存在著，這兩種趨勢的共同作用，構成人類群體生活的基礎。

在開始描述這段歷史時有必要強調並區分螞蟻的發展以及人類的發展。以螞蟻的例子，牠們的心智以及生活規則與其面臨的自然環境精確地平衡。正如月亮、其他星球與地球在它們的軌道上運行，是由於支配其運轉的自然力量達到平衡所致。對螞蟻而言，與牠們的自然環境所達成的平衡，使牠們不能夠從其存在的規則與彼此的行為中逃避或改變。但人類就不同，因為人類的心智在漫長歲月中經歷很大的發展。

人起源於動物，最初只對環境做出反應，這一事實促使行為主義者斷言，人一直是如此的。他們最熱衷的論點是，今天每個人之所以如此完全是社會造成的。在某種程度上，這一點是對的，但是因為人類已文明化，此一論點的反證，因有法律的歷史做證而成眞。現在的社會之所以如此正是每個人造成的，在其發展過程中，動物性的人類以漸進與難以察覺的步驟，走過了完全順從於環境的野獸階段，進入到人的階段，藉由具有目的性的心智活動，可以改變環境對他自身的影響，從而超越外在的感性世界進入內在精神生活的領域，並以每個人的力量來造就人類社會。引用喬治・山德（George Sand）的話：理想的生活將成爲人的正常生活，有一天他將明白這點。如果說這種心智的變化是個謎，那麼謎底，也就是這種心智的變化是可以追溯的，這個謎並不像最初生命起源從無機至有機生命變化那樣神秘。人類社會已被改變，隨著人類內在精神生活的領域的不斷地升華，人類社會將繼續改變並日臻完美。思想的世界、夢想的世界以及過去和未來，將成爲越來越多人們的財富。

我們可以預見，人永遠不會像螞蟻那樣絕對地守法並服從其社會生活的規則，而一成不變。因爲如果眞有那一天，那麼人將不能夠改變生活的規則，也就不能夠進步了。當然這並不意味著違法才能帶來進步，相反的，改變法律的能力才是進步之源。最偉大的人承認他對遵守法律的責任，這一點永遠是眞實的。蘇格拉底見證此一眞實，他自信地迎接死亡而不是違背法律，他這樣做並非受到脅迫，他也並不一定非這樣做，甚至也不是譴責他的人所願意看到的。

波普（Pope）在他著名的詩中自問自答：

人為什麼沒有顯微眼呢？
原因很簡單，人不是蒼蠅。

爲什麼人類沒有發展出一套所有人出於本能而遵守的法律呢？毫無疑問，就因爲人已超越了這一階段。人有螞蟻的一切智慧，然而他更有一種不確定的高等屬性，使得他具有某些罪惡，但同時又爲他開啓進步的無限前景。

螞蟻的行爲純粹是本能的，其行爲正像牠所表現的一樣，因爲牠不能換別的方式，螞蟻是沒有選擇的。人類也有本能，我們每天的絕大部分行爲都是純粹本能的，實驗主義心理學家如此說。一些本能已經改進並隨著人類的進化而變得更好。恐懼或勇敢、憐憫或強硬、同情或惡意、忌妒或慷慨、愛或恨等諸多情感都不是理智的產物。當我們流淚或大笑，當我們聽到或讀到高貴的英雄行爲，便心爲之喜，目光爲之閃爍。我們深切感受到人或動物的痛苦，我們被慷慨的情感而觸動時，我們都是憑著本能而感覺和行動的。愛父母、愛家人、愛我們第一次睜開雙眼看到的家、愛我們兒時玩耍的街道、愛我們的國家，國旗飄揚在空中就是一種激勵和希望，這一切都源自我們的本能。

同時我們的自以爲是，我們的貪婪、忌妒、佔有欲、自我利益與自私的情感、沉湎於聲色或欲望的最低等的屬性，一切身體作用於心靈的影響，這一切也是本能的。人的主要不同之處在於智力支配著這些繼承自原始時代的本能。如果人仍然是憑本能而行動的生物，那麼他們無疑早已遍布了整個地球；他們會早已發展出高度秩序化的群體，服從於絕對的法律，個人將永不違法；他們會早已享有制度的穩定性，並因此不能進步。但是人發展出較高等的心靈，可以無限制地馳騁，可以戰勝自然環境，並因此可以藉由有目的的努力而不斷攀升至存在的較高領域。

多數人的法理學

有些哲學家把自己稱爲法理學家，認爲社會生活的問題就是發展支配個人相互行爲的法律規則，他可能已經做出推論，即人肯定曾生活在某種狀態下，在那時人像螞蟻一樣不能夠掌握社會生活的規則。

如果人仍然不具備推理能力，那麼人就沒有改變的能力。哲學家霍布斯（Hobbes）稱自己爲法理學家，在進化觀念尚未被理解之前的某一天，他曾觀察過螞蟻的天然群體。但霍布斯斷然相信這種教義，即人類的法律是最高的統治者強加於低等的主體的，創造法律的不是自然，而是權威。這種教義長期以來把法理學變成一場惡夢。霍布斯斷言，螞蟻對於法理學家的研究是毫無用處的。無疑，他看到螞蟻的政體徹底推翻了他關於法律的理論，而要求哲學家出於對事實的尊重而放棄他的理論是太過分了。然而事實是法律的絕大部分是由自然的原因決定的，並且不論我們如何掩飾，我們的法理學大部分必然無可避免的是螞蟻的法理學。

法律的歷史證明，人這種生物掌握了自身的命運，相信這一點是多麼令人鼓舞啊！人們在讀過《法律的故事》以後都會堅定其對人類未來的信念。那些博聞多識的律師雖然時常持有悲觀的看法，但肯定是眞正的樂觀主義者。法律的歷史教導我們，沒有法理學就不可能有進步，而法理學不是少數而是多數的傑作，不是立法者或偉人的傑作，而是那些無聲的億萬大眾持續地、默默地建造起來的結構，「這些億萬大眾勇敢地經歷無人喝彩的生活，最終安息在無人拜謁的墳墓中。」

一位偉大的科學家說過：「我們的現在僅有一部分是自己造成的，而絕大部分是從過去傳來的。我們的所知所想不是因自身智力之弦的撥動，而是由未知這塊不毛之石湧出的一口新泉，它是由很久之前的遙遠小河供給的，流過我們並貫穿我們的溪流。正如今天我們的思想和言談將與未來人們的思想相融合並形成他們的思想一樣，回首過去，我們可以從今天自己引以爲榮的觀點和看法中追溯古人思想的影響。」記住這些有助於修正我們的思維，法律的歷史遠比其他任何社會科學給予我們的啓示要多得多，我們正是從法律的歷史的起源當中，窺見創造今日的偉大人類群體生活。

第2章

原始人的法律

「地球上唯一一個偉大的社會，生也光榮、死也光榮的社會」

在地球從第三紀進入第四紀（Quaternary）或更新世（Pleistocene）之後出現了這種新型動物——原始人（homo primigenius），他們的前景不可限量，因爲其身體的某些特徵是有希望的，他們的祖先在樹上度日，今日的新幾內亞仍有人居住在樹上，但他們已進步到會使用弓箭，這樣的生活可說是種返祖現象。原始人斷然棄樹下地，他們後腿的爪已轉變爲足，足可以堅實地踏地並與脊柱的S狀彎曲共同作用使得他們可以直立。當然這些身體的變化經歷了漫長的歲月，但最終出現可以直立的這種生物（令人高興的徵兆），不僅可以以正面看世界，而且還能抬眼望星空。

在逐漸演變爲人的過程中，手的功能和樹上的生活，以及眼、手和肉活動的快速協調，使得那些原始人及其後代的大腦得到空前的發展。許多著作都滔滔不絕地講述人類的雙手對人的貢獻以及其超絕的創造，但在此，注意到手對大腦的影響就足夠了。在追溯原始人的法律故事之際，有必要了解普遍的事實而不致於陷入不相關的細節當中。

原始人的獸性

這些原始人當然具備某些智力、足以獲取食物的知識、足夠過群體生活的社會本能、足夠避開危險野獸的動物性機智，但他們卻沒有較高等的屬性。這些赤身裸體的原始人沒有火，沒有避風避雨的房屋，沒有防禦武器，注定要在獲得最簡單的人類生活之前度過漫長歲月。古人說，這些赤裸的、無助的可憐之輩在神的笑聲中踏上了征服世界的旅程。他們所擁有的不過是承襲而來簡單的動物本能以及巨大的腦結構。認爲這樣的生物與法律相關是令人吃驚的，但他們確實有法律——那些存在於他們心中、固定的、不能抹滅的習慣，至今仍在潛意識的心智作用下支配著我們。但首先，有必要排除對眞正的心理學以及眞正的法理學帶來許多麻煩的觀點。

詩人但尼生（Tennyson）在闡述人類發展的進化概念時曾有如下詩句：「主把野獸的軀殼給予了人的靈魂。」這是最典型的舊式思維。他們說，人的靈魂與生俱來，這裡所謂的靈魂指今天人類擁有的智力。在此引用《創世記》（*Genesis*）似乎是愚蠢的，但如果人在被造之初像亞當那樣「不辨善惡」，那麼他就是十足的野獸。沒有人承認野獸具有人類所謂的靈魂，如果人類的軀殼曾經被佔據，那麼野獸不可能擁有人類的靈魂。軀殼並無改變，但使軀殼具有生命活力的心智是從野獸的心智轉變爲具有推理能力的人類的心靈。按照這種理論，既然人的心靈是一個整體，而且曾經是野獸的心靈，至今仍承襲許多獸性，那麼一定是在某個時刻，原始野獸的心靈轉變爲有推理能力的靈魂。只要人類的進化具有法律上的重要性，原始野獸的心靈發展也具有重要性。法律的歷史只研究事實，心靈的也好，身體的也好，它不追究何時野獸的心智成爲詩人所謂的靈魂，因爲「靈魂」一詞是普遍化的無限。

正如結果所表明，法律的科學關心的是野獸潛意識的心智在何時轉變爲有意識的心靈，從原始人到人類的轉變就是心靈的轉變。從此點，以原始人而言，「野獸的軀殼被授予野獸的心靈」，這一點是絕對正確的。這種生物來到世界上並非如華滋華斯（Wordsworth）所言，是「踏著榮耀的雲而來」，牠是帶著深深植基於心靈中的野獸的本能而來的，以至於其後代仍然沒有，並且可能還要經歷漫長的歲月才能擺脫那些受貶低與受約束的獸性心靈遺跡。所謂的法律哲學與關於人格與財產法律的發展理論都被一種荒謬的假設：即人的法律一直是由具有推理能力的人來指導，而弄得模糊不清。這些人總是退到錯誤的觀念中去推理，因此產生所謂的法律哲學學派的無用。相反的，關於人格與財產的法律是起源於受限於本能的人，甚至今日人們本能的潛意識心靈，也使得對法律進行完美、詳盡的推理這一結局成爲幻影。

原始人的社會本能

考慮原始人的境遇，我們可以想像，他環顧周圍世界，實際環境與今天並無不同。他所看到的是土地、天空、陽光和雨、山丘和谷地，以及一切大自然的傑作。但對這隻野獸而言，牠赤裸著，不知如何儲存食物，不知如何生火，牠只能生存於熱帶氣候中，別無他法，一個嚴冬就能把這個種群摧毀。事實清楚地表明，人類起源於熱帶氣候條件下，並如此度過數不清的歲月。還有一個必然的推理就是這些人膚色暗。恰巧更新世時期在歐洲、亞洲和非洲，甚至北極都存在熱帶氣候，這就是不變的地質與動物學事實，原始人不知冰雪爲何物。人類最早的起源地可能在非洲、亞洲或歐洲。歐洲和非洲曾由西西里陸地屏障相連，英倫三島曾是歐洲大陸的一部分，這倆地中任何一地都有這種可能性。這些人不僅膚色暗，胸前多毛，而且他們有著類人猿的臉。他們有足夠的知識使自己活下去，因此得以生存，並過著集體生活，即群居生活，這是其祖先承襲下來的生活方式。

他們當然有兩個基本本能，第一，所有動物經由男女結合而繁殖的本能，以及養育幼輩的本能。他們具有一切社會動物保存社會組織的本能，這是養育幼輩和保護女性本能的附屬品，籠統而言，一切社會動物都有爲所屬特定集體的共同利益而採取共同行動的本能。可以說，他們當中存在的行爲、法律或規則都是作爲純粹的動物繁衍其種族、過集體生活以及養育後代的行爲方式。很久以前，羅馬法理學家額爾比安（Ulpian）寫道，人類自然法的基礎即是男女結合、繁衍後代、保護和養育後代。這些人的本能是渴望與需要，因爲他們沒有需要儲存食物。作爲本能動物，他們行爲相似，並且沒有自我意識，但他們自已並不知道爲什麼他們行爲相似。其行爲模式具有一切螞蟻習慣的不可避免性，像螞蟻一樣，他們不需要指導者、監督者或統治者，國王、酋長、首領是不可想像的。

像其他動物一樣，他們絲毫不知道女性的後代是如何產生的。顯而易見，沒有家庭組織，沒有劃分清楚的家庭團體。男性也不可能佔有哪個女性，更沒有任何父權的概念。雜交是必要的規則，仔細研究後發現，這是動物在交配季節成雙結對的雜交，而不是妓女的雜交。應記住這一事實，後代需要幾年的撫育，直至能自己生存爲止，母親在這幾年之內必須認識並撫養自己的後代，正像麝牛一樣，整個群體本能地知道必須保護母親及其後代，否則整個群體無法生存。他們知道群體的未來取決於其子孫，因此很顯然在自然法的作用下，子孫在早年至少認識其母親，但對父親卻毫無概念。母親認識並撫養其孩子，社會法則決定男性保護女性與小孩。

他們不懂語言，僅能掌握幾種簡單的發聲，並輔之以手語和動作來交流，原因很簡單，語言的發展需要相對高級的智力。語言不僅需要記憶，而且需要對記憶的產物進行推理。當然，語言的發展過程中，母親一詞的出現遠比父親一詞出現得早。事實上，一些今天仍生活在原始狀態下的野蠻人，有描述母親和小孩的語詞，但從未有描述父親的字言。在這些卑微的野人中，父親這種概念甚至不存在。我們講的這個故事中所有男性都同樣卑微。

原始人的行為準則

我們的法律劃分也許不完全符合邏輯，但卻極爲方便。法律分爲公法、私法，公法指導個人與社會團體的關係；私法指導團體中個人與個人間的關係。在最初的人類，私法沒有存在的物質基礎。沒有屬於個人或家庭的財產，也沒有任何擁有財產的機會，因此不存在偷竊，沒有個人財產法，沒有不動產，沒有契約，也沒有涉及到損害財產的民事侵權行爲，或對財產權的侵犯；沒有指導夫妻關係、父母與子女關係的家庭法，因爲男女之間鬆散的關係不構成這種法律存在的基礎。也不存在關於人格的法律，因爲人格的概念根本不存在。

但他們具有社會本能，這決定群體的每個成員皆不能從事根據群體成員的習慣和經驗判斷爲危害社會存在的行爲。這種本能的當然結果就是他們的行爲皆相似。若有誰不像他的同伴那樣行事就不可避免地會被逐出群體。對於一個被訓練成爲只過社會生活的生物來說，這種結局是不能忍受的。如果被逐出群體，他能去哪兒呢？甚至那些雄蟻，雖然牠們有翅膀能避開那些處決牠們的工蟻，卻也毫不猶豫地、完全自願地接受死亡。因此社會本能導致永遠與他人同在的根深蒂固的傾向，向其同伴的行爲看齊，取悅與其每日相處的同伴以及被後者所取悅的欲望。這種傾向極爲簡單，卻絕對是一切社會性動物的指導規則，它是一切法律的基礎。

如果以法律的術語來解釋，這種指導規則意味著個人對他人的行爲必須符合一般人的普遍行爲和習慣作法。我們已看到這一規則適用於過社會生活的螞蟻。哲學家康德認爲，他發現一切法律的基礎在於這樣的命題：每個人都應能使自己的行爲規則成爲普遍法則。原始人正是這樣做的，這正是一切社會性動物的行爲準則。康德的發現正是人生活於社會狀態中這一發現。一般人的行爲的標準在許多方面從未改進過。

如果當今日的法官向陪審團解釋法律時說，如果被告缺乏一般人在某些情況下所具有的注意與謹慎時，那麼他的行爲就構成了過失，法官即正是以其先輩動物的心智運作而做出指控。今天的法律規定，違反一般人的注意與謹慎的標準而造成他人的損害是不法行爲。

如果，因爲我們必須以法律的整體來定義法律的任何部分，而認爲原始的法律是完全不明確的，我們從今日的法律可以明白地看出這個答案。現在的犯罪行爲中最普遍的就是共謀，其定義爲兩人或兩人以上共同合意從事非法行爲或以非法方式從事合法行爲。這裏的非法行爲不一定是犯罪行爲。法律的整體，民事以及刑事，是被用來定義它的一部分。當某人同意從事非法行爲之前，他必須知道所有被法律定爲非法的行爲。法律以人是知法的言詞來安慰被告，即使律師和法官不這樣認爲。顯然，人是知法的這一原則來自遠古時代。

在更新世，那些半裸的、無助的野獸們信奉的一種法律就包含了公法和私法、民法和刑法，這就是說，誰違反群體裏行爲的習慣方式，誰就犯了非法行爲的罪，將受到流放的處罰。這比我們關於共謀的法律更明確。可憐的文明人因與其他人一起做，如果他自己單獨做就完全是合法的行爲，而犯下共謀罪。然而，原始人在日常生活中可以看到別人如何做，他有以同樣的方式去做的本能。但除了群體的輿論之外不存在法則的執行者。那些古老的懲罰形式，諸如用亂石砸死，表明是由暴民代表輿論來執法。私刑只不過是回歸至原始人的方式。爲了適應環境而產生的普遍的、本能的行爲方式仍是法律的基礎，這不僅僅是純粹的巧合。詩人關於法律的詩句這樣寫道：

原始的岩石裡隱藏著它的過去，

是漫長歲月一點一點將它造就。

行爲主義心理學家注意到社會性人類的原始欲望並試圖爲其定義，但他們未認識到社會一致性的法則，而這是法律發展中極重要的一點，因此他們不清楚法律是如何產生的。社會一致性法則的根本效果是使人們產生所謂的羞恥感，或用更好的術語而言——羞恥反應。羞恥只來自他人的贊成或不贊成，早在人類能夠自我感知前，他就有原始的羞恥感，會在同伴的面前感到羞恥。任何背離同伴的行爲都會使他認爲自已未能達到標準，做了周圍人不贊成的事。

看待羞恥感有兩種觀點，感到羞辱的當事人本身的主觀觀點，以及群體中其他人認爲當事人因做了有罪之事而應感到羞恥的客觀觀點，無論何種角度，結果都是相同的。群體中的每一分子都被驅使著去符合行爲的習慣方式，這種根本的本能在我們當中與在原始人當中同樣強烈。因爲法律是動物性人類最重要的本能，法律的成長與發展即基於此點而非武力或權威，但此點決定了一個重要事實，法律不能比群體大眾的觀點和信仰變化得更快。最徹底的暴君、立法的力量或呼籲改變的有力論述都不能將法律的改變強加於人，直至群體大眾準備接受或已經接受了這種變化爲止。

大自然的變化

既然我們在講述法律的故事，只有在必要的時候才轉向一般歷史，那麼就只需說明原始人如何在漫漫歲月中由熱帶中心分散到非洲、亞洲和歐洲，至少當時仍是熱帶的地區。我們無須與人類學者和人種學者激烈地爭論這一中心究竟在哪裡，或者最初的人種是什麼。可以肯定在更新世前半期，至少二十五萬年前，人類分散至歐洲、非洲和亞洲的不同地區。在十五萬多年間，生活於熱帶環境中的原始人似乎沒有什麼進步。如果大自然沒有帶來變化，他們也不可能取得多大的進步。

換一種隱喻的說法，大自然看到這種最新出現的動物，在最有利的環境下免除了生存所必需的一切勞動而變得如此懶惰，它對人開始失望，正如它對沒有尾巴的類人猿感到失望一樣，因此爲了使這種懶惰的動物努力自我改善，它決定作一些必要的環境變化。至少，自然的力量帶來了所謂的冰河期。地質學家告訴我們，在地質史的前期，冰河期盛行。各種因素的共同作用導致了巨大的氣候變化，但我們對這些因素並不關心。事實是，在歐洲北部，以及阿爾卑斯山脈、喀爾巴仟山脈、高加索地區都形成巨大的冰層。

一年又一年，一個世紀又一個世紀，一個時期又一個時期，慢慢地，來自北方的深厚冰層和山區的冰山持續移動，向更南、向山外的四面八方推進。最終在歐洲南部形成極冷的氣候，溫暖的夏季極短，隨後是漫長的寒冷季節。舉一個例子：羅納（Rhone）冰川現在止於羅納冰川旅館所在的山谷的開口處，而那時卻一直延伸至谷底，與勃朗峰的巨大冰川匯合，把日內瓦湖區填滿堅固的冰，推進至朱拉山，冰層厚達九百一十多米，覆蓋朱拉山脊，繼續向上伸展，直至與里昂以南的冰川匯合。一切熱帶動植物全部被毀，或與河馬和蜥蜴一起被迫遷至南方。歐洲各處生活的人可能盡數消失。最先是多毛、突顎、似猿的獸消失殆盡，儘管其滅絕並非僅僅由極地嚴寒的逼近而致。

海狸的生存奮鬥

在這樣嚴酷的災難面前，社會群體將做何反應？爲了形成某些概念，我們不妨來看一看海狸。牠們也是自第三紀早期就在歐洲生活了。由於生活條件非常有利，在某個時刻，一隻大海狸甚至長得和灰熊一般大。在熱帶氣候中，牠們沒有理由發展現在的天分。但隨著冰河期的來臨，牠們了解如果要生存就必須奮發圖強。海狸的食物是一種水生植物的根以及一些樹的皮。牠們以群居方式生活在自然界中，根據觀察，這樣的群體生存了約兩百年。

爲了克服威脅其生存的寒冷氣候，冰河期的海狸發展超凡的工程建築技巧。首先，牠必須有個家，一個相對安全的家。海狸雖是嚙齒動物，卻大多數時間居於水中。牠的嚙齒可以咬斷樹枝，牠的前爪可以挖掘。牠在溪流最低水位線以下的淺灘選一位置，在淺灘中開一條隧道，先水平再向上，就像礦裡的所謂「天井」，牠在「天井」的頂端挖一個大房間，位置足夠高，可以永遠處於最高的水位線上。但同時隧道的位置必須保證其進口處以下的水不會結冰，以使海狸能沉到溪底隨時獲取食物。在選址時牠的工程判斷從未失敗過。牠在房間中開一個通往地表的出氣孔，用粘在一起的樹枝覆蓋住這個洞。這就是冬天裏一個安全的家，可以有多種用途。後來牠又學會了在地面上建造一個用木棍和泥粘合起來的眞正的棚屋，棚屋的進口就與隧道相聯。然而這樣的居所並不能防範像水獺這樣的水中動物。水獺是世上最貪吃、最具掠奪性的動物之一。如果一隻水獺進入隧道，牠就可以悠哉游哉地吃掉整個群體。因此海狸們又開掘了第二條隧道，作爲棚屋的第二個出口，正像礦裡有一個主豎井，然後還有一個應急豎井一樣。

海狸爲了在溪流中保持大致固定的水位，牠們建造壩，自溪中心開始把一些圓木編排，並用石塊與粘合的泥把木樁固定在河流底部。牠們漸漸在河中修起攔河壩，在上游方向用泥土粘合並做出一個曲線。朝向水流的曲線是令人震驚的，它起了加固壩的作用。隨著時間的流逝，牠們耗盡河流附近的樹木，吃光樹皮，因此在冰河期牠們成爲水利工程師，自修壩形成的水塘起始處開鑿運河。這些運河的修建只有測量員的水準，以至於它們總是盛滿了水。因此海狸可以咬倒樹木，開發樹皮的新來源，而運河則成爲運輸手段。牠們仔細地清理運河，剷除水草。

海狸一切行爲中最具天才的就是咬倒樹木，使其恰好倒在順著河流或運河的精確位置。牠們把食物儲存在河底，或用泥粘牢，或用岩石塊壓住。誰也說不清在發展這些本能行爲的過程中，牠們經歷多少失敗的試驗，但因此，海狸使自己可以和極地的嚴冬抗衡。像螞蟻一樣，每隻海狸做自己份內之事，牠們的群體「沒有指導員、監督員或統治者」；牠們這般地經歷了漫長歲月，雖然在溫暖的氣候中，牠們放棄由漫長的冬季強加於牠們的絕大部分勞動。這種逃避工作的本能似乎在人的潛意識當中也根深蒂固。

人類戰勝自然

人腦比海狸的腦發達得多，當然人能夠做到這些。可能人並不是完全沒有防備的。冰河期的來臨是逐漸的，持續了數千年。首次嚴寒的來臨一定教會人類保存火的必要性。不需要發明火，火就是存在的，等著人們去使用。當然在熱帶氣候中，他們感到沒有必要使用火。隨著寒冷的降臨，開始人類對火的崇拜和對聖焰的祭禮，而火是必須永遠燃燒的。人類在沒有必要保存火種很久之後仍繼續崇拜聖火，其本性如此。在嚴寒降臨的時候，人類中的一員發現可以通過切削隧石來製做切刃，使其成爲一種眞正的武器，石刀、石予、標槍以及石斧逐漸開始使用。這些發明成爲戰無不勝的武器，它們從一個部落傳至另一個部落，直到進入舊石器時代。再後來，當人們生活在沼澤或湖邊時，開始用骨叉來叉魚或其他動物。弓箭的發明是以後的事，因爲這種發明需要更爲複雜的天分。

人類現在已經開始戰勝野獸並已開始改變自然。考古學並未告訴我們，冰河期和石器的發展之間到底有什麼聯係，但我們知道這兩種現象是並行的。我們不清楚從一開始人類食肉的歷史持續了多久，但介於食草動物和食肉動物齒列之間的人類的齒列，自人類誕生以來就未改變過。我們也不能肯定人類是否從最初就與動物鬥爭，證據已表明，人類的本性是和平的。人類最初既是食肉動物又是食草動物。但他們一旦可以狩獵野獸就迅速地發展好戰的趨勢。總的效果是供應更好的食物，提高人的體能和智慧，人類的勇氣和技巧得以增加和提高。由於用獸皮做衣，使人可以忍受更爲嚴酷的氣候，裸體的野獸已開始穿上某種形式的衣服。

另一種變化在最初顯得並不重要，直到後來才顯明。人類很自然地在現成的隱蔽處中爬行，成爲穴居者，他們不會建造人工居所。在洞穴生活的日子裡，火的使用使人可以抵禦寒冷，但他們卻花了幾世紀才學會螞蟻已經掌握的技能：保持住所的清潔。洞穴生活把人聯係得更緊密。他們當中產生更多的交流，並且有共同的地方可以作爲固定的居所。人們隨後會注意到審美本能的發展。在狩獵階段，語言得到發展並逐步改善。口語的發展比書面語言的發展早了年。

冰河時期使人類經歷全面的訓練，人類後來才放鬆其嚴格的紀律。厚厚的冰層繼續推進、消退。在歐洲重新出現熱帶氣候，然後冰層再次推進。這種變化至少發生四次。嚴寒冷酷的冬季總會來到，食物供應短缺、飢荒、婦女兒童死亡。朗費羅（Longfellow）的長詩《海華沙》（*Hiawatha*）中生動地描繪這種生活景象。人類被迫向更南的南方遷移，在改變過程中出現了新的種族。在漫長的歲月中有諸多原因導致這一結果。部落的融合或一個部落對另一個部落的併呑、寒冷和欲望、食物的匱乏、不能忍受嚴酷的氣候，這一切肯定都是原因。在各個部落之間肯定繼續著殘酷的爭鬥，彼此不斷地互相驅趕，我們終於看到，人類本能開始起作用。如果熱帶動植物在歐洲消失，那麼無數的人類有可能也同樣消失。法律的歷史中一個重要事實是生存的持續鬥爭使人類發展更高等的智力。武器的改進一直在繼續，直至冰河期過後很久，人類在經歷了游牧時期和農業階段之後漸漸地進入了使用石質磨光武器的新石器時代。人類在舊石器時代的生活時期可能比新石器時代至少要長十倍。新石器時代的開始大約在公元前一萬年。

狩獵與部落財產的歷史

冰河期開始之初就出現儲存食物的必要性，其結果就是狩豬時期的產生。由此開始部落財產的歷史，一個部落會在狩獵場附近為自己尋找一塊地方，然後就在那裡誕生保存狩獵場的欲望——一種早期的愛國主義。任何外族的入侵都將遭到武力的驅逐，因此部族與部族之間都是抱有敵意的。保護部落財產的本能僅僅來自保存食物供應的欲望和渴望獲得這種本能的發展。哲學家們在複雜的形上學邏輯和各種思考中探尋部落財產觀念的起源，與那時人類的推理有關。原始的野獸是不推理的，當外族侵犯他的食物供應場時，他就會奮而反抗，這是簡單的解釋，任何動物都會為其食物而鬥爭。同樣，人類也應保護他們的洞穴。因此，洞穴和狩獵場只對同一部落的所有成員開放。部落成員的狩獵物被用來維持整個部落，但如果成了異族成員的獵物，就會從異族手中搶奪回來。因此產生部落之間的巨大敵意，以及認為從異族或異族成員手中搶奪任何東西都是理所當然的這種本能。同一部落成員中不可能產生財產糾紛。野人會掠奪異族或異族成員，但他們不會在本部落偷竊。

因此有必要注意在狩獵階段漫長的發展過程中，部落財產的基本觀念得以發展。狩獵者當然保有自己的狩獵武器，但獵物和狩獵場當然被認為是部落財產。在有關財產的使用和法律進一步深化之前，野蠻人在相當長一段時期間維持部落財產的慣例。又經過漫長的歲月，部落財產的慣例發展爲家庭財產，而家庭財產到個人財產的過渡幾乎是難以察覺的。但這一切都歸根於人類獲取和保存食物的本能。儲存食物的必要性不僅使人類，也使其他動物產生了財產概念以及渴望獲得的本能，這種本能就像性本能一樣是根深蒂固的。這只不過是那種保存部族的原始社會性認知的發展，它與行爲的社會一致性本能具有相同的動力。

武器的使用和狩獵階段與法律的產生有關的是在於好戰本能的發展。冰河期的消長所導致的部落遷移過程中的戰鬥，迫使人類成爲極具掠奪性的動物。有兩種慣例可以追溯至狩獵期，其一爲搶奪婦女，隨後慢慢地這一習慣演變爲搶親；其二爲搶奪異族成員和兒童，這導致奴隸制的習俗，正像奴隸制爲螞蟻產生一樣，它也爲人類而產生。這些發展是重要的，而更重要的事實就是好戰的本能，以及不受遏制的野蠻情感所導致部落內部的爭鬥與殺戮。對法律的發展而言，這一事實極爲重要，因爲它與保護和延續部落的本能背道而馳。宗族的觀念一出現，部落內部的爭鬥與殺戮就會導致內部戰爭。宗族的觀念對理解部落復仇是必要的。自此時起，關於部落內部分歧的新的法律體系開始發展。

爲了理解這種變化的全面性，我們必須考慮其他發展，在漫長歲月中人類不僅僅發現武器和火的用途。陶土燒製之後可以耐火，這種陶土容器被用來加熱水與煮食物，這導致陶器的製做。在火上烤熟食物與的技巧已相當先進，但肉的供應常常是極不穩定的。隨著人們學會烹調植物作爲食物，人們擁有向文明進一步邁進的機會。狩獵時期的穴居者似乎就已發現陶器的使用。這一進展直接導致各種野生植物的耕作。

關於這些獵人的種類已有相當多的認識，澤里安人（Chellean）、莫斯特人（Mousterian）、奧里格南人（Aurignacian）、格德林人（Magdalenian）、克羅馬格恢人（Cro-Magnon）、阿齊里安人（Azilian）和梭魯推人（Solutrian），這些獵人根據其遺骨被發現的地點而命名。其中一些人在骨片或洞穴牆壁上製做極爲生動現實的動物像。顏色的運用是搶眼的，野人很早就開始塗畫自己，並且其後代——現今的女性仍然恪守這些原始的修飾手段，這些修飾並非爲了改善臉色。在漫長的歲月中，從原始的獵人到人類一直延續著這一故事。人類發現馴養動物的奧秘：羊可以提供羊毛和保暖的羊皮，牛可以提供皮革，山羊、駱駝，甚至大象，最後還有馬。人類長期以來一面穿某種衣服以禦寒。談論端莊是無用的，端莊是被迫穿衣以克服寒冷的結果。隨著穿衣的開始及其變爲固定的習慣，才開始有了端莊概念。也就從這個時期開始用亞麻、羊毛、駱駝毛及山羊毛來織布。

游牧、農耕與語言發展

現在，廣大的游牧種族開始趕著他們的牧群從一個牧場向另一個牧場遷移。這些人是住帳篷的。我們不知道動物的馴化是否先於家庭的產生，但談到財產，牧群恰好同屬於食物的供應，這種財產是部落及社會集體自我保存本能的一部分。正像保護其狩獵場一樣，部落會把牧場作爲部落財產來保護。但游牧時期有助於家庭的發展，當然也有助於宗族的發展、宗族的劃分，以及自然屬於宗族的財產劃分。

最後，人類發現可以經由土壤的耕作來馴化並改善野生植物。人類已經可以建造湖上房屋以及建於木樁上的房屋。現在他們能夠一起住在村莊中，他們擁有可耕作的土地，可在居屋中避風蔽雨，可以達到更高的文明水準。每個部落都會佔據自己的村莊和耕地。原始人的可耕地最初是作爲部落財產分配給家庭的，在以後相當長時期內一直如此。當然，土地是食物供應的延伸，也是群體保存自己的本能。但應該牢記，一些人仍繼續過游牧生活，而另一些人轉而開始從事農業，由此奠定文明的基礎，這種基礎從此一直完好無損，只是現在那些從更高的階段退化的野人的情況就大不相同了。

如果人類不知道自己本身與其他人的人格的概念，那麼所有這些步驟都將是毫無用處的。人的人格隨著語言而來，語言是人類社會生活的必要基礎。人類的一切其他發明在語言的發明面前都相形見絀。在發明語言之前，誠如羅馬詩人所吟唱：「人類確實就是沉默、野蠻的一群」，有了語言，一切事物都向他們敞開了大門。漫長歲月中只有口語，在沒有任何書面語言的情況下，人類進入文明的相對高等階段，語言的影響是不能被高估的。

人類藉用語言可以分享他人的思想，並且經過長期的訓練能夠檢視自己的思想。沒有語言，人格的實現在心理學上是不可能的。推理的能力來自於自我意識，人類一旦意識到自身存在並對自己及他人的人格形成概念，就具備了良心，這一切都源自個人心靈的相互作用。但良心畢竟是原始人使其自身行爲符合普遍標準的另一種說法。隨著良心的出現，我們就進入道德本能的發展階段，而之後的法律就依據道德情感爲其基礎。

正當與公正

與法律緊密相聯並構成法律基礎的兩種道德情感即正當與公正的概念。群體動物所發展出的行爲的習慣方式符合保存其群體的本能，猜測需要多久才能發展有關正當的普遍概念是無用的，因爲這是緩慢與漸進的歷程。這一概念是個人與群體對社會性心靈如何演化爲推理心靈的歸納，這些歸納是多次對具體事實狀態的必要判斷。本能地但是有意識地被認爲是正當的行爲規則終於演化而來，因爲人人皆如此做，它必定是正當的。毫無疑問，這些判斷是社會經驗的結果。當語言達到能夠表達概念的階段，行爲就可以被說成是正當的，因爲社會經驗表明這種行爲促進社會群體的利益。正當就是符合行爲的習慣方式，人們不記得是經由何種心靈思維的歷程才形成關於正當的道德概念，這些歷程成爲「過去的陶器碎片」。第一個習慣變爲第二本性，個人的正常社會心靈都具備這些關於正當的概念。

因此，正當的概念是出自本能的，並非像蘇格拉底的對話錄所表明，是由推理的過程所完備。正當的概念其堅實基礎就是羞恥感，人類心智詳細推理後所做出的道德判斷，即基於本能的正當概念。既然原始人的法律僅只是習慣的普遍化，顯然地，習慣導致何謂正當的道德概念。因此西賽羅才可以說：「心智、先見之明以及群體的深思熟慮都融入法律中」。既然法律依據群體的普遍意見與接受度而制定，那麼認爲正當的情感與法律之間沒有任何必須的與根本的關連就顯得沒有根據。

然而，另外一種道德概念也進入法律之中，因爲它決定法律必須對所有人都一致的原則。任何具有普通智力的人都知道正當和公正是有差別的。要他解釋差別何在有一定的困難，但他知道兩者有區別。如果要他分析公正這一概念的核心，他將會不得不說公正就是所有人皆處在相同的基礎上，換句話說，公正要求對一切人都適用的規則。再回過頭來看處在社會狀態中的原始人，自然條件就是平等的，雖然原始人不能夠表達，但公正的最基本、最核心的概念就是有必要使得擁有相同社會條件、生活在社會狀態中的人得到並擁有相同的認可，也就是說擁有平等的權利。每個人都有權像其他人那樣行事，因此，每人都有權利像他人那樣以習慣的方式行事。除非每人都能自由地以同樣的方式行事，否則行爲的習慣方式永遠不可能形成，這即是自由的含義。然而像康德和黑格爾這樣偉大的哲學家們，當發現法律的基礎在於自由和平等時，他們眞的認爲自己有所發現，而這不過是主張法律是基於行爲的習慣性方式。這種思想恰好說明了平等，或者從法律允許行爲的這一角度，它意味著平等的自由。爲何哲學家們大肆鼓吹發現了法律的基礎在於自由與平等呢？簡短的答案就是，如果社會群體的成員要發展所有人都以某種方式來行事的習慣，那麼他們一定擁有以那種方式來行事的平等的自由。沒有這種自由與平等，就不會有習慣，也就不會有法律了。

因此，當原始人開始部族內訌並造成人身傷害時（我們所講的是人身傷害，因爲對財產的損害還是不可能的），一種符合公正與正當的習慣就會得到發展。首先，一個人傷害另一個人是錯誤的，因爲這不符合行爲的習慣性方式，並且與社會群體的和平與維持相牴觸。其次，如果造成傷害，公正與平等要求被害者——或者，如果他被殺死，其親屬——有權向加害人討回平等。那時，人類尚未構想出損害賠償的概念，因此唯一可以設想的權利就是回報以相同的傷害，即討回公道、平等的權力。那時的傷害法仍處於初始階段，人類還未構想出其他的賠償方式。除了同態復仇法（lex talionis）（即以牙還牙的治罪法）之外，沒有其他可能的賠償；以眼還眼、以牙還牙，或以其人之道還治其人之身。它的實施不僅正當、公正，而且還找不到其他的賠償方式。以後將會談到這些原始概念的應用，但在此應說明，公正的概念一定在對正當這一概念產生任何內省的質疑前就已經得到發展，正當成爲比公正更爲普遍的概念，因爲它傳達所有與適當的以及正確的行爲有關的概念，而在此，公正並不是全都有關。正當性可以適用於心智的狀態中，而不必然包含對他人的行爲。

羅馬法得以高度發展是因羅馬皇帝查士丁尼（Justinian）於一千三百年前下令編纂《羅馬學說匯纂》（*Roman Digest* 或 *Pandects*），在開頭的部分，對集合大量的特定規則的法律給予概要的說明，並按照偉大的法學教師蓋尤斯（Gaius）的手冊編成的。這本既是蓋尤斯手冊又是查士丁尼法典的一部分的手冊稱爲《查士丁尼法學階梯》（*Institutes of the law*），該書一開始就介紹參照羅馬早些時候關於公正的定義。在那本綱要中，公正就是「持續與永久的給予每個人他自己權利的意願」。在原始人、羅馬法學家與今日的人們之間，盛行的觀點就是讓每個人都有權利提出要求，這個要求只能由適用於群體所有人的普遍規則來回答。

當談到行爲的習慣性方式及其形成的過程時，作爲第二本性的習慣，將嚴格地被遵守，因爲按習慣的方式行事是比較容易的。甚至文明水準相當高的人也認爲「行動容易思考難」。我們可以發現習慣在應該已經改變很久後，仍然左右著人們的行事方式，這就是法律的歷史。這段歷史的總結是：人類墨守習慣。在此，善於推理的人類其正當的概念開始脫離公正的概念。爲求公正，人們必須以習慣的方式行事，否則就會喪失自由與平等，並使那些不遵守習慣的人遭受不可忍受的恥辱。但爲了適應新近對正當行爲的觀念，人們必須形成新的習慣，這一過程歷時長久，但習慣會慢慢適應新的生活環境。因此，按照新習慣，當財產觀念得以深化並且財產有其價值之後，各種損害都以財產來賠償。這一點將在法律的發展中得到全面體現。

母系氏族的發展

現在來看一看其他導致法律發展的因素。在一段我們不知持續多久的時期中，一切親屬關係只能經由母親來追溯，父親這一支的關係是未知的。某一時刻，經由婚姻而結合的機制得到最初的創立，很自然地，這一定是來自人類對孩子是由男女結合而誕生的事實的了解，人們認識到孩子的一部分是屬於父親的。在漫長歲月中，家庭的關係只能經由母親這一支來追溯，這揭示另一個事實，即遠在母親與一個特定的男人結合在一起之前就產生了家庭，而這種家庭的基礎就是子女的關係經由明顯的、已證實的母系一支來顯示。也許永遠都不能確定，最初的家庭類型是包括一個女人與幾個丈夫，或幾個女人和幾個男人混雜地合結在一個家庭裏，或是只包括一個母親和子女。宗族概念的發展本身就是偉大的一步，這一點應是很明顯的。產生同情和愛的情感只能是有力的文明因素的部分，更強烈的是宗族觀念的影響，以及獲取更多數量的物品與財產屬於宗族這一觀念的延伸，由此人類得以進步，部落分爲母系氏族制家庭，並產生了對特定財產的所有權的定義。

人類的趨勢就是繼續社會習慣，即使這些習慣早就應該改變之後仍是如此。貞潔、忠誠和嫉妒的概念經過漫長歲月才得以形成，我們應該總結，雜交，就像我們上面所定義的，可能在宗族的家庭存在很久之後仍繼續著。這就說明了爲什麼母親統治家庭，而父親沒有任何角色的母系氏族家庭盛行那麼久，這個事實是毫無疑問的。西班牙北部和法國南部一個原始種族巴斯克人（Basques）就強有力地向世人展現由母親領導和統治的古老家庭的痕跡。家庭財產的繼承權完全屬於母親一支的親屬，父親一支的任何關係都得不到承認，這種法律規則解決所有問題。

最終，繁殖的本能以及保護子女的本能與對父親身份的認識結合，導致某種形式的男女永久結合。沒有其他方式可以保持父親對子女的權利。奇怪的是，在任何固定的婚姻結合存在之前，婦女爲主的家庭（她的兄弟也是一部分）就已清楚地確立。在永久的婚姻存在很久之後，丈夫仍只是家庭外圍的躲藏者，在家庭中沒有權威，也沒有地位，對家庭財產幾乎沒有什麼權利。很顯然，一旦宗族的觀念得以發展，部落劃分爲不同的宗族，人類的存在就達到更爲複雜的階段。極有可能，當人類還是狩獵者時就達到這一階段。一個女人或幾個姐妹，以及她們的兄弟們組成一個自然單位，這種家庭的財產所有權會擴展到獵物，作爲對家庭的支援手段。

在邁向游牧階段的過渡時期裡，牧群就這樣成爲家庭財產。但是在婦女沒有貞潔或忠誠的觀念，而男人沒有嫉妒，並且習慣或法律是基於母系氏族的人類生活階段中，男人在洞穴中以棍棒和指甲爲武器，爲女人而鬥爭的概念是十足荒唐，不合時宜的。

父系氏族的發展

父系氏族的發展，除了因獲得了父親身份的知識外還另外有個原因。在部落爭鬥中婦女被俘獲，被搶到的婦女當然屬於搶她的人。在把自己的法律傳給文明人的那些部落中產生一個男人不應與宗族中人婚配的習俗，其中原因不必深究，只闡述這一事實就足夠了。在母權制階段，爲何會產生這樣的習俗很簡單，因爲所有的孩子都是兄弟，所有的叔叔都是父親，所有的阿姨都是母親。當然老弱者被殘酷地拋棄，若不被殺也被放到一邊等死。這種原始的婚姻就是所謂的宗族外或部落外婚姻，稱爲外部通婚，它可能是隨著宗族的發展而開始的。另一方面，在爭鬥中搶奪婦女的結果，至少會迫使較弱的部落禁止搶奪，並堅持婚姻只應在部落內的不同宗族間發生，稱爲內部通婚。這將會直接引起買婚。

在社會發展的這個階段興起了習慣法的三種形式。父親的身份是令人懷疑的，在這種情況下的一個習慣就是孩子在一定階段需要得到父親的承認，結果是新生兒是殺、是留，完全由父親定奪。殺嬰這種醜陋做法，據稱曾有其他起源，但似乎最合理的起源就是新生兒由父親來處置。很顯然，前一階段即雜交階段與這種權力的產生有著直接的聯係。不管如何解釋，這種做法是已確立了。在人類從前的野蠻生活所籠罩的陰影當中，最黑暗的當屬殺嬰了，尤其是對女嬰的殺害。人類把這種做法繼續到半文明階段，過渡成爲人的獻祭。在放牧時期，男孩更爲寶貴。但父親操其子女生殺大權是父系氏族的固定事實。

隨著婚姻的創立，產生了各種不同婚姻的習俗。有搶婚和買婚，以及其他正規和非正規的結合。還有試婚，這是現在某些頭腦幼稚的人們所倡導的，其實遠在野蠻時代，蘇格蘭人、北歐人、凱爾特人和德國人就已嘗試過了。

朝著以父親爲一家之長的家庭形式的逐漸轉變導致家庭財產的參與權和繼承權只局限於父親一支。朝著以父親爲家長的家庭形式的轉變，以及只有父親一支的關係才得到法律承認的事實，或許產生於游牧或放牧階段，因爲游牧生活必將導致整個群體分裂成家庭，而且男性的優越性將會確立。但在拉丁文中描述血緣宗族的一詞**cognati**（母系親屬關係）最初表示的是母親一支的關係，只在後來才意味著任何的血緣關係，這是奇怪的事實。後來的詞**agnati**（父系親屬關係）只表示通過父親一支的關係。這種以父親爲家長的父系氏族家庭是怎樣得到進一步發展的，以後將會講到。在父親身份可疑的野蠻階段有丈夫假分娩（couvade）的習俗，丈夫躺在床上模仿生小孩的過程，他覺得應該當眾辛苦一番以證明孩子是他的，合法的虛構來自於遙遠的過去。

當婚姻結合形式確立之後，男性事實上的優越地位以及他的其他本能有時會導致一個男人有幾個配偶的狀況。應當記住，一夫多妻家庭是例外而不是通例，因爲普通人沒有能力養活多個家室。近年來可以從摩門教徒身上看到這種情況，在他們中只有少數的族長才是一夫多妻者。一旦出現了這種對女性的佔有，就形成貞潔和忠誠的觀念，以及產生男性嫉妒感的機會。這些生活中的新階段對法律的作用是明顯的，並且法律中確立男性對女性的排他性佔有，女性則必須忠誠的機制，女人和她的情夫可以因通姦而犯下嚴重的罪行。

氏族財產與宗族責任

部族或部落因此分為無數氏族，首先是母系氏族，然後是父系氏族。但這些一直生活在社會群體中的人漸漸習慣這樣的事實：一個部落全體要因其成員對另一部落成員造成的傷害而對另一個部落負責。因此在氏族的發展中，不管它是如何發展的，一個宗族或氏族要因其成員對另一氏族成員造成的傷害而對另一個宗族或氏族負責。這是由於在原始人的社會生活中，他們不能夠從個人的角度思考，他們緊守著祖先的方式和思維習慣。一切的法律都以一個宗族因其成員對另一宗族成員造成傷害而對另一宗族負責的責任形式而確立。財產也正同樣，對於住帳篷者財產是其牧群，而後來村莊中人的財產則是其土地了。在部落之間財產（包括動產和不動產）作為部落財產而得到承認，部落之內的財產只作為氏族的財產得到承認。同樣，宗族與宗族之間的責任也適用於對財產的損害。像很多哲學家一樣，柏拉圖也曾打算成為法典的制定者，雖然他不大理解人不可能被法律塑造成哲學家，對於他而言，沒有區隔化的氏族財產以及整個宗族的責任正是可以藉由法律而獲得的理想，即使在他那個時代的希臘人早已經超越了這一原始狀態。

宗教信仰與祭司階級

必須考慮原始生活的另一因素，因為它對法律的發展也產生了影響。這種生物發現自己處在生與死的世界中，他體驗到地震、暴風雨、雷電、洪水以及其他偉大的自然力量。歐洲在冰河期是什麼樣子？

大河、大湖、無盡的沼澤，我們沒有什麼明確的概念，也不能夠想像融化的冰雪是怎如何淹沒世界。這些自然現象是可怕的。由於這可憐的野蠻時代的恐懼所引起的神力、泛靈論與黃教在此就不細講了。關於死亡、埋葬和獻祭等眾多不同的習俗屬於自然結果。關於野蠻人對被禁忌和被禁止的事物的解釋也同樣在法律中具有極大重要性。不管對好的和罪惡的神靈的信仰基礎何在，很顯然，藉由語言，人類取得人格概念後才形成了神靈的概念。

人類從未從恐懼的時代完全解脫出來。每種自然力量和現象都是一種神靈或神。魔鬼和天使、森林和溪流之神、閃電之神、暴風雨之神和洪水之神，春天和收獲的溫和慈祥之主宰者，以及危險和死亡的神靈，這一切都需要以寶貴的祭品來撫慰。每個自然物體都被賦予精神而成為神。我們在此不需要詳述人類獻祭，以及流傳廣泛的、在葬禮的火堆中燒死寡婦作祭的陰暗歷史，也無需細說野蠻人回到原始的雜交狀態的可怕的宗教儀式，也無需探詢究竟在野蠻思維的過程中何時產生了對祖先的拜祭。這是野蠻信仰時期，在此時創立了收養法和有關家族財產遺囑的法律。這些做法和信仰，或許在當時產生一些好處，但在人類思想中留下長久抹不去的污點。

這段陰暗歷史中有一個特點值得注意，無疑在這種時代，心靈的異常與瘋狂比今天更普遍，人們若不認為一個狂人遠比一個常人更有能力那就奇怪了。預言者、女巫和傳神諭者一直模仿狂人的瘋言瘋語。巫師和術士的最原始做法或許就靠模仿狂人式的興奮。那些能進入恍惚狀態並能在過後講出所見所聞的異常事物的人，比今天同樣的人更具有操縱的才能。似乎在這種人和由其發展而來的祭司之間存在著一些聯繫。祭司假裝能夠溝通野人和某個神，從而使自己顯得很有力量。這個題目極其神秘，但我們可以注意到，宗教一般來說發展為兩種，一種為一切物品和自然進程都有其相應的諸多神和女神，而另一種爲一個特定的部落擁立一個部落之神，這個神有時與各種其他神對立，又有時與一些特定的邪惡之神對立。認識到這一點就可以達到法律的發展要求人達到的某種境界。只認識到這一事實以及特定的祭司階級的產生對我們來說就足夠了。

這件事與法律的聯繫在於法律爲祭司們所擁有，這些祭司被認爲可以在人類和神靈之間溝通，而法律大多要求對神採取特殊的行爲。祭司經由自然過程把法律歸諸於一個神或諸多神。顯然當法律被歸於神時，它們將仍會更具體化，不可更改。法律是神聖的，雅利安人和閃族人都持這種信念，它對中世紀與現代法律產生極大的影響。

法律的社會基礎

現在，歷史已進行到某一時刻，這時法律的原始內容已被確定。根本的具體因素，人類這一動物、社會群體、根深蒂固的社會本能、逐漸壯大的文明因素、母系氏族、固定的內部關係、父系氏族、武器的發明、社會性心智的發展、好戰本能的發展、斂財與守財的根深蒂固的獲取本能，這些都被慢慢發展的正當與公正的道德觀念所修正，這一切構成法律的原始內容。接著就應考慮法律開始發展之時的人類，並談一談原始的和古老的法律以及它們產生的社會基礎。

但此刻有必要說明一個已成公理的觀點，即在實施法律的條件形成之前是沒有法律的，並且也是不可能存在法律的，這樣的法律是不可想像的。然而約翰·查普曼·格雷（John Chipman Gray）在《法律的本質與起源》（*The Nature and Source of Law*）一書中問道：「在獅心理查（Richard Coeur de Lion）的時代，關於電報公司對接收電報人的責任的法律是如何呢？」此時他在證明什麼？還有比這更荒謬的嗎？他只是在表明他不知法為何物。他還不如問：「當亞歷山大大帝統治巴比倫時，法國欠美國什麼債？」法治是像債務一樣沒有實體的，它來自於人類的關係。如果作為法治存在基礎的關係不存在的話，那麼法治也就不存在了。

隨著語言和推理能力的誕生，自我意識成為可能，人類意識到需要為合乎道德的目標而奮鬥。在那個發展階段，螞蟻的政體甚至在野蠻人當中也是絕對不可能實現的。就在那時，「地球上唯一一個偉大的社會，生也光榮、死也光榮的社會」成立了。人是不能僅靠麵包生存的，這成為眞理，人類漸漸崇尚一種更眞實、更高品味的生活，而這種生活越來越取決於人自身的更高品質，它宣判人類純粹機械地適應自然界法令這一原則的死亡。會思考而有理性的個人，在悲傷、貧困或恥辱中一步一步地出現，他超越周圍的環境。個人再也不可能被淹沒在群體當中，個人再也不可能彼此完全相同，並具有精確地、按同樣方式行事的本能。行為的習慣性方式，以及法律本身都必須不斷變化。新形勢下，更開闊的思想境界將創造新的責任。時間將會使「從前那些好的東西變得笨拙」。正是那些稱良心為幻覺的科學家，被迫在他們自己的生活中遵循隱惡揚善的力量。首先，法律奠基在宗族的責任之上，然後又奠基於個人對其自身行為負責任的基礎之上。沒有這種責任，人類的社會秩序是不可能產生的。

但是一些科學家和犯罪學家否認法律責任的基礎，也由此否認法律公正的一切基礎。他們否認這種選擇的自由，他們認為自由的意志是種幻覺，宣稱人類無法進入選擇的王國，人的抉擇是由自然力決定的。神學宿命論者用上帝的旨意來代替自然力。這一切的答案很簡單，當人談論選擇的自由時，他指的是人類對可能實施的行為做出選擇，而不是對那些不可能實施的行為做出選擇。這種選擇的自由是思想的狀態並且是思想的結果，它不是物質性的東西。如果人相信他有選擇的自由——人人都相信，因為人人都根據這一信念行事——事實可證明人人都享有自由的意志。但當可能做出選擇時，並非所有人都能對一切事物做出選擇，很少有誰能像蘇格拉底那樣爲了必須守法的抽象信念而死。絕大多數的人類可以做出選擇，可是這種能力並非十全十美，最高等的人能夠做到，最低等的人完全無法做到。一位詩人用美麗而簡單的詩句闡述此一眞理。

每人面前都有無數條路，
崇高的靈魂登上艱難的路，
低下的靈魂只能走容易的路；
在霧氣瀰漫的平地之間，
其他的人來來往往。
每人面前都有一條艱難的路和
一條容易的路，
每人都決定自己的靈魂之路。

第3章

雅利安人的法律

在法律發展的主線中，我們首先注意到的人種是雅利安人，因爲閃族人在此同時已代表更高一級的文化。

人種學家通常都能辨別三個主要人種，黑人、蒙古人和白種人，這至少可以由人類毛髮的橫切面來證明。還有尼羅河流域人種，因爲沿尼羅河至今仍能找到這種原始人種，他們可能來自那一地區並由此得名，這一人種在很多年之前或許爲自己打下成爲白種人的基礎，其主要特徵與諾亞的三個兒子，含米特（Hamites）、閃米特（Semites）以及加弗特（Japhet）的後代相同。研究《創世記》的人種學家堅信白種人的起源是單一的。似乎沒有理由懷疑尼羅河人種最初大概和古老的埃及人、柏柏爾人（Berbers）一樣。這一人種的一大部分遷往北方，由於明顯的原因，他們在漫長世紀中被漂成白色，在更遠的北方則變爲金黃色頭髮人種。這一人種在遷移中爲數眾多的一支到達地中海沿岸，被稱爲地中海人種，義大利、希臘、法國、西班牙和英倫三島古代居民中的一部分就屬於這一人種。他們與其北部鄰居——被稱爲阿爾卑斯山居民的另一支白種人相遇，地中海人種中靠北的那部分與其融合。阿爾卑斯山人或許有蒙古血統。幾乎整個西亞都屬於這部分白種人的一族。

在更遠的北方居住的白種人，在人種學中被稱爲印歐人種或雅利安人，這恐怕是所有人種中最混雜的一支。這一人種中的金髮一支近年來被稱爲北歐人。他們的子孫或想像中的子孫認爲這些北歐人是優秀人種，但這只是虛榮和自我滿足式的錯覺。混雜的雅利安人經由遷移佔據了波斯、印度北部，以及幾乎整個歐洲。一些人或許對這種劃分還有別的說法。不論有何種其他考慮，在文明人當中，白種人、雅利安人以及閃族人，是法律發展過程中具有重要性的人種，這一事實不容辯駁。雅利安人的移民顯然先於閃族人，但當雅利安人仍是四處游走的野蠻人時，閃族人以及埃及的含米特人就早已發展高度的文明。或許雅利安人隨後得到的文明歸功於閃族人和地中海人種。我們知道，在歷史上所謂的北歐人是經由與地中海人種的接觸才開始變得文明。

似乎很奇怪，我們沒有提到埃及人。事實在於，他們雖然才華橫溢，卻並未併入發展的主線。我們也得不到關於他們的法律的實際概念，直至他們被馬其頓統治並對希臘法律有諸多借鑑爲止。如果我們可以相信文學，就會相信他們有著良好的正義感以及闡述正義的良好口才。可以引以爲證的是一個要求對腐敗官吏採取法律行動的案例，一位農民趕著幾頭馱滿物品的驢從綠洲中來，路上遭到一官吏的搶劫。他向高一級官吏要求公正對待，官吏把此事匯報給國王。國王對農民的口才印象深刻，於是延長了案件進程，聽到農民關於正義的高標準的九篇不同演講，國王顯然被農民雄辯的頌詞迷住，演講內容如下：「您是孤兒之父、亡婦之夫、棄女之兄、喪母者之圍裙。在這片土地上，您的名聲高於一切公正的法律，您是慷慨的領袖、高尚的偉人，您戳穿一切謊言，您就是正確。」他的讚揚達到了頂峰：「您是天之舵、地之柱，您就是測量用的尺，舵永遠正確，柱從不崩潰，測量之尺從不犯錯。」他當然能贏，也確實如此，他勝了訴訟，官吏遭到懲罰。

雅利安的父系氏族

在法律發展的主線中，我們首先注意到的人種是雅利安人，因爲閃族人在此同時已代表更高一級的文化。雅利安人的父系氏族的財產屬於家族，他們燃聖火，祭祀男方或父系的祖先，他們擁有與其發展相適應的法律習俗。同時，年老體衰的父母被棄置一旁，雅利安人還未從閃族人身上學到尊敬這一課。男性族長對家族財產、行爲和族人生活的權力是絕對的。爲了聚集家族財產，爲了對族人的要求作出回應，這樣的權威是必要的。對於人類生活的狀況而言，這是相當合理的統治。婚姻習俗固定下來，大多數人是一夫一妻。然而酋長和富人通常娶幾個妻子。據說一夫一妻制是雅利安人更高等文化的證據，有英文和德文的頌詞讚揚其祖先的一夫一妻制，其起源或許完全在於經濟因素。雅利安人常常派出遷移的團體，正如海狸所做的一樣。當海狸從其固定的家遷移，去建立新家時，通常是一對同行。由於同樣原因，人類也總是很多對夫妻同時踏上遷徙之旅。我們可以如此假設，原始人與海狸一樣有著相同的社會感。可以引用亞伯拉罕故事或希臘人的開拓殖民地來證實這一點。

由於領導的需要和一種原始的軍事紀律，這些雅利安人在其經常遷徙的生活中發展出一種不平等狀態。祭司功能得到充分發展，他們是膜拜祖先之人。在他們當中，族長領受膜拜，並成爲儀式的祭司。他們也發展農奴制或奴隸制。但雅利安人不開墾土地。

奴隸制度

奴隸與農奴通常是戰爭中的俘虜或戰敗的種族。每當掠奪性的雅利安人遇到開墾土地的部落時，農奴制的形式就規定戰敗的那個種族專做農活，爲其主人提供勞力、服務、糧食及牲畜。這些專做農活的農奴一般居住在村落社區中，無疑的，這種村落社區就是從屬部落的宗族或大家族的集中居所。這種最初的奴隸制形式不是壓迫性質的，奴隸屬於家族或家庭。從前的奴隸或農奴來自同一人種，膚色相同，這一事實使得古代的奴隸制和現代的黑奴制成爲極不同的機制。這種機制適合雅利安人的原始耕作，社會分類是簡單的，事實上沒有分工，從屬的階層有必要作爲土地的開墾者。簡單的事實在於奴隸勞動是無報酬。支付方法不存在時，爲勞動付出報酬在法律上是不可想像的。這種產業組織可以追溯到英國，從不列顛（Briton）到盎格魯——撒克遜，一直到英國的采邑，其發展在法國也同樣清晰。

奴隸制是人類自然發展的產物，一如螞蟻群中的情形。這一事實使得兩個被稱爲法理學家之人的爭論顯得很荒唐。一人名爲科勒（Kohler），另一名爲史坦勒（Stammler），兩人對奴隸制是否正確產生爭議。我們還可以問，存在於螞蟻中的奴隸制是對的嗎？對原始人提出這樣的問題是毫無用處的，因爲他們對此沒有任何疑問。對於他們，奴隸制是很自然的。甚至對於柏拉圖或亞里士多德，奴隸制也不牽涉道德方面。人類經過很長時間才形成奴隸制正確或錯誤的概念。對於任何有恩怨的人來說，把我們自己關於對錯的概念歸咎於原始人這一錯誤是再明顯不過的。

家族財產的保存

共有家族財產的習俗在這些雅利安人中繼續著。在閃族人、印第安人、雅利安人、斯拉夫人、塞爾特人（Celts）和日耳曼人中可以發現同樣的父系氏族或家庭的形式，這種形式在羅馬人中達到全盛。家族中的每位男性成員可以持有他自己的財產，可能早期的拉丁人則不同。最初族長控制的家族地產是家族不可分割的一部分，族長死後仍屬於家族，可以說是部落贈予每個家族的。個人財產也是不可分割的，但當族長死後，其三分之一留給家族，另三分之一用於死者葬禮，餘下的三分之一用於火化遺體時的痛飲。無需說明，在以後的年代，留給死者本人的三分之一被贈給教堂。早期的不可分割的地產和個人財產之間的區別對以後的法律產生巨大影響。它直接導致長子代替父親繼承家族地產，他有責任撐起共同的家並資助姐妹們，因爲她們在地產繼承時是被排除在外的。當然訂立遺囑是當時人們所不知的，因爲只有書面語言產生之後才可能。但這種必要性以及保存家族財產的習俗卻導致後來發展的各種的法律規則。

摩奴法

現在仍然保留雅利安人大遷徙後，不同的雅利安部落的法律著作。但尚未對其進行恰當的分類和排列，有時能夠同時發現相隔幾百年或幾千年的文件。這些法律的原始收藏包括以印度神聖語言寫成的印度文獻、塞爾特人的布雷恩法（Brehon law），以及某些方面更爲原始的日耳曼法。我們把條頓（Teutonic）習俗留到英國法律故事中去講，以便說明盎格魯——撒克遜習俗的起源是如何移植給不列顛人或被征服的塞爾特部落。雖然這些雅利安部落的印度文獻和布雷恩法在時間上晚於巴比倫法，但它們可以用以說明文明的法律體系產生的更原始的狀況。印度（Hindu）法被稱爲摩奴法（Laws of Manu），從歷史角度看，這些法律文獻不算古老，但它們體現雅利安種族某方面的古老的原始習俗。宗教和法律習俗結合，正像我們在希伯來的法律體系中所見。很多習俗已顯得過時，但習慣法比神聖法要古老。一切法律都被賦予神聖的起源，不應更改。在神職人員的階級中，祭司是最高級的，接下來是武士階級，然後是從事商業和農業的階級，最後是布衣階級，而最底層的被奴役階級代表被征服和從屬的種族。族長、權威的父系氏族體系得到充分發展，共有的家族財產屬於家族擁有，這是一種共同所有權。那時的家族之中所有父系親屬和未婚女性有權居住在家裡。家一般是指房屋的集合。家和財產是共同擁有的，雖然家族成員的開支絕對不平等，但對每位的開支從不記賬。人人有責任清償死者的債務。因爲人死未能償還債務就要遭受折磨，這種責任是爲使他從折磨中解脫出來。正像後來的情況一樣，原始人一直天眞地認爲，死者的靈魂必須經由敬神的祭禮從煉獄中被贖出。擁有財產，並且允許家族任何男性成員在不利用家族財產的情況下，可以獲得個人財產的額外權利。然而根據事實推斷，家族成員所獲得的一切都是家族財產，除非它們被當眾展示並被認爲不是家族財產。從摩奴法時代起，家族任何男性成員都可以要求分財產，當然這是相當遲的發展。

印度法系代表雅利安人的部落組織階段，此外它在法律發展史中沒有特殊的價值。祭司階級執掌大權。很明顯，父系氏族中族長大權在握，財產與家族分離。戰爭的需要導致武士階級的產生，地位僅次於祭司階級。印度——雅利安人生活的一個突出特點就是被征服的群體居住在部落的村落社區中。這些雅利安人從波斯高地來到印度，多年之後，其他的征戰游牧部落來到這裡，使印度——雅利安人淪入被奴役的境界。這些雅利安人創立個人責任的概念，因爲《摩奴法理概要》（*Institutes of Manu*）演繹人類生活原理，這對於最初不承認個人責任的狀況而言是一大進步，「每人都獨自來到這世上，又獨自離去，他獨自地領受善行的回報，也獨自領受惡行的懲罰。」但這一概念並未引入財產法。

塞爾特法律

雅利安人的另一支游牧部落叫做塞爾特人。他們從某個中心陸續成群地向歐洲西部遷移，至於這一中心何在，眾說紛紜。在他們的征服過程中席捲了法國、西班牙、義大利北部和英倫三島的大部分。他們找到另一種族，可能是阿爾卑斯山區居民，征服並佔有了他們，使其淪入農奴制狀態，在某個時刻並與其合併。要知道，塞爾特人比他們所征服的法國和英倫三島居民的文明程度要低得多。像以往一樣，從屬的種族漸漸提高征服者的文明程度。塞爾特法律著作匯編在時間上間隔達幾世紀之久，一些文獻文風純樸，另一些則很現代的。這種法律很多都是被稱爲布雷恩的法官們決定。這些法律沒有分門別類，因此不能做出絕對確定的結論，有時甚至很難區分我們究竟是在研究小說還是在陳述事實。或許這些法律受到羅馬對英國佔領時的一些殘餘影響。

塞爾特人擁有系統化的雅利安部落或部族組織，分爲父系氏族，但他們發展部落邦聯，每個部族都稱自己爲共同祖先的子孫。後來，部落可以開放，融入那些其他祖先的後代。家族是父系氏族制的，至少擁有個人財產。更古老的法律似乎來自游牧時代。兒子取代父親成爲族長，但家族變得更加不固定，因爲年長的兒子們分了家族財產，拿走一部分，而最年輕的兒子則留在家裡繼承剩下來的那部分財產。在後來的英國法中這條規則被稱爲幼子繼承制（Borough English）。這種幼子接管家庭的特點是肯特郡（Kent）土地保有的習慣，在英國法中，這作爲習慣性地方法規得到承認。不動產被認爲是屬於部族的，在部落邦聯的最高層，酋長變成國王，在他以下是部落王，在部落王之下是家族之長，祭司階級被稱爲巫師（Druids），像婆羅門（Brahmins）一樣，他們掌握大權。現在已可以確定，巫師最初並非由塞爾特人擔任，而是由古老的被征服種族阿爾卑斯山區人擔任。

巫師最初似乎是從事法律的法官，但後來被所謂的布雷恩——職業法官階層——所取代。每個國王有自己的顧問，被稱爲政治家。此外，貴族階級得到充分發展。他們最初是戰爭中的領袖，後來成爲政治家，他們的兒子、國王的顧問以及布雷恩，這些人被稱爲貴族。部族財產被瓜分，一部分歸於部族之長或次王，一部分歸於武士、顧問及布雷恩。貴族階級之下是爲數眾多的自由人階級，最下層是被奴役階級。任何在某種紀律約束下征戰的雅利安種族似乎都會發展這種公眾組織。

土地制度的逐步演變需要進一步的法律作基礎。土地被分配出去，被個人或家族佔有，是不可分割的，但以這種方式佔有土地是租借。土地佔有人有兩種佔有土地的方式，自由農民佔有土地，他們付七分之一的租費租牲口耕作。這些契約需當眾鄭重地訂立，這種法律發展顯然屬於畜牧時期。同時非自由人也允許佔有土地，他們爲此繳納產品。當然，針對契約的法律規定很少。貿易採取以貨易貨方式，以實物交易。書面契約受到極大重視，但這一定是在塞爾特人發明書面語言之後在塞爾特法律中才出現的。

這些部落在某些方面顯得很進步，雖然這種進步狀態在他們定居下來很久之後才存在。雅利安人常常舉行部落的公眾集會，在塞爾特人中直至定期舉行例行集會得到普及之後這一習俗才得以形成。這些集會可能最先是宗教性質的，換句話說是在宗教節日時舉行的。參加者有國王、部落王、族長、布雷恩和其他貴族，以及朗誦者。在集會上要陳述法律，一些法律節奏感很強，極顯古風。在大規模集會時要宣布對法律的修訂，與會者表示贊同後，國王可以宣布一項新法，這恰恰是早期的諾曼（Norman）國王統治英國時所使用的立法形式。無法確知這種立法權力可以追溯到雅利安歷史的哪個時刻，但它確實意味著這些雅利安人不再認爲他們的法律是神聖起源的，這或許是由於法律不再掌管在祭司手中所導致。

傷害的補救

解決爭端的手段顯示一種獨特的發展狀況。這些被稱爲部族的社群試圖創立習俗以應對部族內的爭吵、爭鬥、傷害和殺人所導致的離心效應。我們已經解釋過，那時不存在法庭、官員、監獄或作出判決、執行判決的手段。對違反習慣法而對他人造成的傷害所採取的唯一方法就是自力救濟，輔以公共輿論的壓力，並使傷害者的宗族全體對被害者宗族負責。在這種情況下個人是無用的，原始人不理解個人的概念。在這種狀態下自力救濟是必要的，當然內部戰爭由此產生。令人感到很驚訝，我們在今天的芝加哥能看到同樣的原則仍在起作用，這是回歸到野蠻時代。根據法律，酒類的交易是處於法律範圍之外的。酒類的交易者被稱爲非法販酒者，他們認爲這一難以受到法律控制的職業是謀利的樂土，他們或經由居住權，或經由高壓手段佔領某一區域作爲自己的勢力範圍。這一區域遭到其他非法貨物供應商的侵犯，佔領者以自力救濟形式奮起反抗，殺死侵犯者，這導致報復性的殺戮，如此循環反覆。結果就是在一個應該秩序井然的社區內爆發內部戰爭。在其他地方，參與非法販運的警察能夠維持和平。

在原始人中，宗族的概念得到充分發展，一起傷害的結果會是被害方的男性親屬尋求補救，並立即去追究傷害方的宗族。或許被害方的第一次上訴會向部族全體提出。如果事實清楚，部落集會的公眾輿論或許足以保證以和平方式實施補救。但既然對死亡的唯一補救措施是另一人的死亡，當然就需要尋找其他的補償方法。因此產生一種對傷害的賠償制度或付稅制度，傷害方的宗族一定要賠償被害方宗族。應當注意這些對人身或財產的傷害只是對個人的傷害，那時不存在犯罪法。這種情況似乎對於所有白種人的部落都是很普遍的。這些處理方式根據習慣而慢慢形成新法。很顯然，一定需要有許多年的仲裁與和平解決的做法才能就以財產賠償形成一套習俗。錢是後來的發明，所付的稅最初是採取其他形式，逐漸變爲以錢來付稅。但如果事實有爭議，那麼這種和平解決就不會得到默許。事件不可能強制性地解決，在部落集會之前會進行某種程序來確認事實，當市鎮會議對此事作出裁決之後，被害方就能行使自力救濟的權利。

像如今一樣，那時也會遇到一些棘手案件，需要特別了解習俗才能做出裁決，祭司或年老、智慧之人會被請來解釋法律。在塞爾特人部落中，巫師最初是法律的監護人，但愛爾蘭法顯示巫師被一群訓練有素的布雷恩或法官所取代，巫師們雜亂無章的法律知識是不夠的。

布雷恩

最初，任何博學之人都可以是布雷恩，布雷恩附屬於每個國王或副王的法庭。布雷恩不擔任司法職務，但像羅馬法理學家一樣屬於一種職業。他們長期研究法律，受過法律方面的培訓，但他們沒有強制性司法權。當事人向某一特定的布雷恩提交爭議時，所有布雷恩都對案件做出自己的裁決。控訴方可以選擇任何他中意的布雷恩，最終演變爲布雷恩定期出庭，布雷恩通常接受相當於爭議金額十二分之一的一筆費用。

一切對個人或財產不利的行爲都屬於對個人的傷害，如果被害人活著，他就會尋求補償，否則就由其宗族出面。被選中的布雷恩將審查案件，但他並不裁定事實。事實的裁定通常由地方集會以雅利安人的公開方式來進行。將事實的裁定結果提交給布雷恩，他作出判決並宣布賠償。賠償是依等級決定的，若被害人受到羞辱行爲的傷害，賠償就將增加，換句話說，傷害人將付懲罰性的損害賠償金。若是致死，如果是非故意致死，賠償爲法律規定的固定價格。若是蓄意致死，賠償金則加倍。若傷害人很富有，那麼他將付出更高的賠償金。這是習慣法中針對蓄意傷害的一項眞切的懲罰性損害賠償金法則。死亡的損害賠償金歸宗族所有。若是財產傷害，賠償將以實物償付，相當於損害數量的兩倍。這就是附以罰款的以牙還牙的懲罰法。

扣押財物和禁食的習俗使得布雷恩執法過程變得極具強制性。禁食的習俗體現古老的原始概念：違反習俗者要蒙受羞辱。債權人來到債務人的門前，就像現在印度的債權人習慣做的那樣，他坐在門前禁食。如果債務人甘心忍受禁食，他就會被認爲是做了最不體面的事。他可以提出給付，或用我們的話說實施償債手段，以此來停止禁食。另一種結束禁食的方式爲債務人可以要求當著布雷恩之面舉行聽證。提出要求者可以首先採取行動，藉由自助來扣押債務人的財產，正如習慣法中地主在要求給付地租時可以扣押財物一樣。被告可以提出把這一案件提交布雷恩，從而結束財物的扣押，正如習慣法中以一紙發還扣押財物的通知書來結束財物的扣押一樣，事實上這就是合法執行扣押財物的法庭判決。布雷恩做出裁決之後，可以藉由扣押財物來執行裁決，如果沒有財產，債務人本人將被逮捕。

布雷恩法中這一點很重要，因爲它體現原始的雅利安人試圖創立大家都不持異議並執行其判決的法庭。在法庭能擁有權力對爭議作出裁決之前，或以我們而言，在法庭擁有裁決爭議的司法管轄權之前，爭議雙方都應同意把司法管轄權給予法庭，這是一切原始體系的特色。這一點極爲重要，因爲大家都承認法庭必須具有特殊的法律專業知識。法律的歷史將表明，法律中的主要困難並不在法律本身，或法律規則本身。它體現在：首先，是否能建立能夠依法公正裁決爭議的稱職法庭，以使適用於所有人的法律裁決眞正能夠對所有人生效。其次，在實施法律的過程中，法律賦予的權利是否能眞正地得到行使，這使博學的律師階層在稱職方面出現不小的困難。

在結束討論愛爾蘭的塞爾特人法律之前，在高地的蘇格蘭部族中也存在著大體上與此相同的部族財產制。這種部族財產制持續了數世紀，直到由於政治家的需要而把部族置於井然有序的英國政府的控制之下。議員們顯然完全不懂部族中不動產的所有權，也顯然不了解部族土地的一部分屬於部族的每一成員這一事實，他們把部族的一切不動產都授予了酋長。存在許久的所有權就這樣被無情地摧毀。很少酋長擔當得起這種責任，換句話說，沒有幾位酋長聰明到能夠公平地對待族人。後果是慘痛的，在蘇格蘭和愛爾蘭都是如此，每個部族的族人僅僅成爲任意的租戶、佃農和承租人。時候一到酋長就趕走這些其權利可以追溯到數千年之久的無依無靠的佃戶。事實上，這種毫無同情心的驅逐基礎就在於後來的法律乾脆收回以往一直被接受、得到承認的財產權。

在結束雅利安人法律這一主題之前，應該就塞爾特人做一般性的說明。如果我們可以接受布雷恩法，那麼愛爾蘭的塞爾特人在許多方面比大陸上的塞爾特部落要先進得多。大陸上的一般體系與布雷恩法是相同的。家族分爲幾個家庭，幾個家族組成部落，幾個部落又聯合爲一個國家。每個部落都有酋長，家族族長組成一種貴族階級。羅馬人根據自己的類推法稱這批貴族爲元老院（Senate）。在高盧（Gaul）曾出現過部落聯合的王，但這些王後來被廢除，取而代之的是行使王者功能而由選舉產生的領袖。這些人類社群用羅馬人的話說，在許多方面是封建的，它們由保護人和貴族保護下的平民組成。在此階層以下是農奴和奴隸。在許多地方，封建領主住在大木屋中，周圍環繞著其屬民的房屋。

凱撒於公元前五九年來到高盧，後來發現巫師是有權力的階級。這些人仍然以古老的野蠻方式以人獻祭。巫師或酋長執行正義，裁定個人之間以及部落之間的爭議。當時存在著對古羅馬體制的奇怪期待，如果有人拒絕服從巫師的法令，他就會被逐出教會並不准參加宗教儀式，他也不能要求法庭對此予以裁決。

這些塞爾特人在某些方面相當先進，正如那個時期在英國不列顛人是先進的種族一樣。高盧人使用兩輪小車從商，今天在法國農村這種小車仍很常見。他們能生產鐵和陶器。今天博物館中一半的黑紅陶器都出自奧弗涅（Auvergne）的陶器工作坊，這些物件卻被當作希臘人的作品。他們是經驗豐富的礦工，開採大量的金礦和銀礦。他們耕種土地，借用混居於他們中的伊比利亞人（Iberian）的技術。他們使用帶犁刀的犁，用收割機割麥，這種收割機被老蒲林尼（Pliny the Elder）稱爲帶有齒形邊緣的槽，它被裝在兩匹馬拉的兩輪上，鋸齒割下麥穗，麥穗落入槽中。

在高盧南部，希臘城市馬賽（Marseilles）在高盧人來到高盧前就已存在。在那裡的希臘人引入了橄欖和葡萄，葡萄的種植遍布法國南部並滲透到亞爾薩斯（Alsace）。高盧人種植的方法比早期的羅馬人要先進，現爲義大利的高盧地區種植業高度發達。當漢尼拔（Hannibal）的士兵從阿爾卑斯山頂向谷底眺望時，以爲自己找到了世界花園。這些高盧人懂得使用肥料，生產出品質優良的麥子，他們稱其爲玉米。

義大利的牛、馬與豬比其他東西都聞名。凱撒攻佔高盧後發現了大量財富，他償還大筆債務，成爲羅馬最富有的人，並豐厚地獎賞他的追隨者。這些人穿褲子與一種外套帶兜帽的斗篷。他們對鮮艷色彩的喜好改變了義大利人，使其脫去暗淡的寬外袍，改用鮮艷色彩來裝扮自己，這正是今日義大利的特色。可見在很早時期，法國人就開始成爲世界時尚的前鋒。就法律體系而言，高盧人也位在雅利安人野蠻習俗的水平上。相比之下，那時的德國人甚至還未學會土地耕作。

羅馬人征服高盧之後，發生幾次沒成功的起義。然後高盧人安下心接受了羅馬人的文明，他們學得很快，在比較短的時間內，良好的城池、宏偉的建築、大筆財產、生產效率極高的陶器與兵器工廠，使得高盧成爲很富有的行省。萊茵河那邊的德國人睜著狼一樣的眼睛注視這塊富庶之地。最終他們逐漸地逼近高盧，飛快地摧毀了這裏大部分的文明。隨後發生的一切將在中世紀的法律一章中描述。

第4章
巴比倫人的法律

「我在這塊土地上創立法和公正，在這時光裡我使人類幸福。」

我們有必要以塞爾特的雅利安人的法律爲界追溯數千年，以尋找法律發展的最初線索以及法律的較高境界。先不談埃及人，原因前面已講過，他們不屬於法律發展的主線。文明人的法律故事始於巴比倫的閃族人，由巴勒斯坦人繼續，然後由希臘人、羅馬人、歐洲大陸人繼續，再後由英國人繼續。顯然這一法律演變的過程是不間斷的、持續的，每一種族都爲其後繼者留下一些成就。前面已講到，隨後讀者也會發現，社會群體表達觀點的方式不同，而法律則根據社會群體通常的普遍觀點而形成。在這一過程中，人們繼續地探索著，努力要設計一個法庭，一方面能稱職地、權威地確保法律符合普遍規則的形式，另一方面又能夠靈活地在普遍規則的嚴格性與極其困難的特殊性中做協調。尋找稱職的法庭就是法律的主要問題。

巴比倫人的出現

閃族是白種人的一支。在希伯來傳說中所稱的人類起源之地，閃族中的一支發展、繁榮，達到那時所能達到的最高等文明。這一國家是由源於高地的底格里斯河（Tigris）與幼發拉底河（Euphrates）的沉積物所形成的，河流衝積形成的土地逐漸擴展成爲位於波斯灣之首的大沖積平原。在此之前，埃及與亞洲的最先進的人類已開始使用經高度打磨的石器，這標誌著新石器時代的開始。這時代遠在公元前一萬年前。一個被稱爲蘇美人（Sumerians）的雅利安或閃族（根據現在新的理論，蘇美人有蒙古人的特徵）

擁有這塊沖積平原。他們最先在某種程度上開發這片土地。他們有村莊、可耕作的土地、灌溉的運河和不斷增長的人口。他們最高的成就是創造書面語言。正如後來「亞述人像羊群邊的狼撲上來」的年代一樣，閃族人也如此逼近蘇美人，然後就開始一系列的征服。通常，野蠻未開化的原始人看到一塊富饒之地沐浴著文明之光，顯示著財富和舒適，於是出自他掠奪其他部落的土匪般的劫掠本能，他們集聚力量撲向愛好和平、辛勤工作的種族，用火與劍征服他們。直至最近幾個世紀，仍是如此。

在誠實的工作、辛勤的勞動與財富的累積中也有某些衰弱、失去活力與墮落的情事，而結果是，因此，人們得以擴展他們的心靈與邁向文明，這樣可笑的說法相當多。現代的歐洲人，以及羅馬人和希臘人之所以採取這種說法，是因爲他們是貪婪的野蠻人的後代，但是文明既不墮落也不衰弱。簡單的事實就是：有事可做、懂得辛勤工作的意義並樂意看到和平與文明的成果的人們不可能隨時準備打仗，不可能像隨時準備對不設防的民族伺機而動的野蠻部落那樣持續訓練自己以適應戰爭。阿拉里克人（Alaric）、阿提拉人（Attila）、西奧多人（Theodoric）、克勞維（clovis）人、高盧布里南人（Gaulish Brennus）、汪達爾金斯里人（Vandal Genseric）、沙拉西尼鄂圖曼人（Saracenic Othman）、或奧瑪爾人（Omar）、蒙古塔摩蘭人（Mongol Tamerlane）征服和平的文明地區，並不值得贊揚，他們的武器同樣精良，他們的軍隊更龐大。在平等的條件下，文明人總會戰勝野蠻人。但關於文明是墮落的謬論，可能是我們歷史中最令人討厭的言論了。

或許在公元前五千年，一支被稱爲阿卡德人（Akkad）或高地人（Highlanders）的閃族部落侵犯了蘇美人。兩個種族的融合創造了在地球上未曾出現過的最有天賦的種族。征服的結果顯然是被侵犯者輕易地接受入侵者。閃族人大量襲用蘇美人的習俗，並在蘇美人的城市裡扎下了根。在長達幾千年的時間裡，這一巴比倫種族發展適用於耕作土地的最完美的灌溉運河體系。對於後來的希伯來人，這塊肥沃的土地就是眞正的伊甸園。至少，這一種族爲西亞發展書寫的藝術。這些楔形文字是寫在燒硬的陶土盤上保存下來的。這種方法比埃及人的累贅的象形文字更古老、更優越。這些文字代表音節，閃族人把這種書寫擴充爲更富表達能力的語言，書面語言的使用立即爲法律增加新的領域。

這一種族或許也發明了用青銅製造武器與其他物品的藝術，青銅最初是銅的自然合金。這是人類歷史中最早出現的金屬器物，青銅或許來自亞美尼亞（Armenian）地區。早在公元前五百年，就已在巴比倫發現青銅器。人們發現青銅很容易鍛造，然後又很易變硬，因此青銅器的製造或許是偶然的結果。最初的青銅武器是模仿已使用四千多年的新石器時代打磨過的石器，但人類改變的過程如此緩慢，直至公元前三千年，青銅的使用在巴比倫才得到普及。青銅製造在間隔很長的時間之後才傳入埃及，埃及的青銅時代直至公元前一千六百年才開始，青銅製造也在同時傳人希臘。使用青銅器的效果很快顯露出來，青銅武器越造越輕，越造越精，青銅工具還能處理石塊並建造石結構的建築。

巴比倫城市的發展

巴比倫城市以其不斷發展的製造業和不斷積累的財富而成爲當時最大貿易中心。來自東方的商隊循著主要的貿易路線不斷前往小亞細亞和敘利亞城市，構成一支巨大的商業力量。在這些城市中，不同的製造業使得分工成爲可能。我們突然從雅利安人和閃族人的游牧時期過渡到一種文明，一種開墾土地、使用複雜的灌溉體系、住永久房屋、和用未焙乾的磚或石塊建造大房子，以及建造宏大廟宇的文明。事實上，顯然巴比倫人的法律體系必須適應商業性社會的高度複雜的文明。外來者派上用場，不再成爲敵人。商業培育了良好的關係，在這種複雜、文明狀態下的人類對很多不同的人擁有責任。必須發展簡單靈活的契約法以適應商業和金融時期，在這一時期中城市從事製造業和各種商業交易，而鄰近的國家則從事生產率極高的農業。固定的農業形式增添新的法律體系。然而他們的法律必然體現了從原始文化中承襲而來的許多特點，因爲人們會一直珍視他們從前習慣的方式。

城市中最初的政治形式爲僧侶政治，與雅利安人和閃族人共同的發展特點相似，即最初是由祭司掌握權力，然後出於征服其他群體的誡律需要，戰爭中的領導責任轉移給國王和首領。這些閃族人已遠遠超越雅利安人的多神論。每個城市都有自己的神，或不止一個神，雖然閃族人欣然承認有其他的神主宰著其他城市，但閃族總是傾向於一個神。每個城市都由祭司首領統治，他逐漸承擔國王的責任，但仍然保留祭司的特點。就像希伯來那樣的閃族部落，這樣的祭司國王最初坐在城門執行正義，傾聽起訴人的冤情，調和他們的爭執，並制定法律。巴比倫人創立審判法院和受理上訴法院的體制。

巴比倫王國的興起

最終，一位偉大的國王薩爾岡（Sargon）於公元前二千五百年左右征服整個巴比倫並統治一個聯合王國。二百多年後出現巴比倫統治者中最偉大的一位——漢摩拉比王（Hammurabi），他建立巴比倫城，在長達一千七百多年時間內，巴比倫一直是世界上的著名城市。他在每個城市都設地方長官，但巴比倫主宰一切的神最後成爲巴力神（Baal）和馬杜克神（Marduk）的結合體，在巴比倫建造祭祀兩神的神廟。巴比倫的國王們爲了保護其商路，逐漸將其帝國向西推進，巴比倫帝國最終延伸至敘利亞海岸。他們征服的手段就是最精良的武器和更嚴明的紀律。

但這些人遠遠未完全開化。一個奇怪的遺風一定是基於某些原始信仰：如果妻子沒有子女就喪失分享家族財產的一切權利，並喪失作爲妻子的地位。這一法律習俗的原因非常簡單，其結果之一就是妻子給她丈夫一個奴隸或女僕，並聲稱奴隸的孩子是她自己的孩子。這種做法在亞伯拉罕（Abraham）、薩拉（Sarai）和夏甲（Hagar）的故事中是很清楚的。相對於妻子沒有子女的法律情形，另外一種情況就是巴比倫廟前處女的做法，它源自缺乏任何貞潔概念的時代。據說最初的做法是處女站立廟前，向任何一個隨便的路人出賣她的貞操，以便把這筆錢作爲對女神伊斯塔（Ishtar）的祭品而捐獻給神廟。這樣她的生育能力就得到保證，這種做法似乎令人懷疑。一貫的做法爲處女付錢讓祭司擁抱，這或許是原始的宗教儀式。隨著原始的對祭司信念的逐漸演變，這種做法看來更爲可能。雅利安人和當今的印度人中普遍的做法是讓新娘先與一個婆羅門祭司同居，這是源自遙遠過去的做法。在歐洲，塞爾特人或是最早的居民也有同樣的儀式。它一直延續至中世紀的初夜權或領主的初夜權（**jus primae noctis or le droit du seigneur**）。但在閃族的希伯來人中這種做法從未存在過，因爲他們和我們一樣，認爲新娘失去貞潔就是悔婚的足夠理由。但貞潔的觀念可能並非原始的信仰。

從這些地方或埃及而來的最後發明是約公元前一四〇〇年鐵器製造的發現。鐵器迅速地取代青銅器，正如石器時代讓位於青銅器時代一樣，青銅器時代讓位於鐵器時代，在鐵器時代人們也製造了鋼。

巴比倫人廣泛使用文字，他們記錄一切交易。他們的法律習俗要求每筆交易都訴諸文字。在城市的廢墟中發現的陶土盤上寫有契約、賣出的賬單、保證書、收據、賬目、草圖、本票，以及構成最古老的法律報告的諸多司法裁決，這一切使我們對於巴比倫法律比對除羅馬體系外的任何其他法系都更爲清楚。

漢摩拉比法典

國王是政府首腦，他尊重處於自己統治下的各城的權利，但他的王國是統治其他城市的城邦，正如以後歲月中雅典、羅馬、佛羅倫斯、米蘭或威尼斯的廣泛統治一樣。國王不承認自己是制訂法律者或立法者，但他監督法律，並承擔解釋法律的責任。在巴比倫第一次出現國家對其居民承擔伸張正義的責任。這種責任也是在日後慢慢實現的，最初只是保護社會狀態的本能的進一步發展，而現在成爲推理的過程。法律是由城市保護神傳遞給國王的，是神聖的。現存的最古老的法律著述就是所謂的《漢摩拉比法典》（*code of Hammurabi*），它可追溯到公元前二二五〇年或二〇〇〇年，而公元前二二五〇年或許更接近於眞實時間。最早發現的這些法律是刻在閃長岩上，但其他刻在陶片上的更古老的著述也保留下來。這就是最早的不同種族實施法律的石刻記錄。但這樣的法律只不過是記錄下來的古老的固定的習俗。

石塊的上部是漢摩拉比王從端坐的神手中接過法律的圖畫。《法典》的開篇爲漢摩拉比的話：「我在這塊土地上創立法和公正，在這時光裡我使人類幸福。」我們看到，這位偉大的國王感到他最驕傲的就是使他的臣民幸福。《法典》的第一部分已被後來的國王抹去，而其絕大部分以及所有重要的部分仍然存在。以上提到的大量的陶片文件可以補充這部《法典》。

巴比倫王國的沒落

隨著時間的推移，巴比倫王國經歷了諸多挫敗。在河流的上游信奉阿舒爾神（Ashur）的亞述國漸漸崛起。亞述人一般而言擁有相同的法律體系，他們還從巴比倫人那裡學到書寫文件的藝術。這時，一種來自敘利亞的阿拉姆語（Aramaic）在美索不達米亞（Mesopotamia）廣泛流傳。很多亞述文件都用這種語言寫成，而這種語言似乎與亞述語被隨意地混用。阿拉姆語後來成爲希伯來人的語言。隨著時間的推移，亞述人吸收巴比倫文明的絕大部分，但他們永遠不可能成爲創造第一個偉大文明的智慧種族。時光流逝，憑藉其紀律極爲嚴明的弓箭手軍隊以及更精良的武器，亞述人自公元前九百年起成爲世界的征服者。他們與埃及人就東方的控制發生爭執，在埃及征服者征服了從埃及直至美索不達米亞的大片領土之後，亞述人征服埃及人，把整個西亞和小亞細亞（Asia Minor）併入帝國加以統治。只有一小批人憑藉他們的山間要塞優勢驅走亞述征服者。他們就是希伯來人的一部分，而巴勒斯坦的絕大部分都併入了亞述人的統治之下。

亞述帝國由於長年征戰耗盡了元氣，另一支閃族人迦勒底人（Chaldeans）振興巴比倫帝國。他們最終征服僅存的猶太人，摧毀耶路撒冷，把其大部分居民都遷移到巴比倫。一直到大流放時期（the Captivity），巴比倫帝國最終被來自波斯高地的雅利安征服者居流士（Cyrus）摧毀。在這些變化過程中，漢摩拉比的法律仍然存在了數千年，即使在塞流西亞（Seleucia）成爲馬奇頓的亞歷山大的塞流西亞的繼承者的首都，以及當巴格達（Bagdad）成爲哈里發（Caliphs），默罕默德（Mahomet）、奧瑪（Omar）、鄂圖曼（Othman）與阿里（Ali）的繼承者的城市後，相同的法律仍然持續支配著這塊相當繁榮的土地。它被保存直到土耳人將美索不達米亞變成沙漠，但也許在不同規則的統治下，巴比倫可能重新獲得她古老的生命力。

巴比倫法

許多巴比倫法，尤其是商業法流傳至巴勒斯坦、敘利亞、小亞細亞，然後又傳入希臘城市，並構成雅典商業法的基礎。同樣的法律從雅典和羅德斯（Rhodes）傳入羅馬，又從羅馬傳布到歐洲大陸，至今依然存在。値得注意的一點是，閃族人的法律是神聖與無誤的智慧展現，因而必須是不可改變的。法律可以得到改進的唯一方式就是上帝把新法遞交給祭司或國王。在 巴比倫，法律和祭司的關連是相當明顯的，但是世俗的法官與民事法院逐漸取代宗教法官和祭司主宰的法院。在巴勒斯坦與日後的英國都經歷這一過程。在基督教產生以後，法律和祭司之間的關連從巴勒斯坦傳入羅馬，教會法（canon law）在希伯來法和羅馬法的基礎上產生。在中世紀的歐洲一直是這種情況，而我們今天仍未完全擺脫由此產生的結果。這些發展將於以後適當的時機加以探討。

在研究這些巴比倫法律時，我們可以先看看他們的公法。國王是國家的元首，對臣民來說他是法律和正義的保證人，是高級僧侶以及神的代表。他憑藉神聖的權威而統治，制度是神設立的。正如聖保羅（St. Paul）後來所講，「權力是上帝賦予的」。巴比倫人對國王的神聖權利不持異議，這種權力以後又被從霍布斯到黑格爾等絕對論哲學家們進一步發展。就像以後的羅馬皇帝一樣，國王被神化了，國王以下是貴族、自由民和奴隸。貴族一詞後來也等同於自由民，這種改變表示政治平等的成長趨勢。兩者之間的區別就是自由民受到傷害後必須接受賠償，但是貴族受到身體傷害則可以向對方報復。貴族或許是征服別人的種族，他們像高盧的法蘭克人或英格蘭的諾曼人那樣保留自己的習俗。貴族要爲自己造成的傷害付出高額賠償。很清楚地，這一情形類似於英格蘭的諾曼人。自由民佔自由階層的絕大部分，他們以下是奴隸和農奴，奴隸屬於主人，但他們可以購買自由或者被解放。如果奴隸與一自由人的女子成婚，她的子女是自由的，並且一半財產歸她所有。奴隸一般來說是從屬階級，被束縛在土地上，對其擁有的土地享有權利。他們的境況或許並不比莊園中那些原來不動產保有權者更糟。

城市中陌生人與外來者很多。似乎沒有人對這些人也應受益於法律提出異議。《聖經》中描述過閃族人商業的一項普遍規則：「在本地人與生活在你們中的外國人面前只有一部法律。」甚至在我們的憲法中，賦予聯邦法院保護外國人或非本州人的管轄權也可直接追溯至巴比倫法。一般而言，在巴比倫有統一的法律體系，來自於神並且事實上都是習慣法。大部分舊有的野蠻法都消失，部落法不存在，這一切都演變爲國家和城市法。宗族復仇，除扣押財產以外的自力救濟以及搶親都消失了，宗族被家庭團結與地區責任所取代。對等報復法仍然是處理損害的規則。家長代表整個家庭，他擁有私人財產。

國王擁有自己的財產。不同的城市都對來往貨物和擺渡船舶徵稅。擺渡營業稅表明城市擁有的一種公共設施。對私有土地有固定收費，正如諾曼第國王統治下的騎士費一樣。某個限定的區域要爲軍隊提供弓手和長矛兵各一名，後者爲弓手和他自己舉盾牌。皇室徵用財產並出具收據。擁有土地的人有責任服兵役，但常常是農奴被徵召入伍。貴族參加戰爭，無疑地成爲軍官。法律規定每個人有責任在軍隊中服役六次。

某些地產由國王賜予臣民，如英國國王的大侍君土地或小侍君土地，受賜土地的臣民有義務爲國王提供私人服務。所有祖先的地產都是家庭的，但占有者在家庭有權贖回的條件下可以讓渡財產，贖回的時間不受限制，希伯來人的這一法律條文在《路得記》一書中有生動的描繪。中世紀的歐洲教會擁有大量土地，也出租土地。教會出租土地，同時也有很多負擔，它們必須保持某種世襲權利，例如英國法的聖職授予權（advowson），或指定教會任職者的權利。教會必須貸款給窮人，提供種子、穀物與工具，還必須贖回一些在戰爭中被抓走的俘虜。應當記住，在英國直至修道院的大筆財產被沒收之後，才出現濟貧法（poor law）。

土地的租賃

關於地主和租戶的法律看來相當進步。租金由契約規定，若糧食歉收，可以暫停或延遲給付租金。如果租金是固定的，意外損失由租戶承擔，租戶應以適當方式開墾土地，而如果土地的情況良好的話，他可以離開土地。租戶有權轉租土地，但如果租約是關於利潤分享的，就像教會成爲地主並提供給租戶工具和耕牛，若租戶出賣工具或虐待轉租耕牛就會受到嚴厲懲罰。關於房屋租賃的法律非常先進。租戶起造房屋，自第八年或第十年起房屋歸地主所有，正如我們現在九十九年的房屋租約一樣。僱佣耕牛也是有契約的。租戶就是損失的擔保人，即他要承擔風險。他必須精心飼養耕牛，牛群若侵入私人土地，他將爲此負責。當時灌溉體系非常發達，灌溉方式至今仍沿用著。水由總渠流入不同的私渠，水的分流及用途可能受到公眾監督。因使用者引水所造成的所有損失由使用者負責，這一條法律沿用至今。

僱傭與婚姻

僱工相當普遍，無論以何種形式僱工，工資都是由法律確定。這就是英國勞工法（Statutes of Laborers）的源起。因此，主人和僕人的關係與奴隸主和奴隸或農奴之間的關係不同，正如英格蘭以後出現的情況一樣。關於其他家庭關係，有關夫妻的法律還就雙方父親安排的賣婚有所規定。當所有適齡未婚女子在某一天爲賣婚目的而當眾展示時，那一定是巴比倫很奇怪的景象。但應記住，在維吉尼亞移民時期的早期，未婚女子被從英國帶來，當眾展示買賣，就像巴比倫的父親們出售他們的女兒一樣。所有的婚姻都訂立書面婚約，規定丈夫是否對妻子的婚前債務負責。如果婚約未提及，那麼丈夫就要負責，但他也可以憑藉婚約拒負責任。丈夫要對妻子婚前所欠的債務負責。丈夫可以選擇離婚，若有子女，則離婚後丈夫要贍養子女和妻子。這就是我們關於贍養費的法律。妻子可以對丈夫的殘酷行爲與忽視提出訴訟。如果丈夫去世留下子女，除非其前夫子女的利益能受到全面保護，否則妻子不能再婚。在這種早期的文明中，妻子可以成爲交易品，而允許已婚女子從事不顧將來的商業活動的那些人會面臨懲罰。

契約的成立與裁決

所有契約都由相當於公證人的官員起草，這些人被稱爲書記或代筆人。契約經宣誓後獲得確認，並在證人面前封口。人們享有經由雙方同意而訂立契約的最大限度的自由。契約可能不那麼正式，它只不過是以書面文件爲證的意圖或雙方達成的協議。關於書面協議，巴比倫法律與今天的法律相似。書面契約，不能被雙方另外的口頭協議協議所推翻。所有契約都經雙方同意並且規定產生分歧時應提交國王裁決，而雙方必須遵守這一裁決。這表明由國王主持正義並不是雙方強制性的選擇，而是一致同意的仲裁。正如塞爾特人將爭議提交布雷恩裁決並不一定是強制性的，但裁決的結果卻是強制性的。這就是當陪審團最早設立之時有關陪審團審判的英國法律的原始規則。這一點在我們現在的訴詞中有所體現，即一方當事人將爭議提交給陪審團審判，另一方在訴詞中說明同樣的意願。事實上，這就是對提交陪審團審判所達成的協議。我們所有與契約有關的人，都知道將契約與遺囑產生的爭議提交某種形式的仲裁，但法院管轄權的概念經歷了巨大的改變，以至於任何仲裁所達成的協議都不能取代強制性的法院管轄權。

商業法律

所有關於銷售、租賃、易貨、贈予、押金、貸款和抵押的交易都涉及契約。這些合法交易從未改變其特點。貸款要採取付款保證書的形式。土地或貨物的轉讓是藉由象徵性地遞交一件物品或一把鑰匙來完成，就像中世紀英國法中對依法占有有財產的所有權的讓與。同意付貸款有時寫在契約中，有時採取付款保證書的形式。賣方賣貨的基礎是貨物出門概不退換（caveat emptor）。這條規則的正確性曾在羅馬法中辯論過，但它深深地扎根於英國的普通法中。它意味著賣方不保證貨物的質量，除非他同意這麼做。

如果有人以押金從沒有代理權的未成年人或奴隸手中購買或接受貨物，他必須指明賣方，出具銷售收據或指明證人，否則他至死都是賊。若買下偷盜而來的物品則必須放棄，但他可以得到賣給他偷盜物品之人償付的五倍的賠償。海外購買的貨物若進入巴比倫則牽涉到真正的所有權。銷售中有時包括一些保證條款，比如賣奴隸者保證在一百天之內奴隸們不得患某一種病，女奴隸有三天試用期。當然《梅恩法案》（*Mann Act*）對這些人來說是聞所未聞的。

商業交易通常以貨幣給付，並寫明付款地點，但農產品的給付可以實行合法的等價交換。在廣泛的貿易中，當貨幣或貨物交給銷售代理商銷售並用所得進行再投資時，就出現了投機契約，這種交易今天仍然繼續存在。大量的商業活動都是以這種商業投機方式進行的。商隊是公眾的運輸公司，它們需要所有貨物的書面收據，就像我們的提單，只能對收據上寫明的貨物提出認領要求，這就是現在的運送人法律。如果旅行與買賣的代理人沒有任何獲利，他會被要求歸還他本來可以得到的兩倍，如果有少量獲利時，他則可以補足差額。在其他情形，通常的規則是，利潤是共享的，並且運送人或是販賣的代理人對於公開的敵人的行爲不須負責。

商隊承運的託銷貨需預先付款，倉庫儲存貨物也出具收據，可以僱船進行水上運輸。造船的契約需保證在一段時間內的運航性，若發生撞船事件，過錯永遠歸於行駛中的那艘船隻。

酒的交易也有規定可循。酒館老板必須冒死防止酒館內妨害治安的行爲。在商業交易中銀行或以書面匯票的付款是常見的，也可以商量使用付款保證書。婚約永遠存在，如果妻子不具備書面婚約就不是事實上的妻子。芸芸眾生仍然對結婚證書顯示出超常的熱情，但奇怪的是妻子婚後仍是娘家的一分子。而在早期的羅馬人中，妻子加入了丈夫的家庭。妻子行爲不當就會喪失作爲妻子的權利，但離婚後她仍可保留作爲嫁妝的財產。如果妻子對丈夫的婚姻訴訟失敗或她被證明是個壞妻子，她就會被淹死。如果丈夫離開妻子並不付贍養費，她可以與男一人親密交往，但丈夫返回後她必須重新接納他，她的孩子也歸丈夫，否則她就犯了通姦罪。

一夫一妻是制度。在教會中有一些未婚的貞潔處女，她們不應生小孩。父親擁有對女兒的控制權，在婚前，她的財產由其兄長管理，婚後由丈夫控制。兒子適齡成婚後就擺脫家長的管教獲得合法權利，並得到他的財產份額。換句話說，父系家庭以及其財產已停止存在了，它常常被瓜分。

無子女的人領養孩子是普遍的，但如果被領養的孩子發現親生父母後想跟他們同住，就會受到挖眼或割舌的處罰。因此可以認爲領養通常不會產生問題。領養的小孩也分享家庭財產，所有的子女都平等地分享父親的財產。希伯來人的長子權在此是不存在的。只有經由司法裁決才能剝奪小孩的繼承權。

妻子的通姦罪被認定，在執行「神裁法」（ordeal）時，她有權提供審判的證據，這一做法沿用很久。這種「神裁法」將有通姦嫌疑的妻子扔到河裡，如果她沉下去就證明有罪；如果她浮在水面，就充分證明她是無辜的。想嘗試通姦的巴比倫婦女，無疑地，必須是訓練有素的游泳好手。後來，英格蘭的第二個諾曼第國王威廉・盧浮斯（William Rufus）嘲笑「神裁法」說，如果將浮在水面上代表有罪，那會是更好的證明方法，因爲所有的人不是有罪就是被溺死。

損害法

關於損害的法律深深印上對等報復的原始法的烙印。如果建造者所造房子倒塌，砸死了主人，那麼建造者要被處死；若砸死了主人的長子，那麼建造者的長子要被處死。猶太人發展了這一法律，使它走出了原始階段，兒子不再被處死，無論如何，建造者要重建倒塌的房屋。法律規定如果有誰弄瞎了別人的眼睛，那麼他自己的眼睛也要被弄瞎；如果打斷了別人的骨頭，他自己的骨頭也要被打斷；如果打掉了別人的牙齒，他自己的牙齒也要打掉。

針對偷竊、非法買賣或接受偷竊貨物有輕重程度不等的懲罰方式。欺騙性的索賠要求、綁架、窩藏逃亡奴隸和掠奪行爲都屬於犯罪。如果債權人扣押下債務人的兒子，且由於債權人的原因致死，那麼債權人的兒子要被處死。如果是一個糟糕的建造者，那麼懲罰是對等的，主人換主人的命，兒子換兒子的命，女兒換女兒的命。放逐和鞭笞是其他懲罰方式，但不存在監禁，因爲監獄是很久以後才出現的。

奇怪的是關於讓危險動物任意逍遙在外的法律恰恰是過失法。主人的責任取決於他對動物個性特點的了解。這是《出埃及記》（*Exodus*）和《申命記》中的希伯來法，它從希伯來人傳至羅馬人，又傳至英國。疏忽或過失要受到懲罰，而過失的衡量標準似乎接近我們合理注意的標準。外科醫生造成死亡或肢體殘缺，他將失去雙手。而獸醫要爲醫術不精付賠償費。經過極爲漫長的歲月，法律的進步才使得醫生們能夠不殘自身而以支付賠償費來彌補自己的錯誤。

證人與神裁法

證人必須出庭作證，與我們現在審判中隔離證人相似，當時的命令是傳喚證人時必須單獨傳喚。後來的希伯來法規定，對證人的詢問也必須單獨進行。在處理某些案件時，如果證人沒有什麼特殊的價値或者其證詞不確定，就實施神裁法來取證。例如，法律規定，如果有人對他人提出訴訟，並且未能爲自己提供法律根據，那麼術士就走到聖河邊跳進去，以此來取得無罪證據。如果他被淹死，起訴者就得到他的房子；如果他獲救，就證明被告無罪，起訴者就會失去生命和他的房子。同樣的神裁法也適用於測試妻子是否忠誠，如果妻子安全通過神裁法，丈夫並不失去生命。如果人相信符咒與巫術，那麼神裁法似乎就是這種情況下最好的證據了。在十七世紀下半葉的英國，甚至在馬修・海爾爵士（Sir Matthew Hale）之前，巫術裁罪的問題就被提交陪審團了。在賽倫女巫（Salem）施巫術的過程，使我們相信那些被本身的無知而引起的恐懼所嚇倒的原始人，在法律的制定中仍有影響力。

獻身宗教生活的婦女如果走進賣酒的商店就要被處死。對不能爲自己辯護的修女或他人的妻子進行誹謗，其前額被會打上烙印。如果妻子瘋了，她必須由丈夫贍養，但丈夫可以再婚。這種法律對喬治・艾略特（George Eliot）來說可以是一種安慰。每當廢止契約時，就必須把它撕成碎片。法庭的每個裁決都必須以書面形式表達。國王在城市的代理人在初審時做出裁決，對他的裁決可以向代表國王的法官提出上訴。

以上是對巴比倫法律的概略簡介，卻顯現這個才華揚溢的民族所取得的卓越成就。許多早期雅利安人與閃族人的呆板做法被放棄了，雖然其社會組織形式與羅馬人日後達到的程度相距甚遠。在此必須注意，私有財產最終演變爲個人的占有，法律中亦開始出現了個人責任。把犯罪作爲對公眾冒犯的犯罪法開始出現。活躍的商業活動對原始法產生的影響是很明顯的，法律現在變得越來越複雜了。老人們或祭司們的膚淺知識在執法過程中已顯然不夠了，學識淵博的法官階級漸漸撐起了國王的法庭，而正義已成爲國王對整個國家的責任。如果沒有亞述人這樣的好戰部族以訓練有素的弓手大軍進行征服活動，而帶來毀滅性的結果，如果沒有亞述征服者埃薩哈頓（Esarhaddon）、塞那施里伯（Sennacherib）與沙爾曼尼塞（Shalmaneser），這偉大的文明或許可以獲得最圓滿的結局。即使如此，文明仍是無價的財富，以至於亞述人、迦勒底人、波斯人、馬其頓人和撒克遜人這些征服者並未損害這個世界花園的法律，直至惡劣的土耳其人使這美麗花園淪落，並使其陷於野蠻。

第5章

猶太人的法律

「有哪個國家擁有像我今天爲你們創立的一切如此正確的法律和如此公正的判決呢：：繼續保存這些法律並實施它們。因爲這使你們在其他國家面前顯露智慧和理解，別國將遵從這些法規並贊嘆：當然這一偉大國家的人民是充滿智慧和理性的人民。」

閃族的法律文化傳給了另一民族，其天份就在於藉由昇華上帝（the Deity）的旨意以及促進正當行爲的概念，而逐漸改善法律的條件。在巴比倫成爲繁榮帝國之後很久，希伯來民族才剛脫離了野蠻的生活狀態。巴比倫的地理位置非常關鍵，閃族人和埃及人爭奪世界控制權的征戰大軍通過他們的國土。巴比倫淪陷之後，希伯來文件的再編使得區分希伯來法的不同階段變得相當困難。這些法律以其在《聖經》中的形式，對歐洲中世紀法及現代法產生了巨大影響，因此就只需接受這些法律在《聖經》（*Scriptures*）中的現存形式就足夠了。翻譯的精確性並不重要，因爲猶太法對歐洲法產生影響就是經由《聖經》的拉丁文譯本和英文譯本。我們必須接受《聖經》譯本中法律存在的形式，基於法律目的認爲它們是經過正確翻譯的，因爲它們就是以這種形式進入法律的發展期。

聖經中的法律

無疑，希伯來法是長期發展的產物，希伯來法始於原始習俗，隨著時間的推移得到逐步改善。巴比倫淪陷之後，巴比倫法的許多因素被融入了猶太法。猶太人在各地的散居使得很多地方都有猶太民族。以下簡述的希伯來法將歸於猶太法的一部分，正是這一部分傳給了羅馬人，並經由《聖經》和中世紀的祭司法官而對現代法產生了如此巨大的影響。宗教儀式法不在這一影響範圍之內。如果以批評性的態度考證《聖經》，就會發現從中世紀的法學家對於希伯來法的原始起源，以及對於這些法律的神聖性、有效性的信念中可以找到諸多可評判之處，在此我們就不去理會這一事實了。

研究猶太部落時我們得到的第一個認識是，他們實行父系氏族和部落組織形式，祭司是統治者及民眾的領導者。祭司是實際的統治者，向信徒們傳達神的指令。他就是法律的監督者，裁決部落內部爭議的法官。因此中世紀的法學家會認爲使用《聖經》來確認法律指令是顯而易見的眞理。對他而言，每句經文都是上帝的毋庸置疑的智慧，所有的經文都有同樣的力量，並且都來自那一獨特的時期和作者。法律來自上帝，並且是神聖的，只有祭司才能執法。

摩西的岳父

摩西的岳父傑斯羅（Jethro）的故事說明了這種情形，並使我們看到第一個法律程序改革者的例子。故事中講到摩西作爲領導人和統治者、上帝的喉舌、法律的領受者以及一切爭端的裁決者，公務非常繁忙，爲了履行眾多的責任而幾乎累壞了。傑斯羅來看望他的女婿，並祝賀他不僅逃出埃及，並且徹底戰勝了埃及。摩西很好客，爲客人設晚宴，並請他與亞倫（Aaron）和其他長者們見面。到此故事似乎添上了些現代內容。亞倫很健談，在晚宴上極力地取悅傑斯羅，但是，無疑地，他對有關金色小牛的插曲相當的沈默。第二天，傑斯羅各處游蕩，看到了奇怪的景象：摩西坐在那裡從早到晚評判人們。在文字記錄中，傑斯羅難以理解所看到的一切，便問女婿他整天獨坐，身邊圍著站立的人群，是在做什麼。摩西回答說，他把人們帶來的爭議去「詢問上帝」，並在他們之間做出裁決。

傑斯羅顯然從未見過這樣的場面，但以不凡的智慧立即答道：「你這樣做並不好。它使你消瘦，事情太繁重了，你一個人不可能做得好。我建議，你可以繼續在人們與上帝之間進行干預，教給他們法令和法律。但是從人們當中挑選最能幹的人，並讓他們裁判小的爭端，而大事則要交由你處理。」摩西接受了這第一位理性的法律程序改革者的意見，挑選能人隨時裁決爭議，困難的案件再交給摩西處理，小事則由他們自己裁判。

這以傳道的方式說明了，不同種類法院的組織以及對上訴法院的普遍概念。或許傑斯羅這位游牧者經歷豐富，見過巴比倫的這種制度，在那裏已經使用了一千多年了。這個故事表明司法職能屬於祭司。當時猶太人的情形，正如《創世記》中所描述的那樣，六十萬人帶著牧群大遷徙，形成了長達兩百哩的隊伍，他們以這種行列在沙漠中逗留了四十年。這些歷史事實似乎與法律毫無關係，它們只表明猶太部落生活在游牧時期。

國王取代祭司而統治

正如祭司階級的猶太法學家所闡述，上帝的誡命特意降臨給祭司們而不是國王所統治的王國即「神的王國」。宗教界，如英格蘭和新英格蘭的清教徒及蘇格蘭長老會教徒，從未放棄這種在聖經中得到的政府的神權概念。但是這一體系在巴勒斯坦失敗了，正如在別處也將失敗一樣。猶太人經歷了腓尼基人（Philistines）的壓迫之後要求一位稱職的國王來統治。法官撒母耳（Samuel）據說為他們描述了國王統治的可怕景象，但人們拒絕聽從撒母耳的勸告，並明智地說：「我們將會有國王來統治我們，我們也會像其他國家一樣，我們的國王將裁決爭議，並身先士卒去奮戰。」他們顯然已厭倦了糟糕的將軍和法官，儘管參孫（Samson）作爲以色列的法官，擁有非常出色的表現。一段顯然由祭司主筆的文字說，參孫就人神之爭徵求了主的意見，主告訴他讓人民以其自己的方式行事，他們會爲此付出高昂的代價的。因此，在巴勒斯坦發生了一千多年前巴比倫事件，國王成爲主持正義的最高人物。其後只有當以色列被亞述人統治以及猶大（Judah）被迦勒基人統治之後，才恢復神權統治。

國王的統治帶來了立竿見影的效果。猶太人財富增加，猶太王國日漸繁榮。他們滲透至主要商路沿途，非常活躍地從事商業。他們沿用腓尼基人的字母，學到寫作的藝術。他們創造大量的宗教作品，達到無與倫比的成就，雖然埃及人和巴比倫人的這種文學也非常優美。國家在不設防狀態下經歷了不和，王國分裂了。這些不幸經常被祭司們認爲是由於不再崇拜希伯來神所致，國王的統治經歷祭司們指責的考驗。在這段歷史下就是法律的發展，它開始於閃族人一般的原始做法。

在承襲的原始制度中，家長制家庭是很突出的，使得一夫一妻的習俗盛行。一家之長似乎對其子女擁有絕對的權力，以至於亞伯拉罕可以準備把兒子貢獻出來作爲犧牲。顯然的，父親掌握兒子的生殺大權。婚姻已成爲契約，丈夫對妻子有控制權。同宗族內禁止通婚，有一條除外：希伯來人禁止在同部落內通婚。這一例外是由於他們的上帝嫉妒其他的神，但這條禁止在同部落內通婚的戒律常遭違反，使蕾貝卡（Rebecca）感到厭倦的郝斯（Heth）的女兒們繼續有吸引力。財產最初是家族財產，藉由通常的手段保留在家族之內，有一些特定的維護家族及保持其財產的習俗。寡婦可以要求她死去丈夫最近的男性親屬與她結婚，最原始的說法就是寡婦可以招贅她丈夫的兄弟。路得（Ruth）的故事，是《舊約全書》（*Old Testament*）中一篇較遲的故事，發生於巴比倫淪陷之後很久的故事，就描述了這一情形，這個故事很有趣，因爲它開啓了一個法律的觀點。

路得的故事

一個來自猶大伯利恆（Beth-lehem-judah）的希伯來人以利米勒（Elimelech），在《士師記》（*Judges*）時期的飢荒之年，以及掃羅（Saul）或大衛之前，來到摩押地（Moab），帶著他妻子拿俄米（Naomi）和兩個兒子，後來他死了，兒子在摩押地結婚，一個娶了路得，一個娶了俄珥巴（Orpah），都是摩押女子。兩個兒子後來死了，拿俄米開始準備返回伯利恆。她建議兒媳回到自己人中間去。拿俄米說，我沒有其他兒子可以與你們結婚了，當然這句話意味著如果她有其他兒子，法律會迫使他們與寡婦們成婚。俄珥巴回自己家了，但路得堅持與這位極好的婆婆在一起。兩個女人在大麥開始收獲的季節回到伯利恆，拿俄米現在要從她丈夫的家族裡找個青年與路得結婚（這裡強調父系的關係，拿俄米自已的家族沒有這個義務）。法律突然變得如此靈活，以至於它可以爲寡婦路得在其死去丈夫的任何男性親屬中羅致一個丈夫，但法律把優先權給予了關係最近的族人。然而，法律對這位女士毫無意義。她選擇了富有的波阿斯（Boaz），她丈夫的一個族人，但並非最近的族人。路得對自己的姣好容貌有信心，她建議讓自已去田裡拾麥穗，希望能藉此得到某人的青睞。把去田裡做活作爲尋找丈夫的想法似乎過於原始。無疑，拿俄米做了安排，使路得巧遇波阿斯。故事的細節太多，不可能全部引用，波阿斯在兩個女人的精心策劃面前顯得很無助。

波阿斯似乎深被路得的美貌打動，對一位年長的男性而言，路得「追求的不是年輕人」的事實是多麼的受寵若驚。然而，有一個族人與路得死去的丈夫的關係比波阿斯要近。這位族人有權利，或者我們應該說有責任與她結婚，但若最近的族人不行使其特權，波阿斯就會宣布自已是排在下一位熱切的候選人。拿俄米顯然在波阿斯的鼓動下要求族人贖回她死去丈夫的土地，或者她可能提出把土地賣掉。波阿斯把那位族人帶至城中的老人面前，讓他做購買或贖回土地的選擇。他說：「你若買下路得，你必須把她和土地一同買下。」但那位族人說，他若買地就得被迫舉債了，他對波阿斯說：「你自己買吧。」路得的美貌對這個呆子沒有起作用。因此波阿斯對老者們說：「我買了以利米勒以及他兩個兒子的土地，我也買下了摩押女子路得，你們就是我的證人。」波阿斯娶了路得，故事的結尾是拿俄米抱上她的長孫，而長孫的長孫就是大衛王。他可能從他曾曾祖母那裏繼承了魄力。波阿斯在拿俄米選擇他當路得的丈夫之後，很快地注定是個不幸的人。

如果我們研究一下這個故事所蘊含的法律概念，就會發現它表述了買婚以及一個事實：土地的繼承必須被賣給或贖給希望擁有它的關係最近的族人，買者有義務一併接受土地與他的族人的妻子。故事的情節建立在一個很好的法律概念上，是有文字記載以來第一個這種情節。它是原始法、女性的敏銳、一見鍾情以及強烈的商業概念的奇妙混和體。

早期的法律中引入了一絲不易察覺的幽默，因爲它規定如果死去丈夫的兄弟或族人不對寡婦獻殷勤，拒絕與她成婚，受到怠慢的寡婦可以把他強拖到老人們面前，用最輕蔑的口吻對他講話，然後被賦予對他臉上吐痰的寶貴特權。這似乎也極爲原始，而女權主義者卻說原始法是男人爲了他們自己的利益而制定的。

同態復仇法與誡律

猶太法中另一個原始因素就是以牙還牙的同態復仇法。違法者被告知，「如果發生任何不幸，那麼你將以一命抵一命，以眼還眼，以牙還牙，以手還手，以腳還腳，以燒傷還燒傷，以傷害還傷害，以掠奪還掠奪。」猶太法中時不時地出現關於任何爬蟲類的觸摸所導致褻瀆的古老禁忌，以及食用某種食物，或用某種方式屠宰肉類的禁忌等。所有的這些禁忌大多在祭司法典中加以宣布：「無論是瞎眼的，瘸腿的，塌鼻子的，肢體有餘的，折手折腳的，駝背的，矮矬的，眼睛有毛病的，長癬的，長疥的……都不可近前來」祭壇（利未記21:18-20）。在禁止食用的食物名單上包括：駱駝、野兔、家兔、馬、豬、老鷹或鶚、鳶、兀鷹、渡烏、貓頭鷹、鷹、布穀鳥、天鵝、鵜鶘鳥、鸛、鸕、蒼鷺、田鳧、蝙蝠，任何會爬的爬蟲類以及任何沒有鰭或鱗的水中生物。禁食豬的理由是「牠的蹄是分開的，但是不咀嚼反芻物」，指出禁忌來自於某種前歷史的判斷。駝峰據說很好吃，馬肉是很好的食物，而天鵝幾世紀以來是王室餐桌的佳餚。沒有理由排斥鰻魚，並且據喜歡的人而言，蝗蟲是很好的食物。在此一神聖的誡律下，螃蟹與龍蝦會變成什麼？只有祭司才會反對火腿或培根，禁止食用已死的東西從衛生的觀點是合理的，其他的禁忌則是奇怪的。禁止由一隻公牛與一隻驢組成的隊伍，命令私生子的後代直到第十代時才可以參加集會，牲畜不得混種的命令，不得播種混雜的種子，不能穿混合絲與亞麻的衣服，這些禁令有某些原始信仰的基礎。也許命令男人不能穿女人的衣服，女人不能穿男人的，也屬於這個類別。顯然，猶太人不曾聽過狗與女人混合的組合，在某些歐洲國家有這樣的情況。

十誡

猶太法律認爲《十誡》（*Ten Commandments*）是神聖的，它是由「上帝的手指」刻於石上傳給世人的。這些法律有法律上的、宗教上的或道義上的特點。值得注意的是這些傳給世人的法律沒有制裁規定。也就是說，沒有規定懲罰，人們只是被告知，如果他們違法，魔鬼就會降臨在他們頭上。然而魔鬼不僅僅只降臨到作惡者頭上，它同時摧毀罪人和無辜者。法律要求部落、城市、宗族由於其中任何一員的錯誤行爲而承擔一般責任的原始概念，而並非個人責任的概念。這是植根於人類本性的信仰，但猶太人自己規定對違反這些法律的個人進行懲罰。事實上，《聖經》本身表明有一種習慣法遠比摩西接受的法律要久遠。

第一誡是完全宗教的誡律：「我是耶和華，你的上帝……除了我以外，你不可有別的神。」（出埃及記20:2-3）在法律敘述中，這些話是摩西說的，即任何人，兄弟、兒子、妻子或朋友，若供奉其他神則要處死，這種人將被亂石砸死。預言家艾力甲（Elijah）懲罰了許多想崇拜巴力神的人。在其他地方的戒律是不准提其他神的名字，「別從你嘴裡聽到他的名字」。基督教信仰剛剛控制羅馬帝國政府後，對中世紀非基督徒的嚴酷法律馬上就開始了。這種罪過最初被稱作背教。人們一邊狂喊著，「去吧，無神論者」，一邊把一位著名的人物扔進亞歷山大露天劇場的野獸群中去。在中世紀，拒絕信仰神學家教義的人要被綁在火刑柱上燒死，博學的塞爾維塔斯（Servetus）在日內瓦喀爾文派（Calvinist）人中間的令人傷感的遭遇，與強加給蘇格拉底的愚蠢的死刑懲罰相媲美。在佛羅倫斯對薩弗納羅拉（Savonarola）的火刑原因似乎是混合的懲罰，因爲他的預言不精確，又強烈反對祭司統治，以及對基督教會當局的冒犯。

第二條誡律（出埃及記20:4-7）補充第一條誡命，禁止崇拜其他形式的偶像。這條禁令針對任何形像或類似的東西，顯然不針對對太陽或月亮這種自然物體的崇拜。但摩西口授的法律更爲嚴厲：「崇拜太陽月亮，或其他神者要被亂石砸死。」形像和偶像要被燒掉或毀掉。提到其他神的名字的預言者要被處死。其他預言是受到鼓勵的。據說如果預言沒有應驗，那麼主沒有說話，只不過是預言家自已的假設。正如耶利米（Jeremiah）所說：「當預言者的話應驗時，預言者就會知道主是眞的派他來預言。」如果這是對預言的唯一測驗，那麼任何人都沒有理由不去做這種嘗試。如果有人偶然做出了一個應驗了的預測，那麼他立刻成爲預言家。主說父親犯下的罪，懲罰要施加在第三代、第四代頭上。在他說過這番話之後，禁止崇拜偶像的誡律本身就藉由這種懲罰方式而實施了。這就是家族責任以原始的方式取代對個人的懲罰，這條誡律對那些無法想像個人責任的人們來說並不嚴酷，也並非不公正。

第三條誡律在某些人看來意在涵蓋那些以上帝名義發誓，但卻不遵守誓言的人。法律中的誡律爲：「不可妄稱耶和華你上帝的名」。這條誡律長期以來決定了法庭裡誓言的形式以及僞證罪。一般而言，它被認爲是針對瀆神和褻瀆的誡律。人們認爲只禁止在以主的名義發誓時說假話，而要求人們講眞話的法律尚有可改進之處，然而這一概念自有效力。有許多人平時撒謊毫不猶豫，一旦讓他們發誓，古老的誡律便顯示出效力。

第四條誡律（出埃及記20:8-12）是一周之內休息一天。對猶太人來說，這一天是安息日（Sabath）。在此一千年前在巴比倫就實行一周一天休息日。在改編過的誡律中，安息日的源起是因爲世界是在六天之內創造的，而主在第七天休息。對於我們，這似乎不是不虔誠的問題。後來的理性主義者著重強調作爲休息日的安息日的價值。不僅信徒，僕人、奴隸、外國人以及耕牛都要休息。顯然，這條誡律屬於摩西的游牧時代。它也是觀星象的巴比倫人信奉的宗教信仰，他們慶賀月亮的月象的變化，因為一星期只是二十八天太陽月的四分之一，每四分之一相當於月亮的一個象位。關於這一點猶太法中的最後一句是由於休息日的存在，所以你的牛和驢可以休息，你的兒子以及外國人也可以休息。有案件記載，一個窮人由於在安息日出去拾柴而被亂石砸死。基督教國家中將此誡律寫入法律的，不僅為刑事法也為民事法提供了材料。星期天訂的契約，或星期天出示的賬單或便條，或任何導致這個問題的其他不同場合都產生了一些相當不尋常的法律。長久以來，在我們當中產生了強烈的反對新教星期天的沈悶的情緒，這在宗教的人士看來是魔鬼的陰謀，不論這魔鬼是誰。

第五條誡律是尊重父母，顯示在希伯來著作中對祖先的崇拜最終產生了效果，這也是父系氏族最直接的副產品。「當孝敬父母」（出埃及記20:12），打父母或罵父母的人將被處死，這是法律規定。另一條規定是拒絕服從父母的兒子會被帶到法官面前，他們會判他被亂石砸死。當希律王（King Herod）想處死兩個兒子時，他向法庭引用了這一古老法律，正如約瑟弗斯（Josephus）在《猶太人的風俗習慣》（Antiquities of the Jews）中告訴我們的一樣。如果有誰認為母親會參加處死兒子的過程，他當然對慈母之心沒有絲毫了解。這誡律構成了法律中父母可以控制成熟的子女的基礎。作為這一法律的一部分，我們看到猶太人敬重年長者。法律規定，在老人面前他們要起立，而這正是現今舉止良好的習慣，只有那些粗魯無知之輩才不遵守這一習慣，雖然它已不再是法律規定了。

第六條誡律是不可殺人。祈禱書（Prayer Book）的譯文試圖經由翻譯合理地說明「不可殺人」，但這僅僅是將它寫入後來的法律。原始法規定，每一樁殺人案無論是否意外都是傷害宗族的罪過。法律的原始形式規定：「造成他人死亡的人必然要被處死」。後來人們才意識到殺人也是有區別的，如果殺人者不是預謀殺人，那麼他可以逃到一個城市躲避。避難城市將負責收容他。也就是說，過失殺人者可以這樣做。在約旦河彼岸有三個城市，在迦南（Canaan）也有三個這樣的避難城。舉一例，兩人伐木，一人的斧頭飛出，斧柄殺死一人，在這種情況下殺人者可以逃到避難城繼續活下來。

血族復仇者

在這種情況下出現了血族復仇者。原始法中他代表宗族報血親之仇或執行自力救濟法。根據習俗，他在任何地方找到殺人者都可以將其殺死。後來，由於考慮了意圖以及武器的性質（鐵器、石製武器或木製武器），這法律才變得合理了。殺人者如果使用了致命的武器，那麼他就是謀殺者，就應被處死。這一點在我們的法律中相當於從某人使用致命武器而假設他懷有預謀的惡意。如果殺人者出於惡意或藉由埋伏殺人，那麼他就是謀殺犯，但如果他並不懷惡意而突然殺人（我們所指的誤殺），或在沒看見對方的情況下扔了某件東西而使對方致死，或意外地致人於死，他並不是被殺者的敵人，也並不想傷害死者，那麼避難城的全體教徒可以把受指責者從血族復仇者手中解救出來，他可以在避難城裡生活，直至該城的高級祭司去世爲止。但他必須一直待在避難城裡，如果他出城，就可能被殺死。高級祭司死去後，殺人者可以回他的家鄉。高級祭司去世這種事件是一般民眾都會知道的事情。

猶太人曾實行殺人者付出和解或賠償的制度。現在謀殺已被分爲：（一）兇殺或預謀惡意殺人；（二）我們所指的因突然爭吵導致的並無惡意的誤殺；（三）意外殺人。人們已經承認這種謀殺罪不再是可以經由和解或習慣性賠償而私下解決的錯事，因爲法律規定謀殺者必須被處死。不能和解或賠償，也不能通過和解而讓殺人者離開避難城。英國法中的避難所法律以及現代法中關於殺人的區分都直接追溯至閃族人的法律。與殺人的法律有關的是重傷罪，這一傷害可以經由支付時間的損失，以及使受傷害者完全地治好而獲得賠償。

第七條誡律顯示了一家之長要求妻子忠貞的無上權利。作爲一種犯罪，通姦無論如何被合理化，仍然是情夫對丈夫排他權的侵犯，而排他權正是對財產的合法定義。這一罪過無論過去或現在都與已婚婦女有關。猶太人可不像早期的巴比倫人那樣對性那麼隨便，如果婦女結婚時不是處女，她將被亂石砸死。通姦罪是妻子犯下的罪，而並不是已婚男子的罪過，除非他是已婚女子的同謀。現代法賦予妻子排他性占有的對等權利。猶太人的法律規定，如果男子與別人的妻子犯下通姦罪，他將與犯錯的妻子一道被處死。若男子與未訂婚或未婚女子私通，他必須娶她，但若女子的父親拒絕這樁婚姻，犯錯的男子必須向女子的父親付錢，數目相當於處女的普通嫁妝。在我們現代普通法中，如果女兒被引誘，父親也可以要求賠償，這在法律小說中常有提及。與已訂婚女子私通被作爲通姦處理，與已訂婚的奴隸私通要受鞭打懲罰，不被處死。祭司們當然對於妻子的忠誠有嚴格的要求。

第八條誡律是禁止竊盜，它表明財產的概念得到充分的發展。這條誡律的敘述在語氣上不那麼原始：「你不應偷盜，也不應欺騙」。竊盜的概念被引入欺詐或欺騙的概念。竊盜的賠償數額爲偷一頭牛賠五頭牛，偷一頭羊賠四頭羊。竊盜是對利益的損害。如果發現盜賊與被盜財產在一起，他將加倍賠償。無疑，受害者有殺死竊賊的權利，在現代法律中對這一點存有疑問。

第九條誡律融合了法律和道德。它可以解釋爲在社會中保持誠實的誡律，或作爲證人要講眞話的誡律。《出埃及記》中的法律禁止欺騙性的揭發或作不正直的證人，它也被詮釋爲「不可作假見證」。

第十條誡律是針對某種心境的道德上的誡律。它不是可實施的法律，正如摩西法律中「像愛自己一樣去愛你的鄰人」，的誡命也是不可實施的法律。除非一種信仰構成犯罪，法律所處理的只是行爲。

《十誡》不涵蓋法律中某些著名的主題。猶太法在其他方面表現了解放的精神。以奴隸制爲例，主人若造成僕人失去一眼或一牙，則必須給予這個僕人自由。如果猶太人被作爲奴隸賣給另一個猶太人，這樣的奴隸不管是男是女，一律應在第六年末被釋放。法律稱逃跑的奴隸不應送還給主人。這一神賜法律可以引用，並與我們的逃亡奴隸法形成對比。綁架或賣人爲奴者要受死刑處罰。或許在每七年的年末對債務人的債務豁免只是達不到的理想，無疑地，借錢給窮人的一般性誡律也是如此。兩種誡律只影響了作爲恩惠接受者的猶太人，慈善被規定爲一種義務。雖然猶太法嫉妒其他的神，雖然存在著永不與其他部落通婚的內部通婚做法，閃族法對外國人的規定卻是很開明的。針對本國人的法律規定以及挑選避難城的權利同樣適用於外國人。外國人不應受苦惱折磨，他「對你來說應像你們本國人一樣，你們應像愛你自已一樣去愛他」。

法律規定了精確的度量衡。田裡的麥穗應留給窮人和牛。「當牛踩出玉米粒時你不應給牠上口絡」，是常被引用的責任。「不要拆除你鄰人的地標」，在威嚇的法律當中成爲一種詛咒，過路人可以在葡萄園中盡情吃，但他不能帶走任何東西；每七年土地必須休息一次，以使野獸能到田裡覓食，葡萄園和橄欖園的果實每七年停止採摘一次；僱主必須在每天結束時給工人付錢；新婚男士可以不去打仗。

在法律爭訟中使用了證人。舊的原始採證方法不存在了。最初的規定也被教會法以及叛亂罪法所引用，它規定兩個或兩個以上證人的證詞才能作爲證據。這一規定雖然導致了無數的麻煩，但卻有助於改進英國的叛亂罪法。

隨著時間的推移，法律發生了一些改變，其中之一爲長子應享有雙份應繼份。有一樁案件是關於一人死後無子，卻有五女，對此案的著名判決改變了法律。從此，若人死後無子，其繼承權應傳給女兒；若無女兒，則傳給死者的兄弟；若無兄弟，則傳與死者父親的兄弟；若這些繼承人都沒有，則傳與其家族中僅次於他的族人。這就成爲後來父系繼承的羅馬法，僅有一點除外，在羅馬法中從始至終女兒們是沒有應繼份的。這樣的法律當然與只沿父系追溯的宗族關係相吻合。值得注意的是在《申命記》中沒有商業或商法，沒有關於一切不同的契約狀況的規定，而這些規定都出現在巴比倫法中。至少可以說沒有商人、商業區的痕跡。每項規定都適合於游牧部落過渡到定居的農業社會的情形。

個人責任的出現

但猶太法最偉大、最獨特的勝利就是個人的出現。我們已經看到，以前一切關於責任的法律都建立在家庭或宗族責任的基礎上，無辜的兒子爲了父親的過錯被處死。但最終出現了這樣的法律：父親不應爲孩子的原因而被處死，孩子也不應爲父親之故被處死，每人都應只爲自己的罪過而被處死。無法想像，對於實施以牙還牙同態復仇法的私法而言，這是多麼巨大的進步。最終，擁有自己權利的個人概念清楚完整地出現了。在處理責任問題時，家庭不再被當做一個整體。

法律有些迷信的規定是有缺陷的，比如處死巫師和術士，或亂石砸死行爲似妖精的男女。英國人把聖女貞德燒死於火刑柱上，他們的藉口就類似這裡所講的。對他們來說猶太人的法律是完全合理的，主人因其所養的動物造成傷害，所負的責任取決於主人對動物危險性的認識。在此框架內出現了英國法中的（沒收致人於死之物）供神物（deodand）。理查二世（Richard II, 1377-99 A.D.）時期英國的錫礦場，一塊從屋頂掉下來的石塊砸死了一人。國王把整個錫礦場沒收，把礦贈與了第三者。國王的贈與引發了一場訴訟，在訴訟過程中作出了一些極好的區分。

希伯來法關於動物的責任的規定描述如下：「如果一頭牛以角頂死一男子或女子，牛當然應被亂石砸死，其肉不可食（這是禁忌），但牛的主人免罪。」但若主人知道牛是危險的卻未把牛圈住，懲罰的方式爲牛被石砸死，主人被處死，他也可以付一筆錢賠償贖罪（這裡出現了用錢賠償的概念）。如果死掉的是僕人，牛主人要付三十個希伯來銀幣的賠償，此外，牛要用石砸死。如果一頭牛傷了另一頭牛，兩牛的主人就把賣掉肇事的牛以及賣掉死牛的錢平分，但如果這頭牛在過去就曾肇事過卻並未被圈住，那麼這頭牛的主人必須賠償一頭牛。如果有人縱火，且火勢蔓延，縱火者必須賠償一切損失。

如果受委託人保管的財物被盜，而小偷未找到，那麼就要由法官來作出裁決。換句話說，每一樁案件都取決於其本身的情況。關於商業交易的法律是在猶太人成爲交易者之後發展起來的，在地中海東部諸國（Levant）城市都是如此。除法律之外，《希伯來聖經》（*Hebrew Scriptures*）的獨特價值在於它宣傳崇高的道德觀，是對自遠古時代直至後期不足憑信的《聖經外傳》（*Ecclesiasticus*）、《希拉的智慧》（*Wisdom of Sirach*）中的道德觀的大改進。在未來的歲月中，聖經在創造更崇高的道德觀以及教誨人們服從正確的誡律方面所具有的不可估量的價值得到了證明。隨著基督教在羅馬帝國的勝利，聖經的每一條有關法律的規定都作爲上帝所賦的神聖之法而被後來的羅馬法以及其後的英國法所沿用，而經充分發展的猶太一神論及對偶像的憎惡塑造了路德時期以來的新教。偉大的統治者托勒密·費拉德弗斯（Ptolemy Philadelphus）從巴勒斯坦帶來了七十二位博學之人，爲他把希伯來法翻譯成希臘文。他以及他的學者們，對這些法律的內容留下深刻的印象。自那時起希伯來法的許多內容在希臘變得流行起來。

希伯來法的後期發展以及對這部法的進一步闡釋變得越來越富啓發性，並構成了新的更廣泛的法律體系。這不僅僅是關於摩西法的內容，也被認爲是非摩西法或非神授法的習慣法的內容。但這些進一步的闡釋在此不予注意，因爲這部分關於猶太法的著作沒有對法律發展的主流產生大的影響。堅持一個上帝這一點對其他法律體系產生了巨大的影響。後來，聖經的修訂者讓摩西說了這樣一段雄辯的誡命：「有哪個國家擁有像我今天爲你們創立的一切如此正確的法律和如此公正的判決呢……繼續保存這些法律並實施它們。因爲這使你們在其他國家面前顯露智慧和理解，別國將遵從這些法規並贊嘆：當然這一偉大國家的人民是充滿智慧和理性的人民。」

很久以前，約瑟弗斯在《猶太人的風俗習慣》與《對阿皮恩的答覆》（*Reply to Apion*），以及對其一生的簡要描述中指出，猶太法的許多概念影響了希臘和羅馬法。當然，猶太祭司們在法律王國中創立的偉大原則，是每個人都應站在法律面前，只對他自己的行爲以及他自願爲之承擔責任的其他人的行爲負責。當他們放棄了對宗族責任的原始繼承並代之以個人責任的合理基礎時，道德與法律都得到了變革。從法律的角度，這一點可以被稱爲希伯來法的最大貢獻。

在觀念，尤其是宗教觀念的普遍發展歷史中，猶太民族創立人和上帝之間直接聯繫的概念，它不再需要祭司在其中起安撫上帝的作用。《新約》（*New Testament*）堅持上帝爲父以及人人皆兄弟，這其中並沒什麼新的或原始的東西。希伯來人經歷了火的考驗以及那段令人難忘的際遇，歷練出對人類的寬廣觀念。斯多噶學派（**Stoic**）哲學家的信條和著作本可以爲世界帶來一個上帝的概念，但他們冷冰冰的嚴肅理想缺乏對上帝的深厚情感，而《詩篇》（*Psalms*）、《以賽亞書》（*Isaiah*）以及《新約》，正是以這樣的深厚情感充實並昇華了人類的精神境界，滋養了日臻完善的個人責任的觀念，這種觀念大大地改善了法律承襲下來的規則的嚴苛性。

第6章

希臘人的法律

「記住你被派往眞正的希臘，禮貌和學識的國度。你被派去管理她的城市，在那個社會裡人們呼吸著眞正人性與自由的空氣，他們以勇氣、美德、世俗以及宗教信念維護著他們的自然權利。尊重其古老的榮譽和古風，這是國家神聖之所在。讓每人都能享有充分的特權和尊嚴，甚至縱容他的虛榮。記住一點，他們把法律給予了我們。記住你要去雅典和斯巴達，剝奪這樣的人民的自由權是野蠻、殘酷、不人道的。」

希臘的法律發展時期也正是法理學開始成爲人們研究課題的時期。始於公元前五百年的希臘法，在某些方面，具有現代法的色彩。一部分的希臘人極有天賦，聰明過人，以至於他們在某些不應失敗的場合中所犯的錯誤也可能受到人們的縱容。偉大的羅馬律師小普利尼（Pliny）以欽佩的口吻談到希臘人。他的朋友馬克西姆斯（Maximus）於公元二世紀初去希臘，在圖雷眞皇帝（Emperor Trajan）下擔任執行官。普利尼寫了如下一段話來告誡馬克西姆斯：「記住你被派往眞正的希臘，禮貌和學識的國度。你被派去管理她的城市，在那個社會裡人們呼吸著眞正人性與自由的空氣，他們以勇氣、美德、世俗以及宗教信念維護著他們的自然權利。尊重其古老的榮譽和古風，這是國家神聖之所在。讓每人都能享有充分的特權和尊嚴，甚至縱容他的虛榮。記住一點，他們把法律給予了我們。記住你要去雅典和斯巴達，剝奪這樣的人民的自由權是野蠻、殘酷、不人道的。」

偉大的成就

西賽羅的第五本書《費尼拔篇》（*De Finibus*）首篇中關於雅典的談話也同樣給人留下了深刻的印象。他談話的時期正值雅典衰落，淪爲羅馬一個行省的一部分，即使這樣，雅典仍是文明世界的學校與大學所在地。西賽羅的哥哥崑達（Quintus）、外甥路修・西賽羅（Lucius Cicero）、終生的朋友波波尼奧斯（Pomponius）（更以阿狄卡斯（Atticus）聞名），以及來自羅馬大家族的馬卡斯・皮索（Marcus Piso）都在雅典學習。這幾個人在某天下午從第佩隆門（Dipylon Gate）出城去學園（Academy），只見學園的橄欖林，柏拉圖隱居的地方，那裡的鳥整個夏天都在悅耳地鳴叫。這些年輕的學生談論著他們的周圍環境。一個人指著一張椅子說，柏拉圖曾坐在上面發出驚世之語。另一個人說他一直在想著雅典附近的村莊克洛那斯（Colonus），想著索福克勒斯（Sophocles）的贊美歌以及盲人伊底帕斯（Oedipus）的優美詩句，伊底帕斯曾在女兒的帶領下，來到那個村莊的橄欖林灰綠色的枝葉下。他們當中最年輕的一位去過法勒羅姆海灣（Bay of Phalerum），曾在岸邊散步，在那裡德摩斯梯尼（Demosthenes）曾在翻捲的浪花旁作激昂的演說並訓練發聲，以適應雅典議會的吵鬧和喧嚷。在回來的路上他繞道去看了派里克勒斯（Pericles）的墳墓。還有一個人去了埃皮克拉斯（Epicurus）的花園。西賽羅自己談到了旅行增長見識，他談到卡尼德斯廳（Hall of Carneades）並沉思它，似乎爲那一智者而悲傷，而現在一切聲音都消失了。這幾個人談到了雅典的無數好去處，每到一處人們都會發現古跡。皮索補充道，無論是出自本能還是出自幻覺，當我們親眼看到與偉人或崇高行爲有關的地方時，總是比從別人口中聽到或從書裡讀到的更感動。今天，雅典的學生們一定也總是講同樣的話。這就是爲什麼應該縱容那些對文明做出卓著貢獻的人，以及爲什麼永遠不應減弱「藝術和雄辯之母」的光榮。

希臘人在雕塑、繪畫和建築以及在文學領域的造詣，在許多方面仍是無與倫比的。考慮到那時沒有望遠鏡、顯微鏡以及其他精密儀器，他們在科學上的成就就更突出了。他們肯定地球是圓的，繞自己的軸心自轉，並圍繞太陽公轉。他們還肯定了地軸向它繞太陽公轉的平面傾斜。然而，亞里士多德和柏拉圖都否認這一事實，並傳授太陽繞地球運轉。後來，埃拉多斯梯尼（Eratosthenes）藉助幾何示範得出的數據很接近地球眞正的周長和直徑。月亮繞地球公轉是已知的事實。月球的直徑已經測定，月球通過折射陽光而發光的事實已經確定，它離地球的距離也已測定。阿納夏戈拉斯（Anaxagoras）說太陽是熔化的物質，但那時的無知之輩正如現在一樣，對這些科學的主張無動於衷。只是由於派里克勒斯的努力，雅典才沒有對他不敬神的行爲起訴。亞里士達楚斯（Aristarchus）繼埃拉多斯梯尼之後不久就估算出太陽的大小以及它與地球的距離。物質的原子理論是德漠克里特（Democritus）提出的。重力的事實已是很普及的知識了。塞拉求斯（Syracuse）的阿基米德（Archimedes）結合了螺絲和槓桿的用途，並向世人證明，在羅馬人圍攻塞拉求斯時，一個務實的數學家照樣可以有所作爲。對那個時代來說，亞里士多德的科學論著匯集了大量的知識，雖然其中有些是錯誤的。但正是由於亞里士多德，中世紀才得到思想的科學基礎。現在世界仍在繼續沿用的文法規則正是希臘人最初歸類並安排的語言要素。

文明的發展

人們曾經接受一種觀點：希臘的發展是相對緩慢的，然後加速進入雅典的燦爛。人們猜想希臘民族飛速地從半野蠻狀態過渡到高等的文明。但後來的研究證實，像其他文明一樣，希臘文明也代表了漫長的過程，遵循著普遍的規律：征服者的野蠻被轉移到更古老與更高等的文化上。在漢摩拉比統治巴比倫之前，也許在希伯來部落佔有巴勒斯坦之前一千年左右，與後來的腓尼基人和腓力斯人有緊密聯盟的地中海民族的一部分在克里特島（Crete）達到相當程度的文明，並大量與埃及和亞洲進行貿易。這一文明自稱爲米諾斯（Minoan）文明，它於幾百年後滲透到希臘大陸以及北部的狄塞利（Thessaly），並廣爲傳播。半文明的阿基安人（Achaeans），以及幾個世紀之後愛奧尼亞人（Ionians）和尤利安人（Aeolians），以及再後來的多利安人（Dorians）的不斷的侵略，摧毀了這一古老的文明。但先前的文明使野蠻人接受那種高等文化的某些要素，希臘人中的一部分走上了取得後來成就的捷徑。

就法律的歷史而言，我們無需注意多利安人的主要城邦雷斯代蒙（Lacedaemon），首府是斯巴達（Sparta）。他們傳奇的立法者來庫古（Lycurgus）是個神話。他們以軍事形式把被征服的民族組織起來，並在具有敵意的從屬民眾當中保持紮營士兵的軍營紀律。他們的習慣法與制度解釋了柏拉圖在其法律論著中的一些奇怪的反動傾向，除此之外，這些法律沒有重要性可言。佔領克里特的多利安人的法律與斯巴達法相似。這些法律被發現時是刻於哥蒂（Gortyn）的一堵牆上。在斯巴達出現占有婦女並累積財富的趨勢，以及與此相配的女性在道德上的隨便。希臘人幾乎向四面八方進行著不知疲倦的殖民征服。他們在義大利南部、西西里，在非洲北部，遠至西班牙，以及在法國南部馬西利亞（現在的馬賽）的眾多城邦都有希臘法律的著述。

我們所講的故事大部分侷限於四個愛奧尼亞部落，他們住在村裡、雅典周圍的山頂上，以及雅典城邦周圍的面積不大的地區。這些人來自北部，帶來野蠻的雅利安人的制度和習慣法，成爲當地居民中的統治階層。當這些侵略的愛奧尼亞人與當地人民融合時，愛琴島上的愛奧尼亞和尤利安城市正與亞洲大陸展開大量商業活動，此時，亞洲統治者的臣民最終受到了波斯塞路斯人的繼承者統治。當眞正的歷史開始之際，愛奧尼亞人一夫一妻制的父系氏族部落和宗族自然地結成了邦聯，邦聯吸收了雅典更古老、更高等的文明，它藉用腓尼基人的字母形成了書面語言，並在極大的程度上擺脫了雅利安原始狀態。柏拉圖在《法律篇》（*Laws*）中描述理想國時所能想像的唯一場面，就是在備戰狀態中的城邦等待鄰近城市背信棄義的攻擊。

雅典的法律

我們略去提修斯（Theseus）以及雅典國王的傳說，看一看豪富家族（世襲貴族）對國家的寡頭統治。雅典政治的發展過程首先是推翻了寡頭政治的執政者，緊接著成立了民治的政府。民治的政府反對皮西斯拉塔斯（Pisistratus）及其兒子們的暴君統治，暴君們把雅典變成希臘的主要城市之後就被驅逐了。此後不久的波斯戰爭使雅典成爲希臘首當其衝的打擊目標。後來，愛奧尼亞城市的大量商業活動很快影響了雅典。在一百多年中，雖然雅典慘遭不幸，卻仍然成爲東部商業活動的主要基地。

雅典的法律發展方式是未曾有過的。愛奧尼亞人的法律是一種未經書寫的法律，由貴族家庭的族長們所代表的祭司階級掌管法律的實施。愛奧尼亞人決定改變其法律，我們看到只有兩種方法可以創造新的法律以適應新的情況，一種是發展新的習慣；一種是由某位人士宣布法律。希臘人沒有經由神頒布法律的想法，但是他們認爲法律是由那些神話般的立法者所賜予，他們並且認爲法律是神聖的，因爲法律是由祭司階級所掌管的。

經由口傳使法律流傳下來的習慣法以及對法律的監管，掌握在世襲貴族寡頭政治的執政者手中，這種情況遭到下層階級的反對，他們的呼聲愈來愈強烈，要求將法律寫成書面語言，不應儘由貴族所擁有，他們認爲書面形式的法律可以幫助大多數人，並爲大多數人所擁有。

有了書面形式的法律，國家中最卑微的人也能夠得到與地位高尚的人平等的公正，這個觀點也流傳於日後的羅馬人中，因此，《德拉古法典》（*Code of Draco*）應運而生。群眾還要求貴族不應再壟斷法律的監管以及在法庭裁決案件，爲確保此一結果，最明顯的就是使用他們已經擁有的事物，這是所有人類修補與使用祖先的習慣的本能。

立法權

雅典人保留雅利安人的部落大會總權力的概念，事實上，所有政治權力來自部落大會的信念導致普遍性政治理論的產生：公民大會是立法、行政與司法功能的來源。因此，當有必要修改法律時，一個容易的步驟就是根據傳統的方式，藉由集會投票任命一位實際上的立法者，名爲梭倫（Solon）。但在此應該注意的是，這種未經區分的政治權力的概念，注定要在將近二千年的時間內控制開明的人類。人們要從單一民眾集會或是單一統治力，如國王的政治權力中解脫出來，而創設權力的分立需要相當長的一段時間。

在不能夠進行完全合理的法律分析的時代——希臘人正是如此，因爲他們尚未具有尋求這種推理基礎的經驗——人類尚未因分析而演繹出這樣的概念：立法的職能在於宣布管理未來事件的法治；另一方面，司法的職能在於，適用當事件發生時現行的法治，於成爲訴訟實體的事件上。如果立法權力宣布一項新規則以管理已完成的交易，所行使的權力並不是立法權力，而是專斷的命令，廢除了適用於過去交易的法治，並且剝奪行爲有疑問的一方平等的適用法律的機會，而使其成爲被法律剝奪保護的人。正如我們所知，正義的理念與概念就像正義的實質一樣，要求先前存在的法治一律適用於所有人，並且不偏不倚地被適用。如果情況不是如此，那麼正義就不存在，法律也不存在。

「法律不僅只是意志的行使以作爲權力的展現」，這是美國最高法院的精闢語言。因此，如果法律體系的設立使得立法機關能夠對某一特定案件以某一敕令做出訴訟的裁決，那麼這既不是立法也不是裁決，只不過是行使專斷與不受控制的權力，與正義的根本背道而馳。但雅典不懂這一點，羅馬共和國時期的羅馬不懂這一點，今天那些談論自由司法裁決的人也不懂這一點，自由的司法裁決意味著法官自由地不考慮法律的情況下所做的裁決，因爲他認爲對特定案件而言，他可以創造更好的法律。

依法而治

確實，亞里士多德指出雅典歷史中以敕令來統治的弊病，但他並未更進一步以發現他對法律的根本想法是不健全的，他只不過夢想著以法律來統治國家。有眞知灼見的西賽羅在他的《論題》（*Topica*）一書中提到，「正義要求在相同的案件應該有相同的法律」。或者就像現代法指出，「法律的平等保護意味著對平等法律的保護」。直到共和國（**Republic**）滅亡，羅馬從未眞正發展過這一正義的以及平等的法律的理念。在希臘人和羅馬人之後很久，人們才發現，爲了確保平等的法律，司法權力必須分別並獨立實施。如果今天的人不能了解以交易發生後所創立的法治來管理已經完成的交易在道理上是不可能的，他不是一個理性的人類。甚至像撲克牌這樣無關緊要的小事也能說明此一問題，即使是不太聰明的玩家也明白，在玩過以後才發明遊戲規則是多麼荒謬。對玩家來說，他們的箴言就是遊戲必須用既有的規則來指導，這也正是自從人們開始理解正義的理念以來，對所有年代的重要事務而言，正義的實質要求。在漫長的歲月中，人們一直尋求平等法律的實施，現在可以解釋為什麼在雅典的制度中從來沒有產生依法而治的政府。

不同的民族為什麼在不同的方面有所專長呢？或許我們永遠也不會有確定的答案。希伯來人的天才在於在上帝的啓發下思考出生活的正直品行，希臘人的天才在於鑽研所有科學的性質以及對政府的民主形式的熱情，而羅馬人的天才在於政府和法律的設立，這些是某種根深蒂固的種族特性，我們無法解釋。

雅典政體

最早發展我們所謂的民主形式的民族是雅典人。根據梭倫在公元前五九二年的立法，公元前五〇七年的立法又對其加以補充，所有雅典公民的公民大會成為行政、立法和司法權力的最終受託人。這一政體表面上是民主的，但事實上只不過是統治階級的民主。雅典是由限於雅典出生以及祖籍在雅典的團體所統治。這一集團從未超出三萬人，一般來說不超過兩萬人。一次集會的人數可能很少超過六萬人。雅典數目眾多的自由居民從未經由任何類似於我們的歸化手續而取得公民權，他們必須永遠作為外僑，而正是這一階級擁有雅典的絕大部分財富。在公民和自由外僑以下是人數更為眾多的奴隸階層。外僑和奴隸幾乎承擔了所有的手工業、製造業、商業，他們分別屬於中產階級和勞力階級。雅典公民認為從事任何一種這些職業都是卑下的，只有外貿例外。隨著雅典在商業上的優越地位奠定以後，外貿大為增加，富有的市民也加入了這一行列。柏拉圖在其《法律篇》一書中禁止自由公民從事所有與商業有關的職業，多少反映雅典人當時的看法。

雅典城邦的務農人口（他們都是公民），隨著時間的推移，因爲生計的困難，雖持有原始不可分割的地產，實際上卻成爲欠下富有公民債務而被束縛的農奴。而那些富有的公民自然就是寡頭政治的執政者，即使「錢並不在意誰擁有它」，但財富總是讓它的持有人具有影響力。梭倫採取的第一步就是經由沒收法案免除占有土地的公民的債務，使得這批務農階級至少暫時獨立於有錢的階級之外。同時，土地也變成可以分割，一旦兒子年滿十八歲，馬上可以從父親的家長管制下解放出來並爲國家服兵役，這樣就廢止了歷史悠久的雅利安家族財產不可分割的制度以及家長制的家族制度。父親不能剝奪子女的繼承權。父親擁有家庭財產並不應剝奪子女繼承權的法律概念在今天仍然有效力。

雅典政體的另一特徵就是由公民大會來確認一切的立法、行政和司法權力。梭倫根據收入把公民分爲四個階級，這一劃分對政府沒有產生什麼影響。立法機構是不受控制的。法庭實際上是由公民組成的人民法庭，他們有許多法官，以至於他們被認爲是大會的一個分支。陪審員實際上就是法官，因爲裁決是由這些所謂的陪審員做出的。他們的人數通常有二百人、五百人、一千人，對於某些大的案件，法官的人數更多。六千人的法庭陪審團名單是由公民組成的，每年都要更新，這些陪審員成爲支薪官員。民主的教義就是每個公民都能夠勝任執行政府職能的工作，公務員經抽籤產生，指揮軍隊或艦隊的將軍除外，他們是由集會選舉產生的。每位需要錢的公民都能經由自然的程序成爲領取薪資的公務員。希臘人與代議制政府擦肩而過，因爲希臘城邦的代表組成了古希臘聯邦同盟（Amphictyonic League），也就是希臘德里安同盟（Delian League of Athens），但代議制政府的概念從未產生任何結果，正如希臘人對蒸汽動力的廣泛知識從未幫助他們製造出蒸汽機一樣。

很奇怪，柏拉圖能夠認識到挑選完全不稱職的人擔任公務員的錯誤，他卻未能認識到選舉陸海軍將軍的荒謬。他做了一次對話，在對話裡他代表派里克勒斯的兒子小派里克勒斯，他找到蘇格拉底，抱怨雅典人剛選了沒經過陸海軍訓練的人擔任將軍，他只不過是個成功的商人。在對話中，蘇格拉底開始提出許多問題並證明，派里克勒斯自己也承認，成功商人的許多品質也是將軍所需要的，因此得出的推論就是雅典人做出了明智的選擇。年輕的派里克勒斯離開時顯然更迷惑了，但似乎又找不出這種推理中的愚蠢錯誤。或許這樣的推理就是雅典軍隊爲什麼常常從戰場逃跑的原因吧。在我們的民主中正好相反，如果一個成功的將軍被選中擔任他無法勝任的高級職位，作爲文職的市政長官就遭到了慘敗。

雅典最高法院會議

保守人士對公民大會可任意改變法律的權力不以爲然，他們感到法律不應輕易改變。爲防止這樣的傾向，雅典最高法院會議（Council of the Areopagus）增加了守護法律的職能，後來又設立了法律的監察人，或監法官（guardians of the law）。規定了審理法律的程序，即由指定的原告和被告在大會上對此問題進行辯論。後來，任何人都能獲准在人民法庭上提起訴訟。已經提出或通過的法律其合法性及其優點，與一些已存在的法律或其他可能的法律相比較而言，要在大會上以起訴一位私人公民的形式做出裁決。

對於我們來說，這種權宜之計似乎很幼稚，因爲法律的合法性被權宜之計混淆了。但如果我們假設雅典的政治發展狀態就是如此，全體公民都有立法權，並且這樣的全體公民無法譴責自己，那麼，若要轉嫁公民的罪，這樣的權宜之計看來就是唯一可能的辦法了。今天，每當通過了一項不好的法律時，我們仍堅持這種原始的信念：公眾是沒有過錯的，公眾是被誤導或欺騙了。法律教給我們的事實就是任何政治社會都有與之相適應的法律。

執政官

關於理事會，最初有雅典最高法院理事會，後來由抽籤選擇的梭倫五百人會議（Council of Five Hundred）所繼承。這一組織通過其下屬的委員會執行行政事務，這一理事會被賦予起草將在大會上提出的法律的責任。最初，法律的提出需要由理事會向大會提出適當的法案，後來這一保障做法被廢除了。一些被稱爲執政官（archon）的行政官員主持大會和法庭。大執政官（archon king）之所以得名是因爲他繼承了古代國王的祭司職能，主管宗教儀式、夫婦間的家庭關係、死者的財產和遺囑。在後來的中世紀的英國，教會法庭行使的職能與雅典大執政官法庭幾乎相似。

雅典法律體系另一重要特徵是，梭倫的立法使任何公民都有權處理另一公民的案件並幫助他主持正義。這種權利既是起訴權也是辯護權，但它從未導致律師的僱用，因爲希臘根本沒有律師階級。每一位市政長官都必須向大會述職，任何對他的政績表示疑問的檢舉人或起訴人都可以對他提起某種訴訟，甚至陸海軍的將軍們也會受到這種攻擊。

但這種對民主權利的堅持在法律上產生的最令人奇怪的結果，就是大會上進行的稱之爲放逐的程序。經過大會的投票，任何公民都可能在不舉行聽證或審判的情形下被驅逐。它進而成爲譴責被控告者的立法裁決。這正等同於英國議會沿用很久，產生慘痛後果的、惡毒的與殘酷的褫奪公權法案（bill of attainder）。在英國，某一立法程序，可以判處政治上的反對者死刑，當他不能被正常的法院程序所定罪時。可以說立法者的良心比起法官是比較少的。褫奪公權法案在美國的國家憲法和州的憲法是被禁止的。大會也進行這種程序：在大會中提出指控，而由人民法庭進行起訴，正如我們現在彈劾的普遍做法，但此一程序並不限於公務員。此一程序由英國人所抄襲並且現在依然存在，即在立法機關之前起訴犯下重大罪行與輕罪的公務員。在我們的兩院制國會的體制中，下院對公務員進行起訴，上院對起訴的眞實性進行審判。這就是英國式的下院彈劾、上院受理。美國的每一州都有同樣的起訴方式。在雅典，任何公民都能提出彈劾，徵得公民大會的授權，由城鎮會議的法庭之一受理。

公民陪審團

根據實行英國法系國家的慣例，法官以三種方式控制陪審團的裁決。在審判之前，法庭敲定問題，也就是說，它決定將向陪審團提交的問題。其次，在審判時它向陪審團提出與他們的決議有關的法律。最後，法庭如果不滿意陪審團的裁決，可以對其置之不理。但在雅典，首席執政官或許對將提交給陪審團的問題實行一定的監督，但整個案件，不管與法律或與事實有關，均交由不受控制的陪審團處理。即使存在控制，通過抽籤選中的執政官沒有特別的法律知識，他只不過是擔任短期公職的未受過教育的普通公民。他對審理案件的方式以及對審判的監督是沒有什麼用處的，他只不過是陪審長。在審判時他不控制陪審團，陪審團以自己喜歡的方式作結論，無法修正明顯錯誤的結論。民眾從來也不向官員提出推翻公民大會或人民法庭的裁決結果。如果陪審團根據實際的法律裁決訴訟，那才是意外。因此在雅典制度下，根據以上對司法的描述，可以說事實上沒有強迫法庭依法裁決的任何規定，而必然的結果是正義是極爲罕見的，沒有法律的統治，訴訟當事人也沒有獲得法定權利的保證。每樁案件都有可能根據爲當時的情況而制定的特殊規則來裁決。根據雅典城邦的劃分設立了地區法庭，但這些法庭的上訴都集中到雅典的人民法庭，上訴時也有相同的弊病。

亞里士多德認爲，像雅典立法大會那樣的人民集會，或雅典抽籤挑選的公民陪審團在人民法庭所得出的任何結論，反映出高於大會或陪審團的成員的平均智慧，這是完全沒有根據的假定。所得出的結論可能是成員之間深思熟慮和討論的結果，但在法庭上，陪審員之間是禁止任何溝通的，至少是不可能的。陪審團的決定是在不經陪審員之間討論的情況下做出的。陪審員沒有機會進行討論，也沒有機會使他們之間較佳的智慧發揮影響力。

亞里士多德的正義觀

亞里士多德在他的著作中無法對雅典的反常情況做出清楚的解釋。他把正義分爲兩種：一是普遍的正義，指國家制定的，對社會所有成員具有法律強制性的一切法律規則的總和；二是具體的正義，它包括支配所有社會成員關係的一切公平的規則。沒有人曾經解釋這個分類的原則。亞里士多德沒有爲普遍的正義下邏輯定義，除了它包括我們所謂的公法和財產權、占有權。他把具體的正義分爲分配的正義，定義爲分配給一個人對抗或支持他人的所有權利與責任；以及分爲改正的正義，包括爲了權利的行使或錯誤的救濟的所有司法職能。或許在某種晦澀的方式，這後一種劃分類似現在關於實體法與程序法的劃分，實體法定義實際上的對與錯；程序法定義由法院決定權利的執行與錯誤的救濟的方法與程序。

法律的另一個缺點是其僵硬的形式主義特徵，即控訴的一方必須依據他所訴請的金額獲得賠償，不多也不少。爲了可以裁定少於所訴請金額的賠償，有許多審判方法的改革建議案，但是亞里士多德大力反對此一主張，在一個成員眾多並且缺乏討論機會的法庭上，很難構想如何獲致這樣的結果。

在雅典的制度下即使存在依法而治，或存在適當的法庭以適用法律的機會，制定新法或規避法治的原則，以及廢除可適用的法律，卻完全破壞了這樣的機會。亞里士多德爲他不合理的劃分又增加了另一種類別，他稱之爲公平或合理的正義。描述這種正義的希臘詞——epieikeia後來意味「無用的喋喋不休」，非常合適。簡言之，這條原則就是一條法規必須是能夠普遍適用的，但如果遇到特定具體案件，法律在陪審員或法官看來似乎可能產生不公平、不公正或不平等的結果時，法律將不會被適用。這個充滿冗詞的原則被定義爲在司法領域一些特定案件中，當法律因其普遍性而有缺失時對法律的糾正。換句話說，這是法庭中止法律的權力，因爲法庭認爲在某一特定案件中法規將產生不公正的結果。有什麼比這更簡單呢？雖然正義要求普遍規則一律適用，如果法律能保證自由和平等的話。然而正義也要求這一規則的對立面——在某一特定案件中中止或廢止法律——以保證依據法律，正義不會成爲不正義。確實，在隨後的法系中存在普通法與衡平法體系，但後者有其本身固定的規則，這些規則適用於一切案件。衡平法規實際上是支配者，因此它們是法律，無論普通法的內容如何規定。

亞里士多德似乎提到了公法的範圍，但事實上他並未提出，並且住在城邦的希臘人也不能夠想像每位公民可以擁有任何受國家保護的權利。當雅典的法官被要求宣誓他們將不允許債務的拒付或土地的再分配時，沒收並徵用富人的財產卻是常事。國家的權利是不容爭議的，並且由國家來賠償被搶劫的公民。這就是我們今天關於某些稅收的法律，每人必須付所得稅，即使這是公開的偷竊或搶劫，並且他必須在付稅之後訴請支付的補償，所有的民主政體在方法上都是相似的。

賦稅制度

希臘人擁有要求某特定公民提供公共服務的獨斷性制度，稱爲禮拜儀式（liturgy）。這些公共服務包括配備船隻、爲使館提供設備、戲劇合唱或捐助宗教慶典的費用。針對這種情況有補救的辦法，被強加這種費用的公民可以起訴另一公民，稱另一公民更有能力付稅。這也就是說一個公民可以起訴另一公民，理由是某種稅的徵收在兩人之間不公平。這種公共義務實際上就是一種稅收形式，因此很早就開始要富人付較高比例稅款的不平等的賦稅制度。嘗試這樣的賦稅是所有民主國家的特點，最好的例子就是根據收入按比例增加稅收。這是最大膽的事情，但至少所有符合條件的人都必須付稅，但在雅典，某一特定的個人被選中付繁重的稅。在這種制度下探討法律、平等或一致性是毫無意義的。

辯士

雅典爲什麼不存在特定的法律職業或熟知法律的階級？這一點應該是明顯的。每位公民都知法並實施法律，因此不存在律師或代表公民的辯護人。公民必須自己辦理自己的案子並自己提出訴訟。正如柏拉圖在他的《法律篇》一書中所指出，法律職業被禁止了。訴訟當事人所能做的就是僱用辯士爲他寫一篇講稿。雅典的辯士們寫過許多這種講稿，它們正是我們認識絕大部分雅典法律的來源。法官對法律所知甚少，或許他們對此並不在意，這不像訓練有素的律師在法庭上那樣發揮作用。例如某人簽訂了契約，如果城鎮會議的陪審團認爲契約的執行是不公正的，那麼這份契約就可能廢除。人們的遺囑也不能保證得到執行，其他的法律關係也是如此。難怪亞里士多德要渴望憲法體系，在此是法律而不是個人的反覆無常在統治，但他的法律概念阻止了任何依法而治的盛行。

希臘人發明將某些案件提交仲裁的方式，事實上同意仲裁人是一般的權宜之計。仲裁結果可以由法庭來執行，在此，似乎在仲裁人前所做的記錄是法庭所能考慮的全部事實。對於希臘人來說，經仲裁來規避法庭是逃避法律程序的束縛而並非逃避法律的方法。但當然，正如現在一樣，仲裁導致的結果就是不運用法治以解決爭議。

民法

雅典的希臘人發展相當數量的法律。藉由對襲擊或當眾誹謗的私下補救辦法，個人的人身安全得到保證。針對非自然人，如與我們關係密切的教會的宗教團體、俱樂部、負責葬禮的團體、貿易團體等，也有較完備的法律。這種組織的細則是合法並具有約束力的，現代的公司法可以從羅馬法追溯到希臘法的這一部分。以家庭關係而言，結婚和離婚都有相應的法律。應父母之命的婚姻是普遍的規則，妻子成爲丈夫家庭的一部分。也有相應的法律來規範監護人與被監護人的關係，以及未留遺囑的死者的財產權轉移。辯士德摩斯梯尼之父留給他一筆約值三萬美元的財產，他的堂兄阿方浦斯（Aphobus）成爲他的監護人並揮霍絕大部分財產。德摩斯梯尼成年之後起訴了其堂兄，追回了失去的財產。家庭法廢除了父系家長制家庭的做法，兒子十八歲從軍以後就不再受家長的控制。

梭倫的法律給予每個沒有孩子的公民訂立遺囑的權利，但當時法律不允許立遺囑人把所有的財產送給他人，法律還未發展到這個程度。有一種法律可以廢除一項遺囑，如果立遺囑人極爲衰老，或理智不清，或受到不恰當的影響，至少是受到女性的影響。

關於財產占有和所有權的法律，如果適用，可以充分保護財產。破壞不動產或個人財產者要付賠償金，若某人的動物或奴隸有不恰當的行爲，他也要賠償。土地的租賃是常見的，針對租金也可以提起訴訟。禁止強行闖入私宅，甚至還可以就名字的使用權提起訴訟。德摩斯梯尼的一篇演講就是關於名字的排他使用權，這種法律可以保護商標的排他性以及防止不公平的交易。

城市間藉由締結公約以實施國際私法，公民在另一國的權利也藉由公約得到保護。這些公約給予彼此國家的公民享受其居住國法律的權利。希臘人在許多方面發展了國際公法以及某些國際私法。

刑法

通常也存在犯罪和私怨之間的混淆。殺人是私怨，由家族來負責追訴，可以與殺人者交涉。謀殺與一般殺人罪之間，故意預謀殺人與義憤殺人之間是有區別的。希臘法不像猶太法那樣爲殺人者提供避難所。法律給予宗族向殺人者宣告復仇的權利，除非是預謀殺人，否則宗族可以就此事和解。如果發生謀殺，避免死刑的唯一辦法就是終生流放。我們已經看到，猶太法中，一樁眞正的謀殺不能以金錢的給付而和解。這種法律沿用到我們的法系中就是法律禁止接受賠償而撤回重罪起訴。正當的殺人在希臘法中受到承認。如果傷者在臨終前原諒了殺人者，宗族就不能追訴。在他們看來，傷者在臨終前原諒了殺人者，可以構成訴因（cause of action）的拋棄。這樣的法律也影響了我們，因爲法律理論上認爲死者無法處分追訴權。有權追訴的人才能決定是否進行追訴。

刑法混合了公法和私法。暴力、非法拘禁、殺人、強姦、竊盜、重傷、誹謗和侮辱雖然都是對個人法益的侵害，但是刑罰的作用部份也在恢復國家法秩序。在許多案件中，刑罰並非對受害者個人進行賠償。通姦罪是公開追訴的對象，丈夫因爲通姦或是小老婆的情人因爲侵入保留地所做的個人報復，作爲原始法律自力救濟的一部分是正當的，爲此而殺人也是正當的。

法律發展了許多不同的訴訟——控告、公訴或彈劾、對瀆神行爲的訴訟、對暴力、對不動產和個人財產的損害賠償訴訟。不同形式的訴訟有特定的名稱。不存在以強制命令規定的預防性賠償。對個人財產及對不動產的損害賠償是不同的。法律規定某些商業案件可以實行簡易賠償以及三十天之內進行審判。

商業發展

顯然這是高度發展的法律體系。但我們卻是在契約關係、抵押、典當、貿易活動、銀行運作的領域中，達到法律發展的最高階段。這些商業活動必須有書面的契約，以排除其他契約的證據。眾所周知，在沙蘭米斯（Salamis）戰役與打敗波斯艦隊之後，雅典成立了德里安聯盟（Delian League），自然地使自己成爲商業中心。雅典以法律規範商業活動，使其成爲商業活動的中心，正如英國人訂立並使用航海法一樣。爲進行這樣的商業活動，商人的預付資金是必要的。雅典從巴比倫商法體系中找到了現成可循的商業體系，這種商業體系也被亞洲的愛奧尼亞城市所採用。它傳至雅典，雅典在波斯戰爭之後商業得到巨大的發展。

如上所說，書面契約是當時僅有的形式，我們可舉一個例子說明。當時在帝斯皮亞（Thespiae）有位女銀行家尼歌來銻（Nicarete），她爲波蒂阿（Boeotia）的奧出曼諾城（Orchomenos）提供貸款。當時市政當局借錢是常有的事，這些貸款是不同時期借的。像往常一樣，貸款到期後城市當局無法償還。因此就訂立一份新契約，以書面形式記載這些貸款實際上是貸給由銀行家所挑選的官員以及十位公民。當然，這不符合事實。這份名不符實的貸款契約賦予銀行家要求這些人用自己的財產來償還貸款的權利。新的貸款是付給持票人的。如此，付錢的協議採取可轉讓的期票或等同的形式，可在持有人之間交付。城市所要做的就是延長貸款期限；銀行家也樂意延期，因爲又有幾方成爲期票的出票人，並使他們個人與城市共同負起主要的責任。這項交易事實上是藉由清償未付的票據，貸款的續借，以及由新的發票人所出的票據。當然，如果有關的各方提供證據說明被取代的契約並未反映眞正的交易從而不承認這筆契約，那麼根本就不可能訂立被取代的契約。似乎沒有理由懷疑希臘法與巴比倫法或我們的法律是相當不同的，希臘法中有關的各方不能以口頭證據推翻契約的文字。這一規則，在我們的法律中被誤稱爲口頭證據規則（parol evidence rule）。

這筆虛構的貸款到期之時又發生一次償還的遲延。因此，達成一項新協議，城市本身要在兩個月之內償還貸款，兩個月到期之時城市付清了貸款。這份新協議是否免除了第二份契約中有關各方的責任不得而知。放款給城市，而由公民負擔貸款責任似乎是通常的作法。很明顯，當契約規定強制處分時，希臘法律理所當然地會規定獲得賠償的方法，正如我們的契約一樣。希臘人像我們一樣也有確定債務的判決書。

梭倫廢除了因債務所致的人身逮捕，但自力救濟的賠償做法依然存在。關於保證人責任的契約很常見，保證人對債權人負有主要而不是次要的義務。幾乎每份契約，例如貸款和租賃，都附有保證契約。當保證人擔保某一罪犯的保釋時，如果罪犯潛逃，他們可能受到懲罰。我們現在關於保釋金的做法在希臘法律中是不存在的。

法律關於租賃的規定是特殊的，土地的租賃也可以轉讓。我們的規則正相反，租戶的占有土地表明了他的權利。關於開墾方式的特殊條款是常見的。寺院的土地通常以固定租金永久地租給租戶，不得轉讓。固定租金的永久租賃爲我們的法律提出了一些特殊的問題。關於貨物買賣的法律是明確的，買賣通常必須在證人面前或在公開市場進行，對貨物的品質與實際的重量實行嚴格的監督。買賣可以以信用貸款的方式付款，柏拉圖在《法律篇》中建議廢除信用貸款的法律。以現金或信用貸款付款之後，對於商品的權利就轉讓。但在我們的法律中，權利隨著商品買賣契約的訂立而轉讓。

法律在雅典法中都得到充分體現。就普遍規則而言，希臘法的主流與我們的法律相差不多。希臘法系的失敗之處就是它未能發展稱職的法庭以適用法律。希臘人不曾懷疑國家有責任在公民之間主持正義，但希臘法律不包括雙方當事人同意將爭議提交法庭，並且法庭可以強制被告出席的要件。

經由亞歷山大大帝的征服以及亞歷山大的希臘繼承者們建立的王國，希臘的影響已擴展到東方世界，希臘法體系幾乎成爲全世界通用的體系，而希臘法律的原則經由羅馬人以及被稱爲國際公法的古羅馬司法行政官法律（praetorian law）而發揚光大。以至於當編纂《國法大全》（*Corpus Jans of Justinian*）時很難區分羅馬法與希臘法的因素。因爲小普利尼說過，希臘人把法律給了羅馬人。

第7章

一件希臘訴訟

「雅典人或居住在雅典的外國人或受他們僱傭的任何人，借錢給一艘未獲雅典運貨許可的商船即構成非法行爲。」

爲觀察希臘法律的運作，有必要研究某一特定的法律訴訟案件。我們從某個當事人聘請德摩斯梯尼起草一篇講稿，以便於雅典法庭審判時發表，而得知訴訟的一些事。這個案件起因於法律規定在雅典關於買賣的貸款必須只涉及進出雅典的買賣。法律規定：「雅典人或居住在雅典的外國人或受他們僱傭的任何人，借錢給一艘未獲雅典運貨許可的商船即構成非法行爲。」另一項法律禁止居住在雅典城的任何人直接運送糧食給除了比雷埃夫斯（Piraeus）以外的任何港口。這些法律支配著雅典爲主的多利安聯盟、雅典的殖民地以及屬地，在以後相當長的時期都是如此，雖然有時雅典允許相反的事情發生。在達達尼爾海峽（Dardanelles）的塞斯託斯（Sestos）設有看守，向過往船隻執行這項法律。

商業投機家

希臘的貿易商通常是商業投機家，由雅典的一些有財力的人提供預付款，或我們說的融資。契約一般描述航行應當如何，並且決定哪些商品是投機的主力。這種商業使雅典城邦成爲重要的中心都市，無需說明，雅典港商船雲集，商業帶來的收益使雅典的所有階級富裕起來。當時，雅典人德蒙（Demon），辯士德摩斯梯尼的叔叔，是雅典的富人。他陷入一樁法律訴訟，涉及購買商品的貸款，所披露的內情非常驚人，足夠滿足極盡渲染的報刊的胃口。這樁案件很重要，因爲它證明當時希臘活躍的生意人多少都是無賴。環境是可以改變的，但人的本性在悠久古老的世界中卻是不可改變的。對希臘人的評價那時和現在都是正確的：他們仍然向鄰近的港口輸送衆所周知的詭計以及古老的工藝品。正直的羅馬人懷疑希臘人的誠實。對希臘表示贊賞的西塞羅也認爲希臘人缺乏道德上的持久性，他說：「我承認希臘人文學與雄辯的技巧，但這一民族永遠不了解或關心法庭上所做的證詞其神聖的約束力。」對於羅馬人來說，貪婪的希臘無賴是惡名昭彰的。

甚至當雅典喪失海上主導地位之後，它仍然擁有累積的資本以從事商品的買賣，正如以上所提到的法律，一切以雅典貨幣所從事的商品買賣以及它控制之下城市的商業都推動著雅典的商業，並且每筆合法的海上生意都應把雅典當作地中海東西岸以及黑海的商品集散中心。

雅典城邦人口的生活需要大量的進口貨物，尤其需要從西西里或其他地方進口糧食，這種商業投機活動需要冒險。有錢出資的資本家不願意親自嘗試在變幻莫測的海洋裡冒險，而願意冒險從商的生意人卻沒有錢或資金，有商品出賣的外國交易商又不願把商品賒給雅典人。借資本家的錢來從事貿易的生意人把借來的現金付給賣方，正像今天的運作一樣。雖然無論過去和現在，進口商有時是無賴，我們可以尊稱他爲商業投機家。

普羅塔斯

雅典有一位名叫普羅塔斯（Protus）的商業投機家，他向資本家德蒙申請貸款，以融資從塞拉求斯（Syracuse）運輸一船穀物到雅典，他爲此取得該筆貸款。德摩斯梯尼在爲德蒙所寫的訴狀中沒有寫明貸款的數目，但我們可以假設這筆錢數目不小，因爲運輸的商品裝滿了一船。訴狀未寫明普羅塔斯把用德蒙的資金購買的貨物運至塞拉求斯，並在那裡把貸款換成現金以購買穀物。似乎他只拿了德蒙的錢，但並未運來任何穀物。

同時也應注意在只有小船的年代，負責任的運輸公司是不易找到的，而那時似乎也並不存在提單（bill of lading）這種東西。根據巴比倫法律，貨物的運送人出具提單，並對任何損失負責，海盜所致的損失除外。在羅德斯（Rhodes）與亞歷山大，在以後的幾世紀，運送人開始出具提單，從那時起至今天，運送人對運送的貨物一直開具提單。希臘人的做法是貨主或其代表與貨物同行以作爲「貨物管理人」，因爲希臘法沒有運送人責任的概念。

海格斯特拉塔斯

爲了把糧食從塞拉求斯運到雅典需要一艘船。一個名叫海格斯特拉塔斯（Hegestratus），來自馬賽的貧窮的希臘殖民地居民，在雅典有一艘船，他被叫來負責把糧食從西西里運來。海格思特拉塔斯立即將船抵押，無疑他會賺到運費以裝備船隻與補給品，並付錢給船員，船員似乎來自馬賽。

我們可以想像普羅塔斯乘坐由海格斯特拉塔斯駕駛的船從雅典出發到達塞拉求斯，在那裡他買了一船穀物，付了出口稅，把他的穀物裝上船。當普羅塔斯等船起航時，他或許在鄰近的小酒館裡貪喝了一點酒，像一個眞正的雅典人一樣，大聲地吹噓雅典如何如何好，並使自已在監督奴隸裝船的辛苦工作後放鬆一下。而此時，無恥的殖民地居民海格斯特拉塔斯正想通過卑劣的行爲使自己得到一些好處。他的船已抵押了，他所能得到的只是運費。於是他找到塞拉求斯的一位名叫則諾梯米斯（Zenothemis）的人，對他說自己有艘裝滿穀物的船停在港口，即將開往雅典。海格斯特拉塔斯要求則諾梯米斯爲他的貨物貨一筆款項，他答應給則諾梯米斯一筆佣金。無疑地，他帶著則諾梯米斯去看裝滿穀物的船。

則諾梯米斯

雖然德摩斯梯尼在爲德蒙寫的訴狀裡辱罵了則諾梯米斯——這是雅典演說的一個特點，沒有這個特點就不可能識別雅典的演說了，看來則諾梯米斯似乎相信船上的穀物屬於海格斯特拉塔斯。則諾梯米斯設法把海格思特拉塔斯作爲穀物的主人介紹給塞拉求斯的商人，並向他們貸款給海格斯特拉塔斯。海格斯特拉塔斯似乎沒有爲穀物出具抵押。爲了保護他的委託人，則諾梯米斯就與貨物同行。海格斯特拉塔斯立即把詐欺得來的錢送往馬賽。很明顯，訴狀中寫道貨物的貸款來自塞拉求斯的貸款人，貨物一運到雅典就應償付貸款。在那時，每個人都是他自己的承保人，普羅塔斯對德蒙的責任就是使貨物安全運達。

不可能假設則諾梯米斯所貸的款項是用來購買穀物的，如此，海格斯特拉塔斯就不會有錢運往馬賽。如果用貸款購買貨物，他就不可能賺到一分錢。當然，普羅塔斯付了出口的港口稅，以他收到的收據或文件來證明事實是不夠的。這樣的證據對像希臘人這樣的僞造專家來說或許毫無意義。

契約內容要點

我們現在應談一談德蒙給普羅塔斯的貸款的特點。在訴狀中並未陳述契約，但對它已在細節上作了必要修正，就像德摩斯梯尼所寫的起訴拉克利塔斯（Lacritus）的訴狀中所陳述的契約一樣。那份契約是關於與黑海的一筆貿易，契約寫道付給交易商的貸款是用來購買泰拉斯（Thrace）的酒桶。這些酒桶要裝在黑市雪修斯的二十槳的大帆船上。根據契約，即將購買的貨物抵押給貸方，貸方與借方簽一契約，規定在購買這些貨物時不應存在欠款，並且交易商不應再因這些貨物而借錢。這批貨要在黑海南岸的旁塔斯（Pontus）賣掉，並在返回雅典的航行中用所得的收益購買其他貨物。如果貨物安全抵達雅典，借方在貨物抵達二十天之內（在這段時間內無疑將可以賣掉貨物）應向貸方償還貸款，並付百分之二十二點五的利息，不得有任何減少，除非發生緊急狀況下的拋棄貨物行爲（例如爲救船而棄貨物）。如果借方並未按時還錢，貸方可以賣掉或抵押貨物；如果償還貸款的收入有任何不足和短缺，貸方應對借方追究使其補足短缺部分。當然這筆交易意味著普羅塔斯和德蒙會在雅典共同賣掉穀物。

大家都會注意到商業的必要性支配著契約。海上保險是聞所未聞的，直到在羅得發明了對等的保險形式，這種形式後來在我們的商業活動中變得很常見。保險並不能排除航行的風險，貸方承擔船難或拋棄貨物的風險。貸方不考慮借方償付的能力，他只關心貨物。貨物一旦買下並確認之後，損失就由貸方負責，並且貨物銷售款只用來償還貸款。同時，借方是作爲貸方的代表來佔有貨物的，契約創造形式上的抵押（pro forma hypothecation）。貨物實際上是貸方的貨物，因爲它們盡可能快速地被運送給貸方，在二十天或更長的期限內借方可以賣掉貨物償還貸款。它們顯然是作爲貸方的貨物而賣掉的。希臘法或任何其他睿智的法系都不反對借方作爲貸方代理所擁有的銷售權利。銷售貨物的收益用來償還貸款，償還貸款所餘的收益和利息歸借方，短缺部分要由借方補足。

普羅塔斯與德蒙的契約與拉克利塔斯的契約不同，因爲契約並未規定貨物的購買以及轉換成其他貨物。希臘法承認船隻的抵押、貨物的抵押，以及一種特殊的商業契約，這種契約保證貸方的錢只用來購買特定的貨物，所依據的原則是所購買的貨物應能夠償還貸款。這與羅馬法的原則是同樣的：給付金錢購買貨物的人擁有所購買的貨物。在現在的商業活動中通常的做法就是銀行家買下附有提單的匯票，銀行家一接到匯票就把提單上的貨物發送給匯票的受票人，受票人作爲銀行家的代理而處置這批貨物，但他無權儲存貨物或把貨物當做自己所有。正如在希臘法中一樣，銀行家有這種權利。

顯然當海格斯特拉塔斯稱自己爲貨主，並從塞拉求斯的貸方手中爲貨物借到一筆貸款時，他或許並沒有棄船的犯罪意圖，但就像羅慕拉（Romola）的帝多（Tito）一樣，一種卑劣行爲引發了另一種卑劣行爲。他想欺騙塞拉求斯人，想在船到達雅典之前棄船而走。海格斯特拉塔斯不能與船同時出現在雅典，那樣他的欺詐行爲將立即暴露。或許他想在船到達雅典之前的某時逃走，把他的船留給承押人，把貨物留給代表德蒙的普羅塔斯和代表塞拉求斯人的則諾梯米斯去爭奪。海格斯特拉塔斯的錢在馬賽很安全，他想到馬賽去享受不義之財。當時沒有引渡法，他也不必在意有人會來追捕他。或許他可以修繕一些破舊的寺院，爲他的惡行悔過反省，或許教士們會讓他在聖潔的氛圍中死去，與天神們和平地生活在一起。

這就是船駛離塞拉求斯時的情景。船上載滿穀物，還有某些乘客。普羅塔斯和則諾梯米斯就是其中兩位乘客。他們都在監督同一批貨物，但代表著相互衝突的利益。海格斯特拉塔斯一定是個頭腦簡單的傻瓜，因爲他認爲兩個希臘人會對自己的事閉口不提。則諾梯米斯很快得知普羅塔斯擁有這批貨物，便馬上迫使海格斯特拉塔斯給他立下字據。訴狀並未說明字據的內容，它或許是全部轉讓貨物的證書，轉讓書是以希臘的方式向一位乘客提出的。海格斯特拉塔斯完全可以出具轉讓書，因爲他從未想到會與任何人就這批貨或因此就那艘船起爭議。當他得到塞拉求斯的貸款並把錢匯到馬賽之後，他的目的也就達到了，也就沒有什麼其他的辦法來得到更多的非法收益。

海格思特拉塔斯突然靈機一動，想到如果他把船沉掉就可以擺脫一切麻煩。或許他感到則諾梯米斯和普羅塔斯會緊緊地盯住他以防他逃走，除非他能在沉船的混亂中趁機逃走。他想像如果他能把船沉掉，貨物就不再存在，所有的爭議也將結束，因為貨物的損失將結束普羅塔斯以及塞拉求斯貸款之爭。他是在仁慈地拯救普羅塔斯和則諾梯米斯，使其免受希臘的法律訴訟。海格斯特拉塔斯等船靠近塞法蘭尼亞島（Cephallenia）時開始實施他的聰明計劃。

一天晚上，他離開在甲板上打鼾並散發著蒜味的希臘人，下到底部並在船的底部鑿了一個洞。他似乎是個笨手笨腳的人，因為他發出的聲音驚動了他人，於是他衝上甲板，跑向船尾，因為他知道船尾拖著另一艘船，他想跳到船上，割斷纜繩駕船逃走。但在黑暗中，他卻跳到了海裡淹死了。希臘人會這樣說，復仇女神跟著他的腳步。經由乘客和船員的努力，也由於普羅塔斯賞金的誘惑，船得救了，並駛入塞法蘭尼亞港。此時則諾梯米斯已與來自馬賽的船員結成聯盟，並堅持將船駛往馬賽。當然，則諾梯米斯不想讓船駛向地中海邊的雅典。他認為在去馬賽的途中船會經過塞拉求斯，而這時將塞拉求斯貸款的貨物卸下就容易了。

可能對船的維修用了一些時間，或許修船時需先卸貨。同時，普羅塔斯向雅典的德蒙求助。德蒙派來一位名叫亞里士多芬（Aristophon）的訟師，據說是市民會議的成員。僱佣並派他前來的那方已付錢給他，但他還想賺另一方的費用。則諾梯米斯似乎立刻買通他，雖然他們做了許多努力，但塞法蘭尼亞當局裁決船必須駛往雅典，即它的目的地。他們執行了裁決。因此我們可以假設船繞過了危險的伯羅奔尼撒（Pelponnesus）海岬，裝著有爭議的貨物到達比雷埃夫斯（Piraeus）。船上有三個涉入糾紛者，普羅塔斯、則諾梯米斯和訟師，但最大的無賴海格斯特拉塔斯已被復仇女神召去了。

船一抵達，船的承押人取回船，普羅塔斯則占有穀物，而則諾梯米斯聲稱貨物是他的。古希臘的做法或許是求助於自力救濟，即則諾梯米斯可以堅持只有武力才可以讓他離開貨物，他可以要求眞正的貨主，即對貨物有占有權的人，才能夠把他驅逐。他拒絕承認普羅塔斯爲貨主，因此德蒙宣布對貨物的占有並驅逐則諾梯米斯。訴狀中有足夠的資料表明，雅典法把德蒙而不是普羅塔斯視爲貨主，今天商業國家中的法律也是這樣的。

起訴德蒙與普羅塔斯

德蒙和普羅塔斯向則諾梯米斯建議，他們應該去找塞拉求斯當局核對，如果證實普羅塔斯買了穀物並付海關稅，則諾梯米斯應作爲惡棍受到懲罰；但如果事實相反，他應該得到這批穀物以及他的花費與一筆賠償費。則諾梯米斯自然拒絕了這一荒唐的建議，因爲他並不認爲自己是個惡棍，即使他是被海格斯特拉塔斯所欺騙。德蒙因此受到起訴。奇怪的是則諾梯米斯爲求安全起見，提出兩起訴訟，一起針對普羅塔斯，另一起針對德蒙。可以確定的是，他對德蒙的起訴是根據有關進出雅典貿易活動的特殊法規。對普羅塔斯的起訴或許是另一種訴訟，但到底是哪種訴訟不太清楚。

隨著兩起訴訟的接近，雅典的麥子價格狂跌，普羅塔斯已不再有任何利潤可賺，而且還面臨因貸款不足額而受到處分的危險。德蒙向他講明這一點，訴狀中也提到此點。普羅塔斯畢竟是希臘人，他自然轉向則諾梯米斯做交易，認爲這是他得利的唯一機會。最後普羅塔斯確信潛逃是値得一試的出路，而則諾梯米斯立即提出對普羅塔斯實施缺席判決。德蒙現在失去了普羅塔斯這個證人，無法證實德蒙的錢購買塞拉求斯的穀物，這一事實使德蒙勝訴的機會減少。考慮到對普羅塔斯的缺席判決至少會使某一陪審員懷疑德蒙的所有權，因此他還會遇到麻煩。德蒙有必要再尋找一個技術細節做爲證據，除非他準備依據眞理和正義出庭受審，而這一做法除了因自己的蠻勇而死的蘇格拉底之外，任何其他的雅典人都不會去嘗試。

死去的海格斯特拉塔斯不可能買下滿船的穀物，這一點是主要的事實。則諾梯米斯只是經由海格思特拉塔斯主張對貨物的權利，而後者沒有權利，也不可能把權利給與則諾梯米斯。在訴狀中甚至都沒有提到這一主要事實，訴狀中講到則諾梯米斯在船上從海格斯特拉塔斯處得到一張紙條，他試圖把船駛往馬賽，並與普羅塔斯私下做了一些安排，促使普羅塔斯缺席，他並未像他應做的那樣拘留普羅塔斯，以及類似的不重要事實。訴狀中並未提及海格斯特拉塔斯無力購買任何穀物或甚至無法裝備船隻這一個主要事實，也沒有說明如果普羅塔斯事實上沒有購買穀物，海格斯特拉塔斯也就不可能得到塞拉求斯的貸款。很明顯，如果海格思特拉塔斯沒有因普羅塔斯已裝船的穀物得到塞拉求斯的貸款，他就不會賺到一分錢，也就不會有棄船逃走的動機了。德摩斯梯尼似乎避此不談。

則諾梯米斯對德蒙的訴訟所需要的法律基礎是進出雅典的商業活動法規，很難弄懂在塞拉求斯購買的一船穀物或公海上的一樁買賣是如何繫屬於這項法律。這就是德蒙技術性抗辯中的一個細節。很顯然，這一點是他唯一的抗辯，或許被告只能抗辯一次。在他的抗辯中並未涉及到事實的問題和法律的問題之間的不同。陪審團聽過抗辯後將裁決整個爭議。

德蒙所寫的訴狀中幾乎未提審判中根據法規而進行的實際辯護，訴狀又接著指出則諾梯米斯不具備使人信服的事實。當然，對於純粹法律辯護和抗辯，則諾梯米斯是否擁有對穀物的財產權這一點並不重要。訴狀很不清楚，我們也沒有完整的訴狀。撰稿人並沒有依據實際的事實來說明一樁簡單的、直接的案件，而試圖說明從事情一開始，塞拉求斯的則諾梯米斯就與海格斯特拉塔斯合夥陰謀欺騙普羅塔斯與德蒙。但根據實際的事實來看，這種理論是站不住腳的。結果就是這樁案件顯得如此含混不清，清楚地表明希臘的審判是多麼令人迷惑，沒有形式。如果由像利西亞斯（Lysias）這樣的眞正的辯護律師來主筆，這樁案件可能會闡述得更清楚，論據更有力。而德摩斯梯尼首先是政治家，然後才是法庭辯士。在他關於法律案件的演說中對於事實的陳述從來都不清楚，這或許是因爲政治家總是從不同角度來看待法律案件，依據李耳王（Lear）對盲人葛羅斯特（Gloster）的指示：「給你玻璃義眼，然後，就像一個卑鄙的政客，你會看到你所不知的事物。」

我們不知道案件的最後結果。德蒙是直截了當的、誠實的。他或許在雅典的陪審團面前敗下陣來。則諾梯米斯也許僱佣愛斯奇尼斯（Aeschines）爲他寫訴狀、因此他得到了歷史上最大狡辯家之一的服務。則諾梯米斯穿著破衣爛衫出現於法庭，像個窮困潦倒的外鄉人。他在訴狀中說他的祖先是雅典人，他沒有出生在衛城並不是他的錯。他借用派里克勒斯的美麗詞句贊揚紫色皇冠城市的輝煌，並譴責受人尊敬的、富有的德蒙所代表的貪婪階級。普羅塔斯得到嚴懲，據說他逃跑是因爲總是喝醉，並盜用德蒙的錢。據稱塞拉求斯的錢要買運往雅典的穀物並且德蒙的證人都被收買以作僞證。他如何解釋海格斯特拉塔斯的行爲呢？這需要運用我們豐富的想像力。幾乎每一樁希臘案件都有某種陳腐的氣息，都涉及到惡棍與無賴行爲。

船貨抵押借款

正如我們已經看到的，這種交易最初在巴比倫法中有規定，然後傳入小亞細亞和雅典。被稱爲船貨抵押借款（ad respondentia）的海上貸款是英國人從古老的歐洲商業中借用的，實際上就是這種契約。它出現在羅馬民法中，羅馬民法也是借用希臘人的，它連同商業一道傳給熱那亞人（Genoese）、比薩人（Pisans）、佛羅倫斯人（Florentines），最終傳到威尼斯。羊毛在十四世紀從英國進口到不魯日（Bruges），所根據的就是這種契約，所用的資金就是威尼斯銀行的分號提供的。船貨抵押貸款一直是英國法的一個特點，它首先受到海軍法庭與大法官，然後又受到普通法的周到保護，直到啓蒙時期的法官引進一些新的商業實務爲止。

隨著時間的推移，貸方的風險減小了。海上保險使得貸方能夠迫使借方根據貨物的價値爲貸方投保。海上風險不再存在了。還有改進的是，海上運輸現在絕大部分是由負責任的運送人承擔。他們的提單是可以銷售的，提單是貨物的象徵，提單的轉手就意味著所有權的轉移。在貨物運輸過程中，提單持有者受到徹底的保護。貸方經由持有開給他的提單以及要求給付給他的保險，直到用其預付款購買的貨物抵達港口，他的利益得到保護。在雅典單純的商業活動中，貸方可以出現在港口，如果借方不能賣掉貨物的話，貸方可以占有並賣掉貨物。貸方可以隨時參加借方的銷售並保護他的所有權。

像德蒙這樣明確的案件必須以純技術性的細節來辯護，一個無賴船長竟敢賣掉交給他運輸的貨物，而從根本沒有任何權利的船長那裏購買貨物的人，卻能做出這麼強有力的抗辯，這表明法律在某一階段是多麼地不確定。難怪希臘人依據他們的契約尋求避免任何訴諸法庭的必要性。即使在今天，貸方仍然冒有風險。美國最高法院曾經做過一個愚蠢的判決，使詐欺進口商的受讓人較誠實的貸方占有優勢。就貸方的權利而言，所適用的法律是正確的，但是這個判決的敗筆在於，認爲文件中規定進口商可以以銷售代理人的名義占有貨物，因此即暗示地授權代理人以他自己的名義取得倉庫收據。此一見解認爲文件中規定銷售代理人爲了貸方的利益可以取得權利狀，即暗示地授權代理人以他自己的名義取得文件。在這個問題上，一位雅典的陪審員可能比美國最高法院做得更好。這個判決是由現在正在執業的某位法官寫成，希望在他執業時可以有機會學習到，允許其代理人爲了他本人的利益而取得文件，數百年來，人們了解這是意指文件必須以本人的名義取得。一個人可能認爲長期使用的貿易文件一定會遇到檢驗以成爲貿易上常見的習慣。

第8章

希臘的法律哲學

「法律誕生在天堂的最高層，並不是由凡人創造，遺忘並不能使其沉睡，因為上帝賦予它們強大的與永不消亡的力量。」

從沒有受到任何哲學思潮影響的太古混沌時代至今，法律一直處於有秩序的發展狀態。原始人有自己的法律行為方式，因為除此之外他們別無選擇。原始狩獵者根據他的最高見解進一步發展原始制度，但他的見解與現在的開明時代相比，眞是太幼稚。游牧者和第一批從事農業者更進一步促進了原始制度的發展，直至文明終於使原始的行為方式接近開明社會的狀況。為了使法律有更大的約束力，人們不斷說法律是上帝所授予的。處於高度文明狀態的希臘人幾乎擺脫所有原始的看法，個人財產的概念得到發展，固定的婚姻方式，一夫一妻制家庭，承認公民對國家、對家庭、對其他公民的責任的概念都變得明晰。個人必須對個人的行為負責，這一點獲得到確立。規定這些關係的法律都得到承認。法律被寫成書面文字，國家承擔為其公民裁決一切法律爭議的責任。國家設立法庭，雖然法庭並不完善，但卻是為裁決這些爭議所設立。國家經由公民集會的方式提供變更或增修法律的手段。所導致的結果就是經由立法大會，而不是等待新習慣或改變後的習慣的發展，表示對一項新習慣或新法律的普遍接受與默許。現在，以這種方式通過的法律，顯示法律是以立法者心中有意的目的而制定的，這一切無疑都是偉大的發展。

衡量法律的標準

正如我們已經注意到的，道德觀是根據對正當的普遍感情，並隨著人類本身的完善而慢慢改變的。關於何謂正當的道德觀的改善只能伴隨著法律的改善。許多思想家都認識到他們自己的道德觀遠比其同時代人更完善，對這些人而言，某些法律在明顯的意圖以及實施方面似乎都有錯誤。爲了說明這些法律實際上是錯誤的，就必須提供某種標準證明法律錯在何處。那麼，這種標準是什麼呢？法律的批評者不能把他們本身的思維作爲標準，他們必須創造某種人爲的標準。很明顯的，不能再說法律是神聖的，因爲人們意識到法律是由人制定的，同樣的，這些法律是由頭腦清醒、目的明確的公民投票通過的。但僧侶們反覆灌輸的法律神授的古老觀念仍然存在。

思考神的本性及其全知全能，就會推斷出人類的法律應該符合神所制定的或可能是神所制訂的法律。這種標準很簡單，就是將任何人的思維都歸於神。這種完全人爲的標準，據說就是永恆不變的法律，因爲如果它們是神賦的，就一定是永恆不變的。斯多噶學派認爲這種法律的概念即是自然法。這種永恆不變的法律只能經由個人解釋的力量來確認，但一個人認爲可以稱之爲法律的，在另一個人看來則完全不能稱之爲法律。

用這種標準衡量人類法律時，每當法律不同於守法者眼中的永恆正義與正當的法律時，就必然在實際上具有效力並被遵守而稱爲實證法的人類法律，與另一種理想化的、不變的、永恆法律之間做出區分。但人類總是受制於慣用語，每當出現法律不符合自然法的說法時，聽者就接受這樣的觀點。聽者並不更進一步思考並說明此人的意思是人類法律不符合其頭腦的解釋與判斷，並且此人認爲他自己的解釋就是制定法律的根據。很明顯，這種推理的自然法則不過是另一種人類的建構。

神授理性之法

在索福克勒斯（Sophocles）的《安提戈涅》（*Antigone*）中，立法者規定爲某個特定的叛國者舉行的任何葬禮儀式是非法行爲。當然這是一項不好的法律，因爲它只適用於特定的人，它的適用不具有普遍性。如果法律規定爲任何叛國者舉行的葬禮儀式都是非法的，並且在叛國者死時，這項法律仍然生效，那麼這項法律或許是好法律。正如希臘法規定，立法者的法令如果是事後制定（ex post facto）的就是無效的。因此索福克勒斯並不需要求助於人類以外的法律。安提戈涅認爲活下來的親屬應該以合適的儀式埋葬死者，這種古老的習俗是自然的法則，是神的法律，她有意不遵守由克里奧國王（King Creon）所定下的人類法律。當被控犯罪時，安提戈涅向更高階的法律上訴。她如此評價克里奧的法律：「宙斯並未宣布這樣的法律，正義之神也未定下這樣的法律要人們遵守，我也不認爲你的法令有效力，以至於凡人能夠推翻神的未成文的與永恆的法律。因爲這些法律的生命不限於今天或昨天，他們是永恆的，沒有人知道他們於何時出現。」事實上是索福克勒斯並不知道何謂希臘法。

索福克勒斯在他的《伊底帕斯》（*Oedipus Rex*）中又談到對這些高階法律的思考。他說：「法律誕生在天堂的最高層，並不是由凡人創造，遺忘並不能使其沉睡，因爲上帝賦予它們強大的與永不消亡的力量。」在詩人看來，這項法律是由神授的理性力量所制定。既然這種思想在羅馬法和現代法中具有重大影響，我們在此可引用西賽羅就自然法對米洛（Milo）的談話：「這項法律從沒有人書寫過，沒有人教過我們，我們也從未經由閱讀，了解有關的知識；這一法律來自大自然本身，我們從未接受過任何指令，但我們正是爲此而生；人類的制度從未創造法律，但它卻滲透了我們的生活。」他於別處再次闡述其主張：「眞正的法律是正確的推理，它不斷地、永恆地滲透我們的生活。廢除或部分廢除法律都是不敬的；元老院和人民都不能使我們脫離它。當它被書寫下來時，還不是法律，但當它與神授的心靈同時傳播時，就已經成爲法律。它來自一切事物的最原始與最主要的本性，一切法律都源於此。」斯多噶學派認爲這種法律是神授理性的產物。但有一點很明顯，這一神授的理性之法只不過是人類的另一種建構。

德國的現代學者傑里尼克（Jellinek）持有這種相同的主張，只不過使用一套新詞加以修飾，並大膽地聲稱，相對於現行法，他發現正當法律的檢驗。並聲稱如果他的檢驗能夠應用於現行法律，它就能轉變爲正當的法律。但這只不過是個人自以爲是的看法。在修訂法律時，法律永遠依賴人類集體的智慧。

德摩斯梯尼在一篇講詞中談到法律：「法律的意圖與目的是正義、崇高與有益的，這一共同目標平等地服務於所有人。法律必須得到遵守，原因之一就是每一項法律都是神賜的禮物，是智者的創設，是城市中所有人一致同意的規則。它是對爲惡者的改正手段，不論他們是故意地或無意地違犯了法律。」很明顯，這位希臘辯士並不了解自然法、神授法與城市的實證法之間的區別。他說，實證法是神授的，這也正是希伯來的教義。當羅馬的法理學家將羅馬民法重新鑄入世界體系，以消除它從羅馬城邦和其原始規則中所承襲下來的一切特點時，他們就呼籲制定普遍的國際法（law of nations），後來被稱爲自然法（law of nature）。羅馬人很聰明，他們在法律和正義的共同概念中，發現普遍適用的法律原則的基礎，此一基礎在所有的文明體系，尤其是他們所接觸的希臘文明中都起著作用。因爲他們發現這些法律原則被普遍接受，因此他們稱其爲國際法。

普遍的法律

希臘人承認某些法律的普遍原則對正義是必須的。他們否認事後通過並適用的民事或刑事立法的有效性。這種刑事案件中對事後立法的禁止，在美國的憲法中有所規定，雖然某些民事案件仍然適用追溯性立法。希臘人認爲理論上法律必須是事實上的規則，它不能是針對某一特定案件的法令。困難在於他們的理論雖然是健全的，但其做法卻正相反。因此法律的實施是有自由選擇權的。針對自由權已有無數的文章在討論，但作者們所指的是國家的獨立，公民得不到國家的保護，個人是無足輕重的。

一位希臘作家總結自然與法律的不同。他說法律是協議的結果，而自然是一種成長，而且成長幾乎肯定是正確的。當然在這句話中，他被表象所迷惑，因爲法律也是自然的發展。使他迷惑的是希臘眾多的法律規則，他說道：「法律規定眼睛應該看什麼，不應看什麼；耳朵應該聽什麼，不應該聽什麼；應該說什麼，不該說什麼；應該做什麼，不該做什麼；應該去哪裏，不該去哪裡；規定頭腦應該想什麼，不該想什麼。」然後他接著說到人們對於法律的感覺：「現在如果遵守這些規矩的人得到了法律的保護，而不遵守的人以及違犯者受到了損失，那麼遵守法律並不是沒有好處的。但事實是法律的正義並不保護那些遵守法律的人。因爲法律並未防止受傷害者不受傷害，也未防止侵略者不侵略。它只不過延遲他的行動，直至最終才施加懲罰。」可見這位批評家所尋找的是人人守法的法律體系，而這種體系正如我們在第一章中所看到的，是人類存在的一個階段。

普羅塔哥拉斯（Protagoras）以神話解釋人們爲什麼擁有法律。他說道：「早期的人類是無助的，他們受到野獸的威脅，面臨死亡的危險。普羅米修斯（Prometheus）帶給他們智慧以抵禦這種危險。他們進入城市，但不能和諧相處，於是開始爭執。宙斯派赫美斯（Hermes）帶給人類羞恥心和正義感。」如果他對人類的實際發展有任何認知的話，他可能會說絕大多數人背離社會標準時都會有羞恥感，正義需要適用於所有人社會標準，而且這種社會標準體現於原始法中。

柏拉圖《理想國》

我們很自然地談到柏拉圖。他是非常偉大的文學家，以至於他可以用優美的文筆彌補其法律知識的不足。他生活的時代正是雅典民主衰亡的時代。他生於貴族家庭，對周圍發生的事情自然感到厭倦。他相信人們沒有能力管理自己，他渴望返回舊日的世界。他覺得自身的境遇是無依無靠的。對於他，參與公共事務是不可能的。他把想要了解哲學的普通公民比做可憐的小補鍋匠，娶了師傅的女兒，家境富裕了，便自以爲很聰明。他看到周遭的混亂狀態，於是轉向自然，試圖連結他看到的法律與自然界的正義背景。

帶著這種想法，柏拉圖試圖爲理想國勾畫法律的體系。他應狄奧（Dion）之邀去了塞拉求斯，這件事應該給他一點教訓。他的立法工作激怒了塞拉求斯暴君老狄奧尼修斯（Dionysius），因此把他賣爲奴隸，後被贖出。狄奧尼修斯如何在希臘法律的效力下，把柏拉圖賣給奴隸商，這一點沒有解釋，只是眾所周知的事實。柏拉圖後來第二次去了塞拉求斯，爲小狄奧尼修斯立法，並且創造逃避生活的環境。

柏拉圖對主宰人類生活的實際環境沒有什麼概念。他從未看到商業對於改善人類命運的巨大影響。而布爾沃（Bulwer）在他的戲劇中講道：「貿易是穩定的國家的健康。」貿易導致誠實、公平、互相理解、明智與穩健、對他人的容忍、和平共處、資本積累、分工、生活的舒適悠閒和高雅、學習的樂趣，以及習俗和行爲的改善，正是這一切構成了文明的絕大部分。柏拉圖嘗試要把社會拉回到某些具有原始行爲與制度的小鄉鎮，在這種狀態下不存在錢的流通，只有奴隸們工作，公民們每天都沐浴在蘇格拉底關於正義、道德和善良的討論的陽光之下，而只有一些哲學家是統治者。希臘人會用奧瑪（Omar）的話來回答：「我在年輕時常熱切地參與學者和聖人的討論，常聽到出色的辯論，但我出來時經過的門總是進去時同樣的那扇門。」

柏拉圖甚至不明白商業法是法律中最重要的一部分，對於柏拉圖來說，商業和貿易是大惡，他把他的理想國放在遠離海岸的地方，不可能發展貿易。沒有道路就不可能展開陸上商業，雖然柏拉圖假設大城市可以建造四通八達的良好道路，但他不清楚要付出的代價，他不理解存在於雅典制度的最底層困難。他從未認識到那些無償付出勞力的奴隸是前進道路上的障礙。對他來說，奴隸制如此自然，他從來沒想過他的自然法要對這一狀況做解釋。或許他會回答說，大多數人都只適合做奴隸，雖然他自己也曾被賣爲奴，他應該可以學會容忍不應遭遇的不幸。

雖然有這些侷限性，柏拉圖仍然會說：「直到哲學家變爲國王或國王變成哲學家，否則國家永遠不會擺脫災難。」當然，他所說的「哲學家」就意味著柏拉圖式的人們。這幾乎就像哥德（Goethe）到達羅馬時感嘆「在此我崇拜我自己的天才」。柏拉圖認爲哲學家能夠制定法律的想法有點可悲。他在塞拉求斯的雙重經歷沒有教會他任何道理。要形成好的法律需要經歷無數次錯誤，需要無數個世紀的艱苦努力，然而哲學家或立法者卻假設他能夠在幾小時之內建立完整的法系。洛克（Locke）比柏拉圖懂得更多，他試著爲美國的一個小殖民地創立法律體系，結果是不切實際的謬論的集合。邊沁（Bentham），偉大的立法者，認爲他懂得世界上所有的法律，他眞是大錯特錯。他編纂一部憲法，他認爲這部憲法適合埃及的卡代第夫（Khedive）、剛得到自由的南美共和國、美國的一個州以及其他的政治社會。很多哲學家都和柏拉圖一樣，認爲上帝和大自然選定他們作爲立法者，但無疑他們全錯了。

柏拉圖有勇氣去做他認爲對的事情，他在《理想國》（*Republic*）中簡述他理想中的一等國，又在《法律篇》中簡述他理想中的二等國。我們不需要以極大篇幅講述《理想國》，柏拉圖自己也承認他的理想國對於他所知道的任何人種來說是完全不可能的。從《理想國》當中，社會主義者可以獲取他們對多妻、夫妻關係中相敬如賓，以及孩子作爲國家孤兒被撫養長大的主張，斯巴達時期道德的無拘束使他感到癡迷。《理想國》中哲學家統治階層所管理的政府，會使每一天都成爲殺害哲學家或賣其爲奴的日子。

柏拉圖《法律篇》

《法律篇》闡述他的二等國，他認爲這是可以推薦的務實概念。這本書是他在晚年寫成的，因此顯示出年老者喋喋不休的跡象。他很公平，沒有把這種對話強加於蘇格拉底。以柏拉圖的《法律篇》爲寫作題目的人比讀過這本書的人更多。在此意義上，就像霍布斯（Hobbes）的《利維坦》（*Leviathan*），霍布斯認爲這本書是關於法律的書。語法學家、評論家和學者，這些人對法律沒有實際的感覺，也沒有可以對柏拉圖的體系做出評價的經驗，對《法律篇》這本書留下深刻印象，但此書確實沒什麼價值，雖然許多缺乏對文明多面向了解的單純心靈對其印象深刻。

此書採取對話形式。在書中，一位健談的雅典人向愚笨的斯巴達人和克里特人滔滔不絕地發表演講。雅典人並不掩飾對聽他演講的這兩人的輕視，他演講時就像學校老師在指導低年級的學生。斯巴達人和克里特人懷著絕對的敬意對他的話照單全收。他所謂的國當然是指城邦，它由五〇四〇位家長組成，柏拉圖說五〇四〇這一數字是神奇的數字，因爲它可以被從一到十的每個整數整除。每戶有五位成員，那麼整個城邦人口就是二萬五千二百人。如果出現人口過剩，就要採取現在所謂的生育控制手段以減少人口，或者將不幸的多餘人口送至殖民地。土地平均地分給每戶，家庭的總數一定不能減少，土地是不可分割的財產，永遠不能成爲無主地。寡婦可以要求她丈夫家中最近的族人與她結婚，這類似於希伯來的習俗，在希伯來法律中得到體現，羅恩的故事也正反映此點。這些規定抄襲雅利安人的野蠻習俗。雅典人早已遺忘這一制度，而柏拉圖卻爲理想國的國民重新拾起早已被棄的那些制度，當梭倫成爲立法者的時候就廢除這些制度。

在這種已過時的組織中設立他所謂的法律監察人，一種古老的已廢棄的雅典官員，這些法律監察人由選舉產生。他精準地選擇雅典體制中所有糟糕的東西。他就像習慣於指導年輕人的學校老師，天眞地認爲，如果法律告訴成人應做什麼，他們就會去做，這是哲學家所犯下的最大錯誤。只有當法律得到人們認可，符合人們的常識時才會被人們遵守。絕大多數人都認爲是錯誤的並拒絕遵守的法律永遠不會成爲實際的法律，除非它得到人們普遍認可。最荒謬的莫過於一些瑣碎的規定，柏拉圖爲宴會時的交際也規定細微的法律。他堅持，當具有資格的人選擇該聽何種音樂，該使用何種曲調之後，這些選擇應該被制定成法律。他會對詩人進行審查，他認爲詩人是危險的階層。但他在年輕時曾做過詩人，寫過很多詩。他認爲應該爲孩子，青年人，三十歲至六十歲的老年人分別譜寫公眾合唱曲。他們應高唱「最幸福的就是最神聖的」，以便灌輸他們道德教義。

福音派的祈禱會都比這種宴會更富有活力。這些高唱「最幸福的就是最神聖的」的可憐人不得不唱、不得不做出歡欣鼓舞的樣子。喝酒是被禁止的，特殊場合才例外。而年輕人喝酒更是不允許的。柏拉圖自恃聰明地說，這樣的禁令可以減小葡萄園的規模。或許可以取得這樣的效果，但法律的執行需要動用傭兵軍隊。

他的人類發展理論就是洪水過後會出現一種狀態，亦即人們既不貧也不富，不知戰爭爲何物，比後來的人們更有節制，更正直。這些人不受法律的束縛，他們居於石穴或山洞中，相互之間沒什麼特殊的往來，每個男人都是評判妻、兒的法官。對他來說，原始單位當然就是家庭。他告訴我們這些分散的家庭誰也不麻煩誰。他說，隨著時間的推移，這些家庭聯合起來經由某種社會契約組成國家，我們可以假設這種社會契約就如盧梭所談到的社會契約。在近二千年的時間內，聰明的人類已經接受這種社會起源的說法。它屬於原始的黃金時期的夢想。

他所宣布的第一條普遍性原則就是不懂如何分辨善惡的公民不能在國家中享有權威。很奇怪，在當時的雅典，此一原則是確定人是否理智的標準。因此他的第一條原則只不過成爲這樣的主張：不理智的人不能享有國家的權威。這一點似乎極爲正確。根據當時生效的雅典法律，應該爲分不清好壞的人指派一位監護人來照顧他。雅典的法律當然比柏拉圖的概念更明確，因爲法律規定要照顧不理智的人，而柏拉圖對公民的評判目的只是爲了知道他是否能被選舉擔任公職。

柏拉圖懷著敬意介紹斯巴達，並且批評波斯人與雅典人，他的某些規定參考斯巴達的做法。他並表達對商業和海上力量的偏見，這一點以上已經提到過。他說他的國家擺脫船運、商業、沿街叫賣、旅店的管理、海關、採礦業、貸款和高利貸，他是爲農民、牧羊人和養蜂人的社會制定法律。他像哲學家一樣制定婚姻法，他對簡單的離婚不持異議，男人必須結婚，否則每年要交罰款，他對獨身的人課以奢侈品的重稅。

他的下一條原則就是法律應該具備說服力強的前言，以使人們相信它是好法律。他認爲說服力比武力更有效，就像學校老師放下懲罰用的藤條。在他的國家中誰也不會發財，因爲所有純爲獲利的職業，自由人都是不能從事的。在他的理想國中奴隸制似乎是自然的，奴隸是從事體力勞動的。在他的城邦中沒有金銀，錢會帶來太多的罪惡。

關於家庭財產的不可分割性以及如何開墾土地有許多規定，他或許一輩子都沒有開墾過農場。他對大選程序提出建議，首先選出得票數最多的三百人，然後經第二次選舉從三百人中選出得票最多的一百人，第三次選舉從一百人中選出票數最多的三十七人。經過這種程序當選者就成爲監法官（行政長官和法官）。三十七又是個神奇數字。經選舉產生的法官是政府中最爲現代，也最爲糟糕的制度。這些人根據財產數目把公民分爲四等，就像梭倫式的四個等級，並對其財產進行登記。任何人財產若有增加，多餘的部分要被沒收，如果他虛報收入，他將失去公共財產與貨幣分配的配額。但因爲他的國家中不存在貨幣，他似乎離題了。將軍也是經由選舉產生，公民都要被徵召入伍。祭司和女祭司也由選舉產生。

他規定法官應少而精，案件應先在社區法庭審理。對審理結果可以提出上訴，如有必要可向更高一級法院提出第二次上訴，而這次上訴的裁決就是終局的裁判。因爲法官的故意錯判，可以對他提起訴訟，這是《法律篇》所有建議中最惡毒的。訴訟當事人輸了官司，他可以因此起訴法官。監法官要對法官進行審判，如果法官被判有罪，他將付二分之一的賠償金，除非法律的監察人對他課以更高的懲罰金。國家的邊境需要嚴密監視，以防法官逃跑。

他對婚姻的形式和典禮做出規定，又順便發表一些對女性很苛刻的言論，此後他談到了孩子。國家規範孩子的教育，甚至規定他們應玩什麼樣的遊戲，這些遊戲不應改變，因爲若改變遊戲就會使孩子們長大以後尋求法律的變更，這一點似乎很有哲理。女孩也要勤習武藝。宗教、寺院、土地的耕種、農作物的耕作劃分都有詳細的規定。他還對外僑和奴隸作了規定。

他把搶劫寺院當作最嚴重的罪行，懲罰方式或是課以罰款，或是監禁或是死刑，叛國罪次之，然後是偷竊。他接著討論如何賠償受害人以及如何改造加害者。甚至法律訴訟也具有教育意義。柏拉圖說瘋人也要對民事侵權行爲負責並應付足額賠償金，但他忘了說如何對瘋人進行改造。在此沒有必要討論柏拉圖關於殺人的言論，他對於這一主題的法律就是雅典法的翻版。柏拉圖的原始法就是與受害者關係最近的親屬應追究加害人。但柏拉圖補充一點，如果這位親屬不實行追究，他就應被罰五年的流放。

柏拉圖採用古老的原始主張來處理對殺人的動物或無生命物體的審判。動物將受到死刑懲罰，但無生命物體要被帶往國境並被扔到鄰國。這是從原始人那裡繼承的禁忌，原始人認爲無生命物體污染土地。

殺死闖入民宅的小偷是正當的，但只有在自衛時殺死攔路強盜才是正當的。什麼是抵禦攔路強盜的自衛行爲，他未作解釋。侵犯婦女或男孩的人應被受害者的任何一位男性親屬殺死，爲了保衛未做任何錯事的父親、母親、孩子或兄弟而殺人是正當的。還有許多其他的規定，其中大多數明顯地是照抄希臘法律。

像許多哲學家一樣，柏拉圖不喜歡律師。很顯然，詭辯派（Sophist）一直在狡辯希臘需要某種律師，或至少是辯護者。關於律師，柏拉圖寫了如下的段落：「人類生活中的許多高貴事物都具有毒害以及腐敗的弊病。沒有人會否認人們之間的正義是高貴的，正義使人類的事務變得文明。如果正義是高貴的，那麼我們怎能否認辯護也是高貴的呢？但這些高貴之事名聲不佳，這是一種披著正義外衣的惡劣技藝，懷有這樣技藝的人聲稱他們擁有處理法律訴訟的手段，能夠經由辯護以及幫助他人辯護來贏得勝利。不管是處理正義的或非正義的案件，他們還聲稱這種技藝本身以及使用的辯護詞是一種禮物，任何人只要出錢就能買到。這種技藝，不管它是否眞是一種技藝或只是出於習慣和實務的把戲，永遠不能在我們的國家出現。」可以對這種人提出訴訟並進行懲罰。

他認爲，一切辯護都無須宣誓，因爲法律訴訟是常有的事，如此就將半數的公民都視爲僞證者。很明顯，他對希臘人能否成爲講眞話的民族是很失望的。他認爲在審判中不應允許任何引發同情的權宜之計，只能說應該說的話，並以合適的語言來說，而且必須緊扣住所討論的主題。必須指出在雅典法庭裡爲引發同情所做的表演可以與我們當代的審判媲美。

有一條法規很奇怪：四十歲以下的人不允許出國，除非是在使館任職。他似乎有這樣的想法：即旅行是腐敗之事，只有到達四十歲時，人們才能抵抗。柏拉圖還認爲，只有七十歲以上的人才能擔任公職。

柏拉圖的《法律篇》有許多段落描述國家培養公民美德的責任。他爲對神的信仰而辯護。但任何常讀柏拉圖著作的人可以看出，柏拉圖不信仰粗魯者的神。他眞正相信的只有一個神，宇宙的道德統治者。但奧林匹亞山的諸神情感太豐富，罪行太多，柏拉圖對他們沒有絲毫信仰。

他理想中的二等國以及其法律簡直是不可能的。在這個地球上對於任何種族，這樣的機制是永遠不可能的。他的態度基本上就像學校老師在教導年幼的孩子，而成人永遠不能以這種方式被統治。他似乎從未想到他關於對與錯的主張不會被更先進的人們所接受。道德的相對概念是隨著世界的改變而改變，隨著世界的改進而改進，這一點是他想像不到的。但他對於固定與不變的法律原則的體系的觀點，與神授思想同時誕生，並非他自己的觀點，卻在很長的一段時期支配法律的思想。希臘思想家在法律觀點方面是多產的，但這些觀點主要是缺乏經驗的產物。然而實際的法律對於他們的情況而言確實是很合情理的。希臘人根據法律實現法治的障礙是他們在執法方面的無能。

雅典創立私有財產

然而雅典人創立私有財產的法律事實，直至現在都是無可爭議的。除了雅典和科林斯（Corinth）這兩大商業中心以外，希臘幾乎所有其他地方仍保留著原始社會的財產概念。在原始社會的家庭群體或家族中，所有的事情甚至每天的工作都被認爲應當由大家共同去做。一切財產都是共同財產，土地、牧群都是共同財產。但隨著以錢爲交換手段的商業的興起，動產的數量大爲增加，個人擁有對於交換是必要的，在快節奏的商業活動中，群體與群體之間是不可能相互交易的。在雅典，商業的大規模興起實際上使所有財產都變爲動產形式。在雅典，人們漸漸發現土地本身必須成爲可以交易的物品。不能賣出、不能交易的土地就沒有交換價值，正如今天不能夠轉讓的不動產不具有交換價值一樣。群體擁有權在商業社會條件下立即讓位給適合商業條件的所有權。我們會看到，在羅馬，由於同樣的影響使得土地成爲家長擁有的私產。在封建時期，所有權的各種局限性使土地被排除在商業之外。在英格蘭動產可以自由轉讓之後很久，土地才開始自由轉讓。土地的隨意轉讓變得容易，正如幾個世紀以來動產的隨意轉讓那樣容易，私有財產成爲法定原則。

哲學家們在上個世紀開始尋找解釋私有財產並爲其辯護的理論。作爲物品，財產一般意味著排斥他人占有的權力。有時財產的一部分也包括契約權，是寶貴的財產權。對財產的解釋是多樣的，在本書中也解釋私有財產如何形成。這是一種自然發展，不需要辯護的理由，所有的理由無論是形上學的，還是實際的，最終歸於同一種說法，眞正的理由是極平凡的。私人擁有的不動產和個人財產之所以存在是由於如果它們不被人所擁有，就不能在普通的貿易過程中買賣和轉讓。如果世界準備返回柏拉圖的小城狀態，那時家族財產是不可分割的，每一家庭都是自給自足的，城裏不存在貿易和財產交換，每家都有耕種土地和生產家庭必需品的強制無償勞動力，那麼無須界定個人的私有財產。但這種社會組織是永遠不可能實現的夢想。另一方面，法律的歷史以及世界的歷史教會我們：私有財產的體制是根據人類思維的發展，根據人類體制的發展而產生的。最愚蠢的莫過於說法律創造了私有財產，事實正相反，私有財產的存在導致法律的產生。如果法律禁止以私有財產爲基礎的人類生活交易，那麼沒人會遵守法律。因此，爲私有財產體制尋找正當化的理由就像爲人類大腦的構造尋找正當化的理由一樣。

第9章

羅馬創造現代的法律

「任何人如果爲司法神廟的建設付出有益的努力，諸如清理其基座，加固其支柱，裝飾其柱頂，或爲其莊嚴的穹頂添磚加瓦，那麼他的名字與名聲就與人類社會的框架緊密相連。」

當今世界對法律的劃分、普遍的理論和實施方法都應歸功於羅馬。如果羅馬法理學家幾個世紀以來沒有刻意研究逐漸形成羅馬法的普遍原理和特殊規則，那麼就無法想像我們今天的法律體系會是何種模樣。西羅馬帝國被野蠻人推翻之後，這些征服者既不會實施羅馬法也不懂其實施的條件，文明由此陷入黑暗，直至野蠻的習俗逐漸融入復興的羅馬法裏。羅馬法作爲成文法重返歐洲，爲義大利、法國、西班牙與德國提供了普通法的基礎。正如羅馬的古老神廟和公共建築成爲後來的建築的材料庫，羅馬法律成爲現代世界的法律推理和原則的永不枯竭的寶庫。現代歐洲法，甚至英國法，在其實質以及推理方法上，都是以羅馬材料建造的。

羅馬這個民族對法律具有特別的天賦，但這一天賦得到充分發展也需要漫長的歲月，羅馬經歷近一千年才獲得法律經驗這筆財富。正是這樣的經驗孕育出諸如蓋尤斯（Gaius）、蓬波尼尼斯（Pomponius）、思卡沃拉（Scaevola）、帕皮尼安（Papinian）、保羅（Paul）、額爾比安（Ulpian）以及蒙代斯蒂（Modestinus）這樣的法理學家。當代國際法專家之一韋伯斯特（Webster）曾說過：「任何人如果爲司法神廟的建設付出有益的努力，諸如清理其基座，加固其支柱，裝飾其柱頂，或爲其莊嚴的穹頂添磚加瓦，那麼他的名字與名聲就與人類社會的框架緊密相連。」很自然的，爲羅馬法理學奉獻生命的那些人將名垂青史。今天的羅馬人在其司法宮殿裡爲這些人立起塑像，以適當的藝術形式來紀念這些民法發展史中的重要人物。其中的三巨頭，帕皮尼安、保羅和額爾比安在現爲約克城的艾伯拉坎（Eboracum）主持法庭的時候，英國還是羅馬的一個快樂與繁榮的行省呢。

那個法庭生動地展現了法律的風雲變幻，法庭開始在約克城執法之後不久，這個羅馬行省的周密的法理就被野蠻的撒克遜人和丹麥海盜的粗魯習俗取代長達七百年之久。在十二世紀，當亨利二世的諾曼第律師們開始在英國建立文明的法律架構時，他們甚至不知道在他們之前，世界上偉大的法學家就已從倫敦向穿花呢衣服的人們實施法律了。

當我們研究羅馬人對法理學發展所做貢獻的基本因素時，我們發現，他們不僅發現並普遍接受完善的法律規則，更促進法律推理的氣氛的發展。因此，文明的法理學才得以擴展，並使其規則適應越來越複雜的社會生活所產生的錯綜複雜的關係和責任。如果羅馬沒有獲得統治地位並成爲世界的中心，羅馬法律就不可能發展起來。

專業律師的出現

我們從法律的過往歷史中可以看到，法律的知識掌握在祭司手中，無論是塞爾特人、巴比倫人和希伯來人都是如此。希臘人使自己擺脫了這種被祭司束縛的局面，但他們的政治結構使他們既不能建立保證法治的稱職法庭，也不能孕育一批能對法律的原則及其特殊規則作出一般性區分的法理學家。他們也不能擁有一批辯護者或執業律師，這些人通常在法庭裏代表他們的顧客對實際的爭議正確地運用法律進行辯護。希臘人的法庭結構不可能導致職業律師階級的出現，而我們也已看到，民眾和哲學家們對律師階級是懷有敵意的。

法律的歷史表明，沒有職業律師階級，就不可能有法治。祭司執法的弊端在於他們眼中第一位的是宗教利益，而法律永遠是第二位的。但對於律師來說，法律是第一位的，法律的利益是至高無上的。每椿案件都是如此。祭司們靠宗教過活，律師則靠法律過活。每種職業都以其獨特的思想爲特徵，而有時一個人卻在兩種行業中都顯露才華，只舉一例，《加爾文法學概要》（*Institute of Calvin*）的作者一定接受過法律培訓，這是很明顯的。我們將會看到，英國法律的起源歸功於祭司。

當我們研究羅馬的法律發展時，我們很容易從其職業階級找到羅馬法律之所以如此完善的奧秘。但這一階級若想大顯身手，就需要足夠施展的法庭，務實的羅馬天才們建立了這種法庭。古老的羅馬法成爲中世紀與現代書籍中重覆的主題，法理學家、傳統學者、評論家和評注家都有相關的論述。羅馬法的內文被逐字逐句加以最精確的分析。但是對於現代律師而言，由於他們在實際生活中通曉法律，在現代生活的各種場合和變化中適用法律規則，因此這種學究式的評論是令人厭倦的，因爲它並未反映羅馬法律的實際精神和天才之所在。羅馬法對所有的事物而言是有用的與日常的體系。閱讀這些著作的律師希望從中看到羅馬法體系日常的運作，他永遠也不希望精通羅馬法的作家們所使用的大量技術性詞彙。普通讀者永遠也不會對其概要產生閱讀的興趣，也許碰巧對吉本（Gibbon）在《羅馬帝國衰亡史》（*Decline and Fall*）中的著名章節感興趣。吉本不是律師，能寫出這樣的書是非常了不起的，但書中有些章節頗有誤導性。書中闡述占有的學說、契約理論、所有權的奧秘、眞正契約的含意、契約條款或文字契約等內容的獨創性推理，對學者來說很有吸引力，而律師所希望看到的是法律運作對人類生活產生某種影響。

德國作家艾赫林（Ihering）大膽描述了想像的圖景，有一次在思考羅馬法律的問題時，他在雪茄煙霧中召來了法理學家蓋尤斯的靈魂。艾赫林說，當受到召喚時，蓋尤斯從「無限混沌」現出身形，很奇怪，他並未對德國雪茄的惡臭感到反感。他被描述爲「一個奇怪的人，高大而枯萎，有點O型腿，額上生有雀斑，像個校長」。這種幻覺當然毫無根據。蓋尤斯當然不像艾赫林所描述的那樣是個吃不飽的教書匠，雖然他可能是個敘利亞或希臘人。但這個「怪人」是博學的德國學者道聽途說得到的所有印象。他所見到的並非是蓋尤斯的靈魂。他見到的應該是不生雀斑的學究，是高大、挺拔、面色嚴峻的法學界泰斗。

羅馬辯士們的大量法律演說詞也常常受到人們的誤解。英國法律的歷史顯示，法律的價值取決於辯士在法庭裡的工作。但著名的傳統學者們在評論像西賽羅等人的演說詞時，卻以枯燥的方式闡述，令我們感到厭倦。他們抱怨演說詞中見解重覆、形容詞重疊、文風浮華，但他們卻未能抓住在其中躍動的生命、重覆之中的重點、雄辯的口才中震撼人心的力量。毛姆森（Mommsen）對西賽羅的吹毛求疵，或許是歷史著作中最令人生厭的了。演說詞的整體效果、含義和力量，是這些人不能理解的，他們對法庭雄辯術一竅不通。

共和國時期有一樁重要案件的審判，是一場法律界巨人之間的較量。維利斯（Verres）的辯護律師是羅馬律師界的領袖霍騰秀斯（Hortensius），而西賽羅在審判開始時就使維利斯被判終身監禁，這一時刻就似一場激烈的法律戲劇。在安東尼奧（Antonines）的羅馬帝國時期，小普利尼爲我們描述了如審訊沃倫・哈斯汀（Warren Hastings）那樣生動的圖景。這位非洲統治者因爲踐踏了非洲臣民的權力而在元老院受到公訴。特拉眞皇帝主持元老院的大會，普利尼和他的知心朋友歷史學家塔西圖斯（Tacitus）擔任公訴人。普利尼講了五個小時，甚至皇帝都擔心普利尼虛弱的身體狀況會支持不了。普利尼做開場講演之後，被告的辯護者施展終身所學，進行巧妙機敏的辯護。公訴過程以塔西圖斯的回答而告結束，他的回答「體現了最雄辯的口才和尊嚴，這是他所有演講的特點」。

這一場景發生於羅馬法律即將到達巔峰的時期。羅馬法律的全面發展經歷一千年，從羅馬建城的公元前七五三年至公元二五〇年。然後進入羅馬法編纂時期，公元五三七年，直至《國法大全》編纂完畢。關於羅馬法律的無數書籍被棄之一旁，被遺忘的幾個世紀以來，註釋家和評論家的工作收效甚微，最後，像居加士（Cujas）的巨匠才把其中一些遺失的論文重新匯編。

羅馬法律是在村莊匯集地逐漸形成的。公元前七五〇年，義大利境內一些小的雅利安部落為了互相保護而聚集在一起，阿爾巴隆加（Alba Longa）形成了宗教中心，在今天羅馬市集的位置則形成貿易中心。城市在鄰近的山丘周圍發展起來，最後，古羅馬帝國統治大半個世界。這些部落具有原始的雅利安組織，都是父系氏族部落，只以父系一支追溯親屬關係。每個家庭的土地通常是不可分割的財產，已不再是部落財產。家庭中的統治者是父親，他執掌全家成員的生死大權。希臘人和希伯來人也實行這種原始的制度。這些家庭組成更大的宗族，而宗族聯合組成更大的氏族，它們都擁有共同的祖先，氏族中每位男性成員姓與名中間的名字就代表著共同的祖先。

羅馬貴族

如果我們看一看羅馬貴族的名字，比如兩位偉大指揮官帕布流斯・科內流斯・斯西皮奧（Publius Cornelius Scipio）和路秀斯・科內流斯・蘇拉（Lucius Cornelius Sulla），以及陰謀家帕布流斯・科內流斯・蘭塔拉斯（Publius Cornelius Lentulus），我們會發現他們都有共同的祖先科內流斯，其氏族就是科內列氏族。這一氏族至少有三個分支，一支為斯西皮奧部族，另一支為蘇來部族，第三支為蘭塔利部族。

這三人都是一家之長，對家庭都有父系氏族家長的某些權力。羅馬人對祖先極爲崇拜，他們在廳裏供奉祖先的肖像，在盛大的場合人們會舉著祖先肖像行進。這些祖先是家庭守護神，每日接受人們的供奉。在羅馬鼎盛時期，羅馬貴族之所以資助雕塑家的藝術，主要是他們可以對著雕塑的肖像和胸像每日頂禮膜拜其祖先。

這些部族組合成爲部落，部族首領組成聯合部落的統治集團。這些人就是被稱爲元老院的統治集團中的貴族。在早期，元老院成員必須生來就是貴族，後來，因爲他或他父親是元老院成員，他本人也就成爲貴族。每個部族都有屬民，稱爲平民。這些人可能是被征服民族的子孫。平民和其他自由民組成平民團，即羅馬的普通民眾。貴族和平民團構成社會組織的標誌。古羅馬軍團的旗標就印有S.P.Q.R.（**Senatus Populusque Romanus**）（羅馬人民元老院的縮寫字母）。在今天的羅馬仍然使用這種縮寫。它們裝飾著現代羅馬的街頭標誌，提醒市政工程予以注意，這種現象是令人吃驚的。

最初，貴族掌握城邦的一切政府職能、祭司職位以及一切權力。所有部落由選舉產生國王統治，但後來，伊特拉斯坎族（Etruscan）的統治者征服這些拉丁部落並長期世襲統治。隨著最後一個達崑人（Tarquin）被驅趕出去，伊特拉斯坎人的統治宣告結束。兩名經選舉產生的執政官（consul）成爲國家元首，他們擁有國王的一切權力，但兩人對彼此的決定有否決權。這種兩人負責的行政結構或許參考斯巴達的做法。由貴族組成的統治階層產生執政官人選，元老院不能對此通過立法，除非一項法案或法律是由執政官提出的。羅馬也舉行雅利安部落式的原始集會，這就是被稱爲民會（comitia）或大會的機制。

羅馬人有某些特點，他們的性格極爲保守，他們堅忍，崇尚尊嚴，極爲愛國，隨時準備爲共同利益做出犧牲。他們這種自然的社會天賦在盎格魯諾曼人中表現得更明顯，這種稟賦使得某個階層很容易與另一個階層達成互讓。他們具有自然的本能，能夠在共同危險面前團結一致。實際上，這一民族的正義感極強，並且他們懼怕專斷權力，這樣的心態逐漸使政府各部門的關係變成相互制衡的關係，使得任何部門都不可能隨心所欲。羅馬部落吸納了周圍的部落。當由阿弗由斯・克勞地亞（Appius Claudius），或用其古名阿塔斯・克勞索斯（Attus Clausus）所率領的沙賓（Sabine）家族加入羅馬城時，克勞地亞家族連同其屬民人數達到五千人。這些克勞地人，尤其是被稱為尼祿斯（Neros）的部族成為貴族。這些貴族轄有自己的平民階級，後來成為貴族的馬西利（Marcelli）家族最初就是平民。第一個皇帝奧古斯都（Augustus）出生於平民家庭，但由於他祖母是蓋尤斯・儒略・凱撒（Caius Julius Caesar）的姐姐，並且由於他的叔祖父被凱撒領養，他加入了儒略氏族（gens Julia），這是地位最高的貴族氏族。

平民團的政治鬥爭

在羅馬，法律發展的早期歷史是氏族組織被家庭所取代的歷史，以及平民團爭取政治權力的鬥爭史。平民取得擔任執政官的資格，而在此之前他必須從低階的度支官（quaestor）和司法行政官（praetor）做起。他們爭取到這種權利：不經民眾大會的投票就不能處死公民，有一種情況例外，即獨裁權力取消這種限制時例外。平民團選出自己的保民官（tribunes），至少他們對保民官的人選有依法選舉的權利。保民官對元老院的行動有否決權，而每位保民官對另一位保民官的決定也有否決權。同時也存在另一種制衡。羅馬人信奉宗教占卜，由占卜官或占卜者宣布吉利的或不吉利的預言，這種迷信的崇拜是有知識的羅馬人不相信的，但它可以阻止政治行動。所有公民在民會的召集就相當於立法機構，元老院可以向民會提出某項立法。各種形式的民會的差別在此並不重要。古羅馬有元老院的法令（senatus consulta）、由平民表決通過的平民決議（plebiscita）以及由平民大會定期通過的法令（leges）。所有這幾種形式都可以產生法律，羅馬法律還可以通過其他的方式產生。

最初只有口傳的法律，在人們會讀、會寫之前，只有貴族才掌握法律知識。正如雅典一樣，羅馬的平民一學會認字就要求看到成文法律，以便大家都能了解法律的內容。他們要求法律的確定性，要求法律是所有人都能理解的。十大行政官（Decemvirs）（十個人）頒布了《十二銅表法》（*Twelve Tables*），匯集所有法律，並將其刻在木片或黃銅片上，陳列於羅馬公共廣場，供所有人閱讀。利維（Livy）講到羅馬人任命一些特派員去希臘取經，借鑑有關法律的經驗以供羅馬參考。不管是真是假，在羅馬人和希臘人產生政治衝突很久以前，羅馬人經由義大利南部的希臘人這個管道充分了解希臘法。兩者太相似，不可能是偶發的事件。最初是希臘人要求看到成文法，這一點也不奇怪，所有社會性動物都有模仿能力。野蠻人易於恪守部落習俗，人變得越來越聰明以後，就有模仿他人的趨勢。這是希伯來人的顯著特徵，根據他們的文字記載，這一弱點爲猶太人帶來了無數災難。這種模仿的特點同樣表現於野蠻人當中傳布的磨光石器、陶器、青銅器以及鐵器的使用上。在機構的設立和法律的發展過程中，這一特點也同樣明顯。以至於一位專寫法律問題的作家發現法律的改進全依賴模仿。但問題是被模仿的民族的靈感來自何處？進步和發展肯定要有最初的起點。槓桿和支點可以創造奇蹟，但支點必須依賴基座。無論事實如何，在羅馬人爲獲取義大利領導者地位而鬥爭的同時，也改進他們原始的法律。

羅馬帝國的建立

高盧人或塞爾特人移民到了羅馬，從這一點來說，羅馬很幸運。他們摧毀了伊特拉斯坎國，塞爾特人滲透到整個義大利的北部，因此義大利北部也被稱爲阿爾卑斯山這一面的高盧。這是個可愛的地方，詩人拜倫甚至爲其廢墟而歌唱，「它的純潔魅力絲毫不減」。希臘人稱這片土地爲金蘋果園（Hesperides），「金色義大利」。羅馬最偉大的辯護者西賽羅生於阿皮尼（Arpinum）——它仍像鷹巢一樣懸於紫色的亞平寧山脊。他在流亡歸來後的演講中歌頌故土：「我們的祖國，永恆的上帝，我的歌聲難以表達我的愛和歡愉。我們的義大利多可愛，她的城市多聞名，她的無限風光多美麗，她的土地多肥沃，她的收成多豐碩；這個城市和她的文明多麼偉大，這一聯邦多麼高貴、多麼莊嚴、多麼崇高啊。」

羅馬人在獲得義大利之後，被迫與迦太基人爭奪地中海西部。經過多年戰爭，他們贏得勝利，打敗了迦太基人，奪取西班牙、西西里和北非。保守的元老院本會就此罷休，但馬其頓又與羅馬發生爭執，於是馬其頓及希臘又成爲羅馬的一個行省。小亞細亞的米斯里底特人（Mithridates）和敘利亞亞歷山大的塞琉古族（Seleucid）的後代的攻擊，迫使羅馬攻入小亞細亞和敘利亞。後來凱撒征服了高盧，兼併了埃及。最終，羅馬帝國大功告成。

同時，羅馬已成爲世界的首都。商業已不再侷限於海路，羅馬人的密集公路網把整個帝國聯繫起來。我們看到這樣一幅圖景，旅行安全、方便，大量的商業活動在已肅清海盜的海路和秩序井然、及時修繕的道路上進行。不僅在義大利，而且遠在西班牙，高盧的大河甚至多瑙河上都架起大橋（有些橋今天仍然存在）。元老院成員禁止從商，因此出現騎士階級的大資本家。商業夥伴關係極爲普遍，公司數目很多，所有關於商業及其投機行爲的法律文件已經存在。出現很多陸路和海路運送人，以貨易貨時代早已遠去，貨幣成爲交易的媒介，羅馬市集活躍著很多銀行家和錢莊。土地已成私產，地主完全可以出讓土地，正如希臘人的做法一樣，立財產遺囑的自由已經存在。

就所有種類財產的所有權而言，私有財產及其可讓與性，是商業活動擴展的結果。

羅馬法的世界體系

爲了理解羅馬法律如何成爲一個世界的體系，我們必須看一看由羅馬統治者所統治，處於羅馬影響下的整個文明世界。英國和法國是羅馬的富裕省份；西班牙的繁榮是其以前從未享有過的；德國南部和奧地利像現今一樣富裕；現爲南斯拉夫一部分的伊利里亞省（Illyrian）爲古羅馬軍團徵募新兵；巴爾幹是羅馬的一個大行省；希臘、馬其頓和色雷斯（Thrace）從未在物質生活上如此繁榮；小亞細亞和敘利亞到處是富裕的城市；埃及一直到尼羅河瀑布這一片是世界的穀倉；北非和地中海沿岸的城市極度繁榮和輝煌，雖然這些城市的廢墟現在已被沙土掩埋或被荒草所包圍。

在這一片廣闊的領土上處處體現著羅馬時期的繁榮與和平。想像一下，在這一片土地上二百年之內沒有戰爭，未受到戰爭的破壞。羅馬帝國的邊境受到羅馬軍團的保衛。羅馬人對帝國邊境與野蠻人戰爭的感覺，就像我們對與印地安人邊界戰爭的感覺一樣。義大利安詳地享受著帝國的寧靜和穩定。人們很少去想尼祿（Nero）或圖密善（Domitian）統治下個別的迫害事件，正如我們很少去想對那些富人的迫害一樣。在這個由多種不同民族組成的世界中，羅馬法律的結構建立了，目的就是使羅馬法律成爲適用於整個羅馬世界的普遍性法律。

法律機器得以創造的兩架發動機，是程序完備的羅馬法庭，以及由法學家和辯士組成的律師階級。在專業階級的協助和監督之下，程序完備的法庭爲法律爭議的裁決帶來法律上的進步。對這種進步進行一般性的描述是容易的。在稱職律師現在所知的所有法律部門中，都可以經由羅馬法理學的原則或特定規則而找到法律爭議的解決辦法。除非出現特殊情況，這種解決辦法與我們現在的法庭提供的解決辦法無異，我們的訴訟程序中的主要因素可以直接追溯到民法，我們稱羅馬法爲民法是爲了與我們的普通法區分開來。我們現在就來描述一下高度文明的法律的進步。

司法行政官

應平民團的要求，法律出現書面形式，被稱爲《十二銅表法》。當然，除《十二銅表法》外還存在著大量的習慣法。在國王統治時期，國王是最高祭司、戰爭領袖以及法官。這一時期結束之後，執政官擁有這些權力，爲了使執政官免爲司法工作分心，產生一位通過選舉當選的官員，稱爲司法行政官（praetor）。希臘人創造法律的方法爲習慣和制定法，但在羅馬，司法行政官不僅擁有決定法律的獨特權力，也擁有根據早先的制定法宣布他實施裁決的原則以及使用的形式的權力。司法行政官以這種方式使新的抗辯方法取代舊的原始規則。這些被宣布的規則對司法行政官本身也有約束力，這些規則被後來無數的執政官所採用並補充，就形成一套法律。它體現給予或拒絕救濟的原則、訴訟的方法以及必須使用的法律慣用語。這一套法律後來被稱爲敕令（Edict），取代習慣和制定法。它與我們的法庭規則特點相同，但範圍更廣泛。

但是，適用於羅馬公民的法律不適用於外國人，因此產生另一位司法行政官，被稱爲處理外國人事務的外事司法官（Peregrine），負責裁決外國人之間或外國人與羅馬公民之間的爭議。

最初在羅馬人當中，祭司控制著對習慣法的解釋並對法律做出公開協商。這些祭司是貴族，屬於受大祭司長（Pontifex Maximus）控制的階級，大祭司長就是後來的教皇的前身。但《十二銅表法》和敕令使法律公開化並世俗化之後，那些不是祭司的貴族仍然研究法律，法律界知識淵博的人取代祭司對法律進行協商、建立法律形式，並指導法律慣用語以及程序。最初，貴族壟斷這一法律職業，隨著時間的推移，成文法開始出現，法律顧問這一職業階級也完全出現。因爲在羅馬有另一種特殊情形，因此幾乎所有的貴族都認爲自己有責任研究法律。現在解釋一下這種特殊情形。

羅馬辯護人

我們已經看到，每個羅馬部落都有依附於它的平民階級。部落之長有責任代表這些從屬於他的平民，做他們的保護人。當部落分裂，被各個家族所取代時，一家之長也有自己的平民。在政治生活相當活躍的城市，自然而然地，每個有身份、出身高貴、有地位的人都在自己身旁收納一些受保護的平民。處境不同的人都成爲被保護人。尋求有勢力朋友的人、有某種需要或野心的人、期望在選舉中有靠山的人或一些食客都依附於一些保護人。有時像阿基亞斯（Archias）這樣的外國人或從屬城市也在尋求保護人。最有勢力的保護人就是那些出名的辯護人。像西賽羅這樣的人身邊就有密友、陪伴他的人以及那些僅爲他公開露面做安排的人。因此產生了辯護人的階層，他們無償爲每位朋友和被保護的平民提供服務。保護人的服務是得不到補償的，當時的法律規定這種服務不收取報酬。最終，規定辯護人不收取費用的法律漸漸失效，這一過程被玩世不恭者稱爲世界上最自然的事。

從理論上講，羅馬的辯護人屬於有地位、有財產的階級，他們爲其朋友和被保護人在法律訴訟中做辯護，無償地貢獻自己的才智。除軍隊以外，辯護人這一職業是通向榮譽與高官的最佳途徑，這種無償辯護的傳統一直持續到帝國時代。普利尼講了一個故事，一位辯護人被威尼斯市僱爲辯護人，爲該市在保留公共市場權利的法律訴訟中辯護。

這位律師露一次面，爲此他接受二百五十美元，他還爲第二次出席接受一百七十五美元。但聽證的那天他並未露面，他被元老院傳訊，他請求寬恕，理由是一位有勢力的元老院成員勸說他不要參加那天的聽證會。元老院即寬恕他，可是保民官否決對他的寬恕。普利尼說這是令人印象深刻的抗議。他說這一職業已變爲可以收買的職業，辯護人收錢，有時甚至背叛他們的客戶，他們使這職業蒙受恥辱。保民官認爲，過去，他們的回報是榮譽，而現在他們甚至接受大量的年薪。然後保民官宣讀反對辯護人收取費用的法律。

元老院中的抗議驚動了整個城市。法官開始執行法律。刑事法官宣布他的法庭中的每一方都應宣誓他未付給或允諾付給辯護人費用。在案件審理結束之後，可以允許一方付給辯護人一筆賞金，不超過四百美元。很多律師都對這些過時的法律有怨言。但這就是傳統的以及羅馬法律的影響。今天在法國，律師不能爲費用問題提起訴訟，在英國的律師也不能這麼做。

最初，法理學家只提供意見和建議。最後在奧古斯都統治下，他們成爲特許律師並擔任公職。如西賽羅所說，他們從事的是善良的、平等的藝術。司法行政官只相信法理學家解釋的法律。羅馬法律的絕大部分完全是習慣法，不存在制定法的形式，因此法理學家完全可以自由地制定法律，以便使它能夠適應羅馬越來越廣泛的社會生活。西賽羅的《論法律》（*On the Laws*）未能保存下來。如果我們能看到西賽羅對他那個時代羅馬法庭的描述，我們就能理解在舊有的與原始的法庭形式消失之前，羅馬法律進入第一個大發展時期。

所以，當時有爲公民裁定案件的羅馬司法行政官，又出現處理外國人事務的外事司法官。對外國人來說，羅馬法律是不適用的。它的程序僵化、形式化，因此完全不適用於外國人之中發生的案件。外事司法官試圖尋找適用於外國人的法律規則，在法理學家的幫助下，終於找到了羅馬統治下絕大多數國家都能接受的法規。外事司法官的行動對羅馬的司法行政官也產生影響，羅馬法律的狹窄而僵硬的規則被認為必須重新修改，以適應文明人對正當和正義的概念。羅馬司法行政官是務實的，他們不喜歡形上學，就像現代的英國律師不喜歡科學一樣。他們並不拘泥於理性的自然律的概念，但是司法行政官與法理學家都認識到，他們必須努力使法律盡可能地與越來越文明的各階級人士對於正當與正義的概念相吻合。

尋找普遍性法規

正如前一章所述，人類的正義要求同樣的規則適用於處境相似的所有人。正義主要不是關於實際規則的對與錯。這是由大眾利益的普遍概念所決定。希臘人一直混淆正義與正當，這應歸罪於法律中的一切形上學。如果根據某項規則的裁決適用於所有案件，一般來說人們就會感到滿意。羅馬經驗顯明，法律規則遲早要對普遍傳播的正當概念做出反應，而法規尤其要符合普遍接受的公眾利益的概念。正如霍拉斯（Horace）在《賽泰爾篇》（*Satires*）中所說，功利幾乎就是法律和平等之母，而法律是由於對不正義的恐懼而制定的。

因此，法理學家致力於尋找能形成普遍性法規的根本原則而同時又使普遍性法規符合正當概念。法理學家把這些普遍性的法規適用於個別案件，並做仔細分析，以便能通過類推法使普遍的法律規則適用於單獨案件，並以功利和社會福利為理由推廣這項規則。這就是法官今天使用的方法，即類推公開判決中所使用的既定規則。羅馬的這種方法第一次爲世界帶來了所謂的法律氣質，即根據普遍性法規解決個別案件，而這種普遍性法規滿足正義的要求並同時符合正當與道德概念。所找到的這種解決辦法被稱爲「雅致的辦法」，因此在第一本英格蘭法律書《格蘭維》（*Glanville*）當中在談到亨利二世統治下所設立的一項法規時出現了這個奇怪的詞，書中說這項法規被「雅致」地納入法律當中。

法理學家的這些解決辦法被匯集出版，成爲對單獨案件的答案（reponsa）、裁決（sententiae）、法規（regulae）。它們被編入不同的標題，法律也根據實際案件被分門別類。這種法律的著述解釋習慣法以及制定法，著述逐漸隨著時光流逝而增加，以至於蓬波尼尼斯說，眞正的民法完全是由博學律師的詮釋所構成的。唯一的限制是，習慣法不能背離特定的制定法，正如我們今天的法律規定，和法律相悖的習慣不能做爲抗辯的理由。因此，羅馬法產生對兩種法律的區別，即普遍法（jus）和以制定法爲基礎的法律（lex）。

同時，外事司法官爲他自己的裁決方式所訂立的法律也在發展。他們使法律規則適用於外國人中，或羅馬人與外國人的爭議當中。我們已經看到，希伯來人主張外國人也能享有本地法的好處。他們並不知道讓外國人享有本地法的好處是很大的進步。然而羅馬人更進一步地感到他們法律的某些方面已過時。他們認識到對外國人適用的規則必須是具有普遍適用性的法規，他們把這種法律稱爲國際公法（jus gentium），範圍更廣、更自由。最終，這些法律體系都結合爲一套法規，國際公法完全取代嚴格的羅馬人的法律，羅馬法成爲世界體系，適用於整個羅馬帝國，羅馬總督及官員們都實施並執行這套法律。

原有法系從它的原始特點被簡化成簡單的、明確的法系，其程序也合理化了。訴訟當事人陳述他的案情，請求地方法官准許提出訴訟。如果書中找不到處理方法，地方法官就設計一個。被告被召來，他必須對原告陳述的案情做出回應。如果他無法否認原告的陳述，那麼原告佔上風；如果他否認原告的陳述，他就要用自己的回答來辯護，但如果他以某些對抗的權利來辯護，就被稱作抗辯（exception）。這些情形很重要，因爲它們決定了英國實施普通法的方式，並決定了英國的辯護體系。司法行政官在書面文件中陳述爭點，這一案件以及爭點被送交一位法官或多位仲裁人，他們根據證人的證詞、書面證據或其他證據加以裁定。希臘法律中，必須如數賠償原告所主張的金額，這種原始做法已被廢除。如果牽涉到損害賠償金，由法官予以評估。

在下一章中將結合查士丁尼皇帝統治下的法律編纂來講述羅馬人的私法。在此只需說在共和國時期，羅馬私法在成爲世界體系之前還有很長的一段路要走。

像多數民主國家或作民主嘗試的國家一樣，共和國在刑事法方面是有所欠缺的。在刑事法庭中有諸多陪審員，陪審員常受到賄賂，正如執政官或保民官選舉中對選民的賄賂一樣。有大量反對賄賂的法規存在，但起不了任何作用。西賽羅的偉大演說詞之一是關於穆拉納（Muraena）案件的，穆拉納因在執政官選舉中施賄而被起訴。西賽羅是傾向被告的，他的辯護是雄辯語言的奇妙混和，但所談的都是不相關的事。陪審員都相當聰明，但是要嘲笑斯多噶派的加圖（Cato）的教條是不可能的。對克勞迪斯（Clodius）的起訴是惡名昭彰的。關於這次審判的故事，表明公眾對克勞迪斯被宣布無罪感到很憤怒。陪審員甚至要求衛兵護送以便安全抵家，有些人說他們是害怕被搶劫，害怕接收的賄賂錢財被劫走。在選舉中動用暴民團在羅馬是公開的作法，這種做法在現在也是爲人所知的。在我們高度發達的司法程序中，選舉人受賄或陪審員受賄的現象也並不罕見。

百人法庭

不知始於何時的一種民眾法庭值得一提。它處理很多民事案件，但它最重要的管轄權在於遺囑糾紛。它名叫Centumviral或「百人法庭」（Hundred Men Court）。或許這種做法是借用希臘人的人民法庭，這種法庭因培訓年輕辯護人而受到歡迎。律師普利尼說他年輕時常去「百人法庭」。他說：「在那裏的工作是疲累大於愉快，案件大多數都是無關緊要的，不值得考慮的。從問題的重要性或當事人的層次來看，很少有值得一提的案件。沒有幾個辯護人是我高興與之合作的，那裡有很多魯莽的年輕人。我們對他們中的很多人一無所知，他們到這裏來鍛鍊演講的能力，他們的行爲是如此地直接，缺少敬意。我的朋友阿提留斯說，男孩子們開始從事律師職業都是先從百人法庭的案子做起，就像在學校要先由荷馬學起一樣。我的師長告訴我，在從前，年輕人，甚至是出身名門的年輕人，要從事律師職業都要有執政官那樣有地位的人推薦才行。而現在，所有的差別都消失了。現在的年輕一代不等推薦就自行闖入。他們的聽眾也與他們相配，這是一群低層次的僱佣軍，由於契約而聚集在法庭中，領取公開分配給他們的施捨，這種骯髒生意每日有增無減。昨天我家兩個下人得到五十分錢，要他們爲別人去喝彩，這就是所謂的雄辯。這夥人的頭目站起來作信號要人鼓掌，這些愚蠢的傢伙大都不懂演講的內容，他們需要信號。如果你聽到法庭中的叫好，你會知道得到掌聲最多的是最不值得爲之鼓掌的。利西紐斯（Licinius）一開始便要他的朋友聽他演講。我的老師昆提連（Quintilian）告訴我，大律師多米鐵斯（Domitius）曾以他慣常的緩慢語調作令人印象深刻的演講，他忽然聽到隔壁法庭熱烈的掌聲。他停下演講直至聲音消失，他重新開始，卻被第二次、第三次掌聲打斷。他問：『誰在講話？』答曰：『利西紐斯』。他中斷了演講說：『雄辯不存在了』。但那時雄辯才剛開始衰退，現在則幾乎絕跡了。我所以留在法庭是因爲我做這行已久，也是爲了我朋友的利益，因爲我怕我一停止，他們就會認爲我是在逃避工作，而不明白我是想逃避這些不體面之事，但無論如何我正在逐漸隱退。」

普利尼講到他在「百人法庭」接手的一件案子。必須明白，羅馬人可以在遺囑中把財產隨意處置，也可以在「百人法庭」提起訴訟宣布遺囑無效，理由是立遺囑人受到不應有的影響或遺囑缺少自然責任。這樁案子使人看到羅馬辯護藝術的內幕。

普利尼的客戶是個爲遺產起訴其繼母的女兒。客戶的父親是個老人，八十歲時成爲一場突發感情的俘虜，帶回一位繼母。這樣的感情是致命的，因爲老人在病後的第十一天死去，但繼母就像現代的淘金者一樣，希望用老人遺囑中的財產發跡。普利尼的客戶是出身高貴的女士，她還嫁了位地位相當於執政官的丈夫。她被迫爲遺產起訴繼母。雙方都有無數朋友參加，長椅上坐滿了人，甚至廳裡也擠得水洩不通。所有的空間都站滿旁觀者，他們幾乎聽不到演講，卻都伸著脖子看，人們對案件表示了極大的興趣。

結果是女兒贏了官司。因勝利而得意的普利尼，寫信給一位朋友說：「我寄給你我的演講。通篇閱讀吧，因爲我不能縮短它。請注意那麼多的題目是如何闡述的，注意陳述觀點的周密順序，以及隨處點綴的新穎的小敘述。我可以私下對你說，演講中洋溢著溫暖和崇高，我把演說各部分用細密的推理編織在一起。我必須加進計算，這時的我不再是演說家而是會計了。有時我讓憤怒和感情任意馳騁，這時的我就像一葉小舟隨著陣風搖曳。一句話，我的朋友們說這是我的『皇冠上的演講』。」與德摩斯梯尼的代表作相提並論有些過分，但即使最冷血的律師贏了這樣艱難的案子也會感到很滿足，所以過分熱情也是情有可原的。在普利尼之後，羅馬法律還需要一百多年才能達到偉大的法理學家帕皮尼安和額爾比安那個時期的最高水平。

律師行業歷史中最佳的一篇頌詞是西賽羅爲他的朋友蘇爾皮修斯（Sulpicius）所寫的羅馬最永恒的心靈之友。蘇爾皮修斯是極爲博學的法理學家。他卒於代表馬克・安東尼（Mark Antony）元老院的大使館崗位上。在這篇稱爲西賽羅關於安東尼的第九篇演說中，有一句話幾乎是無法翻譯的，但卻眞切地描述了羅馬法理學家的作用。西賽羅說，蘇爾皮修斯既是法律大師，也是正義大師。這才是眞正的律師，他們總是努力研究法律，但也同樣熱切地使法律符合正義、平等以及正確的道德要求。對於律師來說，這些羅馬辯護人和法理學家必然總是關注的主題。他們其中兩位留下了一些信。讀過這些信，人人都會感到西賽羅和普利尼的世界裡，滿是寬容的、善良的紳士。他們的語氣顯示了行使權力過程中的仁慈、公正和人道。即使大謊言家或傳播無根據醜聞的蘇多紐斯（Suetonius）也無法詆毀羅馬的這些紳士。歷史學家梅瑞維爾（Merivale）這樣評價普利尼，再沒有其他的古人在頭腦、教養和職位上如此接近我們現在的紳士概念。有關普利尼的一些信息可以在我們眼前呈現出一位羅馬律師的生活。

羅馬律師普利尼

普利尼的財富使他過著有修養的生活。他擁有科莫湖（Lake Como）邊的兩幢漂亮別墅的祖產。今天的人們仍能看到普利尼所描述的獨特的間歇噴泉；他的另一處產業坐落在亞平寧山腳下的托斯卡納，他在一封輕鬆愉快的信中描述其漂亮外觀；他有另一處產業在提弗南姆（Tifernum），「綠色的提弗南姆，葡萄藤纏繞的山丘」；在蒂弗利（Tivoli）、普雷內斯特（Praeneste）、托斯卡拉姆（Tusculum）都有他的郊區別墅，他在海邊還有一座冬季別墅，在這裏，普利尼有個極好的圖書館。羅馬人家中有圖書館司空見慣，西賽羅曾談到寫論文時常去朋友們的別墅裡去查書。

普利尼爲他的朋友巴索斯（Bassus）（前比提尼亞（Bithynia）省長）辯護。巴索斯指示他的律師在辯護開始時先講他出身名門，擔任公職，怎樣被錯誤地受到起訴後又勝利地被無罪釋放。現在指責他的那些人又是怎樣的職業告密者，並以這種職業手段來掙錢。然後主要是表明他的所有行爲都是正義的，他不僅應被宣布無罪，更應受到獎賞。普利尼說，眞正的困難在於巴索斯以前任助理省長時有許多朋友，他做事如此簡單、輕率，以至於在他生日那天與友人交換了禮品。法律明令禁止省長接受禮品。普利尼感到爲難：「我現在該怎麼辦？如果我否認事實，但這已是盡人皆知的事實，巴索斯甚至曾公開向皇帝提起過此事。如果我請求法庭寬恕，我就會立刻毀了我的客戶，因爲這樣就等於承認他做錯了事。如果我明知這是非法行爲卻還爲其辯護，我會傷害到我作爲公民的責任，同時對他也沒有幫助。因此我走了中間路線，我辯論說，元老院作爲法庭在召開全會時可以認爲這種行爲從法律的純粹字面意義上講是不符合其精神的，而這就是法律。」他的辯護基礎就是這種理論。

每一方各有六小時，巴索斯讓普利尼講五小時，讓他的合夥人講一小時。普利尼接著寫道：「當我講到三個半小時，黑夜降臨了。我似乎感到我給大家留下好印象，我不想在明早繼續下去，因爲我恐怕再次重拾舊題無法引起大家的興趣。一篇演講有它持續的連貫性，它使自己的火焰一直在燃燒，而中斷或緩和會使觀眾的興趣消失。就像火炬的燃燒要依賴持續的運動，如果熄滅了就難再點燃。但巴索斯懇求我早晨接著講，我照做了，我發現元老院氣氛很活躍。」巴索斯被宣布無罪。普利尼寫道，當這位由於年高和焦慮而慌悸的老人走出元老院時，人群用歡呼和贊嘆歡迎他。人們仍然記得他是如何被圖密善皇帝所驅逐，這個名字人們永遠不願提起，除了與某些不值得的不幸相連時。

像其他主要的羅馬辯護人一樣，普利尼一生辛苦工作，終於職守，因爲他熱愛這份工作。當他擔任法官和財政部長時，他的時間都用來聽審案件，宣判抗辯結果以及製作公共賬簿。當他從事律師職業時，他的時間又都用來處理遺囑、諮商或在法庭上辯護。他沒有什麼時間去北部的別墅小住，在羅馬他整日忙於城市的公務，只有到夜晚才能去海邊別墅，或托斯卡拉姆、蒂弗利的別墅，早晨又返回羅馬。他的時間都被無關緊要的事情佔據，他爲此而遺憾。他給在科莫的一位朋友寫道：「你在做什麼？我想是在讀書、打獵和釣魚，我不能享受我所嚮往的事情，而感到不安和無奈。我能不能從這些事情的束縛中解脫呢？我怕是永遠不能了，舊的工作還未做完，新的事情又不斷湧現。這種無止境的事情每天壓迫著我，束縛我的鏈條越拴越牢。」

他熱愛出生的地方。「我們可愛的科莫怎樣了？我最迷人的別墅，永遠春光明媚的門廊，樹蔭重重的小徑，兩岸鋪滿鮮花的水晶般的運河，還有如此美麗的湖，這一切都安好嗎？閃閃發光的湖面可愛地映在義大利的藍天下，散發著迷人的光彩。」他接著寫道：「那柔軟但結實的跑道、沐浴在陽光下的浴室、寬敞的餐廳和小餐廳，還有那些雅致的休息室，它們還好嗎？」他爲我們描繪了一幅可愛的圖畫，他的朋友，已退休的高階層的羅馬人，曾指揮過軍隊並任過高官。有關他的一切都透著體面，他過著輕鬆、閒適的寧靜生活。你可以想像自己在傾聽遠古的歌聲，你所聽到的是怎樣一種安詳的智慧，那時的人們，那時的行爲。用希臘文和拉丁文寫成的雅致的歌詞是多麼甜美，多麼歡快，而作者寧靜的生活又增添了額外的光輝。他的娛樂、他的禮貌和文雅都一併展示給我們。普利尼接著寫道：「當我年事已高可以心安理得地退休後，想過的就是這種生活。而現在我要爲千頭萬緒的事情操勞。我的老朋友，他多年來在他的崗位上負起責任，擔任長官，管理各省，辛苦工作之後這樣的休閒是正當的。」普利尼永遠也沒有等到這一天，但他安慰自己，擔任公職、聽取並裁決案件、解釋法律並執行司法職能，是哲學中最崇高的一部分，因爲哲學教授們所傳授的思想已落實在實踐中。

對於普利尼，自由就意味著由法律所規範的統治，他當然不是個平等主義者。在他看來，他那個時代的羅馬人是自由人，確實，私法的精華彌補了帝國統治的諸多缺陷。他寫信給一位省長，信中普利尼勸他要保留地位和尊嚴的特性，一旦這些特性被混合，被放到一個水平線上，那麼這種平等就是天下最大的不平等。他還講到一位老朋友，他早年患風濕關節炎，病痛自腳開始，漸漸影響了全身。老人病痛纏身，對他說：「我猜你一定在想爲什麼我忍受這些痛苦。如果不是抱著比壞蛋圖密善多活一天的希望，我還如何能忍受這種痛苦！」圖密善皇帝被謀殺，普利尼講到這位年老的羅馬人現在可以做爲自由、不受奴役的人死去，他拒絕了家人和朋友爲他做的祈禱，安靜地自殺。內爾瓦皇帝（Nerva）也不是個傾聽眞話的統治者，有個故事是關於普利尼與內爾瓦一道用餐。皇帝身旁坐著維埃多（Veiento），在圖密善統治時曾因殘酷卑鄙行爲而犯罪，談話轉入某個沒有悔意的告密者身上，告密者已死去。內爾瓦問：「如果他還活著的話，現在他會在哪兒？」桌邊的一個羅馬人死盯著維埃多說：「他或許在和我們一道用餐呢。」

如果不提普利尼作品中最生動的一封信，那麼對律師普利尼的了解就不能算是全面的。這封信描述了維蘇威（Vesuvius）火山大爆發時淹沒龐貝（Pompeii）及赫求拉南（Herculaneum）的恐怖場景。普利尼那時只有十七歲，他和他母親當時與他叔叔在一起，老普利尼指揮那不勒斯灣（Bay of Naples）的米斯南（Misenum）海軍基地的羅馬艦隊。海軍上將接到海灣那邊發過來的一封求救信，這封信是一位女士發出的，她家的別墅就坐落在維蘇威山腳下。勇敢的老羅馬人指揮他的軍艦直駛過海灣朝維蘇威山而去，他永遠沒有再回來。地震搖動著大地，海水在岸邊來回翻捲，空氣中充滿灰燼和火山渣。遮天蔽日的一片黑暗被火山的烈焰所照亮。男孩年少靈活，他母親太胖跑不動，她求他快離去，但他不肯捨她而去。他和母親手牽手走充滿混亂和恐慌的逃難路，「婦女在尖叫，孩子在哭泣，男人在大喊，有些人在喊父母，有些人在喊丈夫，有些人在喊孩子，有些人伸手向神求助，但大部分人都相信此刻沒有神，最後的無盡黑夜已降臨這世上。」

神祇們並沒有停止存在。引用聖誕節的聖歌，「阿波羅、巴拉絲（Palla）、丘比特（Jove）和馬斯（Mars）持續他們毫不間斷的古老統治」達好幾世紀之久。普利尼在後半生擔任比提尼亞省長，他與新湧現的基督徒進行接觸，他覺得這些人是奇怪的與無知、迷信的人。他自然對產生於東方的奴隸和漁民中間的宗教沒什麼好感。他的朋友塔西圖斯稱之爲墮落的、無知的迷信。但這種新宗教如佛教一樣具有改變信仰的巨大力量，它成爲帝國的國教，而希伯來人的法律觀點正是由基督徒經由宗教傳播開來的，這是法理學中一個決定因素。作爲僅有的識字階級，教會中的祭司經由長期黑暗的野蠻侵略和征服，從而把歐洲的法律的命運把持在自己手中。隨著基督教成爲國教，帝國的中心轉移到拜占庭，被稱爲君士坦丁堡。羅馬法律的語言變爲希臘文。現在有必要描述一下當法律轉移到希臘人手中之後的命運。

第10章

希臘文的羅馬法律彙編

迄今爲止，羅馬法律一直被認爲適用於公民之間的私法，並且其過人之處在於它形成指導個人之間權利和責任的私法體系。

哈德里安皇帝（Emperor Hardrian）將安東尼（Antonines）時期累積的司法行政官法律改變爲「永久敕令」（Perpetual Edict）的形式。羅馬人民將立法的職能委託給皇帝，而皇帝就是立法權力的法律理論得到發展。偉大的律師現在身居高位，成爲行政官員。帕皮尼安曾任塞維拉斯（Severus）和卡拉卡拉（Caracalla）的司法行政官，塞維拉斯的卑鄙兒子把他處死。額爾比安一直是帕皮尼安的助手，此時接替他成爲司法行政官。額爾比安在一場御衛隊的叛亂當中喪生。自此時起，帝國陷於四分五裂，面臨各種勢力對絕對統治權力的挑戰。在另一場這樣的爭鬥後，君士坦丁成爲唯一的皇帝，並斷然宣布基督教爲國教，並把帝國首都遷到希臘的拜占庭，重新命名爲君士坦丁堡。法律的正式語言改用希臘文，很自然地，就需要整理大量的法律著述。在長達一百多年的時間裡，人們一直嘗試精簡法律的形式。這是律師當中的一次運動，正如當英國法的語言被改變時，培根率先要求擺脫大量關於盎格魯—諾曼第的法律書籍以及年鑑報告。

查士丁尼法律彙編

同時，幾乎所有帝國的拉丁語地區、義大利的大部分、北非、西班牙、高盧和英國都被野蠻人統治，查士丁尼皇帝作爲唯一的羅馬皇帝從君士坦丁堡發號施令。他任命一個委員會負責減少大宗的法律文字。委員會的負責人是特里勃尼安（Tribonian）。在接下來的幾年內，委員會報告其勞動成果。《學說彙纂》（*Digest*）五十卷從大量的法理學著述中產生，它包括法律作家們的摘錄以及法理學家的回答。這些摘錄大部分都是五位最偉大的法理學作家的語錄，他們是蓋尤斯、帕皮尼安、額爾比安、保羅和蒙代斯蒂。其他人的語錄也收錄，但數量不多。多產家額爾比安的摘錄幾乎構成《學說彙纂》的三分之一。他們當中最頂尖的當數帕皮尼安。

皇帝們的重要立法被編入《法典》（*Code*），它只不過是彙集皇帝們頒布的法律。《法典》的大部分內容規定了教會及其機構的地位。接下來的一部書叫做《法學階梯》（*Institutes*），蓋尤斯曾寫過一本叫《法學階梯》的書，它是對羅馬法律原則的一般性劃分和整理，與一般性的說明書籍如布萊克史東（Blackstone）的《評論》（*Commentaries*）具有同樣的目的。這部書亦被稱爲《查士丁尼法學階梯》。

這些工作完成之後，頒布一系列的法律，它們補充《法典》和《學說彙纂》，查士丁尼的這些新法被稱爲《新律》（*Novels or New Laws*）。《新律》的其中一條即一一八條規定遺囑財產的繼承，並廢除只限男性繼承的規定。它以制定法的形式確立久已存在的習俗。美國有關繼承的每一條法規都模仿查士丁尼的這項新法。

彙編工作完成之後，希臘文版就被送至東部所有領地，拉丁文版被送至查士丁尼統治下的前西羅馬帝國境內的義大利和北非。但由於查士丁尼的將軍與野蠻人之間的戰鬥，也由於倫巴第人（Lombards）入侵帶來的混亂，查士丁尼的彙編如果說曾經爲人所知，那麼此時已被遺忘了。

查士丁尼的彙編者對羅馬法律所做的改動被過分誇大。對於比較維爾吉（Virgil）或霍拉斯（Horace）文稿的人來說，多一個字少一個字意義重大，但當法律的內容出現疑問，爲使事情解釋得更清楚而加入一個字或在不改變原意的情況下對句子進行重組卻並不重要。然而勤奮的語法學家出版了許多書，都是他們推測關於特里勃尼安與他同事們對內容所做的改動，一般來說這些臆測性的改動不重要。

思卡沃拉的學說彙纂

或許在此應解釋一下這種工作，並說明一下這種工作是怎樣的一種浪費。《學說彙纂》一書在「解除」（Release）這一大標題下，引用一位法理學家塞維第由斯・思卡沃拉（Cervidius Scaevola）第五本書中的摘錄。這是他對一樁案件的看法。《思卡沃拉的學說彙纂》由他的一名弟子編輯出版。這位弟子克勞第斯・特里風尼納思（Claudis Tryphoninus）有時加上自己的修正或評論。摘錄如下：「一位母親管理她女兒的財產，女兒是她死去父親的遺囑繼承人。母親把女兒的財產交給銀行家們出售，並就此事訂下契約。銀行家付給母親全部款項，而這也正是契約中寫明的數額。自此九年之內有關女兒財產的全部交易，都由母親以女兒的名義來負責。然後母親把女兒嫁了出去，並把女兒的財產交給女婿。所提出的問題是，女兒是否有任何起訴銀行家的訴因，因爲是母親而並非女兒自己訂定所賣出財產的價格。思卡沃拉的回答很簡短，如果這個問題實際上是在問銀行家，是否由於付出那筆款項而已合法地解除，那麼答案就是他們已合法地解除。當然，他指的是解除契約義務。」

但特里風尼納恩不明白思卡沃拉爲這一問題所加的嚴密限定，做了如下的評論：「這個問題取決於一件事實，銀行家是否誠實地付給母親那些財產的價格，而母親是無權對遺產進行管理的。如果他們知情母親無力償還，那麼他們就沒有解除義務。」

對這一段有無數的評論。從法律上來說思卡沃拉是對的。但這兩人回答不同的問題，思卡沃拉所陳述的案件，其基礎是一種不滿，即價格是母親定的，而不是女兒定的。一位訓練有素的律師只能像思卡沃拉那樣做出回答。他所陳述的案件意味著：如果女兒就母親簽訂的契約一事起訴銀行家，她是否能因契約中的價格是由她母親而不是她自己所定這一事實，能夠恢復她的權利或者具備訴因？如果她就自己接受的契約提出訴訟，契約價格對她即有約束力，並且銀行家已支付款項，就契約而言，銀行家已解除了義務。因此思卡沃拉才對這一問題做出如此解釋：如果你在問銀行家是否已解除契約義務。

但特里風尼納恩對這一問題做出新的解釋，即就整個交易而言，女兒在任何情況下，是否都具備對銀行家提出訴訟的訴因，銀行家的給付是否使他們解除對女兒的任何及全部責任。他認爲母親沒有管理權——這就是當時的法律，即女人不能擔當她女兒財產的監護人——如果銀行家們知道母親在出賣女兒的財產仍和母親交易是不對的。即使如此，女兒不能拒絕接受交易，如果她接受母親所定的價格的話。女兒不能既接受這一價格又爲財產定出另一價格。他假設女兒沒有這樣做，他認爲母親因處理財產，而對女兒負有主要法律責任，他認爲只有當母親無法做出回應時，銀行家才應負責任。

我們今天的法律處理這宗交易的基礎是遺產管理人的行爲。如果所定價格是合理的，並且歸入女兒名下，女兒也從中受益，那麼她就不會有任何損失。

現在這一簡單的案例導致無數的評論。人們爭辯說，特里勃尼安改變思卡沃拉的話。人們認爲這份摘錄是不眞實的。需要重新寫出眞正的摘錄。因此進行許多猜測性的校訂，實際上這一切完全不必要，因爲思卡沃拉的觀點代表有效的羅馬法律。或許人們假設，特里風尼納思及其同事對這一題目的了解，與這些現代評論家同樣多。編纂者認爲特里風尼納恩的評論有值得思索之處，其實不然，因爲特里風尼納恩並未深人研究此案，並未看到如果女兒已經接受歸入她名下的合理價格，那麼她不能再對財產的價格提出異議。由此可見，對羅馬法律做評論是多麼沒有意義。

羅馬政體錯失公法的發展

迄今爲止，羅馬法律一直被認爲適用於公民之間的私法關係，並且其過人之處在於，它形成指導個人之間權利和責任的私法體系。而在公法領域，確實可以從羅馬政體中吸取很多有益的經驗，但同時羅馬政體錯失絕好的機會。城邦向各行省徵收的概念，注定羅馬人無法發展更廣泛新的機構形式。如果有創意的政治家們能夠在共和國衰敗的歲月，在帝國和聯邦政府普遍公民權的基礎上，重塑羅馬的機構，將會產生何種結果？但這樣想是沒什麼益處的。至少在義大利，人們習慣於統治的自由。但組成帝國的國家之間，文化差異是如此巨大，政治經驗是如此有限，以至於無法形成聯邦制。在人們心目中，只有擁有管理和立法的至高權力的皇帝，才能妥善地應付這樣複雜的局面。統治者的挑選取決於軍隊或軍隊的一部分，對手之間的互相殘殺削弱整個帝國的力量。每當皇帝因軟弱無能無法統治之時，整個體系就無法運轉。無疑，一種偉大的管理體系得到發展，但這一過程並未孕育國籍的概念，以使得對政府的依附性，能夠轉變爲愛國主義的動力。即使在漫長的邊境上布署羅馬軍團，帝國邊境處處受到野蠻劫掠的威脅，可見帝國在漫長的歲月中，面臨的反抗力量也是非常強大的。

許多原因導致西羅馬帝國的崩潰，但這些原因從未成爲軟弱的起因，相反它們是軟弱的結果。文明的腐敗——這一人們最喜歡談論的主題是沒有根據的。文明的發展從未導致事情的惡化，而它是對腦力和體力的改善，它永遠代表著更大的社會凝聚力和更自覺的約束能力。軟弱產生的二個因素，也是最關鍵的因素是奴隸和農奴的產生。對他們來說，一個主人總是與另一個主人一樣好。他們總是隨時幫助任何侵略者，並參與推翻現有體制的活動。這一點才眞正說明，爲什麼富裕及人口眾多的省份，很快地陷入野蠻狀態，在這種狀態下羅馬私法體系幾乎無用武之地。對這些人來說，文明的機制是毫無用處的，正如前內政部長卡爾・舒爾茨（Carl Schurz）送給印第安人裝飾其圓錐形帳篷的烤爐一樣無用。

羅馬帝國末期的私法

在結束討論羅馬法之前，我想對帝國末期的私法做一般性描述。我們已經看到，希臘人已經發展契約是來自協議的這一法律概念。取消契約的舊有形式，契約就是意圖的結果。羅馬法理學家也充分發展這一概念。當時已出現完善的有關商業貿易的法律內容。銷售、抵押、擔保契約及信貸、金融和資金移轉的所有合法文件，有關貿易和商業的各類契約，保險契約，各種條件下的合夥及公司的法律，保釋的法律、貸款、保證人責任以及擔保的法律都得到充分發展。但這些都隨著商業的被毀滅而很快消失。羅馬人根據緊急事件以及貿易和商業的要求調整有關動產的法律。在此我不想談羅馬不動產法律的歷史，我只想說部落的財產轉變爲家庭財產，並最終轉變可自由轉讓的個人的私有財產，希臘人已經做到這一點。對土地進行抵押或扣押的所有不同方式，以及土地轉讓、占有或使用，對他人土地的各種侵權或權利都得到法律的承認，並在法律中得到體現。在此沒有必要深究羅馬法中關於所有權或占有的細節。有關夫妻關係的法律，即婚姻法和離婚法，有關父母子女關係的法律，監護人與被監護人以及對無行爲能力人的監護的法律，在實質上和原則上與我們今天的法律相同。以奴隸制作爲獲取無償勞力手段仍是自然狀態，人們承認奴隸制的存在，是由於幾乎所有國家的現存法律都如此規定，雖然從自然法則意義上看，所有的人都應是自由的。奴隸的境況普遍得到極大的改善，基督教教會堅決反對這種制度。依附於土地的農奴要繳交繁重的賦稅，但法律保護與他們有關的佔用權。

侵害人身安全及財產權是違法的，這種侵害導致各種賠償責任，其基礎在於許多違法行爲構成公開的犯罪。公訴漸漸取代私訴。反對欺詐、脅迫或暴力的法律，大可以解決我們的法律面臨的類似問題。支持誠信的羅馬法律比我們的普通法更進步。就不出具擔保的銷售來說，我們的法律規定買主承擔貨物的一切風險。而羅馬法體系中的保險契約，卻寫明海上保險需要對貨物作全面的出示，因此有關規定並附在火險或壽險的申請單上。對出示所銷貨物內容的責任影響到價格，這一責任雖然普通法不予承認，但在羅馬法中是根深蒂固的。

就財產的管理，比如灌溉用水的使用，羅馬法與我們現在的法律並無差異。就自然原因導致的降水而言，普通法要求每位地主保護自己，戒備鄰人，而羅馬法卻未更進一步。業主必須避免他自己土地上的降水，甚至使自然降水流入鄰人的土地。這種制度與業主有權在不受鄰人工擾的狀態下保持自己土地的自然狀態的有關法律一致。

有關未留遺囑的死亡及財產移轉，羅馬法律擺脫諸如繼承只限男性的一切原始特點。遺囑可以自由訂立，只要理由充分也可以廢除，但查士丁尼法律不承認父親或母親完全取銷孩子的繼承權。根據查士丁尼法律，司法行政官把問題提交給另一位司法行政官裁決的過程，被司法行政官一人就問題做出裁決的做法所取代。根據英國法律，所有受教會法支配的法庭都採取查士丁尼的法律程序，而英國普通法在經過一個世紀優柔寡斷的試驗之後，採用修改過原有的司法行政官法律程序。《國法大全》所做的其他變化不夠重要，我們不予討論。差異是細微的，因爲構成羅馬法律基本框架的《查士丁尼法學階梯》幾乎與原來的蓋尤斯《法學階梯》相同。法律史的傳奇之一就是歷史學家聶布爾（Niebuhr）於一八一六年在維羅納（Verona）發現失傳的蓋尤斯《法學階梯》。他手中有一份複寫的手稿，也就是說，原有的字跡已被消去以便重新在相同的紙上寫字。聶布爾佐原來的論文中發現沒有完全擦掉的字跡。他挖掘出原有的字跡，發現蓋尤斯失傳的法律寶藏。

當羅馬法律的語言變爲希臘文時，它的命運以及羅馬法律在東羅馬帝國的歷史，不屬於我們所描述的這段歷史的範疇，因爲文明法的未來發展，歸功於組成現代歐洲的那些國家，特別是西班牙、法國、荷蘭、德國和英國。英國法律體系的發展將另外探討，因爲它的故事與羅馬法律相關，並且與其發展過程相似。

以前曾經表明，希臘法律的失敗在於它未能發現可以在希臘公民當中推廣、管理並適用私法的稱職法庭。失敗的導因於法庭的公眾特性以及缺乏法律職業階級。在法律的演變過程中，是羅馬人發展這種稱職法庭以及權力階級。結果羅馬人享有法治。羅馬的法庭不可能公開宣稱，只有在它認爲適用法律是適宜的，才會適用這種法律。只要訴訟當事人在法庭的代表是訓練有素的律師，那麼法治就會得到維護。差別在於適用什麼樣的法治，這將取決於事實，取決於類推法和邏輯推理，這是很重要的。這就是法理學家所運用的法律方法，每當訓練有素的律師代表訴訟當事人時，使用的必然是這種方法。

希臘人反抗監管並掌握法律知識的祭司及其繼承者時，過度的樂觀，以及對普通公民推理能力的依賴，使希臘人走上極端：每位公民都是稱職的律師和法官，即使得不到法律專業階級的幫助也是如此。羅馬人以其緩慢、精明及保守的方式實現中庸之道。法律不再是祭司咒語及階級欺騙的體系，法律的命運，交給普通公民都能參與的博學的職業階級手中。文明世界從未脫離這一法律背景，因爲多年的經驗告訴文明人，公民只能經由這種方式來確保他的權利。這一重要的文化概念是羅馬留給我們的遺產。

第11章

歐洲中世紀法律

「在沒有眞正的正義的地方，法律是不可能存在的。」

哈德瑞安這位在公元一一七年至一三八年間統治羅馬帝國的皇帝，是一位修養很高、知識淵博的人。他在位期間，曾用十年時間走遍他那片遼闊國土的東南西北，不僅了解到這個國家的需求，而且詳細調查政府的所有職能，還讓由法官、書記和軍官組成的團隊，將這些成果整理出來。他甚至走出國門，踏上那些遙遠的國度，像埃及和英國等，他在鄰近英國的邊境修築防禦城牆，以抵禦來自北部的蠻荒之人。他修正所能修正的一切。他比任何人都更注重完善羅馬的國家機制。

羅馬皇帝哈德瑞安

哈德瑞安時代，處處可見羅馬長治久安的太平盛世的景象。人們過著文明的、閒散和舒適的生活，各地都呈現出繁榮富足的景象。商業和貿易經由海上和陸地順利地進行著，無需承擔什麼風險，他發現人道主義在各省的實施，都達到像義大利一樣高的水準。法院發揮其職能並且將法律管理得很好。各省都建有法律學校，數以千計的學生在那兒接受有關羅馬法律的教育。來自各個階層、生活水平不同的人們，在平等的法律制度下過著安寧的生活。

他也沒有忘記用漂亮的建築裝飾這些古老的城市。他雲游返回羅馬之後，整理司法行政官的法律，並請一位偉大的法理學家進行改編，制定《永久敕令》。在度過充實而卓越的一生之後，他感到死之將至，他以一種異教徒對於死亡的無畏，爲自己的心靈寫下一首短小優雅的輓歌，令許多才華橫溢的翻譯家望詩興嘆，爲之折服。我們只能譯出其字面的意思，但卻無法傳遞原作的優美，它是這樣開始的：

小小的靈魂呀，你有無邊的魁力，
你步履匆匆，就要離我而去，
你是我泥土之軀的客人和伴侶，
現在的你又要何去何從？

世界上沒有幾個人能夠用自己的心靈，發現與靈魂對話的魅力。在他死去七百五十年之後，假如他那優雅而高尚的靈魂能夠重新造訪這片土地，將是一次痛苦的經歷。沒有他所希望看到的進步，而只會驚訝地發現社會風氣的敗壞。時常發生的戰亂、不斷襲來的侵蝕，已經將他在原有的帝國土地上苦心營造的文明踐踏殆盡。義大利、非洲、西班牙、高盧與不列顛被劫掠和蹂躪，大批的人們遭到殺戮，城市人口減少，建築的藝術早已被人遺忘。隨處可見的是，半開化的人們像殘暴野蠻的地主一樣統治著羅馬大地。他會聽到，有幾年，一個偉大的法蘭克人的查理曼帝國，曾經許諾某些進步，但接著卻是更惡劣的條件，學校、藝術和基本知識的職能都被遺忘。無知泛濫，商業和貿易不復存在，去任何地方旅行都不安全。羅馬秩序井然的統治蕩然無存，取而代之的是無法無天的伯爵和男爵強行徵稅，欺壓百姓。由社會內部凝聚力形成的機制，已演變爲封建制度的混亂。

令人感到驚訝的是，應受到人們尊重的各種形式的法治，均被這些人一手遮蔽，甚至連一般的法院都沒有流傳下來。幾世紀以來，歷經不斷努力才奠定的羅馬法律的縝密結構，在這些野蠻人的屠殺下已傾倒。各種法律都被削弱並混淆。在他的法律曾經統治過的那些野蠻人的城市或鄉鎮，羅馬的市民如今正處在已經變質的羅馬法律傳統的管轄下。所有的法律都不確定，法律的嚴明已在戰亂中喪失。每個勢力不大的封建領主都有自己的法庭以實施自己的法律。只有教會的人有一點法律知識，或者說有文化。在這片曾經輝煌的土地上，到處都被無秩序的茫茫黑夜所籠罩。

哈德瑞安去世時的世界充滿善良、正義、仁慈、博愛和憐憫，這些都鍛煉出人道主義。人們在那個世界裏過著安寧、優雅、舒適的生活，隨著勞動分工的發展以及人們之間頻繁的接觸，各個階層的人們學會互相寬容。他將返回的這個世界卻處處充滿殘酷。就連教會這個對他來說全新的組織，也在經過幾個世紀之後變得無序而腐敗。有德、有識之人紛紛選擇避世的道路，隱入修道院。他只有遠行到愛爾蘭，才能尋到雅典的遺跡。教會的教義保留一部分羅馬法律，但是有才學的律師和法官都已離開這片土地。最好的法律只有在最好的條件下才能生存，並且必須要有可以適用這些法律的物質環境。

無知、墮落與迷信

社會風氣不僅僅是全然的無知，還有嚴厲而苛刻的不寬容。這種結果是由於宗教的思想，以及對宗教所抱有的特別信仰而造成的，這種思想認為人類所需的全部知識，都是《聖經》的智慧所揭示的，這個世界的一切美德，以及繼承它們的可能性也都基於這種信仰。無宗教的世界中是沒有什麼信仰的。每一種宗教，每一種主，到處受到歡迎。然而，不能寬容的西方基督徒，與所有的教派，甚至東方基督徒們分裂。人們僅僅為了一條神秘教義的不同解釋就劍拔弩張。由於成為神父是那些渴求知識的人們所能選擇的唯一職業，因而在六世紀和七世紀，基督徒們對於非宗教的圖書和教育持有很深的偏見。他們將拉丁文的經典篇章斥爲異端邪說。這種偏見形成一種強大的力量。宗教上的不相容點燃人類殘忍和反抗的烈焰，野蠻統治階級的兇殘在壓制和排斥的教義中得到發洩。揭示眞理的科學原則遇到難題。就連承認地球是橢圓的都有悖於宗教學說，而這是正確認識地球最基礎的觀點。萊克坦邱斯（Lactantius）是一位早期的教會學者，他向這一潮流提出質疑：「人類會不會荒唐到，相信在地球的另一面，莊稼和樹木都是倒著長的？那邊的人腳都長在頭上面嗎？如果你質問他們如何捍衛這些奇怪的言論，爲什麼地球那邊的東西不會掉下來，他們會回答說，本質是重的東西會像輪圈上的輻條那樣都往中間，而輕的東西，像雲彩、煙霧和火焰則會從中間往天空的四邊散去。那我就眞不知道該對這些人說什麼好。他們在開始錯了，就從此固執己見，再拿另一個荒唐的說法以自圓其說。」

從這段話中自然可以看出萊克坦邱斯的學問，仍然有某些人沒有向無知的迷信屈服。假如這位基督教之父，這位在他那個時代獲取正確知識的啓蒙者，沉陷在自我滿足的愚行中，那麼這些偏執、愚昧的民眾，一定生活在冥河般的陰森幽暗之中。歷史的知識停滯不前。一個無知的人看到門神（Janus）的廟宇，斷言說門神是諾亞的兒子，並建立羅馬。一直到瑪麗女王時期，才有一位英國的法官代表法庭說，門神就是諾亞本人，並把他畫成一個雙頭人形，一面向後看著洪水，一面向前展望洪水過後的世界。直至今天，世界也沒有從那個黑暗的年代中完全恢復過來。在中世紀那個時代，愚昧的輕信代替科學的知識。邪惡的精靈、好天使和惡天使、巫術和魔法，以及最原始的恐懼回到人們的頭腦中。

發生如此多的奇蹟，也就變得近乎尋常。教皇本人在那個時代算是相當聰明的人，在成功地捍衛羅馬教會之後，他欣慰地看到守護在哈德瑞安墓地的大天使麥克爾（Michael），正將他那把雪亮的寶劍插入劍鞘。自從大天使出現的那一天起，這座已經面目全非、地基被毀的墓地，從此就成爲神聖天使的城堡。在古羅馬還流傳著一對孿生兄弟卡斯特（Castor）和普魯克斯（Pollux）在瑞吉樂思（Regillus）湖畔的故事。虔誠的教皇還看到同樣的天使，帶領摩門教的先知約瑟夫・史密斯來到崑布拉山（Cumorah），在那兒發現金光閃閃的《摩門經》（*Book of Mormon*），各種神奇的事情時常發生，不一而足，一個不會製造奇蹟的聖徒根本就不是聖徒。也許我們不該懷疑那個年代，因爲仍有很多人心懷虔誠地閱讀《聖徒的生平》（*Lives of the Saints*），並且獲益匪淺。

要求法治的呼聲

就在連最有能力的人也變得無知、墮落和迷信的時候，人類對於法律和正義的感情仍是如此根深蒂固，在歐洲中世紀的人們仍不時發出要求法治的呼聲。聖徒奧古斯丁目睹了汪達爾人對他的非洲故土毀滅性的摧殘，在他的《上帝之城》（*The City of God*）一書中寫道：「在沒有眞正的正義的地方，法律是不可能存在的。」他還認爲：「沒有正義，人們之間的聯繫就不可能通過法律的紐帶繼續」。羅馬人對於國家是由法律來統治和維繫的概念深信不疑。奧古斯都還說：「如果正義不復存在，政府就將成爲一幫強盜，而當一個國家不再需要正義時，那麼一幫強盜就是一個國家。」關於臨時法令，他這樣說道：「雖然它們被制定時，是由人們按照他們的意志來決定的，然而一旦制定並且公諸於眾之後，就只能遵循它們，而不允許按照其他方法來裁決。」

西奧多西斯（Theodosius）皇帝在攻打叛亂城市薩羅尼卡（Salonica）時，雖然莊嚴宣戰，但還是使幾千位市民倒在刀劍之下。米蘭的主教阿姆布魯斯（Ambrose）以拒絕他入教，作爲對這種殘暴的抗議，他說：「你制定的法律，允許任何人不按照它判斷是非嗎？你要求別人做到的，你自己也要做到，因爲皇帝制定法律，他就要第一個遵守法律。」

在帝國分崩離析並遭受北部游牧民族侵略的時期，法律越來越成爲過去的制度。教會竭力使野蠻民族，從他們未開化的宗教與原始的野蠻中開化，並始終堅持這些野蠻的統治者必須遵守法律。阿西多爾（Isidore）明確指出：「君主遵守自己的法律是正當的，因爲只有當他不被允許，去做那些他禁止人民去做的事情，他說話的權威性才是正當的。」他還說：「不以正義統治的人不會統治長久，配得上國王這個稱號，前提是處事公道，如果失去公道，王冠也將難保。」萊茵大主教辛克瑪（Hincmar）是聖阿姆布魯斯的追隨者，他在一部著作中寫道：「因此，由人民頒布的法律也好，由君主頒布的法律也好，都要在任何案件中得到維持。」他還說：「國王和大臣應遵照法律治理每個省份，他們擁有基督教的國王及祖先的法律，這些法律經由忠實的臣民一致贊成而頒布，並平等制約每個人。」查理曼（Charlemagne）的孫子禿頭查理（Charles the Bald of France）最終被迫承認法律「是由人民一致通過而制定，高於國王之上的制度」。

法律的平等本質，在舊世界的廢墟中被挽救下來。西賽羅有一句名言：「沒有什麼比認識到我們生來是爲了正義，更能讓我們變得崇高，法律不是靠我們的意志，而是依照其本性來實施。」他用我們都能了解的白話解釋：「如果說我們的財富不可能均等，我們的聰明才智可能會有所不同，那麼至少同一個國家的所有國民，應該擁有平等的合法權利。」這位偉大的基督教士堅信，《羅馬學說彙纂》中所言：「根據自然法，人生來都是平等的」。「自由是給予每個人去做任何法律不禁止的權利」。格列高利教皇欣然接受《學說彙纂》中認爲「人生來都是平等的」觀點。聖阿西多爾發展烏爾平的學說，他說：「自然法要求人們有締結婚姻、財產繼承、撫養子女、人身安全等方面的權利，每個人都擁有自由的權利，以及去獲取天空、大地和海洋中能夠佔有的東西的權利。」這位偉大而年長的聖徒，在他那個時代可謂學識相當淵博，他幾乎已道出所有健全法制的基礎。

然而，這些話卻沒能挽救多少權利。法律最終還是陷入一片混沌，解釋不清。野蠻人要求為他們自己制定野蠻原始的規範。有些統治者為了在查士丁尼法典編纂完畢之前得到羅馬法典，致使法典的編纂粗製濫造，而對查士丁尼法典則一無所知。查理曼被迫為野蠻人編寫原始法律，有一條古老而至高無上的野蠻人法則未被寫入，即誰有勢誰就有權，誰能夠保持勢力，誰就能夠保住權力。在同一個社區，針對不同的階級，相互衝突的法律併存著，這對任何統一的法規的實施而言，都是不可逾越的障礙。在偉大的傳教士的頭腦中，存在著羅馬法學概念中的統一平等的法律，支配著他們頭腦的一條重要的準則是：「正義就是不斷地、永久地給予每個人他所想望權利。」由此得出的一條準則是：「正義的箴言就是正直地活著，不傷害他人，給予每個人應得的權利。」困難的是，如何在這種混沌的狀況下為這些準則找到位置。一本古老的法律書上說：「如果我們在法律中找到任何無用的、未被遵循的，或是有悖於平等的東西，我們就把它們踩在腳下。」查爾特（Chartres）修道院的愛沃（Ivo）是一位早期的偉大的教會法學家，在談到決定是否適用一項法律時的困難，他這樣說：「法律必須是誠實公正的，是可行的，是符合本國特色和風俗的，是適時適地、平實樸素的，是不為某些私人的利益，而為國民的共同利益而制定的。」在西方帝國搖搖欲墜之時，以及隨後到來的中世紀，法治的思想還沒有磨滅是值得一提的。

封建制度與法律

然而，在教會以外，法治是不可能實現的，只有在基督教教會的法庭上，才可以制定出適用於任何地方，以及任何訴諸教會法庭的人的法律。法庭制定的法律都具有至高無上的權力，適用於任何具體案件。這是從迅速發展的封建體制中所產生的。想像一下這個社會的情形，每個人爲了生存必須尋求保護者，並把自己完全置於他的控制之下，每個人都必須成爲另一個比他有權勢的人的忠實臣民。由於任何不動產都完全由強者所控制，留給芸芸衆生奪取的只有土地了。土地不會被偷走、搬走、借走或趕走。誰想生存誰就要擁有土地。如果有誰能保護他的領地，他寧可不要什麼頭銜。那些野蠻的統治者們聲稱擁有所有的土地，然而如果沒有勢力爲其工作和耕種的話，這些土地對於他們來說是毫無用處的。生活在這些土地上的人們，農奴也好，自由人也好，都必須承認統治者的頭銜。

不過，僅僅作一個統治者還不夠，勢力更強大的統治者四處掠奪土地。結果自然是每個人情願或不情願地成爲大地主的臣民，整個世界全由領主和佃農組成。佃農爲了他的土地效忠領主，而領主施捨給他們頭銜。農奴要起誓效忠主人，以此獲准擁有一小片土地。在古羅馬關於所有權及頭銜的法律不復存在的任何地方，「每一片土地都有領主」就是統治規則。

位於最底層的是農奴，他們從上一層的占有者那兒得到土地。只要他們履行主人所定的職責（通常是很繁重的），比如在領主的土地上工作多少天，或是上交領主一定的物產，他們就會受到地方習慣的保護。但是這種保護並非出於對正義的認同，而是因爲農奴履行的義務和勞動是有價值的財富。農奴的上一層是自由農，他們中最低階的靠提供服務或各式各樣的租金生活，高階一點的靠爲他的上司服兵役而獲取土地，最高的階層到國家的統治者。多數情況都是封臣們自發地尋求保護。另一方面，領主也渴望擁有追隨者和勞動力，他們是他權力的來源。他可以通過發放土地獲取各種服務：從兵役到奴役、收租、收糧，或是他要的任何東西。有時候，被寵愛的隨從或封臣會因為僅僅送了玫瑰或手套這樣一些有名無實、微不足道的東西而得到土地的饋贈。

領主擁有的地產叫做采邑，由國王授予采邑的領主叫做直屬佃戶，然後是中間佃戶，再往下是實際擁有財產的世俗佃戶。他們對手下隨從的地產給予發放或認可。按照封建法律，領主對土地擁有直接的控制權，也就是所有權，封臣擁有土地的使用權。英格蘭的封建制度最為均衡，其法律對於采邑擁有的各種附帶權利做了最完整的規定，例如監護、婚姻、采邑繼承稅以及捐稅。在這兒沒有必要考慮最初授為終身使用的采邑如何變為可繼承的，也沒有必要指出這種制度會把國家分裂為各自為政的趨勢。

封建法律的兩大特別重要的因素是：第一，將國家回歸到一種領主之間的私人戰爭狀態。他們沒有公認的法官或是裁決者；第二，給予每個領主設立法庭的權利，以裁決其自由或不自由的佃戶之間的衝突。即便是像法國的路易四世這樣偉大的國王，也授予領主可以訴諸戰爭的權利，其結果自然是使法律在采邑主之間沒有一席之地。在歐洲中世紀，教會竭力結束這種傳統。「上帝的休戰」是廢除民間戰爭的協議。從星期四晚上到星期一早上的這段時間被定為休戰時間，以紀念救世主的受難與復活。然而這種傳統造成的結果卻是決鬥裁判（trial by battle）的野蠻權利，依據某種低劣的不成文法在英國保留下來，並於一八一九年通過明文規定，承認此一權利。當權利能夠由決鬥來決定的時候，法律不復存在也就不言而喻了。封建制的另一個特徵是，由於領主有權裁決他的佃戶，佃戶只有仰仗他們才有希望得到公正，這直接導致對法律規則的破壞，或者說阻撓法律的實施。每塊采邑土地上的正義取決於領主的意願，或是他交付裁判的某個人的決定。不過一般說來，領主只對正義帶來的利益和判決的費用感興趣。他將法庭交給自由佃戶，由他們來宣布法庭的判決。不管這樣的法庭存在於何處，當然都不會像希臘的人民法庭那樣有可能達成法治。

不過，這些貴族的或莊園的法庭的管轄權不能解決領主之間的爭議。在這類衝突中，雙方都無法給自己制定法律。還有一些情節重大的犯罪被看做是普遍的正義問題。在法國，這些情況的裁決權僅限於高級領主。因而在法國出現省或縣級法庭，結果又出現越過縣界，法律就往往不一致的情況。這個問題只能經由在全法國制定普遍的法律以解決。直至《拿破崙法典》（*Code Napoleon*）的頒布，法蘭西民族才建立起統一的法律體系。

在法國封建勢力增長並破壞統一法規的制定時，其他地方卻正發生有利法律重建的變化。在義大利，倫巴第人感到無法根除羅馬法，因爲他們制定不出可以完全拋開羅馬法的體系。這些暴發戶同其他人一樣，他們刻意模仿那些有內涵、有教養的人。自野蠻的倫巴第人葬送在法蘭克人手中之後，義大利的城市重新發展，具有一定的勢力與影響。他們逐漸消滅了那些野蠻的大領主所繼承的貴族統治。人人都想積累財富，自然促使商業與貿易迅速進入人們的生活，實際上這是使人類開化的唯一積極的手段。同時，製造業在義大利的城市再度興起，財富迅速得到積累，銀行注入了活力，貿易的擴展使義大利的銀行進入北歐各地。

注釋法學家

哥德人的統治以及艾利薩瑞斯（Belisarius）和納瑟斯（Narses）領導下的查士丁尼部隊，在義大利的連年作戰，以及東羅馬帝國的最終撤軍和倫巴第人的持續統治，使得法律學說已盪然無存。我們沒有必要提及關於倫巴第法律的任何研究，把在巴維亞（Pavia）學習法律，看做是接近博大精深之羅馬法律都是可笑的。不過波隆那（Bologna）的一位法律老師經由某種途徑取得《查士丁尼法典》的手稿。這位老師名叫阿南瑞奧斯（Irnerius），生活在公元一一一〇年至一一五〇年。自公元八五〇年以後，法律取得飛躍性的進展。當然，這麼長的時間足以取得某些成就。其他老師繼承阿南瑞奧斯的事業，有一些還遠走他鄉，講授法律。他們擁有查士丁尼法律全集，即《法典》《學說彙纂》《法學階梯》以及《新律》。他們進行闡述的方法，是在手稿的旁邊加以注釋和解說。由於精製羔皮紙造價昂貴這個現實的原因，使得這種方法成爲閱讀全部書稿的一般途徑。但它的問題是，老師不在手稿上加注的話就無法進行講解，而越來越多的注釋擠在一起，加上參照《國法大全》一書中其他段落，使得大量文字變得無法辨認。因此，一位叫做阿科休斯（Accursius）的長者將所有的注釋編成《注解大全》（*Great Gloss*）。愛佐（Azo）是當時最好的經院，他們將《法學階梯》和《法典》中的一部分內容合編爲一本綱要。這本《愛佐綱要》（*Summa of Azo*）具有重要的意義，因爲英國第一位偉大的法律作家布萊克頓，正是從愛佐經院得到寫作法律分類基本原理的材料。

不過不管是誰，哪怕只讀過一部分這些注釋法學家（Glossators）的作品，也會發現它們實在是空洞無物，不具備足夠的知識性，因爲他們對歷史一無所知，無法在法律中爲自己定位。他們只知道一味翻閱材料，反而不會使用它們。不過，那些沒有讀過這些作品的人往往會誇大它的價值。阿科休斯的《注解大全》簡直沉悶透頂。它現在的價值僅僅在於指明對書稿的解釋有多樣。順這些注釋者的確試圖推論一個永恒的普遍準則，稱爲「法律原理」（Brocard），一位老律師對這項工作的描述：「大量的法律原理，褻瀆知識的聖潔與眞理的神聖不可侵犯。」就連哈萊姆（Hallam）也說阿科休斯把對《新律》的翻譯稱爲《權威理論》（*Authenticum*），簡直大錯特錯。查士丁尼的《新律》是以希臘文寫成並出版的，不是拉丁文的。他把一本《新律》的拉丁譯本送給重新征服西部領土的將軍，叫做《權威理論》。這本書先送到了拉瓦那（Ravenna），後又到了波隆那。幸運的是，爲弗里德里希二世（Emperor Frederick II）所製的一本精品如今收藏在芝加哥大學的圖書館裡。任何人只須大略讀上兩頁馬上就會知道，阿南瑞奧斯是無法進行這樣的翻譯的。

這些注釋法學家並未復興法律理論，而人們卻把成就的聲譽歸於他們。實際上他們是法律老師，同時也是公開受聘的律師。不用說，一般情況下，最有能力的律師總是被出資最高的人所聘。因此運用常識就可知道，這些精通法律的人士通常爲德國皇帝或一些皇家名流所用。法國公正的菲力普（Philp the Fair of France）在與教皇波內法斯八世（Pope Boniface VIII）的鬥爭中，以他的給付而使羅馬律師達成任務。年代史家告訴我們，英國的亨利二世僱用一群羅馬民法律師，當他想要得到某種判決結果就會隨時動用他們。這些波隆那的律師制定出他們需要的那種法律。當今這個年代仍存在著類似的現象，只要有人付得起錢。

學習羅馬《法典》和《學說彙纂》的熱潮再度興起的眞正原因，也許是因爲羅馬法中的部分章節可用來幫助皇帝們征戰義大利。也就是說，對於那種法律存在著一種需求。這些精通羅馬法的人們，必須制定出凌駕於一切地方法律之上的帝國法。教皇爲查理曼加冕，把他封爲羅馬的皇帝。這個帝國就是後來德國的鄂圖（Otto）王朝及其繼承者的前身。波隆那的律師提出法律的理念，並爲中世紀的皇帝制定法律條文，他們聲稱是神授的奧古斯都、圖拉眞、康斯坦丁和查士丁尼的繼承者。這些律師沒有什麼歷史知識，卻熟知義大利的傳統。波隆那的律師及其後繼者們，幾乎爲義大利創造了一個理論上的聯邦帝國。義大利所有的北部城市都要向皇帝表示效忠，羅馬的帝國法高於所有的各種地方法。詩人但丁不是什麼政治家，卻熱烈擁護帝國屬於帝王，義大利的城市屬於帝國的一部分。毫無疑問，如果這些律師爲所欲爲、隨心所欲的話，大羅馬帝國早就恢復了。

然而，法國、西班牙，以及英格蘭這些獨立而各有其特性的民族日漸強大起來。羅馬教會宣稱自已是上帝的旨意在地球上的代表，是凌駕於一切地球的統治者之上的，這掩蓋了眞正的鬥爭。但這種說法一向遭到中世紀律師的反對。英諾森二世（Innocent II）、格列高利七世、波內法斯八世以及英諾森三世誇張了教會的權利，在那個充滿迷信和恐懼的時代，他們掌握著宣布禁令和逐出教會的武器，但是他們失敗了。假如教皇們能夠忘記他們是傳教士，並將自己視爲義大利的國民運動的領袖的話，結果就會截然不同。但這種假設在實際中是不可能的，因爲教會的收入來自於很多地方。幾個世紀以來，這些法學家認爲義大利不能擁有獨立的民族這種學說，使義大利爲此吃盡苦頭。她的土地被踐踏，財富被掠奪，她的制度被德國、法國、西班牙和奧地利軍隊以及一些小省份中的外國傭兵踐踏破壞。在這段苦難而陰鬱的歷史中，只出現一個義大利人可能成爲義大利中世紀的領袖，但他卻太早逝。

這些被稱爲注釋法學家的義大利律師，被其歷史知識的貧乏所綑綁。他們認爲羅馬教皇是異教巫師團的首領——大祭司長（Pontifex Maximus）的世襲繼承人。他們費了很多心思讓羅馬法與地方法律相調和。在某種程度上，他們主張獨立。愛佐是他們當中最傑出的律師，是「法律大師中的大師」，他同教皇格列高利四世都一致認爲，慣例可以創造、廢除、詮釋法規。他們的學派認爲制定和詮釋法律的職責屬於國家。這些法理學家宣稱，既然人民給予皇帝立法權，他們也可以再恢復行使這個權利。他們當中最先提出這種主張的是阿南瑞奧斯，他認爲人民有制定法律的義務，以此將個人定爲社會的成員。對於他們來說，「法律之前人人平等」是不可或缺的原則。他們引用西賽羅的這句話，並以《法典》和《學說彙纂》的理論加以闡述。他們堅決反對，任何皇家認爲統治者具有可以不受法律約束的特權，阿南瑞奧斯提出權利的授予以及正當的法律程序。他斷言說皇帝無權廢除某種買賣、遺囑或是捐獻，他不能進行壟斷，不能做任何有悖於成文或不成文法的事情，他也不能只聽一面之辭就做出裁決。愛佐也斷言說，皇帝未經過其主要官員及元老院的同意，不能擅自制定法律。這些人能夠理解《學說彙纂》中所說的皇帝喜歡什麼，什麼就具有法律效力的意思。他之所以擁有權力是因爲人民給予他這個權力。但對於皇帝不受法律束縛這一點，他們則遇到了解釋上的難題，這就意味著普通的警察和私法對他不具效力。不過，他們援引《法典》中對於這個法律問題的著名解答敕令：「關於統治者的君權問題，值得一提的說法是，皇帝應該承認他是受法律約束的，因爲他的至高無上的威權，本身就是建立在法律之上的。而且，事實上君權受法律制約對國家是有益處的。」

然而尋找注釋法學家的文字，他們枯燥的評論，以及錯誤地從文字意義上引用，而忽略法律的方法，不會產生什麼有價值的結果。他們甚至不會恰當地運用援引的方法，什麼都不加闡明，根本就起不了什麼作用。他們大有捨本求末之勢，而追求細枝末節的差異，在那個年代，這種風氣很盛，很多文字都被拆解得毫無意義。後起的作家似乎認爲這些注釋法學家所做的工作風行一時，把它稱爲十二世紀的法學文藝復興。爲此美言，他們要付出的代價是，被迫對照著法律的章節逐頁閱讀這些注釋，但很快他們就會發現大部分的注釋都瑣碎乏味，有時簡直近於荒唐。事實是這些人不具備足夠的法律背景，他們的貧乏空洞帶來的惡果導致之後英格蘭不成文法的毀壞。他們缺乏充足的資料，告訴別人這些注釋的意義。律師越來越退化到只是技師，得不到總體理論上的適當指導，使得這個職業在很多情況下，成爲那些注釋法學家的直系後代。

純粹從修辭角度而非實務方面來看的人會說：「當代學生若要尋求中世紀學說中一些令人感到困惑的疑難問題的答案，這些人的著作是唯一可供查閱的。」今天，這些著作對於學生而言，其最大的教育價值在於讓他認識到，當人們談論自己所不知道的主題時，是如何地誤入歧途。假如這還不足以讓他認識到，這些注釋法學家在詮釋《學說彙纂》上是多麼的失敗，引用德萊敦（Dryden）尖刻的詩句，他就會了解。

助產士用手摸著他的厚腦殼，

以預言家的祝福說：你這個呆腦筋。

評論法學家與法律的衝突

這些注釋法學家的無能一直持續到十三世紀。進入十四世紀時終於有了一絲轉機。具有新思想的人登上了舞台，他們被稱爲評論法學家（Commentators）。他們不再沿襲注釋的文體，而是進行實際的評論及專題研討。他們的知識自然要淵博得多。人類漸漸從不開化的傳統中蛻變出來。東方傳來的豐富的知識，帶來許多新的思想，法律的條件漸漸確立下來。有關人身的法律，成爲像如今某些國家中的治外法權一樣必要。但是屬人法律讓位給屬地法律，領地法吸收更多的羅馬法。隨著城市的發展、貿易的擴大、財富的增長，這一切都爲更完善的法律創造了條件。然而封建制度以及人和人之間缺少交往，國家四分五裂爲許多小公國，產生許多地方法律。評論法學家們將主要精力放在法律的衝突這一命題上，努力找出使不同的法律都適用的某種原則。這種法律自始至終具有重大的意義，儘管這些評論家們有些過分注重枝節末葉。

法律的衝突仍是法律中的一個大問題。特別是美國，由許多聯邦州組成，法律應該管理什麼，這個問題顯得更爲重要。各州的法院都是開放給所有人的。契約可以由一州的公民在另一州簽定，在第三州履行，還可能適用於第四個州。在這個評論法學家的年代裡，佛羅倫斯的美第奇（Medici）家族銀行在尼德蘭（Netherlands）的分行，可以締結在威尼斯履行的契約，而對這一契約的起訴卻可能在米蘭的法庭。不同的地區、國家、城市或省份的法律可能有天壤之別，那麼在引用及求證異地的法律時，就會有很多麻煩的問題產生。在這個特定的問題上，可說是現代法律的基礎，或許可以說它對於當代的學生還是有價值的。它的確表現法律方法的意義，當我們談到它們的時候，仿佛正義之神（Astraca）又降臨到地球。

評論法學派的傑出人物是薩索佛拉（Sassoferrato）的巴特羅斯（Bartolus）。他不僅是一位老師，還具有法官的實務經驗，而且還是就法律問題提供釋疑解答的法律顧問。他寫了若干有關法律的小冊子，我們可以從中找到，指導衝突狀態下的法律的普遍理論。理論上規定羅馬法是統治帝國的法律，義大利是帝國的一部分，每個省都有自己的習慣法及立法體制，《學說彙纂》和《法典》這些帝國法，就是在此基礎之上建立的。因此聯邦制的雛形已大致成形。在擁有不同法律與沒有共同的仲裁人社會之間，仍舊適用封建制度下適用的準則。巴特羅斯並沒有提到法律的位階，即皇帝可以迫使這些臣民在帝國法庭上控訴對方，因爲不存在這樣的機制，但他的確提出，在鬥爭中，爭鬥雙方都不能夠按照自己一方的法律行事，每一方都由淩駕於二者之上的至高權威所支配。他說：「所有的法理學家都傾向於這樣一種意見，即反對那些無視正義的人。爲了伸張正義，可以求助於一個至高權威，他可能允許訴訟當事人進行報復。首先，要有一個淩駕於一切之上的權威，因爲任何一方的以自己的權威而適用法律都是不合法的。其次，這個無上的權威應站在正義的一方。」

現在這項法律仍適用於解決美國各州之間發生的糾紛。他們可以在最高法院控訴對方。這個機制存在著，糾紛不能夠由任何一方當事人的法律來裁決，而是由最高法院來決定。最高法院認爲：「即便在一方或雙方州的法令都阻礙的情況下，最高法院也要遵循與適用普遍法律的規則。」遺憾的是，書寫這條意見的法官沒有引用巴特羅斯的話，特別是當他在另一段中引用他的話時，把意思全搞反了。

在我們這個國家中，進一步採用帝國法或聯邦法律的觀念時，也可以引用巴特羅斯關於權威的說法。當州法律與更爲完善、更爲公正的普遍法之間發生衝突時，位於最高法院權威之下的聯邦法院，會拒絕承認州的法律，我們可以舉出很多這樣的例子。毫無疑問，最高法院並不知道他們正在繼承羅馬法理學的傳統，他們遵循的是普遍法規，而不是省、市的地方法律，或者說，他們正在實施巴特羅斯關於帝國法高於一切的學說。

這些評論法學家們雖然對法律做了大量出色的工作，但在十五世紀和十六世紀文藝復興時期，出現的研究古羅馬文化的輝煌成就下就顯得黯然失色了。這些學者中最爲出眾的當數庫紮斯（Cujas），爲此去一趟法國古老而寂靜的波瑞省（Berry）中心，尋訪一下他將啓蒙之光灑在查士丁尼國法大全上的地方，是很有意義的一次旅行。像薩維尼（Savigny）這樣的當代羅馬法學者，所做的只不過是在庫紮斯留給後世的浩翰資料中探索了一下而已。

教會法庭與教會法

現在有必要，將目光轉向在教會法庭中不斷發展的法律體制。出於需要，教會一直援引羅馬法，因爲基督徒的合法權利以及教會和官員的權力，都是由信奉基督教的皇帝在其官方法令中規定的。結婚、離婚、沒有遺囑情況下的繼承等事宜，很自然地交由教會法庭處理。結婚是一件神聖的事，非聖者不能插手。教會法庭也掌管一切有關遺囑與遺言的事情。這也許看起來有點奇怪，其實一點也不。多少年來，土地都是唯一的財富，不可就此立任何遺囑，封建制已經確定它的繼承者。在原始社會的法律中，土地實際上歸屬於不能讓與的財產之列，即便在承認有權轉讓土地之後，一度還曾要求必須有地主的同意。可以經由遺囑的形式留給他人的相關權利，還沒有制定出來。原先經由遺囑或立遺囑人的死亡而轉讓的少量財產，沒有給政府在財政上帶來多少收益，可以肯定說，如果曾給他們帶來益處的話，那些官員就不會放過任何獲取更多收入的機會，就像現代的稅收和立法機構決不會放過從納稅人身上榨取更多油水，以飽國庫的手段一樣。

在那個年代，一般的統治者都以爲把這些可憐的臣民留下的私有財產分一部分給神父，就會讓他們死後進天堂。他們讓神父付一種繼承稅。每個人都相信爲死者所做的祈禱是靈驗的，應該得到報償的。因此，除了從繼承者的地產中支付這筆費用，還有什麼別的辦法呢？正如我們已經看到的，這種觀念從原始時期一直流傳下來。那個時候教會就教導人們，沒有償清債務的死者將永遠無法逃脫煉獄的折磨。這就是爲什麼立遺囑的人總是在遺囑中，首先命令生者爲他還清債務或履行應盡的義務。寫上這一條是毫無必要的。因爲依據法律，所有的債務必須償還。然而諷刺的是，就連最堅信無神論的律師在寫遺囑時也會盲目效仿，在神父的口授下加上這一句話。

教會很自然地對一切跟教士有關的問題，甚至包括他們所犯的罪行，以及一切有關教會財產和紀律的問題都立了法。一些對宗教特別熱衷的統治者，還將世俗之人與教會間的衝突交由教會法庭裁決，教會還可以決定土地是否歸他們所有，不過，英國國王從不樂意這樣做。教會對任何其他的私人糾紛的管轄權未被獲准，儘管在很早的時候，就有關於早期的基督徒如何一板一眼地依照《聖經》上的戒律，將他們的一切糾紛都交由大主教處理，而大主教又是如何在長老的協助下裁決這類糾紛的記載。毋庸置疑，這些決定完全曲解了法律。教庭判定契約是否可以實施的標準是以基督教的慈善、博愛爲本，以及其實施是否公正。

受理訴訟案件的利益是很豐厚的，封建統治者因此不肯將它讓與教會。牽扯到契約信用的某些問題允許交給教會法庭處理，因爲民事法庭拒絕承認這樣的契約。所有的微罪，諸如通姦、婚前性關係，或者像發表異端邪說，或說了對神有失恭敬的話，這類罪過自然都是歸教會所管轄。對於作僞證的裁決以前也是教會法庭的事。

教會法庭是主教的法庭，不過主教轄區的副主教也被賦予了某些管轄權，主要是負責處理一些微罪。他召集一些教士窺探教區居民的私生活，好讓他對那些不檢點的淫婦與放蕩的男子處以罰金。教會案件要上訴給羅馬教廷的羅馬教皇。當然，教會法庭的實務是由教會律師來運作的，隨著案件和上訴的增多，這一行業的法律也變得越來越重要。律師們竭力使這些實務規範化，同時，主持上訴法院的人也統一了實體的教會法。這些法庭精選判決之後，定出了一套法律體系。教皇藉由行使立法的職能，頒布額外的事項。教會的大公會議進行立法。最後再將神法的一些要件引入教會法。沒有教士對摩西直接從上天得到舊約全書前五本中的法律體系表示過懷疑。所有能結合到教會法中的東西都加了進去。必須要有兩個證人才能證明，這條法規就是這樣來的。

在英國的大法官法庭，這條希伯來法律奠定了判案的基礎，即必須要有兩個證人的證詞，或者有其他證據確證的一個證人，才能壓倒一個經宣誓所作的回答。英國關於叛亂罪的法律中援引希伯來法規定的兩個證人的原則。虔誠的大法官總是參照《聖經》決定他們的判決。直到詹姆斯一世（James I）時的愛斯彌爾（Ellesmere）大法官都參照《聖經》，在判決中我們可以看到上面標示的《聖經》出處。《出埃及記》是不可辯駁的權威。在清教徒統治期間，這類的引用尤爲突出，而英國聖公會（Anglican）的牧師，則將他們的神學理論建立在「我們的權力來自上帝的任命」。詹姆斯一世堅信，這種說法給予他在法庭上施行正義的權利。

所有這些世俗與神聖的判決與立法、與實務的規則總稱爲教會法，除了一些希伯來的要素，整體上基本爲羅馬法。這些法規被收錄在不同的書中，書名就沒有必要在此一一列舉了。重要的是這些法庭都遵循著羅馬法的規則及實務。對於歐洲大陸，它並不是耶麼重要，而它對英國法律產生了特別的影響。這種情況說明了爲什麼大法官的實務，婚姻法的實質內容，有關遺囑、遺贈、遺產、晉陞的法律以及適用於海事法庭的實務和規則等，從一開始就明顯由羅馬法所支配。而它對普通法的影響則要隱晦一些。教會法產生的最大影響就是爲英國法律引入羅馬的契約理論，即有關協議及意圖的問題。幾個世紀以來，在英格蘭，非正式的契約在大法官法庭中一直是得到承認並能夠實施的。如果出現誠信問題，教會法庭原先具有管轄權，但是這種管轄權已不復存在。不過，大法官仍保有管轄權，羅馬法律關於契約的學說是從大法官法庭逐漸傳到普通法院的。

對於歐洲大陸法律傳統的講述，已到了可以用羅馬法及教會法的影響來解釋英國法律的發展。對於我們來說，法律的故事到了該談談英格蘭這個民族的時候了，我們的法律制度來自於他們。這本書並不計劃，去說明羅馬法如何在最後，取代西歐原先是羅馬帝國境內各行省的地方體系。

要回顧中世紀時代對於文明的摧毀著實令人痛心。羅曼史與騎士的故事是無法改變那些殘暴及壓迫的。我們可以用盡各種想像去粉飾我們的祖先，但是卻無法掩飾他們以最殘忍的方式，破壞了法律的文明勢。不過，也有令人寬慰的事，善良、仁愛和憐憫的理想並沒有被人類遺棄。修道院裏居住著許多仁者、聖人。當德國的鄂圖三世對羅馬的一位違背他旨意的神父，施以割舌挖眼的酷刑時，一位年老的教士尼路斯（Nilus）長途跋涉趕到羅馬，安慰受難者並痛斥皇帝的殘暴。在黑暗的中世紀接近結束的時候，天主教方濟會（Franciscan）的創設人弗萊爾斯（Friars），建立為人類減輕痛苦的新秩序，同時道明（Dominicans）教派也成立了傳播知識的團體，成為歐洲的佈道者和教師。隨後在十四世紀出現了文學史上最優美的祈禱書《學習基督的精神》（*The Imitation of Christ*）。

也許我們不應該對那個年代過於苛刻，他們信奉的法律理論是，在決鬥裁判中，上帝會將勝利給予正義之人，在神裁法的判決時，上帝會保護無辜的人不被定罪，大部分的文明人仍堅信這些理論。人類在逆境中會那麼快地回頭接受原始信念，這一事實同其他人類的特性一樣，似乎證明了文明用以掩飾我們原始的動物性的那一層偽裝，從來不像我們感覺的那樣厚實，只是自欺欺人罷了。一二〇四年，自稱十字軍的海盜幫攻陷了東正教帝國的首都，並佔領了帝國。這些虔誠的羅馬教會的子孫掠奪之野蠻，遠遠超出了埃拉瑞克（Alaric）和根瑟瑞克（Genseric）。並非很久以前，這些應稱為文明人的軍隊還在北京大肆燒殺搶掠，對那些手無寸鐵的人民犯下了暴行。

第12章

英國法的起源

英國法的起源卻始終由於其人口中的盎格魯——撒克遜成分而糾纏不清，成爲由來已久的歷史爭議。

在高斯《羅馬學說彙纂》（*Roman Digest*）的說法中，以及他對《十二銅表法》的學術論文，告訴我們任何一種法律體系的起源是多麼重要。然而，英國法的起源卻始終由於其人口中的盎格魯——撒克遜成分而糾纏不清，成爲由來已久的歷史爭議。很多英國的歷史學家錯誤地把所有英國體制中的重要問題都歸結於這一因素。他們的這種立場決定了法史學家的看法。這種謬誤的根源，是他們完全曲解盎格魯——撒克遜人對英國的統治。這一統治持續相當長一段時期。它始於羅馬統治時期對於英國海岸的掠奪。在羅馬的治理下，有一位特別的官員稱爲撒克遜海岸伯爵，他的任務是防衛海盜。野蠻人在英國的滲透就像發生在高盧的一樣。這種滲透在公元四五〇年愈來愈引起不安，因爲羅馬軍團已於公元四〇七年撤離，並且英國部落間發生了衝突。在差不多二百年的時間裡，德國侵略軍紛至沓來，直至佔領了除威爾斯和英格蘭最北部以外的全部領土。盎格魯人、撒克遜人和朱特人（Jutes）的部落瓜分了他們的領地，並將被征服的居民按所在位置分到各個部落。

建立盎格魯——撒克遜時代

像弗雪曼（Freeman）、弗洛德（Froude）和施塔布（Stubbs）這樣的歷史學家，爲了維護任何英國的事物都來自盎格魯——撒克遜的說法，將侵略者盎格魯——撒克遜人描述得比實際上要野蠻、無情和殘忍得多。這些歷史學家在文章中堅信，是這些侵略者們殘酷無情地將英格蘭原有居民統統趕走，並徹底摧毀了整個國家。他們用最濃烈的色彩描述這些侵略者與生俱來的野蠻。原先統治英格蘭和高盧的塞爾特人根本不是這個層級的，雖然他們也曾將自己的語言及部落制度強加於當地居民。所有的作家都一致公認，後來高盧的統治者法蘭克人、西班牙的統治者維塞高人（Visigoths），以及義大利的統治者倫巴第人均沒有被描述得如此殘忍。

野蠻人侵略定居地，是因爲那裡的居民更富有，是因爲他們看到了更多的財富。這是出於一種原始的本能，一個部落去偷、去搶另一個部落。不過強盜也許會有足夠的理智，想要從搶來的東西中保留某些有價值的東西。他們尤其想要保留現有人口中的免費勞動力，把他們降爲農奴或奴隸。只要有可能，野蠻人都不想工作，而逃避勞動的最好辦法就是讓別人做奴隸，爲他們工作。毫無疑問，那些爲優雅、舒適的羅馬生活而建造的精美別墅，在英國全都被毀掉，或於瞬間化爲廢墟，因爲對於侵略者來說，這些奢侈品就像爲克羅埃西亞（Croatian）移民修建的住宅中有搪瓷浴缸一樣，簡直就是浪費。侵略者可以利用農奴爲他們耕地，儘管很多不列顛男人在爭鬥中戰死了。

自從弗雪曼發明了盎格魯——撒克遜神話以來，又有格林（Green）及其他作家加以繼承，人們在考古學及英國人種學方面，做了大量的研究工作。現在已確定無疑的是，英格蘭的原有居民屬於伊比利亞（Iberian），或利古利亞（Ligurian），或阿爾卑斯人種，不管他們來自什麼地方，反正最初是在義大利、西班牙、高盧和德國南部，於最後一紀冰期過後發現的。這批英國的最早居民以耕地爲生，過著田園牧人的生活。同所有早期的農業者一樣，他們居住在村落裡。這是一個文化相當發達的階段，僅從他們的陶器中就可以得到證明。他們對土地精耕細作，已掌握高超的冶煉技術，還在大不列顛河中捕撈珍珠，這些都是不容置疑的。他們比統治西歐的塞爾特人要先進得多。在他們稱霸一時的那段時期裡，這些伊比利亞人同化了塞爾特侵略者，當凱撒登上英國土地的時候，一個養豬牧牛、用馬或馬拉車來耕地的民族建立了。假如英國像德國那樣佈滿沼澤和森林，又缺乏農業資源的話，凱撒和他的子孫們早就會離開這塊土地了。

在漫長的羅馬統治時期，這些混居人口變得非常羅馬化。基督教在他們當中傳播開來，並傳到了愛爾蘭和北不列顛。當羅馬軍團撤走，盎格魯——撒克遜侵略者大舉入侵開始之後，一些不列顛人很可能進入了愛爾蘭，並給愛爾蘭的法律帶來一些奇怪的羅馬法的色彩，這些法律與不列顛法顯得很不吻合，敗壞了它的名聲。當英格蘭、法國和西班牙正處於中世紀的低潮時期，在愛爾蘭卻發現了發達的拉丁文化的遺跡，這是千眞萬確的事實。這些不列顛人中有很多跨過海峽來到了法國，並締造不列塔尼省。但是，大多數人留在被征服的土地上，在盎格魯——撒克遜人統治時期淪爲農奴，並像所有處在低劣文化統治下的人種一樣，很快就退化了。

過了一段時間以後，這批早期居民與盎格魯——撒克遜人完全融合了，從人種學的角度，我們今天仍可以從英格蘭人的普遍頭形及特徵上，看到古伊比利亞人的影子。盎格魯——撒克遜人慢慢演變爲以耕地、養豬爲生，《艾凡赫》（*Ivanhoe*）中對塞爾特人的描寫就是一個很好的例證。這些當地人的村落從伊比利亞時期，歷經塞爾特人和羅馬人的統治，以頑強的生命力一直生存到盎格魯——撒克遜時代。他們爲羅馬人統治下英國的地產制度，以及在盎格魯——撒克遜時期形成的早期莊園制度奠定了基礎，並與盎格魯——撒克遜人在金雀花（**Plantagenet**）王朝時發展了莊園的農奴制。這些農奴就是早期英國法中的佃戶，以及後期英國法中的土地所有權人。

英國歷史上的盎格魯——撒克遜時代從公元四五〇年一直持續到公元一〇六六年的諾曼第統治（Norman Conquest）時期。這比美國人從定居到發展所用的時間長出一倍。在這段漫長的時期，盎格魯——撒克遜人發生了一些巨變。初到這塊土地的時候，他們的制度還是很原始的，就連德國人也認爲他們是蠻荒之人。他們在稱王的部落首領間，將土地分成數份，貴族階級和自由人得到他們應有的一份土地。看來侵略者們沒有帶來多少奴隸，他們採用的是雅利安人發展的宗族制。他們由部落大會負責選舉首領，處理宗族間的糾紛。他們對殺人及其他罪行採用一種協議解決制，但仍停留在比較初級的階段，如果發生了糾紛而未能達成和解的話，結果仍可能發生血流事件，造成宗族間世代結仇。部落間的鬆散聯盟還未能對宗族或宗族成員形成法律裁判權，衝突雙方服從於哪個法庭還停留在自願的階段。

教會法與封建法

盎格魯——撒克遜的征服大業一經完成，實際上還沒有完成之前，這些只會靠打仗來擴張領土的各部落之間就開戰了。普通的自由人在他們的貴族和園主的率領之下充當主要的戰鬥力。部落戰爭的結果造，成各部落在英國各郡交界處大量集結。西撒克遜人、東撒克遜人、肯特郡人（Kentishmen）、密西安人（Mercians）及盎格魯人是主要的參戰者，不過，西撒克遜人逐漸佔了上風。在這一切發生之前，羅馬教會已使這些人皈依基督教。教士隨即帶來了教會制度，羅馬法律傳統的影響也越來越明顯。教會很快取得財產，任命主教，修建修道院。教士帶來歐洲大陸上盛行的土地文書及契據。

頻繁的戰亂給歐洲大陸帶來了同樣的結果，封建制度開始發展，弱者將自已置於強者的保護之下，國王爲其服役的屬下冊封土地，不過，大部分土地仍掌握在早期征服者手中。經由早期頭銜，或者說征服者部落所給的頭銜，而獲取的土地叫做「福地」（folcland），經由契據（盎格魯——撒克遜稱之爲名冊或書面文件）而獲得的土地叫做「寶地」（bocland）。國王冊封部下土地時使用的當然是名冊或契據。教會也很留意對其所有的土地持有契據，如果需要契據的話，他們可以毫不費力地僞造出來。

在教士的幫助下，郡民大會向普通法院的轉變又往前進了一步。部落以百戶爲單位劃分開來。由於路途遙遠，交通不便，爲方便起見，於是每百戶組成一個法院，處理一些小糾紛。每百戶又進一步分成十戶爲一組，每組對自己組員的行爲負責。這種組織到後來的諾曼第時期被稱爲「十戶聯保制」（frankpledge）。自由人的大會是郡法院（county court），由每百戶的代表組成。郡法院原來是由主教或後來成爲國王的部落首領來主持的。它成爲在部落間伸張正義的一種手段。部落開始集結之後，原先的部落族長變爲郡長，再後來郡長又爲伯爵所代替。國王仿效歐洲大陸的皇室制度，把他們的貼身下屬稱爲國王的侍衛。

最重要的一點是，法律上的所有變化及其日臻完善都是在教士的影響下發生的。他們是唯一具備這些知識的人，他們知道如何起草文件，他們提供國王神職人員，而這所有有關法律的知識均來自於他們所接受的神職人員的教會法的教育。

最後，西撒克遜人終於在混戰中脫穎而出，成爲唯一的王者。他們爲了鞏固和支持已變爲世襲制的王位，又額外制定了一套規章制度。他們找到增加國庫收入及擴充軍隊的辦法，這些辦法是經由教士直接從歐洲大陸吸取過來的。在那個年代，主教就是親王，是他自己主管的教區中的統治者。通常情況下，他是最大的地主，掌握著生殺大權，這使教會高高在上。他還經常領兵作戰。教會法庭和世俗法庭是不分開的。一般來說，郡法庭由主教來主持，他的影響無疑是巨大的。他自己或者教會的顧問就可以解釋法律，而他自然是解釋來自羅馬法的教會法。當然，這裡的羅馬法不是指查士丁尼國法大全，而是指羅馬法的傳統，由於存在著適用其規則的條件，這種傳統一直保留了下來。在形式上，判決由每百戶在郡法庭中的代表來宣讀，或者用他們的話來說，叫做宣布命運，但是書寫判決或者告訴盎格魯——撒克遜判官說什麼的卻是教會。

很顯然，在盎格魯——撒克遜時代形成和發展的各種制度，都與歐洲大陸一脈相承。封建捐稅、土地的強制服兵役、向某種服役者授予土地、契據的形式、皇室權力的組織等，所有這些都顯示出模仿歐洲大陸的痕跡。任何書面的事物都來自教會。

在這個發展的過程中，盎格魯——撒克遜人遭到了丹麥人的系列襲擊。大片英國土地淪落到丹麥人手中。倫敦還由撒克遜人把持著，泰晤士河成為撒克遜人和丹麥人地盤的邊界，這條邊界線沿泰晤士河向北一直通到英國中部。丹麥人幾乎佔領了英國一半的土地。人口基本上還和以前一樣。與當地居民相比，盎格魯——撒克遜人和丹麥人仍佔少數。最後，丹麥國王科努特（Cnut）佔領了全英國，他的子孫又統治了一段時期。他們採用的是與盎格魯人相同的法律制度。後來，懺悔者愛德華（edward the confessor）恢復了盎格魯——撒克遜人的統治。他早年在諾曼第過著流放的生活，在那兒接受教育，他在位期間用盡所有辦法引進諾曼第的風俗、制度及社會規範。他死後，撒克遜人和丹麥人的混血兒哈羅德（Harold）取得了王位。但是由愛德華冊封的諾曼第公爵威廉，登上英倫土地，並在哈斯丁戰役（Battle of Hastings）中打垮了盎格魯——撒克遜人的軍隊，迅速佔領了整個國家，從此開始了諾曼人的統治。

諾曼第國王的統治

自此以後，便進入兩種法律制度並存的時期：主要建立在羅馬傳統上的盎格魯——撒克遜法和幾乎是羅馬法翻版的諾曼法。要適應諾曼第統治者的要求並不需要對盎格魯——撒克遜的制度做多大改動，同時也因爲社會條件仍很簡陋，財產法也還相對簡略。要弄清這一點就有必要了解，在王位得到了鞏固的情況下，由教會的知識階級執掌的盎格魯——撒克遜法律制度發生了什麼變化。

首先，土地的部落或家庭的土地所有權演變爲個人所有權。各階級的人，國王、貴族、自由人、農奴與奴隸是封建國家的普通成員。教士在英國形成自己的階級，處理自己的事物，徵自己的稅，如果他們需要納稅的話。人口按數量劃分開來，一部分人要爲他們當中每一個人的行爲負責。他們形成了一套損害賠償的制度；對死者家屬的賠償叫做「被殺賠償金」（wer）；對蒙受他類傷害的個人賠償叫做（bot）；對管轄損害發生地的領主還要施以罰款，叫做wite。奴隸或僕人、非人類的動物或無生命的物品所造成的損害的要被沒收作爲供神物。這條原則是由教士引用自《聖經》上的神學法。由於所有的犯罪都被視爲私人事務，當然就會有某些冒犯了國王的行爲。這種想法顯然是從歐洲大陸來的，是羅馬法的遺跡。盎格魯——撒克遜法沒有涉及對於責任的動機問題。一個人要爲他自己的行爲、他的奴隸或農奴或家庭成員的行爲，乃至他的動物或他所屬物品的行爲負責。中世紀時，人的頭腦還不能夠理解羅馬法律中的細微差別。

土地制度基本上是獨立的，當時的制度是曠野之地用於耕種，村落依附於這些曠野之地。除了我們以前講到的「福地」和「寶地」，還有一個或多個人家租種的土地，承租人一般是不能轉讓這種土地的。

自由占有的地產與非自由占有的地產間不存在差別。有關結婚和離婚的法律完全採用羅馬法。關於動產的出售，要求必須公開進行。當時還沒有完善的契約法。盎格魯——撒克遜人對於遺囑也未立法，教士直接移植羅馬法。假如教士想要獲得土地或其他財產，他們必須在垂危的病人害怕死神降臨時，爲他指明通往天堂的坦途，當然，這要在病人決定將財產和土地契據留作遺產，以示懊悔之意的時候。這樣的遺囑或契據將土地直接交給上帝或他的教堂，或他在某地的一位聖者。

法庭的程序都是形式化的，不過教士以羅馬法中的模式，提出一個適用收回地產及私有財產的令狀。假如一個人藉由強制手段從所有者手中奪取土地，這就像其他私有財產一樣，實際上是一筆債務。這程序僅適用於實體財產。

教士認可宣誓在訴訟中的價值，並且郡法院實施補救辦法。提出主張的人在法庭上，要按嚴格形式對其主張進行宣誓，並由其他證人作證支持，教士稱他們爲「隨同原告作証者」（secta,suit）。然後被告會收到傳票，被要求出庭，必要時，送傳票人需證實傳票無誤。被告出庭，也按固定形式宣誓，否認主張並提出證據。這些都要按既定形式，否則有錯誤的一方就算敗訴。通常的作法是由法庭判定誰應該有權提出證據。對於自相矛盾的證據從不進行審判和合理的權衡，一切都是形式主義。比如說，假設是一個有關債務的問題，原告提出的訴訟是被告欠他錢，而被告否認他欠原告錢，於是這個問題就懸而未決。被告的意思是說曾經欠過錢，但他已償清呢，還是從來就沒有欠過什麼錢？假如被告否認有過任何債務，那麼原告就應該證明這筆債務；假如被告承認債務存在過但已償清的話，那他就應證實這一點。誰也說不清盎格魯——撒克遜的法庭是如何處理這種案子的。

到了亨利一世時期，法庭就採取審查原告的起訴或證人的辦法，如果法庭認爲債務確實存在，而被告主張他已償還，它會採信原告的證詞。如果原告手按《聖經》向上帝發誓確有其債，而被告並未償還的話，並且他的證人也發誓相信他所說的話，那麼他將勝訴，而被告就根本沒有機會陳述其證詞。另一方面，如果法庭認爲債務存在並不明確，就會採信被告的證詞。這就意味著被告必須要由比原告起訴時多一倍的證人，來支持其宣誓。這叫作二人，或四人、或六人、或十二人辯護，所需人數依具體案件而定。因此，如果原告有一個證人，那被告就要由兩個證人來辯護，從而發揮聖經上二比一原則的訓令。如果原告有兩個、或四個、或六個證人的話，那麼被告就要由四個、或八個、或十二個證人來辯護。至於被告本身是否算作一個證人，似乎沒有定論。不管怎麼說，證人所能宣誓保證的，並非事實，而只是相信被告或原告，案情確如他們所說。看起來，在盎格魯——撒克遜時期一般總是採信被告的證詞。

這一程序適用於所有民事訴訟。在刑事案件中，被告由其證人幫助進行辯護，但如果他名聲不好，或案情嚴重的話，他將接受神裁法，教士使這種審判方法成爲一種仁慈之舉。征服者之子——威廉．盧浮斯（William Rufus）曾公開蔑視這種神裁法，對於用它進行刑事審判深表憤怒。在涉及買賣，或者特定物品、土地的取回時，適用採信證詞的確定程序。不過，凡是附有證人的文件或是交易的證人，稱爲證人作證法（proof by withness），它優於宣誓負責斷訟法（wager of law）。很可能法庭會發現裁定証據的某一方式，所以明顯正當的一方可能勝訴。

盎格魯——撒克遜時期審判的正規形式，是被告和他的作證者經由宣誓的方式進行辯護。後來，這種方法被稱爲宣誓負責斷訟法，被告藉由要求辯護，被稱爲進行他的法律。顯然，以這種方法作爲合理的審判方式實在荒唐。在一部早期的盎格魯——諾曼第的年鑑中，貝爾法德（Bereford）大法官就曾說過，用這種辦法，任何一個不誠實之人都可以在六個惡棍的幫助下，經由宣誓否定誠實之人所作的善行。除了個別情況，諾曼第的法官拒絕使用這一方法。但它在盎格魯——撒克遜人執掌的地方法院中仍被繼續使用。所產生的惡果或許就是爲什麼幾百年來，在英國普通法的程序中，以實際的證人進行的審判聞所未聞。任何一個經驗豐富的律師，都不會相信一方當事人找來爲自己作證的證人。從社會道德的角度來看，由於商業和貿易還未能使這個社會達到完全的誠實，這個結論還是站得住腳的。即使在今天，任何有經驗的律師也知道，他在法庭上聽到的證詞中，謊言多於事實。一個值得注意的問題是，辯護證人的比例是二比一。大家都應該很清楚，這種作法是教士基於希伯來法中的規定，一個人否定的事實需要兩個證人來證明。這跟盎格魯——撒克遜人沒有什麼關係，只是出於對誓言的價值的孩子氣的信任罷了。

盎格魯——撒克遜法律中每一項實體法，以及大部分的程序法是從受教會法訓練的教士而來。撒克遜人看來是個極其愚蠢的民族，他們很難接受一種與其相似的文化。宣誓負責斷訟法是一項原始的遺產，不過教士已將其改頭換面了。至於神裁法究竟是由教士繼承自希伯來法的呢，還是原始法律中的一部分？眾說紛紜，尚無定論。在禿頭查理所頒布的敕令中有這樣的證據：

在自由人將自己賣身爲奴的這種情況中出現了爭議。國王們參考了撒利族（Salic）法典及法蘭克法，卻一無所獲。教士捧出聖經，上面說一個將自己賣身爲奴的人應做六年奴隸，但在第七年應獲自由。國王認可了這一條，在買賣契約中把它定爲奴役的期間。羅馬皇帝的法律規定，假如一個自由人迫於環境的壓力，將他的孩子賣作奴隸，他們可以藉由退還賣身價並在此基礎上加付百分之五，來贖回自由權。於是查理決定把此規定作爲適用於被賣的孩子的法律，並將羅馬法用於將自己賣身爲奴的情況。他修改了神學法中關於奴隸在第七年重獲自由的規定，此規定源於希伯來法的第七年不用償付即自動清債的原則。他採納了這一期間，但加上了一條規定，即必須退還買方所出的價錢方可得到自由。

所有的封建法律及領主的私人管轄權均來自歐洲大陸，教士引進它們也許是爲了對他們所擁有的土地及佃戶進行控制。關於到被告的住所送傳票，或當被告不在時轉交其家屬的作法，是諾曼人吸取羅馬法而來。由於法國遭受的破壞極其嚴重，對於這一條又附加了一點，即可以經由在被告住所的舊址，留下國王所發令狀的副本當作傳票。

諾曼第的統治者就是在盎格魯——撒克遜法律處於這種狀況時，突然引進其組織制度。征服者威廉剝奪了每一個持有哈羅德紋章的盎格魯——撒克遜人的土地。他沒有去碰當地的土地所有者的財產，但這些人是哈羅德以及哈羅德的父親高德溫（Godwin）的敵人。威廉首先要強調的是，他是一位征服者，英國所有的土地都屬於他，因爲他以征服者的名義佔有了它。這是一個源於野蠻人的現代法律觀念，但卻保留了下來，美國人也以這樣的名義佔有了印第安人的土地。對英國每一塊土地的擁有必須來自征服者，因爲他已成爲所有土地的所有人。這是一條基本原則，他及其接班人又將這一原則定爲永久的法律。這遭到了來自兩方面的反對，第一是那些在征服中被殺死或被剝奪土地的盎格魯——撒克遜的地主，還有那些拒絕放棄所有權的；第二是那些諾曼第男爵，他們自己就是征服者，也剝奪某些地主的土地，並瓜分他們自己占有的土地，他們聲稱，憑藉著自已是征服者這樣的稱號，他們已繼承了被他們剝奪了土地的所有者的所有權利。諾曼人的主張在繼起的反抗浪潮中被摧毀了。在他們領地上的所有農奴都是有價值的，自由佃戶也是有價值的。這些人是與土地共存的。實際在土地上耕作的人們沒有受到任何衝擊。但每一位諾曼第男爵都要向其屬下分封土地，因此，中間階層的撒克遜土地所有人無疑遭受嚴重的剝奪。撒克遜的「福地」所有者已所剩無幾，而且就連這些也被當作國王的土地。

征服者堅持的另一個原則，是所有英國的土地都直接隸屬於他，他是大地主，除了直接從國王那兒得到第一手冊封土地的人，任何人不能主張這個權利。這有悖於封建理論，而且會使從國王那兒得到頭銜的封臣，不可能再向他下一級的屬下冊封土地。直接從國王那兒得到冊封土地的地主都叫做直屬佃戶（tenant-in-chief）。國王在理論上自然就是所有封地的總地主。直屬佃戶願意向他自己的封臣冊封領地，由其封臣以及後代永遠使用。假如一個次冊封下的次佃戶，不是從國王的直屬佃戶那兒得到國王的土地，國王就有權沒收這塊土地，它就不再是隸屬於直屬佃戶下的地產。或許這塊土地是直屬佃戶冊封給在戰爭期間爲他服兵役的封臣。假如這個次佃戶擁有國王的土地，那他就不可能同時擁有直屬佃戶的封地，因爲他無法爲其服役。爲解決這一矛盾定下一條規矩，即所有英國的土地不是直接隸屬於國王，就是間接隸屬。於是在英格蘭就有了稱爲土地保有權（the law of tenure）的法律。但是征服者修改了封建法律，他們要求所有的封臣及次封臣，都要宣誓直接效忠於統治者本人。

諾曼人在風俗方面是與盎格魯——撒克遜人截然不同的民族。諾曼人的名字，其意義是北方人的意思。他們是來自斯堪的那維亞的海上侵略者，跑到氣候宜人的地方掠奪財富。他們先從法國的北部海岸登陸，沿塞納河經巴黎一直深入到法國北部的馬恩河（Marne），在塞納河流域大肆掠奪。他們還闖入羅亞爾河（Loire）區，洗劫都爾（Tours）。最終達成的妥協是，法國將其領土的一部分授予諾曼第的公爵，改稱諾曼第，諾曼第公爵承認法國國王爲其宗主。諾曼第人成爲諾曼第的統治階級，他們很快與法國人或高盧人融合在一起，很快變得文明開化，失去大多數北歐人的特徵。

他們最終演變爲一個出色的種族，既有高盧人機敏的頭腦，又有諾曼人的力量和意志。盎格魯——撒克遜人粗野不馴，他們吃粗食，飲劣酒，而諾曼人則溫順、儒雅，自我克制。艾爾登爵士（Lord Eldon）

被視爲偉大的大法官，他每晚要由人抬著上床睡覺，可謂是一個眞正的盎格魯——撒克遜人。他在政治上也同樣的愚蠢。盎格魯——撒克遜人很不開化，而諾曼人則已高度文明了。諾曼人的土地上常年呈現出一派和平盛世，學校增加了，貝克大修道院（Abbey of Bec）爲各政府部門和教會機構培養有識之士。他們對土地精耕細作，建築的房屋也很出色。他們是牧師、教士一類的人，很善於作文字記錄。公共買賣都井然有序，詳細地記錄在專門文件中。政府部門也明確劃分職能。他們的作戰紀律非常嚴明，在哈斯丁戰役中，他們以兵力上的明顯劣勢戰勝了敵人。

諾曼第的大法官法庭對所有政府的訴訟都有令狀。他們從高盧學到了羅馬法中的陪審團制度。陪審團由十二人組成。諾曼第的公爵想要得到消息的時候，就會隨時召集十二個人的陪審團，就某個事件作出裁決。諾曼人的法庭是由精通法學的法官主持的，不錯，他們遵循的是由教會法流傳來的羅馬法體制。最重要的一點是諾曼人的語言非常發達，詞匯豐富，表達生動。從羅馬法中借用而來的一些法律術語得到進一步的發展。盎格魯——撒克遜人受到大量的粗魯方言的約束。各郡之間的人無法相互溝通，詞匯的貧乏也限制了它的使用。這種語言對於一個文明的民族而言，簡直太不合時宜了。這種情況持續了三百多年。唯一能夠使用的語言是諾曼第法語。即便在我們今天的語言中，對於各種職業、工藝美術、純文學方面以及政府管理方面的術語仍找不到英語的成分。

征服者威廉

威廉一世坐穩英國王位的寶座後，就以他那可靠的諾曼第方式，開始對他的王國展開調查。他進行一次人口普查，除一部分農奴和奴隸以外，不僅統計所有居民的人數，還列出他們的土地及財產清單。

完成這項統計工作要花幾年的時間。大功終於告成，國王拿到名爲「地籍簿」（Domesday Book）的土地調查清冊。現在他可以確切地知道，誰擁有哪塊土地，是靠服什麼役而得到的，哪些土地是王室領地，以及誰對其擁有所有權。居民的身份和階級也都精確地分類。想像一下，國王和他的牧師在人口普查的長卷清單上指點著，確定著在哪裏可以榨取更多的油水，在哪裏可以召募到更多的騎士和奴僕，這是一幅多麼現代的圖畫哪！

當然，居民們並沒有變動，但對於皇家的狩獵場有很嚴格的規定。由於這些規定或法律，招致很多怨言，於是人們制定了一套狩獵場法規，並把它強加於已死去的科努特國王的頭上，因爲他已經無法爲自己辯護了。幾個世紀以來，「科努特狩獵場法」（Forest Laws of Cnut）被認爲是科努特時期實施的法律，諾曼第國王所作的只是頒布法律，並且把它們當作是久已存在的法律來實施。到了征服者之子——亨利一世在位時期頒布了更多的法律。因爲他感到必須對其撒克遜臣民施行法治。這些法律的制定帶有很強的諾曼第色彩。沒有立即發佈法律制度，而是讓教士們埋頭編寫各種法律書籍，他們保留了各種舊法中諾曼人願意接受的一些條款，其餘的按照他們認爲最理想的方式進行修改。他們願意接受盎格魯——撒克遜人制定的一些社會規則，以及他們賠償傷害的方式——wer與bot，但是諾曼人受到極其嚴格的法律條款保護。其他條款是由教士修改，並借用諾曼第或英國法。郡法院及其他地方法院被獲准繼續發揮職能，但要由諾曼第國王自己指定的郡長及地方司法長官來主持。

威廉一世請來許多諾曼第的傳教士作爲隨從人員，其中最爲出眾的是蘭弗蘭克（Lanfranc）。據說，他是在巴維亞接受羅馬法教育，這個地方受到義大利城市波隆那很大的影響。後來，他來到諾曼第的貝克修道院當講師。威廉把他帶到英國，並任命他爲繼盎格魯——撒克遜人斯蒂岡（Stigand）之後的坎特伯里大主教（Archbishop of Canterbury）。第一件大訴訟案就是由蘭弗蘭克著手調查的，使坎特伯里教區獲得了土地。蘭弗蘭克召集郡大會，並精彩地引用一系列盎格魯——撒克遜的術語，sac和soc，toll和team，infangthief和utfangthief。

主教訴國王指定的名譽郡長

蘭弗蘭克參與的另一樁更為重要的案件是羅徹斯特主教岡道爾夫（Gundulph）和國王指定的名譽郡長皮考特（Picot）之間的一場官司。此案大約發生在威廉征服英國僅九年之後的一〇七五年。那位主教當然是盎格魯——撒克遜人。他聲稱對其教區擁有土地所有權，但郡長將其沒收為國王的領地。從教會獲取土地的盎格魯——撒克遜的大鄉紳，或許曾在哈羅德的軍隊中服兵役，很顯然，郡長奪取他們的土地，並成為凌駕於教會之上的地主。這個案件告訴了我們，雖然不能起訴國王，但可以輕而易舉地起訴他的官員。就像今天，雖然聯邦法院無法對我們聯邦中的某個州提起訴訟，但可以藉由起訴執掌州政權的官員達到目的。教會的主教大權在握，他與盎格魯——撒克遜的地主可不是同一個級別的人。主教控訴郡長對他使用了暴力。國王的大法官法庭發出令狀，要求召集全郡的人，由他們證明土地真正的所有權應歸誰。這一令狀指定貝葉（Bayeux）主教奧都（Odo）來主持郡法庭，奧都當時是國王的最高司法官（Justiciar），他是國王的親弟弟。

這些將被召集到法庭的郡民指的是，原來組成郡法院的盎格魯——撒克遜的自由人。不過這個令狀提出了一個新概念，在盎格魯——撒克遜人當政的時代，他們是法官，判決是由他們來宣讀的，而現在，他們是為國王的法官提供資訊的證人，有權作出判決是國王的法官。這是一場徹底的革命，由法官裁判的羅馬法在英國獲得實施。

令狀發出後，郡法院在最高司法官的主持下開庭。據記載，由於郡民們害怕國王指定的名譽郡長，於是就說土地是國王的。奧都主教不相信他們的話。他令郡民選舉出十二個代表，宣誓後再確認一遍他們所說的是否屬實。這是英國歷史上第一個由十二個人組成的陪審團，法官根據他們就事實所作的結論而判決。他們移植諾曼第的十二人陪審團制，使其成爲在法庭上，經由宣誓以證明事實的一個組成部分。這時十二人陪審團制已在全國普及，不過還未用於訴訟，只是用於證明人口普查的事實。這十二個人是選舉出來的，他們撤銷了結論，但後來被郡長捎來的信給嚇住了，於是又回到法庭，並發誓說郡民們所說的是事實。據此作出有利於國王的判決，國王得到了土地。

十二人陪審團制

從此案中可以看出，由於引進諾曼人及羅馬人的十二人陪審團制，法律程序已發生某些根本的變化。不過，事情還沒有結束。有一位修道士站了出來，告訴羅徹斯特主教說判決是錯誤的，並且這十二個人中有個人是知道的，因爲他自己的土地也來自於同樣的教會頭銜。主教把這位修道士帶到了最高司法官那兒，修道士把這番話重覆一遍。史料中記載當時的情景，最高司法官召來那個人，在得知眞相後大發雷霆，恨自己聽信這群膽小如鼠、寧作僞證的賤民的謊話。那人驚恐萬狀，跪倒在最高司法官腳下，承認自己作了僞證。於是又召來了十二個人中的另一個，他也供認不諱。最高司法官召集來很多德高望重的貴族，有法國的，也有英國的，由他們宣布並判定，陪審團在他們的裁決中作了僞證。如何處置他們的問題隨之而來。

按照諾曼第的法律，應判作僞證的陪審團有罪，但是從未有擱置錯誤的判決，而作出相反的判決這樣的說法。無論如何，最高司法官毫不猶豫地推翻了判決，對羅徹斯特主教做出新的裁判，將土地判給了他，並判陪審團向國王交納三百英鎊的罰金。

此一程序在英國法中可謂至關重要。在此值得注意的是，陪審團最早的意義及職能是什麼。它並非如我們所知，是聽取證人的證詞並據此對事實作出判斷的團體。最早的陪審團只有十二個人，被傳至法庭作證人，並且是作爲了解事實的唯一證人。他們根據自己的理解作出判斷，四百五十年來，英國的陪審團一直都是如此，唯一可能推翻這樣裁決的方式，是傳喚另一個更了解情況的團體，由它說明原先的證人陪審團撒了謊。據此，可以宣布跟原有判決截然相反的新判決。不論那個陪審團是如何，這個新的推翻陪審團的程序，是非常合理和正當的。這比我們由法官來進行新的審判要有效得多。新的審判只能廢棄原判決，但並不一定代之以正確的判決。而這種法律程序可以作出新的、正確的判決。在沉寂了近一百年之後，直到亨利二世時才再度發現這種做法，我們把它叫做推翻陪審團裁決的訴訟程序（the process of attainfing a jury）。根據貝葉主教的建議，要從層次比那些被推翻的陪審團更高的人中，選舉有推翻權的陪審團成員，最後由二十四名騎士組成。

在那個久遠的年代，由一個人發明一種法律程序實屬罕見，不過把它歸功於諾曼人是當之無愧的。首先是使用一個十二個人的陪審團，就案情以宣誓的方式作出判斷，其次是糾正陪審團錯判的法律程序。這一做法盛行了很長一段時間。直到一六五〇年，普通法的法院才意識到它可以應允新的審判。這位推翻陪審團裁決的發明者，在威廉征服英國期間，給予他大量人力及財力的支持。在著名的貝葉綴錦畫上我們可以看到他在哈斯丁之戰中的英姿，他穿著鎧甲，騎著戰馬指揮著手下的騎士，不過他沒有被授予寶劍，卻得到了教會的牧師頭銜。他被賜封了肯特郡的大片土地，並成爲王國的最高官員——最高司法官。後來他跟國王鬧翻了，被遣送回諾曼第。有的記載說他後來被流放到了羅馬，花巨資買下了教皇的職位。有人推測說，在那個時候教皇的頭銜就像美國地方的參議員一樣，是可以出售的商品，手續也同樣簡單，你只需到紅衣主教團（College of Cardinals）露個面，然後再交上足夠的錢就可以了。記載上說，這位善良的大主教還未來得及享用他的金錢，就死於西西里的首府巴勒莫（Palermo）了。另有記載說，他參加了第一次十字軍東征，死於安提阿（Antioch）的圍攻。不管他死時是流放者，成是一個鬥士，他爲普通法奠定盛行幾個世紀的二個程序性制度，僅此一點便功不可沒。

亨利一世在位

征服者的法律將「決鬥裁判」法帶到英國，後來被延申爲所有諾曼第臣民的權利。一個跟諾曼人鬥爭的盎格魯——撒克遜人可以要求這種權利。教會受到很嚴格的約束，主教法庭中的主教對其直屬臣民無權起訴，也不能將其逐出教會。

征服者威廉死後，他的兒子，另一個威廉繼承了王位，他不停地找教會的麻煩，從教會的金庫和土地中榨取錢財。第三位諾曼第的國王爲英國法做出不可磨滅的貢獻。他就是亨利一世（Henry I），征服者威廉最小的兒子，姓博克勒克（Beauclerk），意爲「傑出的學者」。這時，盎格魯——撒克遜人的勢力有所抬頭，他們開始抱怨，愚昧地要求恢復那些舊法。亨利在其加冕典禮上曾宣誓遵照舊法行事，因此他決定告訴這些盎格魯——撒克遜人他所指的是哪些舊法。亨利令手下的神職人員援用舊法以平息撒克遜人的紛爭，像懺悔者愛德華的法律、節選翻譯的盎格魯——撒克遜國王的部分法律、科努特的法律、征服者威廉的法律，特別是亨利自己的法律，都是舊法的代表。這些法律中沒有多少盎格魯——撒克遜的法律，卻加入了許多教會法及羅馬法。法史學家在講到諾曼第及盎格魯——撒克遜時代以前的法律是什麼樣子時，一般都引用這些法律，尤其是亨利的法律。這令人實在不敢苟同。這些法律僅僅表現了亨利及其神職人員所要求的舊法應是什麼樣子。奇怪的是，他們引用這些冒牌的英國法時卻能泰然處之，並且一本正經地把它們當作前諾曼第時期法律發展早熟的明證。所有這些有關英國法學史的文字資料都是毫不可信的。

在亨利一世在位的這段時期內，他經常派法官到各地巡查，並且走到哪兒，都由他們主持郡法院的審判。法院的判決代表的是法官的意思，而不是那些反對郡法庭的人。在威斯敏斯特（Westminster）成立了一個叫做稅務署（Exchequer）的新法院，處理所有涉及總收入方面的事物，國王所有官員的帳目也都是在這兒繳納與付清。教士是國王的法官，他們決定那些他們認爲需要決定的所有事物。他們令人滿意地證明，假如一個人需要得到公正的判決，那麼教會的最高司法官比郡法庭更能伸張正義，因爲可以任意行使判決權的郡法庭上沒有國王的法官出席，理所當然，諾曼人都是在國王的法官前提起訴訟。

教會法庭的獨立

征服者威廉所做的改革結果是持久的。也許是在教士的慫恿下，他將主教從郡法庭中調出，並在英格蘭成立獨立的教會法庭。所有屬於傳教士管轄權限之內的案件，一律提交教會法庭裁判。教會管轄權的一部分，是審判傳教士所犯的任何罪行。從而神職人員不受普通法院裁判的特權成爲一條法律。被告有權聲明他是一位傳教士，假如事實成立，他的案子將被發回給主教，以傳教士的身分在主教的法庭上受審。測驗的方法是看被告是否會識字、寫字，結果造成在英國的法律制度下，有相當長的一段時間，一個人只要會讀書、寫字，就可以逃避犯罪的懲罰，除非主教的法庭對他施以懲罰。將主教調離郡法庭所引發的變化，從此造成持續幾世紀之久教會法庭與世俗法庭間的對抗。最早設計的令狀之一就是一個禁制令，仍屬於普通法的令狀，禁止教會法庭對案件有進一步的訴訟程序。

征服者也利用了盎格魯——撒克遜的制度，建立一種初級的警察組織，由一定數量的人互相作擔保人，在案情發生時由他們出面負責解決。在諾曼第國王統治時期，這種制度叫做十戶聯保制，也適用於盎格魯——撒克遜的自由臣民。征服者還制定一種賦稅制度，規定所有的土地都要經由服兵役而取得，每一定單位面積的土地就要有一定數量的人服兵役。這種兵役在很多情況下可以折換爲稅金，這種稅最終變爲以錢支付的常規稅，叫做兵役免除稅。諾曼第的國王不承認教士要求擁有對自己徵稅的權利，教會的土地必須經由服兵役才能取得。

諾曼第法律的另一個特徵是強調「國王賜予的安寧」（king's peace）這個概念。在盎格魯——撒克遜人統治時期，所有有管轄權的人都有權認爲，任何破壞他們管轄區內公共秩序的行爲，即是破壞他們的安寧。諾曼第國王把這個概念引申到民事及刑事法官管轄的領域內。對於未經許可進入私人領地的行爲而發布的令狀上說，這種非法侵入的行爲妨害我們國土的安寧，這樣就使國王的法官立刻擁有管轄權。所有在公共場所犯下的罪行都被視作是破壞國王的安寧。諾曼第的國王並未試圖廢除宣誓負責斷訟法，不過他們很快就獲致一個觀點，即國王的法官只允許在已經適用此法的行爲中，繼續使用宣誓負責斷訟法，而不允許將它適用於新的令狀，特別是不適用於非法侵入私人領地的案件。

亨利二世在位

亨利一世死後，王室之間發生內戰，最終達成的妥協是由亨利一世的孫子繼承王位，他就是歷史上的亨利二世。他是一個很有才能的統治者。我們沒有必要考慮他在法律的發展及王室法庭的權威方面的觀點如何，重要的是他對法庭的收入很感興趣。他上台沒多久就發布了一些令狀，規定有關土地所有權的訴訟都要在國王的法庭上審理，包括對於新侵占條令之訴（the assizes of novel disseisin）、收回被占繼承土地之訴（motr d'ancestor），教區主管向巡視的主教呈遞的最後推薦之訴（last presentment），由教會持有的特殊土地之訴（utrum）。有關這些令狀的法律細節並無多大意義，但這足以說明，假如一個人侵佔另一個人可終身保有的地產，那一個人就可以動用侵佔不動產的令狀；假如一個所有人死後，有權得到其地產的繼承人之間發生爭議，就可以使用被繼承人死亡這個令狀；假如在誰有權向教會推薦神職人員有疑問，那就可以用教區主管向巡視的主教呈遞的最後推薦狀來解決；假如爭執土地究竟屬於教會或信徒時，就使用由教會持有的特殊土地之訴這個令狀。所有這些令狀中都直接來自於羅馬法。

所有這些令狀都聲明郡長應召集住在近鄰的十二位善良守法之人，由他們陳述與令狀相關的事實，比如受到侵佔不動產令狀起訴的被告是否眞的以不正當的手段侵佔原告的土地；被繼承人死亡的令狀中，被繼承人死亡時是否具有所有權，原告是否爲其下一任繼承人；以及其他令狀中的類似事實。由十二個人組成「巡迴審判團」（assize）。這些叫做巡迴審判的案件是在國王的法官到達該地區前就審理完畢的，郡長和他的審判班底必須將判決結果先送到威斯敏斯特的國王法庭。你會發現這正是征服者威廉在位時期，由貝葉大主教發明的確認事實的法律程序。

毫無疑問，到這個時候，諾曼第的律師已經形成土地占有（seisin）的法律概念，而與所有權不同。根據他們的觀點，土地的占有是在一段期間內不受干擾的占有。過了這段期間以後，曾經占有土地的人被剝奪占有之後，就不能再以自力救濟的方式進入該塊土地，而必須提出訴訟。不過，自力救濟不至於是對安寧的破壞。然後就要由巡迴審判團決定這種侵佔是否正當。因此，幾乎所有就可終身保有的土地而發生的糾紛，都要提交王室法院，由國王的法官審理。

《格蘭維》這本書就是在這個時期寫成的。書中大部分內容都來自於羅馬法，但包括截至當時爲止，大法官法庭發布的各種令狀，我們可以從中清楚地看到那個年代法律發展的脈絡。書中最後提及新發明的巡迴審判制。不過這本書欠完備，也不夠詳盡，只是按《令狀匯編》（*Register of Writs*）中的順序羅列。在他那個年代，只有他提到那些令狀尙存在著。

對於土地所有權的審判，還有另外一個令狀叫做權利令狀（the whit of right），它處理有關土地的最高權利的問題。這個令狀中規定，被告可以要求大巡迴審判，也可以要求決鬥裁判。最早的決鬥是眞刀實槍的。婦女可以選擇一位勇士爲其決鬥，發展到後來誰都可以讓他人代替自己決鬥了。《艾凡赫》中描寫的那場由蕾貝卡發起的著名決鬥，是嚴格意義上的合法權利。假如被告要求巡迴審判，那他將接受二十四名騎士陪審團的審判。這個令狀是爲諾曼人的利益考慮而發明的，它從諾曼第流傳而來。

在這種形勢下，很顯然，立法的權力掌握在穩坐在市政會（Great Council）中的國王手中。英國議會是從距亨利二世統治時期，一百年之後才開始逐漸發展。第一屆眞正由平民代表參加的議會，是在十三世紀中葉由叛亂貴族召集的。

亨利二世時下令將大巡迴審判團改爲大陪審團，需要開庭時由它提出，後來稱爲控告書（indictment）的訴狀，起訴罪犯。盎格魯——撒克遜人原始的賠償制從未被獲准用於訴訟。不過與此同時，重罪犯對受害者或已死去的受害者家屬給予賠償，而私了並免於起訴的做法卻延續下來。諾曼第國王的規矩是允許被告要求決鬥裁判。

《格蘭維》約成書於一一八七年，其中對巡迴審判或其他審判程序作出的裁決結果，可被撤銷或推翻的法律程序隻字未提。只說在大巡迴審判中作僞證是要受到懲罰的，但是對於在所謂的侵佔不動產及其他案件的小巡迴審判中作僞證，該當何罪卻避而不談。該書所下的唯一定論，是十二個人的判決結果可以被二十四位騎士所撤銷，撤銷裁決的行爲是一項恩惠，而非權利。二十四這個數字自然是從教會規定的二比一的證人比例中來的，挑選騎士是因爲他們階級更高，社會地位更重要。由二十四位騎士的大巡迴審判團所作的裁決是不可更改的終局裁判。一個可以經決鬥對罪犯進行辯護的諾曼第騎士組成的陪審團，不太可能再被另一個二十四位騎士的陪審團推翻。按布雷克頓（Bracton）的說法，不可能推翻大巡迴審判團的裁判。在這種巡迴審判制實行三十六年之後，從一個案例看出陪審團的裁判可以被推翻。一個侵佔不動產的巡迴審判被駁回，敗訴一方的地主代理人交給國王二十先令，想讓二十四名騎士的陪審團證明巡迴審判團作了僞證。國王沒有接受這筆錢，因爲代理人沒有足夠的權力約束他的當事人。這個案子說明可推翻判決在當時已是眾人皆知的。陪審團的人數及人員都是固定不變的，但從中可以看出，發布令狀的權力完全由國王自由掌握。

大憲章對國王的制約

年復一年，隨著新的案件不斷出現，與之相應的新的令狀也不斷發布。每個新令狀都意味著又出現了一種新的訴訟。與此同時，約翰王（King John）與貴族之間發生了內戰，在教會與貴族的聯合壓力下，國王被迫簽署了所謂的《大憲章》（*Magna Charta*）。它囊括了很多條款，不過對於普遍的法律而言，一項特殊的條款是在英國確立法治的教條，國王保證，除了根據貴族作出的判決或是土地法，他不得對任何人提起訴訟。這是英國法律中的經典名言，即政府受法律的制約。不過，這一條款也產生一個副作用，它規定除了根據貴族的判決或是土地法，任何人都不得被侵佔不動產、褫奪公民權或被判入獄，這在實際上造成的結果，是迫使普通法院都必須使用陪審團。

約翰之子亨利三世在位的長時間內，法律得到進一步的全面發展。由於他的昏庸無能，在他統治的後期，英國的國王和貴族之間爆發了內戰。布雷克頓的法律著作就是在這段內戰時期寫成的。戰爭是由對於國王與政府是否應受法律約束之爭而引發的。約翰對於《大憲章》的牽強附會，只能說明那個年代人們對於歐洲大陸盛行的法律的普遍看法。在託馬斯貝克特（Thmoas a' Becket）慘遭亨利二世殺害以前，約翰一直在索里貝立茲（Salisbury）作他的秘書，他曾引用我們在前面章節中提到過的，《羅馬法典》中著名的皇帝解答敕令，並補充說，眞正的國王不會認爲，任何悖於正義的事情發生在他自己身上就是合法的。他明確指出，不受法律約束的國王實際也不受法律的保護。《大憲章》要求國王依法治國。他必須保證，他的法庭不得否決或拖延正義的伸張，藉由使用「土地法」（law of the land）後來演變爲「正當法律程序」（due process of law）這樣的用詞，《大憲章》對於普遍適用的憲法作出原始的陳述。

從某種意義上說，社群必須同意法律的概念已經形成了。教會法認爲只有當一項法律被相關的人民的習俗所接受的時候才是有效的。教會法中也明確指出，即使教皇也要受法律約束。布雷克頓的當代接班人博曼努（Beaummanoir）說，所有的王室子弟都必須遵守法律並受法律制約，假如因爲習俗受訴訟管轄的話，他們還必須遵守全國通用的或是法庭判決使用的慣例。法治可以經由法院的判決來證實，依然是通用的法則。早在一二〇六年，布雷克頓就曾寫下過這樣的話，在沒有得到法律頒布時，那些提出建議及許可的人們的一致同意，不能更改或破壞法律。他認爲習慣具有法律效力。他說，高於國王之上的，是上帝和使他成爲國王的法律，假如國王應該無所約束的話，那就應該給他施加約束。他闡述這樣一個原則，在強權和不公當道的地方是沒有法律的，法律給予國王統治和權力，他必須將這些歸屬於法律，其權力受到法律的限制，這就是權力的約束。

於是，如何以法律制約國王成爲很現實的問題。律師們認爲很難將國王發布的令狀適用於他本人。布雷克頓承認，作爲正義的來源，國王是不能被起訴的，制約他的辦法是藉由請願，要求他修正法案。假如他不聽取請願要求的話，全體國民及貴族團體就應該在國王自己的法院中，即由國家權貴組成的市政會中修改法案。布雷克頓說，在接受法律的裁決時，國王應與平民百姓等同。這條早就確立下來的舊法規，在美國後來發展爲一條明文規定，除了在政府准許的情況下，聯邦政府及州政府都是不能被起訴的。

法律有長久的生命與記憶。在美國內戰結束時，美國政府被指控在沒有法律許可的情況下，沒收現在的國家公墓——阿林頓（Arlington）地區。這塊土地是由華盛頓的繼子傳給叛軍將領李將軍（General Lee）的妻子及其兒子的。某位持有異議的法官，在此案的意見書上引用布雷克頓的論點，爲政府不能被起訴的主張辯護。這在法律史上是一件意義重大的事情，在內戰帶來的痛苦及痛恨戰爭的情緒中，我們可以這樣認爲，即使是人民的政府也不能違反土地法而沒收土地。這使我們想起在獨立戰爭期間，華盛頓握有英格蘭銀行（Bank of England）的一部分股份，雖然他反對英國政府，但在戰爭期間，銀行股份的紅利一直都按時付給了叛軍的將領。華盛頓是反對英國的叛軍，但是英格蘭銀行是一個商業機構，貿易中講究的誠實遠遠超越其他有關誠實行爲的概念。也許，這歸功於十八世紀時，文明人交往時所表現出的優雅風度。在我們學校的歷史教科書中都沒有提及一七八一年約克鎮（Yorktown）投降之後，華盛頓曾宴請被擒的英國將領康華里士（Cornwallis）及他的軍官，也宴請法國盟軍將領羅徹堡（Rochambeau）及其軍官。在美國人、英國人和法國人中間形成一種相互諒解的良好氣氛，這對於現在我們當中的一些大聲叫囂的愛國者來說，實在是一堂極好的禮儀課。康華里士用他那豪俠之氣向華盛頓敬酒，並誠懇地盛讚他那堅貞不渝的性格。引人注意的是，他在敬詞中還承認華盛頓的將才以及在艱苦作戰中表現出的堅忍、剛毅。不管成敗，人生來都應具有紳士風度。我們不僅從英國繼承了其法律遺產，還應記住以前它曾向我們標榜的優雅風度，在這一點上，華盛頓和康華里士都是光輝的典範。

第13章

英國法——正義與不義

「律師應像戰士那樣使用自己手中掌握的武器，而不應像刺客，他應該支持當事人，合法的（per fas）而不是非法的（per nefas）的利益，他應知道如何調和當事人的利益與眞理和正義的永久利益。」

本書限於篇幅無法論及英國法中一些特定法規及教條的發展，但在法律實施的普遍形式上發生的那些變化，卻是本書將要講述的首要內容。這些變化導致正處於發展巔峰的普通法，自願將其領域中相當大的一部分讓與另一個法庭。這對於它自己也是非比尋常的事件。一向受人讚譽的英格蘭的普通法由於這一失敗，實在是愧對其執業律師的頌揚之詞。大約在一三〇〇年，普通法因爲受到人爲的限制，而不得已公開承認對許多法律關係，它都無法進行裁判，這些關係的大部分都是日常的事件。另一個法庭取得普通法院放棄的管轄權，並補救其承認的無能，這個法庭就是大法官法庭（the court of the Lord Chancellor），其運用的法律體系稱爲衡平法（equity）。我們美國人對普通法的荒謬早就習以爲常，以至於根本看不出它有多荒謬。

法庭雙軌制

幾世紀以來，英格蘭的一個奇觀是，一系列的法庭做出各種不公正的判決（指普通法庭），而由另外一個法庭（指大法官法庭）糾正這些不公正。英國在幾百年中花費在爭奪歐洲大陸的金錢，也抵不上這種法庭雙軌制所耗費的巨額資金。兩種體制都自稱源自於正義，都宣稱行使同樣的司法權，都膜拜同一個法律聖壇，都自稱依照法律伸張正義。在許多法律關係中，一種體系制定的法規被另一種體系斥爲不公正與不正當，而粗暴地一筆抹殺。顯而易見，在處理那些事務時，英國法實際不是由普通法庭來實施的，而是由有權宣布普通法不公正，並執行這種權力的法庭所決定。那些方面提到的英國法顯然不是指普通法。

一些法學作者誤認爲這種情況，與亞里士多德的關於在法規中適用合理性的教義有相似之處，其實不然。因爲法庭在適用法規時應用了合理性的原則。毫無疑問，他們需要法庭的體系。這些法學作者還說，這種雙軌制是與羅馬法中的羅馬公民法與司法行政官的法律是一樣的。這是大錯特錯的，它表現出對於羅馬法典型的膚淺看法。顯然，這些法學作者被誤導了，形成意在爲這種法庭雙軌制找藉口的錯誤想法。事實是，被稱作民法的羅馬法，是適用於解決羅馬公民間的糾紛及法律關係的，而羅馬司法行政官的法律是適用於解決羅馬公民與外國人之間，或外國人與外國人之間的糾紛。在羅馬，處理特定人物之間特定的法律關係時，在法律上並無衝突，而在英國情形正好相反。訴訟當事人在普通法院接受一種裁判，但很多情況下，同樣的訴訟當事人、同樣的案件，卻會在大法官法庭中接受另一種截然相反的裁判。

舉個一般的例子，一個人履行必要的手續，使一項契約生效（當然是有簽名蓋章的文據），其內容是他同意付給另一個人一筆錢，到給付之日時，債務人誠實守信地如數付清了契約上的款項，但是由於匆忙，或許是由於疏忽，債務人沒有得到債權人蓋章的收據。那麼，一個不誠實的債權人就可以在普通法庭上，就這筆已償付的債務提起訴訟，要求法庭裁決。普通法庭對已償清債務但受到詐欺的債務人做出的答覆是，凡是已蓋章的文件只能由另一個已蓋章的文件才能抵銷。因而，僅僅這麼一個形式上的問題就可能使正義成爲犧牲品。法庭會認爲，已償清債務的抗辯不充分，儘管此契據在事實上已兩訖，但是一個不誠實的債權人會請求法庭對此做出裁決。不過，被詐欺的債務人可以向大法官尋求庇護，大法官替國王維護公正，因而擁有庇護權。他主持道德法庭，對於這樣一個法官來說，把雙倍債務強加於人是可憎之舉，是與道德相背離的，因爲《學說彙纂》中說，善意不容許對同一件東西索求兩次。幾世紀以來，除了僅有的兩個例外，大法官都是由主教或大主教，教會的高級神職人員來擔任的。他懂得羅馬法的精神超越其形式之上，因而不會像普通法院的法官那樣抱著僵化的教條不放。

債務人被法庭的法律欺騙，因而不服判決的，可以將他的賬單交給大法官法庭，虔誠地寫上「呈給敬愛的上帝」（Dear Fader in God），並描述當時的情形，如他被訴的經過以及判決如何對他不利，或是他如何因一個他已經付清的借據而被控告。於是，大法官將發傳票給債權人，勒令他出庭，並要求他對付債一事宣誓。債權人將以神聖而正義的普通法並未提出法律補救辦法爲由，提出反對。大法官則回答說，他主持的是上帝所在的道德法庭，他不理會普通法庭將已償付的債務一筆勾銷的獨裁專斷行爲。債權人會反駁說，債務人不應當那麼傻，付了錢而沒拿到蓋了章的收據。大法官會馬上簡短的回答，就像他在某一個案子中所說的那樣，「上帝是笨人的保護者」，並強迫對方做出回答。如果債權人承認債已付清，大法官就會說：「交出你的借據，我們將它作廢。」如果債權人已在普通法院等候裁決，大法官就會發布禁制令，禁止債權人在普通法庭進行進一步的訴訟程序。

假如債權人否認這筆債務已付，那麼就需要出具證據。早在希伯來法被引入羅馬法作爲教會法以前就有這樣的規定：債務的給付必須由兩個證人來證明。假如得到了這樣的證明，大法官會發布同樣的禁制令，以阻止債務收取或禁止此官司在普通法院繫屬。普通法院的法官對此義憤塡膺，但大法官說他並沒有干涉他們，他的禁令要求債權人去做的，是他憑良心該做的事。假如當事人試圖藉由不正當的普通法院的程序，來收取已經給付了的債務，大法官就會把這個昧著良心的不誠實之人關進監獄。正如莎士比亞所說：「法律這個裝瘋賣傻的老父親」，它對普通法院說，去吧，用你那不公正的法律去爲所欲爲，然後再對大法官說，你必須用公正的法律來矯正他們試圖做出的不公正判決。英國法不是明文規定，不得強迫二次付債嗎？用這種花費龐大、欺詐而又笨拙的辦法，來達到公正的判決不是太沒有必要了嗎？

普通法會墮落到如此愚蠢的地步是怎麼也說不過去的。一個具備自由思想的人，一個會依照具體情況作具體處理的人，一個對法律手段了解更深刻的人，一個有更強的的正義感，更豐富的知識、能力、策略及處理事情的技巧的人，是永遠不會使自己墮落到這種愚蠢的地步的。有人說，普通法院的司法權是有限的，不能進行矯正補過。但這種說法是錯誤的，因爲它的局限並不在於其司法權，而是自己加給自己的不當。他們對於契約的處理也是這樣，如果契約沒有簽名蓋章的文據作爲證明，普通法院根本就不會看它一眼。他們對於宣誓負責斷訟法及作僞證的卑鄙之人深惡痛絕，他們不知道自己的法庭如何對這種沒有證人的契約問題做出判決。因而所有這樣的契約都提交給郡法院這樣的地方法院去解決。在那兒，人們仍堅持用上帝賜予的權利，按照宣誓負責斷訟法引證那些虛假的誓詞。

不過，持有這種契約的當事人可以去找大法官，說他有一個眞正的契約但是。如果在任何一個法院起訴，都會受到宣誓負責斷訟法的裁決。大法官於是會給這個人以公正的裁決，而對於古老的宣誓負責斷訟法則不予理睬。不過，他會聽取證人的證詞。於是，羅馬法再一次將英國的法律從普通法院的困境中解救出來，更爲接近正義的法則。這些都是一般情況下的事例，以後我們將談到其他的事例。現在我們來解釋將陪審團作爲法庭的必要組成部分所帶來的結果。

在我們講述這段普通法慘遭失敗的故事前，必須先講述其短暫的輝煌時期。那時它正表現出可以糾正所有冤案，同時保護所有正義審判的力量。那時，假如沒有現成的可以提出訴訟的令狀，就會發明一種新令狀。需要提醒大家的是，當時的社會關係與現在相比要簡單得多，村落都很小，訴訟的主要客體是土地。土地只有在出具不動產所有權轉讓證書的情況下方可轉讓，這是公開的行爲，或者是當所有人死亡時進行轉讓，這同樣也是公開的轉讓，鄰里鄉親都了解實情。隨著社會的發展，人事關係變得錯綜複雜，法律規則及解決辦法也隨之繁雜起來。在威廉征服英國二百年之後，社會環境已比當年諾曼第國王的統治時期，甚至比金雀花王朝時期，都有了顯著的提高，但是人們之間的關係仍很簡單。

布雷克頓手稿

正是在威廉征服英國的二百年之後，也就是大約一二六〇年的亨利三世統治時期，教士法官布雷克頓完成了一部英國法的巨著。布雷克頓的眞名叫布萊頓（Bratton），人們僥倖地發現他爲寫此書收集的大量案例和其手稿的眞跡。這是由俄國人保羅・維諾格拉道夫（Paul Vinogradoff）發現的，他在英國居住多年並成爲當時一位偉大的法學家，他的這一發現可以同名噪一時的尼布爾發現蓋尤斯的《法學階梯》相提並論。這部叫做《布雷克頓手稿》（*Bractin's Note Book*）是用拉丁文寫成的，但一直沒有人翻譯。布雷克頓顯然是想收集所有發生過的各種案例，他的書及他的案例集，顯示普通法院實施過的各種修正方案。

同所有的教士律師一樣，布雷克頓對於羅馬法有著淵博的知識。他曾閱讀過《愛佐論文大全》，但當時在英國還沒有羅馬《學說彙纂》的書稿，可能連《查士丁尼法典》也僅有一部分。在那個年代，印刷術自然是聞所未聞的，手稿因此非常罕見和珍貴。布雷克頓從法院的案卷中收集來大量的材料及案例，他利用羅馬法及其分類，嘗試著把這些英國案例分門別類地歸到與之對應的法律領域中去。在他生活的那個年代，教士法官正被世俗法官逐漸取代。布雷克頓說，他那個年代的法官都是低俗之人。爾後不久，愛德華一世清查及解聘他的法官。這似乎證實了布雷克頓的話不無道理。

布雷克頓查閱他所收集到案例的判決書，這些判決是由當時兩位傑出的教士法官帕特蕭（Pateshull）和羅利（Raleigh）做出的，那時布雷克頓還很年輕。我們沒有必要面面俱到地描述書中提到的所有被認可的法律，只須在此指出，當時英國出現的各種案例都能經由發布某種令狀來進行處理。這些法律中唯一不合時宜的是盎格魯——撒克遜的宣誓負責斷訟法，仍舊被准許適用於債務及請求返還扣留物的訴訟（detinue）中。實際上這兩種訴訟不過是一種叫做「追償債務之訴」（debt）的不同形式而已。

孟塔丘案

我們不妨從《布雷克頓手稿》中找出兩個性質全然不同的案例，來看一看當時盛行的普通法院的訴訟程序。某個案例的情形類似於上流社會的家庭醜聞。約翰．孟塔丘（John de Montacute）和他的夫人露西被其男性繼承人在法庭上傳訊，要求他們就爲何撫養一個女孩，並將這個非親生女兒的女孩認作女兒一事做出回答。這一做法對於原告是明顯不公的侵權行爲，因爲根據英國法律，原告將繼承約翰的土地。約翰對此保持緘默，因爲他已將這個女孩的監護權售出，就好像是他自己的女兒一樣。不過他的妻子露西出庭，並把這個被假稱爲他們女兒的凱瑟琳帶到了法庭，聲稱凱瑟琳是她的女兒，出生在聖凱瑟琳日的晚上而得名。

露西舉出一連串的證人，包括一位主教，還有擁有諾曼第姓氏的許多貴族，其中一位從凱瑟琳的父母那兒買下她的監護權及婚姻。證人們從小凱瑟琳由誰撫養長大講起她的身世，這些證人證明了約翰和露西都有理由聲稱凱瑟琳是他們的女兒。法庭做出的判決是，既然凱瑟琳是在夫妻兩人婚姻完整的情況下出生的，又均被夫妻雙方所承認，因此不再傾聽原告試圖證明事實並非如此的證詞，並對這位男性繼承人的誣告課以罰款。

從這個案子看來凱瑟琳很像是露西的女兒，但不是約翰·孟塔丘的。不過，在這兒我們看到了法律的彈性。不需要陪審團出庭，也沒有使用陪審團，只是聽取了證人的證詞，並依據不應過問婚姻生活的隱私而做出了判決。尤爲特別的是那位繼承人沒有控告權，他沒有地產，並且在兩種情況下都可能無法繼承地產，一種是假如他在約翰之前先死，另一種是假如約翰有孩子，即使凱瑟琳不是他的女兒也沒關係。這個案件不能算是所有權詆毀，因爲這位繼承人根本沒有權利。到約翰死亡之時，也只有到那時，權利紛爭才會隨之而起。但是法庭處理控告的原則，是以事先解決爭端，法庭應對約翰死時，雙方當事人的權利做出決定。

如今像孟塔丘這樣的案件，會被稱作是一種純粹的法律關係的判決，即可以經由宣布權利的現狀以解決紛爭。我們會發現這是一種超前的法律進展，他們認爲，一方當事人如果聲明他目前沒有提出訴訟的理由，但希望或期待著有朝一日能具有提出訴訟的理由，那就證明他有訴訟理由。難怪法庭發現陳述性的裁判是違憲的。

磨坊案

另一個案例與現在的普通法觀點也同樣相距甚遠。某個地主有一個磨坊，很久以前，有一些人是這個磨坊的扈從，他們應在此服役，至少是必須經常來這個地方工作。以當時的法律語言而，磨坊主依法占有這些勞役，當然，這種權利是有價值的。磨坊主於是就扈從及服役提出訴訟，說他們已退出服役。經調查發現，有一些人，或許是出於其他磨坊的利益，竭力勸說這些應在原告的磨坊服役的扈從離開。法院對磨坊主說他不會勝訴，因爲他無法顯示服役被減損，法院又補充說，可以給一個令狀，禁止任何人擾亂他磨坊裡的扈從。這是典型的爲保護一個人的權利而發出禁制令的案例。

普通法在因循守舊的消極狀態下，對磨坊主所能說的只是：「我們得等到外來者說服某人做出違背你磨坊中的工作規矩的事，然後再起訴這個外來的說服者，對你所受的經濟損失進行索賠。普通法院所能做的僅限於此。不過，如果你希望得到預防性司法救濟，可以去找大法官，他會發布禁制令來保護你的權利。」現在，高等法院會禁止任何第三人錯誤地干涉員工與僱主間的關係，或試圖使員工違背契約規定，或試圖藉由欺騙，或以勸其毀約的手段奪走員工。

普通法與衡平法的演進

這兩個案例與後來的普通法判決可謂相去甚遠。這以後，普通法的裁決範圍僅限於金錢和取回特定的地產或私有財產的訴訟。即使它就私人財產追回原物之訴或請求返還扣留物的訴訟做出裁決，其權限也只能是在判定私有財產或確定其價值間擇其一，它不能做出其他形式的判決。但是在亨利三世統治的這段時期裡，法院給予所有種類的判決具體的司法救濟，也就是說，除了金錢裁決以外的司法救濟。他們可以作廢文件，強迫契據的轉讓，強迫轉讓特定的私有財產，還可以經由蓋章使契約以特定的方式得以履行。他們會詳細記錄一個歷時長久而變得繁複的交易，他們會嘗試自由權的問題，他們會將農奴歸還僱主，也會使一個被誤當作農奴的人重獲自由。他們會提供法律救濟給服役多年而被驅逐的老佃戶。在永久保有的土地受到侵害時，可依法享有各種補救方法。包括老式的巡迴審判，對侵入他人領地者發出令狀以及基於契約形式提起訴訟等等。寡婦可如數分得其亡夫的土地並獲得所有權的司法救濟，法院會頒布強制令，強迫土地的繼承者遵從。假如一個人就土地提起訴訟，他可以控告售予他土地的賣方，使其成爲被告。假如賣方拿不出所有權憑證，那麼購買土地的這個人可在此訴訟中，被判得到等量的土地以彌補其損失。要不是法庭實行陪審團制，普通法就無從伴隨著新情況的出現，制定新的令狀了。

在教會法官主持的法院中，裁決是由法官作出的。他們也借用了羅馬法中處理訴訟的方法。在交回傳票的那一天，原告的律師需向法庭口頭陳述其控告的理由，假如法庭認爲這個控告基本上是不充分的，並且原告附加的申訴仍不爲法庭所接受的話，那就會視情節輕重對原告的這種無理請求（false claim or pro falso clamore）處以罰金，而被告就可以無限期地逍遙法外。假如法庭認爲主張的陳述或爭點是無可爭議的，就會對被告說：「一一答辯」（Answer over）。於是被告的律師就要爲其辯護，如果他否認原告的主張就說：「準備予以否認」（Ready to deny）。至此，爭點就形成了，並由書記員記錄在案宗上。

不過被告可能會提出異議，因爲羅馬法中要求他們證明，爲什麼原告不應該享有審判。假如他的第一抗辯聲明書或抗辯——後來被稱爲他的答辯，被法庭認爲是不充分的，他可以嘗試其他抗辯，直至用盡抗辯機會。假如他這時不說原告的指控不屬實並準備予以否認的話，就會判他敗訴。在答辯過程中，被告可以就要求他承認的某些事項提出異議，也可以提出壓倒性的事實迴避原告的主張。倘若如此，法庭會要求原告就新出現的事項做出答辯。假如原告不能應答，就會判他敗訴。如果他可以回答，不過在當時，通常是以否認的方式應答，那麼就形成了爭點，整個答辯過程均爲口頭進行，答辯結束之後，由書記員整理成案宗。

假如爭點是有某一個事實上的問題，法庭可以以它認爲合適的任何方法來判定事實。在某些情況下，案件會送到適當的郡去做巡迴審判，假如此案件收到的是巡迴審判的令狀，或是屬於由陪審團對事實進行認定的那一類案件，法庭就會召集十二個人來確定事實。在所有的刑事案件中，審判方法都是由法庭強加給被告的。假如被告拒絕接受陪審團的審判，他將被施以嚴酷刑訊。在後來的很長的一段時間內，法官們總是吹噓普通法從不施以酷刑，但這只是無知的吹噓。

當案件由巡迴審判或是陪審團審判時，從來沒有證人出庭，也不需出具證據。陪審團被召集到庭，然後宣誓，人們認爲他們了解事實，於是請他們裁決。《大憲章》中規定，國王的法官每年至少要到每個郡視察一次，處理一些事務。實際上，他們只是主持原有的郡法院的開庭，假如國王的法官不到庭，那就同原來的郡法院一樣，國王的法官對各郡的視察還有另外一種形式，叫作巡迴法庭（eyre），他們按照國王書寫的法規，清查、處理郡中的司法事務。他們要調查整個法治情況，在巡迴期間，國王不對各郡發布令狀，法官能夠處理各種訴訟，並給予適當的法律補救方法。交由他們處理的一些案件，後來被稱爲衡平案件（equity causes）。

斯格蘭訴格蘭遜案

也許我們可以用發生在一三〇〇年左右的訴訟案件，來顯示當時正風行的陪審團審判法。這一案件中既用到傳統的陪審團審判法，也用到新的大陪審團審判法。訴訟是由一塊土地的紛爭而起的。在當時規定限制繼承的財產的法令下，法蘭克・斯格蘭（Frank de Scoland）和威廉・格蘭遜（William de Grandison）之間產生糾紛，並且以侵佔不動產的令狀審理。事實是，法蘭克有個名叫傑夫里・斯格蘭（geoffrey de scoland）的叔叔，這個叔叔又有一個名叫理查的私生子。按照英國法律，私生子是「非任何人之子」，所以理查當然不算其父傑夫里的繼承人。傑夫里將一些土地贈予理查名下但是是屬於他的繼承人的。這對理查來說是一項限制繼承的財產，如果私生子理查斷子絕孫的時候，這項產業也就不再屬於他了，傑夫里或他的繼承人將收回這塊土地。後來，傑夫里一命嗚呼，他的侄子法蘭克繼承了除這塊贈予他的私生表兄的土地之外的所有地產。後來理查也死了，且沒有留下任何後代，他名下的世襲土地因而終止了。傑夫里贈予這塊土地時保留了其未來所有權，即到期時的收復權，法蘭克作爲其繼承人依法獲得繼承權，因爲他繼承了傑夫里的收復權，法蘭克於是擁有了這塊地產。

然而這時威廉・格蘭遜出現了。他是這些封地的領主。斯格蘭家族是從他那兒占有土地的，他說根據無人繼承之土地應轉歸領主的規定，他應獲土地所有權。因爲傑夫里死前在限制財產繼承權後，將未來所有權讓與私生子理查，這個未來所有權與限制繼承權是這塊土地的全部地產權，交給理查時只單說不動產權。因此，理查死後，法蘭克並未藉由未來所有權得到繼承權，而理查作爲私生子，又不能有旁系繼承人。他斷言道：「因而，屬於理查一個人的不動產權在他死亡之時已終止。」而他，威廉・格蘭遜則經由無人繼承之地轉歸領主的規定獲得產權。在這種事實的斷言下，格蘭遜剝奪了法蘭克的權利。格蘭遜從其自己的立場出發講得頭頭是道，但並不屬實。當法蘭克以侵佔不動產案起訴而召來陪審團時，他們能夠判定未來所有權有沒有出讓。如果沒有人指控陪審團誤判，那麼他們就此所下的結論即爲定論。此案是在侵佔不動產的令狀下開始審理的，最後陪審團認爲未來所有權確如威廉・格蘭遜所說，已被放棄了。假如判決正確，那麼威廉根據無人繼承之地轉歸領主的規定而獲產權，就是無可爭議的了。這個判決結果很特別，只是聲明未來所有權的放棄，以及法蘭克對威廉・格蘭遜的主僕關係及損害賠償金，據此對格蘭遜做出裁決。法蘭克就其權利進行新的上訴但被駁回，然後又從法官那兒得到控告陪審團的令狀，二十四名騎士將被列入陪審團名單，由他們來判斷第一陪審團是否做出了錯誤的裁決。依據這個令狀，司法長官傳格蘭遜及審理此案的陪審團出庭，其中有七位到庭，三名已死亡，兩名缺席，對陪審團的審理開始了。

其情景宛若一幅生動的中世紀的圖畫，高居法官席上的是國王的法官，被稱爲巡迴法院的法官。首席法官是斯賓格諾（Spigurnel），與他坐在一起的還有其他的法官。每一位法官都身著緒紅色長袍，邊上鑲著一塵不染的白色毛皮，據說這是法官地位的象徵。高等法院律師（serjeant at law）站在法官席前，他們身著肅穆的黑底雜色長袍。每位律師都戴著白帽或頭巾，即使在國王面前也享有戴著的特權。他們擁有唯一的傾聽權利（right of audience），也就是說，他們的意見在普通上訴法院（Common Pleas court）上得到傾聽，他們被稱爲律師階層（the Order of the Coif）。法國的律師直至今日在法庭上辯護時都戴著帽子，只有當他們讀書本或文件的內容的時才將帽子脫下。可見我們國家在完成學業時帶博士帽子的習俗是有其歷史淵源的。

二十四位騎士全部到庭，個個穿著高貴的長袍，佩帶寶劍。七個被指控爲錯判的陪審團成員，像犯人一樣垂手立於被告席上。威廉・格蘭遜也在律師的陪同下出庭，於是審判開始。在法庭上發言的所有人都講諾曼第法語，在年鑑中記載的每一個案件也是用諾曼第法語。但在法庭上記錄審判程序的書記員用的是拉丁文，直到十八世紀中葉一直都是如此。

法蘭克・斯格蘭的律師陳述錯判的詳情，第一，未來所有權的放棄並不屬實；第二，死去的理查並未與格蘭遜建立主僕關係，不占有他的地產；第三，賠償金額不當。這是由書記員記錄在案宗的原告的上訴。然後開始爲格蘭遜展開口頭抗辯。第一，法律規定要推翻整個十二名陪審員的裁決，而十二個成員並未全部出庭。法庭認爲這是理所當然的，因而駁回此點。若認爲任何一位陪審團成員的死亡會破壞對錯誤判決的補救，就如同一個竊賊說因爲他的共犯死了，他就因此可以不被審判一樣令人震驚。第二，被推翻的原判決並未全部執行。但是法蘭克的律師出具了記錄，證明判決已全部履行。接著，格蘭遜的律師以訴詞或異議提出反對，因爲推翻原判的令狀沒有按照巡迴法院的規章要求，在巡迴法院開庭時出具。此點被駁回，因爲巡迴法院的法官可以授與推翻原判的令狀，並且在此案中已經這樣做了。書記員對這些上訴都沒記錄，因爲這些均不成立。這時格蘭遜的一位辯護律師要求對此上訴寫一篇訴狀，其中一位法官答覆說：「我們不打算破例，現有整個法庭爲你作證，就請在此提出你的申訴吧。」這一請求的提出與拒絕都被記錄在案宗。在那個年代，精製的犢皮紙價格是非常昂貴的，格蘭遜的律師試圖將這筆花費轉嫁到法庭上。法庭很巧妙地避開這一花招，讓他自己寫出來。最後是，反對把格蘭遜的佃戶作爲當事人，而他在做出判決的巡迴審判中不是當事人。這一項反對被駁回，因爲既然威廉・格蘭遜獲得了所有權，佃戶對所產生的損害必須負責。

格蘭遜經由他的辯護律師哈特雷浦（Hartlepool）對法庭說：「請允許我們與被控告的陪審員進行商議」。斯坦頓・哈斯蒂（Staunton the Hastie）不等大法官說話，就馬上彬彬有禮地做出了回答：「請務必這樣做。」被告與被控告的陪審員到庭外進行商議，然後回來提出另一項異議：「僞證僅限於未來所有權、主僕關係及賠償金等事宜，並非整個強佔不動產案。」大法官斯賓格諾對此簡短地裁決：「所有事實的發現將公開地被推翻」被告如今已理屈辭窮，二十四位騎士一一進行了宣誓儀式。每一位陪審員都說：「聽著，法官，我將服從國王對於巡迴審判以及不動產保有權的觀點以及十二人的誓言，我將只說實話，什麼都不會讓我改變。」值得在此一提的是，陪審團已經去察看過這塊引起紛爭的土地了。

據此，斯賓格諾向二十四人陪審團陳述了，被告在一審中的申訴書及十二人陪審團的判決，並要求二十四位騎士，就十二人陪審團在未來所有權的放棄、主僕關係及賠償金的判決是否有誤上明確表態。二十四位騎士當庭做出的回答是，十二人陪審團在所有權、賠償金及理查占有威廉・格蘭遜的地產上均判錯誤，但不包括主僕關係。法官當即裁決主僕關係是無關緊要的。於是斯賓格諾說：「先生們，請告訴我們，自巡迴審判以來，法蘭克應得的損失賠償。」陪審團回答說：「一百四十個蘇格蘭銀幣」。根據此判決，法蘭克得到了他的土地、一審中的十五個蘇格蘭銀幣賠償金、退還的罰金，以及一審的訴訟費，還有第二筆的一百四十個蘇格蘭銀幣賠償金以及本次審理的訴訟費。一個蘇格蘭銀幣合十三點五先令，而金錢在當時的購買力相當於今天的二十倍，可見威廉・格蘭遜爲他精心策劃的官司付出了不小的代價。

從這次具體的實例審判中我們可以看到，法庭管理得有條不紊，並且講求實際的作風。與當今的審判程序相比，這次審判中的辯護都是口頭進行的，倘若被駁回也不予理會。什麼證據都不需提供，也不需證人出庭，陪審團是唯一的證人，憑他們自己已知的情況做出判斷。律師對陪審團不做聲明或爭辯。很顯然，這樣的陪審團只在處理一般性的事件時才有效。不過這種審判強調法官的作用是有原因的，大多數人都有一種避免承擔責任的傾向。對於一個平庸的法官來說，最吸引人的莫過於，可以將有關事實的所有責任轉嫁到陪審團身上，事實的認定可以說是案件最難處理的部分。今天的律師們認爲，法官身上仍流露這種傾向。不管怎麼說，普通法院雖然沒有任何成文規定，但都強迫所有進行訴訟的雙方當事人接受陪審團的審判。這是不可辯駁的事實。不管爭點如何，辯護都被迫提交陪審團，由他們裁決爭議的事實。

《大憲章》中堅持由訴訟當事人的「同輩」（the peers）進行審判，這種明顯的傾向進一步加強依賴陪審團的自然趨勢。當某個敗訴的婦女用「叛徒、惡棍、強盜」這些確切的字眼形容法官時，審理問題與就她的指控對她進行審理的陪審員名單，就要由高等法院的律師組成，因爲他們被視是與法官的地位相等。

使用陪審團是確認事實的最佳途徑，這種說法廣爲流傳，在大眾中深受歡迎，因爲它提高了大眾的重要性，使他們成爲法庭的組成部分。陪審團最早只能在有限的範圍內判定事實，像不動產的占有問題等，那些基本上是鄰里關係的紛爭。後來在法官的堅持下成爲所有訴訟案件中的審判方式。陪審團的負擔太重了。很多情況下，被召集來的陪審團得不到必要的資料而必須出去尋找。辯護程序規定，對於任一方的相反事實的最後抗辯，由每一方當事人對陪審團做總結。用法律的慣用語來說，就是抗辯是對陪審團所做的，並且另一方當事人也是如此，稱爲類推（similiter）。

法律的認可

議會作爲制定法律的機制，這一新發明進一步推進了陪審團審判的趨勢。當西蒙．蒙特福特（Simon de Montfort）領導下的反叛貴族在十三世紀與亨利三世作戰的時候，西蒙就爲了加強其統治地位而召集貴族作爲上議院議員，以及各郡及各自治鎭的代表作爲下議院議員組成的議會。這在英國是一種新的集會形式，以採用代表制爲特徵。

在此之前我們已經看到，有文字記載之前的法律完全是習慣法，而只有教士才具備對於習俗的知識。當文字開始使用時，習俗被記載下來，在那個對所有事物都不加懷疑的年代，人們對於法律的起源不得而知，因此很自然地被教士歸因於上帝的發明。後來希臘人帶來了他們原始的信仰，即法律是由有神秘力量的人，把從上帝得來的古老習俗做了改動以適應後來的情況。從來沒有人覺得修改全知的上帝的神聖法律是多麼的荒謬。後來梭倫來到了雅典，他是一個眞正意義上的法律制定者，制定他自已的法律。後來又有雅典大會，在那兒可經由市鎭集會投票的形式通過法律，法律是由全體公民制定的。羅馬人沿習全體公民制定法律的作法，不過他們採取折衷作法，將法律視爲是全體公民或平民百姓的決議，或者出於某些目的，是元老院的法令。皇帝聲稱這種人民的立法權是由人民賦予他們的，交由他們單獨立法。除去這些引人錯誤的用語，實際上，立法不過是全體居民對法律表示認可的行爲，就像在立法以前對習慣的認可。

在中世紀，關於互相矛盾的法律，其教條是對整個社會有約束力的法律必須由社會成員所認可。藉由國王及他的議會的法案或是法院的判決表示法律被認可。自從英國的議會制形成以來，理論上和實際上又增加自治鎮和郡的代表，藉由他們認可所執行的法律，使其對全體人民具有約束力。這與立法機構把法律強制施行於人民的事實正好相反，它在理論上和實際上一直都強調人民對法律的接納，得不到全體民眾廣泛而實際認可的法治從來沒有成功過，或持久過，原因很簡單，人類普遍的經驗已經證明，不爲相當一部分人所認可的法治永遠也得不到執行。法律的歷史上一直就有，也將繼續存在這種由未執行、或無法被執行的法律留下的損害。

不管法律是以何種方式被認可，經由立法法案也好，經由法院的判決也好，經由統治者的敕令也好，只有社會大眾愉悅地認可並欣然遵守法律時，法律才具有實際意義。那些施行暴政的君主修訂的法律，需要社會的認可給予它生命。正如羅馬君主所承認的那樣，政府是法律創造出來的。社會是先於任何政府之前存在的。從來沒有政府從創造實質的合法權利及相關的責任這個意義上來制定法律。政府也許會像霍布斯（Hobbes）和奧斯丁（Austin）所誤解的那樣，表面看來似乎在制定法律，但是是社會對於法規的認可才產生法律與政府的。

不過，這種所謂的立法權，實際上是委任代表權力，傾向於成爲獨佔的權力的認可。歷史一向告訴我們，立法機構無一例外地傾向於抬高自己的重要性，因爲在這樣的機構裡，個人責任通常是可以被避免的，並且趨向於要求法律中的所有變更必須由立法機構授權。議會的勢力日漸強大，他們可以堅守自己的權力，因爲國王總是需要錢的，英國國王多半時間，花在尋求在歐洲大陸上建立統治地位。議會以出錢作爲對它自己權力擴大的回報。愛德華一世採納了西蒙・蒙特福特的議會制之後，立即發布許多救濟的法令，主要是以立法的形式產生法律，因爲那時已經變爲以法院的判決來宣布法律。我們在這本書中想要請大家注意的是，立法機關爲支持或修改陪審團審判的制度而努力不懈，他們提出，在適用陪審團審理的案件中應行使自由裁量權（discretion）。

對教士法官的反感

在正式討論這個問題之前，應先講述一些正悄然發生的變化。人們對教士法官的反感情緒開始滋長，這是由一連串的事情引發的，國王自然不信任那些遵從海外教皇勢力的法官，雖然國王法庭中的教士法官從未在其職責內要求世俗的權力。世俗法官自然也不信任教士法官，他們對於教士法官所接受的羅馬法體系一竅不通，普通法律師在法律中制定了他們自己的一套法律要點說明。法庭上不再使用拉丁文，雖然書記員仍用拉丁文進行記錄。布雷克頓的偉大著作只留下諾曼第法語的大概介紹就被人遺忘了。法庭的通用語是諾曼第法語，所有有關訴訟的辯論都使用這種語言。英語除了可能在不動產侵佔案中稍有涉及之外，從未被使用。事實是，根本沒有英語這種語言，有的只是無教養之人才講的粗魯難聽的方言。北方人聽不懂南方人說話，而在英國中部這兩種南北方言都不說，人們講希臘語，議會的法案用的也是諾曼第法語。這些英語方言詞匯貧乏，僅限於多數無知的粗人使用，不過慢慢地在平民大眾之間逐漸形成一種用諾曼第語和英語混合在一起的較爲優雅的語言。

與此同時，法律職業階層的思想方法卻越來越狹隘，教皇禁止教士主持國王的法庭，國王也禁止在英國教授羅馬法。英國開始進入法制偏狹、僵化的時代，後來歷經若干年代才得以恢復。由這些思想狹隘、迂腐守舊的律師制定的法律當然是頑固不化和古板保守的。法律的追求需要知識之光的照亮，而當時的環境卻使普通法律師得不到它的指引。教授法律的四所律師學院，除了他們自己的法律制度外一無所知。它培養出的律師對於自己制度可謂精通，而對於其他則一竅不通。學者伊拉斯漠（Erasmus）入木三分地刻畫這些人爲「無知之人的博學階層」。

另一件歷史上不常提及的事情是，教會法庭對於不使用陪審團的法庭表現出了很深的偏見。對於普通平民來說，這些基督教的法庭（courts Christian）是討厭的累贅。他們打探人們的隱私，將鄰里的醜聞與通姦者曝光，他們干涉人們的娛樂，就是爲了給違法者施以輕量的罰款或贖罪，人們對此已非常厭倦。他們在很多方面都使人們感到恐懼或激起人們的憤怒。爲一些膽小、可憐之人上天堂而舖平道路的牧師，常常激起死者家人的憎惡，因爲他們經由病榻旁的遺囑，侵吞了死者家屬認爲應屬於自己家裡的財產。他們從私人慷慨的遺贈中建立大量的修道院，這激起了人民和統治者的佔有欲。非宗教的勢力試圖禁止向教堂饋贈這樣的禮物。受他們的法庭以及法律體系保障的教士，只受普通法院發布的禁制令的拘束。很久以前，格蘭維就警告過這些教士：「你們這些教士只知道聽從羅馬，總有一天羅馬會毀掉你們的名譽。」每當在婚姻和孩子的合法性上出現問題，這些爭議都交由基督教法庭處理。對教會法庭判決的上訴要提交到羅馬，他們鼓勵上訴。他們要求所有的基督教法庭僱用教會的律師。需送交基督教法庭審理的婚姻類訴訟均被索求高價。

下面這個在國王的法庭中的案件，充分說明了教士已貪婪到了什麼地步。大貴族約翰・華倫納（John de Warrenne）是薩里郡的伯爵（Earl of Surrey），他與諾福克郡（Norfolk）的一位婦女關係曖昧。發生了這樣的事，按照教會法律，她就被認定爲是薩里郡長的妻子，但他在王宮與愛德華二世皇后的侄女結了婚。這位皇后是個「法國的騷女人」，後來同她的情夫莫蒂默（Mortimer）一起謀殺愛德華二世。被約翰・華倫納遺棄在諾福克的這位婦女向地方法院提起訴訟。法院下了令狀，要求皇后的侄女到諾福克出庭，並以她與約翰・華倫納非法通姦爲名施以處罰。法院的傳訊者是一個笨拙的、惡名昭彰的教士，他接了令狀趕往倫敦，來到威斯敏斯特的宮殿。他想盡辦法總算闖進了皇宮，把令狀當著皇后的面交到了其侄女的手中。這不僅是可笑的，同時也違反了皇室禮儀。皇后一怒之下尖聲叫喊，結果傳訊者被踢倒在地，拷上了手銬並關入監牢。不消說，地方法院的令狀石沉大海，杳無音訊。這個案子告訴我們，有上帝的權力及教會爲後盾的教士，能夠爲所欲爲到什麼地步，假如教會法庭試圖對皇后的侄女及英國地位最高的貴族之一，實行這種訴訟程序的話，那對一個普通公民還有什麼不能做的呢？它與清教徒獲得權力之後，成爲更糟的、相同而討人厭的階層並不切題。

不過在教士法官主持國王法庭的二百年時間裡，一批批的法官穩固地保持住了，他們對於非宗教政府的特權地位。他們是一群頗具能力、底子紮實的律師。他們與基督教法庭中的神職人員保持最大限度的距離。他們制定的英國民法在當時具有很高的地位，並爲當時最健全的法律思想奠定基礎。在此後的幾個世紀，教士法官繼續主持大法官法庭。

陪審團制度的起因與演進

另一個推動陪審團制度的因素，是英國律師及法官對於證人根深蒂固地不信任。這種不信任是有根據的，外邦人當然是不可信的，只有最愚蠢的人才相信他們是誠實的。蠻夷之人的證詞都是些眼見爲實的話，他們不擅編造，而外邦人則不然，經過數代漫長的訓練才使他們學會說實話。商業和貿易促使人們變得講信用，但是一般的粗人都不及孩童誠實。宣誓負責斷訟法使所有的律師確信，當事人找來爲他們作證的證人，都是準備作僞證的。他們總是要求證人宣誓，證實被告的誓言，需要多少證人就要提供多少證人。與原告一起出庭的證人都是久經考驗的宣誓者，這是他們謀生的方法。即使現在，那些貪污的官員也會拿這句話質問：「一個人賺錢謀生有什麼錯呢？」在那個單純的年代，人們認為一方當事人找來的證人必定要為他撒謊，當然，為文書作證的證人是另外一回事。他們作證的法案都是有記載的。當時偽造還非常罕見，只有那些熟練的抄寫員會偽造一些古代的契據以證明一些修道院、僧院或主教的權利。普通法律師已在頭腦中根深蒂固地認為證詞是毫無價值的。

福特斯鳩（Fortescue）大法官在他所著的《英國法頌》（*Praise of England's Law*）中指出，英國的陪審團斷案法比起羅馬法的宣誓負責斷訟法的一大優勢是，羅馬法需由兩個證人為一件事實作證，而任何一個訴訟當事人都能夠找到兩個或出於害怕，或由於利誘而願意違背事實的證人，誰還能感到人身和財產的安全呢？他指出在羅馬法的制度下，正義會常常因為缺少證人而得不到伸張。而按英國法的規定，他說證人由陪審團來充當，必須由正式宣誓的官員，從發生糾紛的近鄰中挑選十二名有財產的人士，他們與雙方當事人均無利害關係，可當庭接受質問和提出反對，並在宣誓之後開始審理。這些步驟是專業而規範的，並且收效良好。

然而事實是，如果說證人不誠實的話，那麼陪審員也同樣不會誠實。陪審團是對事實進行最後裁決的機構。陪審團成員的名單是可以拿到的，誰都可以接近他們，去找他們談一談案情。雙方當事人都會密切注視陪審團，調查出每一位成員是誰，如何接近他，誰在背後控制他，他欠誰錢，從誰那兒可以得到好處。陪審團中的每一位成員都可能處於當事人施加的影響、威脅、利誘、欺騙之中。當事人抓住所有可能的機會明目張膽地行賄。我們知道，這種由完全不被控制的陪審團來裁決事實的方法與宣誓負責斷訟法幾乎是同樣的愚蠢。

那些陪審員是唯一的證人。他們可能在法庭之外與人們交談，來獲取一些有關的情況。如果他們願意，也可能在法庭上得到消息，而且人們無法質問他們所知消息的來源。不過，陪審員不得在判決做出之前經由陳述自己的意見來表明他的裁決。很顯然，這樣的審判結果代表的只是推選這十二個人的特定的小社群的一般看法而已。這一事實解釋，爲什麼人們堅持認爲由犯罪地點附近推選陪審團的重要性。從理論上說，假定這個陪審團都是由正直、誠實的人組成的，當他們進行裁決時，必須按他們自己的想法自由決定事實，而不能被其他的影響、利益、回報、承諾或希求所左右。

這種陪審團作爲唯一證人的概念，是由一個原則來支持的，多年來它一直阻止陪審團聽取證詞或由證人在法庭上提供證據。如果有誰自願就某一訴訟向陪審團作證，而他與當事人無利害關係，或不是必定要幫助他的話，那這個人就犯有包攬訴訟（maintenance）罪。假如一個人應法庭的傳喚來作證，那麼就是公正的。但如果他出於自願來作證，就算犯了罪。假如陪審員到一個人的住處打聽情況，他提供了情況，那麼這是合法的；但是如果他主動跑到陪審員那兒，試圖告訴他一些情況，那他就將受到處罰。訴訟當事人不能尋找或藉由強制性的法律手段得到證人。除了經由恐嚇或行賄，別指望得到證人。想要了解這個制度，你就必須努力理解這個理論，即陪審員做出的裁決是基於他自己的所知。法律嚴格禁止包攬訴訟，即第三人出錢幫他人訴訟，勝訴後分享部分利益，以及藉由賄賂陪審團來支持訴訟中的一方。很明顯，這些法律是出於使陪審團免受不當影響的目的而存在的。在這個時期，唯一的辦法是當事人在律師的幫助下，以自己的努力爭取勝訴。

雅典的梭倫認爲，他的法律所給予的最大恩典，就是規定任何公民都可以在另一公民的幫助下獲得權利。不過，普通法的理論是野蠻人的邏輯，它認爲一個人如果自己沒有足夠的力量獲得他的權利，那他就無權得到。一些有權有勢的人得到好處或保護是很平常的事情，這是一種封建觀念。國王的情婦愛麗絲．帕若絲（Alice Perrers）就在很多訴訟中施加了個人影響。無疑地，這個國王寵愛的女人是個極具影響力的訴訟當事人。她似乎取得委任權而爲當事人進行辯護。大法官在法庭審理的案件中，有很多是要求糾正錯誤判決的上訴，這些錯判是由那些踐踏法律的包攬訴訟者、收買陪審員者和助訟者，以恐嚇、威脅當事人及陪審團來左右法庭而做出的。建立一個比貪贓枉法的陪審團更公正的法庭，無疑是一個解決辦法，然而在立法方面卻沒有任何顯著的改善。一項法案在其前言中引用了這樣的一段話：「大批無法無天亦無恥的僞證者，繼續著他們可怕的行徑，並日益蔓延到這個國家的陪審員當中。」一項新的、更嚴厲的反對包攬訴訟的法案獲得通過。對陪審團判決的推翻、修正擴大爲適用於各種訴訟，但是陪審員的無恥行徑仍未收斂。

法庭繼續要求每個案子都由陪審團來審理。爲了達到這個目的，他們放棄了所有不能使用陪審團的令狀的案子。同時，法官竭力擺脫宣誓負責斷訟法。而對普通的立法機構一無所知的議會，一直不懈地進行修正陪審團審理制的工作。議會知道有些地方有問題，並隱約感到問題可能出在律師所使用的特定語言上，於是於一三六二年通過了一項法案，指出：「這個國家的法律、習俗及法案在本國中並非人盡皆知，是因爲它們是由法語闡述的，上訴及裁判也用法語進行，而法語在本國並非普及，因此在國王的及其他的法庭中進行訴訟的人們全然不知，或根本不懂他們的律師或其他辯護人所說的話是有利還是不利於自己。」法案規定：「所有在國王以及其他法庭中的訴訟，應用英語進行起訴、解釋、辯護、回答問題、辯論及做出裁判」。這一法案一直沒有生效。律師們對它根本置之不理。用法語進行辯論、陳述意見的作法又持續了一百四十多年之久。實際情況是英語這種方言太粗陋，律師們無法用它解釋法律概念，無法表達清楚自己的意思，法案的要求是無法實現的，就像許多其他法案提出的要求也是不可能做到的一樣。各式各樣的其他法案都通過了，但不起作用。訴訟當事人經由將案件提交到大法官法庭，以避開陪審團的審判。

大法官法庭的興盛

但是過了一段時間以後，普通法院的法官發現他們丟了案件，訴訟費和酬金是塡滿荷包的好東西，大法官法庭搶走大部分普通法庭的案件。假如一個人持有一份未蓋章的契約，普通法院就應該接手這一案件，除非尙有出售私人財產的欠款問題。假如是賣方，他會向普通法院提起債務的訴訟。假如是買方起訴，他提起的就是以售出的私人財產被留置爲由的債務訴訟。在這兩種訴訟中，普通法院都必須傾聽宣誓負責斷訟法揑造的虛假辯護。不過兩方當事人都可以到大法官法庭上訴，指出買賣的協議，並說明由於被告獲准適用宣誓負責斷訟法，因而他不能在普通法庭得到公正的判決。大法官於是會對已被採用的證詞給予司法救助。

那時的普通法院的法官像現在一樣，對於商業法一無所知。假設一個外國商人收到一張可向持票人支付的期票，並已將其轉讓他人，按照商業法的規定，這種期票是可以轉讓流通的，但法官由於對此一無所知，會無視這一規定，而允許被告用近鄰陪審團或宣誓負責斷訟法進行辯護。因此，這個外國人就無法得到公正的判決。假如上訴到大法官法庭，大法官就會說此案屬於國際法範疇，普通法院不能受理，而大法官法庭一直開放，因此不能給以延期審理。設想一下，一個普通法的律師埋頭查閱他的令狀單，試圖從中找出一個可以起訴像前面一章中講到的希臘訴訟案件中那樣的交易。一二八七年，威尼斯大銀行家族的託馬斯·萊瑞達奴（Thomas Loredano）派尼古拉都·巴薩多那（Nicoleto Basadona）將一萬磅白糖、一千磅糖果以及錢款送往英國，總價值三千五百八十里拉。尼古拉都在倫敦賣掉貨物後又跑到聖波託夫（St. Botolph）將全部貨款投資羊毛生意，用兩艘海輪運往布魯日。假設這樣的案件被提交給不聽取任何證詞的陪審團，再假設訂立的契約中，並沒有不利於簽字者及其繼承人和執行者的條款的話，這個執行者就不能在普通法院中被起訴。另一方面，假設，一方的執行者想要起訴，而契約並沒有有利於這個執行者的條款的話，那普通法庭就無法進行法律救助。普通法庭能力的缺陷很少對法律造成影響。即使今天，契約由當事人雙方擬定，其措詞對執行者有特定的約束，並且是完全沒有任何必要讓與權利的。這表明了人類由來以久的依靠習慣而非思考的趨向。

隨著時間的推移，這些事情會藉由法令的頒布或法規的變更而改正，普通法院的法官們眼看著案件轉移到大法官法庭，並且失去了訴訟費和報酬。他們開始緩慢而笨拙地發明，使用法律上推定的訴訟形式，使不能使用宣誓負責斷訟法的訴訟案，由非法侵入擴展爲包括所有書面或非書面、蓋章或沒蓋章的各種契約，以及各種不法行爲。然而陪審團審判制度依然健在。陪審團，以他們由各種途徑從法庭得來的已知情況對事實做出裁定。

普通法院的法官看到大法官法庭已開始運用英語進行所有訴訟程序。有教養之人已經開始使用英語。一般而言，直到十五世紀後半葉，證人才開始站到陪審團的面前。不過律師需在陪審團面前保持沉默的慣例早就被打破。到一四七〇年的時候，任何一方當事人的律師，不僅可將案件的記錄朗讀、解釋給陪審團聽，還可以將自己想說明的情況向陪審團陳述，而且如福特斯鳩所說，陪審團也已經知道證人所能告知的一切，以及其證詞的可信性和眞實性。必須牢記的是，陪審團調查後做出的裁判，如果被二十四名騎士的陪審團宣布錯判，將冒被推翻及重罰的危險。只要想一想，如果沒有關於證人的強制性訴訟程序，而且反對包攬訴訟的法律又對可能作證的人施以威脅、恐嚇的話，那麼你一定會清楚地認識到，由證人在法庭公開作證而作出審判的概念，對於那些思想狹隘的普通法律師而言是無法接受的。因此，一段時間以來，陪審團一直爲所欲爲，直到向他們施加了必須在法庭上聽取證人證詞的壓力爲止。

英國法庭上出現了一種很奇怪的現象，在刑事審判中，國王可以引用證人，並且長期以來一直沿用這樣一條法規，即被告不能尋找證人來證明自己的無辜。在大法官法庭，唯一的審判方法是經由記錄證人的證詞，由大法官據此作出裁判。一四三五年之後不久，大法官法庭就開始在訴訟及所有法律程序中使用英語。訴訟當事人自然願意尋找一個他們能夠聽懂的審判過程，並且也有人聽取其證人證詞的法庭。自從證人走上法庭，陪審團就開始害怕作出有悖於證據的裁決，他們會因錯判而受到重罰。國王的官員也願意對陪審員施以罰款。因爲這筆款項將中飽皇家私囊。

二審陪審團制度

但是這一改變使推翻誤判的方法失去了平衡，修正誤判的二審陪審團（attainting jury）變得不易管理。問題出在一旦在陪審團面前舉出證據，陪審團就變成依據證詞作出裁決的司法機構，而它作爲見證機構的功能即不復存在。沒有可能的折衷方案，行使司法職能的陪審團必須由法院進行嚴格的監控。尤其是它不得進行獨立於法庭以外的、不受控制的調查，而只能侷限於法庭上引用的證據。不過，重新審查判決結果的唯一辦法，只能由另一個二十四人的二審陪審團執行。第一陪審團或許根據它所掌握的證據做出了正確的判決，而二審陪審團有可能根據完全不同的證據來進行裁決。

這一點就連普通法的律師也看得一清二楚。導致這個變化的是依據證人的陪審團。後來又有一個規定，假如在二審審判中，一方當事人提出一個未向一審陪審團出示過的證據，那麼因錯判爲名而受審的一審陪審團，就可以用從來未見過此證據爲由，作爲對自己最好的辯護。很明顯，二審陪審團已不再是確認一審的裁決是否眞的錯誤，而是把一審陪審團作爲司法機構來審理，確定它是否按照所掌握的證據而做出正當的裁決。訴訟的最主要內容變爲人們的思想，生活已不像從前那樣簡單了。商業和貿易的發展、農奴制的廢除、城鎮的發展，使生活內容變得複雜多了。訴訟案件已不再是近鄰皆知的事情了，而陪審團也因此不必冒著風險而必須講實話了。不過，鄰里給陪審團施加壓力，使他們對面前的證據做裁決時必須說實話。現在接受審判的是他們的思想活動過程。

當法官看到陪審員傾聽證詞並努力以他們那種呆板的方式發現眞相時，是不能給他們冠以僞證的罪名的。很快法庭就規定，二審審判中的原告不得將他未曾向一審陪審團公開過的事實，作爲證據在此提出，也不允許他增加額外的證人。不過一審陪審團的成員爲自己辯護時，可以提出比當年原告給他的更多的證據，從而證明他們的裁決是正確的。法官也會爭辯說，陪審團的部分成員可能曾在法庭外聽到過這些額外的證據，並據此做出裁決。一般而言，法律的實用性高於其邏輯性。法官要求二審陪審團注意，一審中用到的哪些證據又提交給了現在的陪審團。假如那些證據是充足的，眞相究竟如何並無所謂。但是這一規定卻損害了訴訟當事人的利益。他有權要求，不應被一個顯然錯誤的判決而侵犯，他可以指著誓言，要求二審陪審團澄清事實眞相，而法官會輕描淡寫地說一句，誓言不同於物證，是非實體的，其實無關緊要。對於他們來說，問題不在於正義是否最終得到了伸張。

常識應該使人想到，二審陪審團首先應查明判決結果是對或錯。其次，假如發現不屬實，他們應該查明此判決，是否是由陪審團經合理程序做出。假如二審陪審團認爲判決錯誤，並且沒有經過合理的程序，判決結果就應被推翻，一審陪審團就應被罰款。但是如果判決有誤，而程序沒有問題，就只應推翻判決結果而不處罰一審陪審團。令人費解的是爲什麼法官竟想不到這個顯而易見的解決辦法。

不過，普通法官也沒有想到上面提出的這個解決辦法，最後的辦法是，二審陪審團的騎士們將不在一審中與「口頭誹謗或損害誠實的自由民，他們的鄰居」碰見。假如他們的確見面了，就會更加「情願地」認可一審判決。下面這個實際的案例可能會更清楚地說明這個情況。

有一個陪審團發現一個普遍的實際上漠視土地的遺囑的判決。那時關於土地的遺囑還是一件新鮮事，因爲《遺囑法案》（*the Statute of Wills*）剛剛通過。有人試圖推翻這項裁決。陪審團認爲此遺囑無效，法庭認爲二審審判中的原告，不能提供比他原來在一審中給陪審團的更多的證據，但是被告能提供額外的證據。法庭認爲要求他們把所有的證詞都寫下來是明智之舉，可見法官從大法官法庭中學到不少。不過，法官繼續說，鑑於證詞都沒有被保存下來，在二審審判中，法庭會讓證人宣誓，確認他們是否在以前的一審中給過同樣的證詞。

然後法庭會陳述宣判的罪名及證據，並提請二審陪審團留意曾提供給第一陪審團的證據。他們以法律的形式規定下來，假設那些證據是充足清楚的，儘管它們不是事實，儘管眞相是另一種情形，但二審陪審員也不應該去重視那些事實，而應該捫心自問，根據同樣充足的證據，換做他們自己，是否也會做出與一審陪審團相同的判決？關於證詞，法官還道貌岸然地補充了一句：「人生來就善撒謊，而非天使」。也許法官還在想著相隔幾世紀之久的故事，教皇在羅馬的街上看到一些面容清秀、長著黃頭髮的盎格魯——撒克遜人。別人告訴他，他們是盎格魯人，他回答說：「不是盎格魯人，是天使」。在上面那個案例中，如果法官把證人說成是「不是天使，是英國人」，就更是妙語連珠了。

這些普通法的律師，一方面在墨守陳舊的法律上表現得如此固執，一方面當皇家需要制定一種特定的法律時，又表現得足夠順從與圓融。愛德華一世統治時期，通過了一項法案，要求土地按照契約的形式作為遺產傳給後世。如果土地以契約的形式屬於一個人及其繼承者，那麼只要持約者的繼承人還存在，這塊土地就永遠不能以契約的形式屬於另一個人。當那些繼承者不復存在的時候，舊的契約中會寫明這塊土地讓與至何處。不需要，也不可以制定新的契約。法官將這一不動產的限制繼承權，演變為允許這個持約人生前擁有土地，但是他不能將其轉讓給限制繼承權以外的人，死後這塊地產不得歸為擁有人生前的債務。這樣做是因為王室有規定，土地是不能讓與的，以確保國王能對其徵收各種稅款。但是隨著時間的推移，王室的政策變為土地隨時可以讓與。玫瑰戰爭（Wars of Roses）中的約克家族（Yorkists）沒收了戰敗的蘭開斯特家族（Lancastrians）的土地。越來越多的人們要求，這些早年的限制繼承土地應由失敗者繳納罰金及賦稅。限制繼承的不動產如果被沒收，只會導致未來所有權人，即土地限制繼承後的那個人接管土地。法官可以毫不費力地設計一起虛構的訴訟，在未來所有權人根本無緣聽到的情況下中止限制繼承權，使未來所有權人喪失行使權利的資格，這是對不動產的沒收，是純粹的沒收。土地在英國再次成為可讓與的標的物，只消設計一個叫做「收回土地共同使用權之訴」（common recovery）的虛假官司就行了。當約克家族或都鐸（Tudor）王朝討論王室政策時，這些法官表現得足智多謀。《罰款法案》（*Statute of Fines*）的通過提供一個更簡單的沒收辦法，供法庭的虛假協議使用。

玫瑰戰爭與法律變革

到十四世紀中葉，一種可怕的稱為黑死病的瘟疫徹底改變英國的經濟模式，那時勞工中仍存在著農奴制的傳統。農奴制得以存在和延續的原因很簡單，人們沒有錢支付勞動力工資，勞工經由服役來換取土地及農作物，各種采邑領地的名冊上標明有哪些勞役。黑死病奪去了一半以上勞工的生命。在城鎮中對勞動力的需求是指需要付報酬的勞動力。假如一個農奴來到一個城鎮並能在那兒住上一年，他就會在法律上成爲自由人，他的服役生活也告結束。黑死病過後，勞工們開始離鄉背井去賺錢。地主們於是發令狀，派律師追捕他們，差不多四十年之後，這種危機達到白熱化的程度。原先的那些農奴揭竿而起，他們在農村殺死了大法官卡貝迪什（Lord Chief Justice Cavendish），總主教薩德伯里（Archbishop Sudbury）也在倫敦被謀殺，律師學院（The Inns of Court）被洗劫一空，文件全部被毀。勞工們叫嚷著要將所有律師斬盡殺絕。這次暴亂被殘酷無情地鎮壓了，一系列嚴厲的法案出現，開始規範僱主與勞工的關係，工資的多少由法律規定，拒絕工作的人可能被關進監獄。農奴制在形式上被廢除，而在實際上卻仍繼續。最終總算達成了某種妥協，勞工必須得到報酬，僱佣關係不得少於一年。主人不得解僱他們的勞工，僱工無正當理由也不得離開。同時，還通過了嚴厲的禁止勞工結盟的規定。法律賦予大法官一項他已在使用的司法權，即鎮壓結盟及漲工資的圖謀。工匠的工資由地方官訂定，他們試圖藉由法律以阻止人們離開其行政區，但這些法案就像所有類似法案一樣形同虛設，沒有效力。社會的動盪不安成爲十五世紀內戰爆發的導火線之一。

正當英國的政治制度有條不紊地向前發展時，這種秩序被十五世紀爆發的玫瑰戰爭打亂了。在這段戰亂頻仍、無法無天的年代，陪審團制徹底瓦解。在那段時期，誠實的陪審團的判決在英國幾乎絕跡。有一段時間，法庭幾乎被廢除，而普通法及其神聖的陪審團制也眼看著似乎要絕跡了。玫瑰戰爭後設立星室法院（The Court of Star Chamber），來處罰在法庭常見的各種當事人及陪審團的犯罪。

巨變大約就是在這段時間完成的。首先是英語開始進入法庭中使用，年鑑也不再用諾曼第法語書寫。其次是上面講到的陪審團審判變爲當著陪審員席進行審判，他們作爲司法機構聽取證詞。這些做法實施之後，我們現在概念中的審理案件的律師職業才算眞正開始。整個審判的模式都變了，這時，在英國正萌芽的文藝復興對律師業產生了影響。他們接受了更自由的教育，思想更爲開放，他們也從盎格魯——撒克遜的語言束縛中解脫出來，這種語言已完全變成了野蠻人的而無法自居爲一種眞正語言。很自然，律師們開始追溯法律的淵源。他們發現了布雷克頓、羅馬法及神學法的一些知識慢慢地滲透進普通法院，普通法律獲得了新生。法律學院也灌輸了新的思想，充滿了伊麗莎白時代的精神。高雅的娛樂及狂歡活動，加上假面劇及戲劇的產生，驅走了學院中的一些迂腐之氣。

民族主義的擴張及商業貿易的發展，帶來的一個很自然的結果是，英國開始建立她的海上帝國及殖民地。普通法律師不可能停留在原先那個思想狹隘的階層裡了。文藝復興帶來的新知繼續傳播著，偉大的文學興盛的伊麗莎白時期即將到來，英語和法語成爲新式語言，完全可以表達完整的意義。作爲律師是不可能不受到時代氣息的感染的。法官們可以詳盡闡述自己的看法，在這個不加鑑別或批判的年代，像凱特林（Catline）這樣的法官可以無拘無束地大放厥詞。他把《罰款法案》稱作是一個長眠的法案。因而在《普羅頓的報告》（*Plowden's Reports*）中這樣寫道：

> 凱特林把罰款法案中規定的處罰（由法庭一致做出並記錄在案的）比作門神傑納斯，他說傑納斯就是諾亞，但是羅馬人有時也叫他傑納斯，並把他畫爲兩面神，一張臉向後看，意思是他看到了被洪水奪走的老世界，另一張臉向前看，意思是他已經開始建立洪水過後的新世界。從此人們把他叫做傑納斯兩面神，還在他的手中畫了一把鑰匙，用以象徵著他這一代人重建世界的力量。所以說，這個法案製造了

洪水，所有洪水之前的權利都將因未在法定時間內提出而被淹沒。因爲沒有提出要求就是洪水，而處罰製造了一代新人，也就是新權利，因爲處罰製造了從處罰後開始的新世界。

凱特林的這一番話令法庭和律師瞠目結舌，他從哪找到聽說過諾亞的羅馬人，我們無從推測。但是凱特林根本不理會這樣的細節，聽者也都相信這段鬼怪的歷史。僅憑著他自己的名氣，他就自稱是羅馬人的祖先，謀反者盧西烏斯．塞爾吉烏斯．卡特林那（Lucius Sergius Catilina）。凡是讀過西賽羅反對卡特林那的演說的人都不應想做他的後代。讀過《庫克法學階梯》（*Coke's Institutes*）序言的人會知道當時一般的律師對於歷史事件是多麼的無知，因爲庫克在當時已經算是相當博學之人。試想，有一個實習律師來到大法官法庭，尋求它保護自己不受最高執政官的迫害。他宣稱自己以前是最高執政官的反方律師，現在被他施了魔法，摔斷了一條腿。大法官應禁止這種魔法。

書面訴訟程序的產生

大約一五〇〇年至一五六〇年間，法律又發生了另外一個巨大的變化。原先法庭上口頭的訴訟程序演變爲現在的書面訴訟程序。發出令狀之後，現在要求原告提出書面申訴，被告對申訴的回答也要以書面形式。如果他想以對方陳述的事實不足以在法律上提起訴訟爲由，表示反對原告的申訴，那他就得提起稱爲抗辯（demurrer）的全新訴訟，而庫克還以爲抗辯已被使用了幾十年了呢。如果他想否認控告的事實，就要寫書面的答辯書。假如他在答辯中提出了新的理由，那原告就要回覆答辯。很明顯，採用這種新的訴訟程序基於兩種動機。一是律師堅持答辯應由他們暢所欲言，而不應由法官決定他們在口頭辯論中應說什麼，並且律師也不打算信任書記員基於口頭辯論所寫出的答辯書；另一個原因是紙張已開始使用，不用再爲羊皮紙的價格精打細算了。從某種意義上說，紙張的低廉是對法律的一大咀咒，不過與現在用打字機記錄口述相比就不算什麼了。

訴訟程序的這一變革是靜悄悄地到來的，誰也說不清發生在什麼時候。它的歷程極爲不順。舊的體制像鐵板一樣頑固不化。訴訟與證據的不符是災難性的，以各種可能的方式及不同的訴狀詳述案情的過程開始了。只有一次申辯的老規矩仍繼續使用。新體制要由議會的法案來修正，而在此期間許多不公正的判決已鑄成。必須准許人們有多次申辯的機會，於是開始採用特殊辯護的體制。普通法一向不怎麼重視正義，現在則根本不管了。在法律上，起訴甚至無須經由宣誓證實。在所謂特殊辯護的科學中，假如答辯中提到了事實的話，是出於巧合，而非用意如此。

宗教戰爭

在都鐸王朝統治時期開始了宗教戰爭。英國的宗教革命沒收大片的教會地產，使財富重新分配。這次宗教革命與以往一樣，放任人們的狂熱，使人們的殘暴得到發洩。人們被拴在火刑柱上處死，更有甚者，大法官及主教費希爾（Fisher）僅僅因爲信仰的問題就被砍頭。摩爾（More）的遭遇也很悲慘，他說他不相信法律能使國王成爲英國教會的領袖。這是他在亨利國王鄭重保證他想主持教會只是出於自我滿足時說的話。摩爾當即受審並被送上斷頭台。埃德蒙・卜勞頓（Edmund Plowden）是英國一位出色的律師，無論是爲人還是律師的才華都遠在庫克之上，但因爲他是羅馬天主教徒，所以一直未能成爲高級律師，甚至連見習律師以上的位置都沒有當過。如果他放棄自己的信仰就可以得到大法官的頭銜。伊麗莎白在沒有任何權利的情況下，要求把下一任女皇的繼承人——蘇格蘭女皇瑪麗處以死刑，因爲如果不這樣做，他們就將有一個信奉羅馬天主教的女皇。亨利八世將大片宗教領地沒收並分發給那些急需土地的追隨者們，使他們在宗教問題上成爲牢固的後盾。當他的女兒，瑪麗這位羅馬天主教徒登上了女皇寶座之後，一批一批的新教徒被推上火刑杜。

由於主權的變遷而被迫改變宗教，對於法官是件很困難的事情。一個可憐的人爲要改變信仰想不通而自殺。他的死提出了一個新的法律問題，直到自殺法案的頒布才算有了定論。殺死自已就是犯了殺人的重罪，所有的重罪犯都要被剝奪財產。但是他們巧妙地詭辯說，自殺的行爲直至自殺者的死亡才算完成，而他死之後也就沒有什麼可喪失的了。但是法庭不這麼認爲，他們迂腐、荒唐的看法成爲鎮上的笑柄，莎士比亞曾學習過相當多的法律知識，他後來在《哈姆雷特》第五章中掘墓人的場景中嘲諷地模仿了這一辯論。書中被竭力描寫成一個傻瓜的「道報理」（Dogberry）警長，一定是滑稽地模仿了某一類律師。

英國法中更爲重要的發展，是前面提到的《遺囑法》（*Statute of Wills*），它規定土地所有人有權將其土地列爲遺囑。自從這個法案一通過，律師們開始用它進行試驗。在這個法律頒布以前，土地的繼承只能由契約來控制。而按照這個法律，不可能以中止土地成爲既得不動產爲由，而改變無限定繼承的遺產或限定繼承的遺產。不過普通法律師吸取了教訓，他們允許在遺囑中以待履行的名義做出各種條件限制。事情往往如此，本身是好事，但卻過了頭，於是需要發明一條新的規則，來挽救土地的可轉讓性。於是出現這樣的規定，條件限制必須在生存期內及死後二十一年之內生效，遺腹子可多給九個月的時間。

在英國混亂動盪的時期裡，發明一種契據以授予使用他人土地的權利。普通法的律師對此置若不聞，乾脆拒絕承認這種使用權。而大法官法庭卻表現出極大的熱情，他們抓住這些新規定，保護這種使用權並強制實施。普通法律師眼看著丟掉大批訴訟案件，仍拒絕改變他們的不承認作法，而是聽命於議會，通過了《使用權法》（*Statute of Uses*），這一法案乾脆把使用他人的不動產，變成使用人實際既得的合法地產。這並沒有嚇倒大法官法庭，它發明了一種使用權的新形式，叫做信託，用這種方法把土地作爲信託財產，從而奪回了訴訟，勝過了普通法庭。這下普通法律師無計可施了，而信託直至今天仍適用於不動產及個人財產。

大法官法庭後來又發明了一種新的管轄權，給予陪審團制及普通法院實行不義的權利猛烈的一擊，使他們徹底絕望了。二審現在已不起作用了，沒有任何方法去複查陪審團的判決。只有當在普通法庭中敗訴的訴訟當事人向大法官提起上訴時，他才可以重新審查陪審團的裁決。敗訴的原因或是受到了欺詐，或是由不可原諒的疏忽所導致，或是由於他沒能出示證明判決有誤的證據。假如敗訴的原因不是敗方的問題，就要藉由禁止執行判決，以強制勝方同意進行新的審判。大法官法庭甚至認爲這還不夠，只要有普通法庭不肯承認的衡平法上的抗辯，僅此就足以禁止他們的裁決了。

大法官並沒有說在普通法庭上使用僞證，就足以視爲欺詐行爲而下達禁制令。這就是說，大法官將根據已經提出的相同證據審理並決定案件。這種欺詐一定是爲了阻止敗方提出他的案子或聽證。精明的大法官指出，在新的審判中新發現的證據，如果屬實，也一定會導致不同的審判結果。被迫採取了這種方式之後，普通法院起先試圖推翻大法官法庭，庫克是這一運動的普通法律師的領導人。失敗之後，他們最後決定增加可用來撤銷判決的理由，比如陪審員的審理不當，某種新的審判形式過去已經有了，以及新發現的證據等等。但是大法官法庭堅持他們的管轄權，指出一旦在大法官法庭中行使的權力，就不得被被授與或假定有相同權力普通法庭奪走。

到了一六〇〇年的時候，普通法已被重新改組。普通法及衡平法之間的差異已大致形成，侵害行爲之訴已經變爲廣義上的對他人權利的不法侵害，對其修正現已得到了發展。許多古老無用的中世紀的累贅已被拋開。陪審團審判制已經開始其新的篇章，如今，陪審團作爲司法機關聽取證詞，並據此作出判決。那些像庫克之流假裝通曉古代法的律師，已經犯下最顯而易見的錯誤。法律中使用的語言改變了，盎格魯——諾曼第語很快被遺忘了。在這種情況下，法律需要重新闡述以便更易爲人掌握。人類逃避艱苦工作的惰性在律師中得到了充分體現。培根建議援用查士丁尼編寫法典的方法，來編纂卷帙浩瀚的英國法。

但是當人們呼籲斯圖亞特（Stuart）國王處罰都鐸王朝的獨裁者亨利八世、瑪麗和伊麗莎白的罪行時，一切又陷入了混亂。以前，這些統治者發現陪審團制非常有利於專制政府，議會也很樂於聽從。但是現在陪審團及議會都開始反叛，到處都充滿宗教之爭的火藥味。狂熱地抱著偏狹信條的思想狹隘之人，與他們虔誠的信徒一樣多，這是一個危險的比例。聖公會的教徒憎恨清教徒，他們又都憎恨長老會教徒。斯圖亞特國王以及信仰君權神授的人們驚訝地發現，亨利八世或伊麗莎白的爲所欲爲是無法被容忍的。

只有政府支持羅馬天主教會，它一直支持非宗教的政府，現在則遭到迫害。那些技巧純熟的辯論者使國王濫用的神權出盡了醜，而使人們不再信任。議會和陪審團，人們要求國王的大臣們償還血債。庫克從舊法中翻出了褫奪公權法案以補充彈劾。根據褫奪公權法案，應受懲罰的重罪犯可不經陪審團被判死刑。議會爲個案制定法規，根本無視被指控的罪行的情況，僅靠投票就決定應將某人處死。清教徒上台之後，斯特拉福德（Strafford）被斬首示眾。一位清教徒的將軍統治了英國，對《大憲章》及議會政府表示極大的蔑視，並實行沒有任何一位英國君主敢於嘗試的專制暴政。斯圖亞特王室廢除了法官。現在清教徒做得更爲過分，法官席上坐滿了他們的信徒。克倫威爾（Cromwell）認爲主賜予他權力，由他來告訴首席法官馬修・黑爾如何裁判。

當斯圖亞特王室捲土重來之時，王室得以繼續掌握教會。詹姆斯二世對他的首席法官說，他打算給法官找來十二個代表他的意見的律師。首席法官回答說，他也許能找到十二個代表他意見的法官，但不可能找到十二個律師。怯懦的蒙默恩（Monmouth）反叛未遂，蘇格蘭法官傑夫里趁機闡述，從屬的陪審團可以有何作爲，但是審理「七個主教」一案的另一個陪審團，難倒了國王的法官和律師。全國都起來反對羅馬天主教國王的專制統治，一六八八年的革命使法律得到了解救。最終結果是陪審團制被大加讚美，法官有了固定的任期。陪審團帶著這圈榮耀的光環傳到了美國，在那兒被稱作是我們自由權利的保障和支柱。

都鐸王朝及斯圖亞特時期發生的一些重大事情應在此提一下。它們大都是有關法律對羅馬法部分原則的吸收。要求賠償違約所造成損害的訴訟（assumpsit），稱爲對約定的案件的權利侵害，發展到及於各種契約或契約式的許諾，包括書面或非書面的、蓋印的或沒蓋印的、金額固定的或需依證據確定損害賠償金，或按律師的說法——未確定的損害賠償（unliquidated damages）。對於這種訴訟，都適用羅馬的約因法（law of consideration），可以說，英國的契約約因是羅馬法中的概念。因此，羅馬法中規定的各類約因，兌現承諾的行爲，以付出一物換取另一物的約因，以及以一承諾對另一承諾的約因，都被英國法吸收了。

和解與清償

不過普通法律師的固執以及對於思想無動於衷的態度，又在許多事情中明顯地表現出來。例證之一是在那些舊法律書中所謂的——和解與清償（accord and satisfaction）。假如兩個人簽訂一份蓋章的契約，此契約只能被另一份蓋章的契約修改或變更。對於一份蓋章的契約，不會出現約因的問題，因爲印章含有約因的意思。如果契約沒有蓋章，只有當一方將有價之物賣給另一方的時候，普通法才認可由此而生的債務。僅有承諾，是不予認可的，一方爲酬報另一方的承諾而作出承諾，在那時是不可思議的事。因此，假如一個人欠了另一個人一筆債，是一筆數目固定的錢，那麼，償還以及接受少於這筆數目的錢的協議都是無效的。原先根據普通法，根本不會接受對於未蓋章的契約提起未確定的損害賠償訴訟。於是發展解決金錢糾紛的和解或協議。如果和解是蓋了章的，其訴訟就可以用令狀簿中關於違反契約的訴訟（covenant）來主張。違反契約之訴適用於固定數目或不定的損害賠償金，但它必須是基於蓋章的文書，不過和解不適用於那種契約。它適用於解決口頭的或未蓋章的書面協議，以解決紛爭，由於普通法不承認未如數清償全部欠款的協議，因此合理地推論出，一個未經給付而清償的和解是完全無效的。理由是，如果一個人在未蓋章的情況下同意給付一筆錢，那這個協議對他不具約束力。但是，一旦這筆錢被給付，而另一方也將它作爲一種賠償額的清償而接受，此一協議徹底地被履行，具有像和解與清償一樣的約束力。當時，這一原則是以否定的形式來陳述的：沒有清償的和解是沒有約束力的。

當出現要求賠償違約所造成損失的訴訟，承諾是對另一個承諾的約因成爲有效的。現在按照新規則的理論，由於另一方同意接受，由一方提出給付一筆款項的承諾是具約束力的契約。換句話說，承諾接受的一方受到約束，因爲同意付錢的另一方受到約束。按照這種新的要求賠償違約所造成的損失的訴訟的法律，有可能出現兩種情況，第一種情況是，基於一方同意給付少於固定的款項，另一方也接受這一數目；第二種情況是，有關未固定或未確定的損害賠償金額的賠償要求，一方承諾付一定數目的款項，而另一方也承諾接受。但是普通法律師拒絕改變他們的原則。他們對這種新興的、羅馬式的對於承諾的承諾（a promise for a promise）感到無法理解。一位有些見識的法官決定從現在起，對於承諾的承諾是法律中一項好的約因，未經清償的和解具有與協議一樣的約束力，因爲這種協議對雙方均有約束力。那些守舊而僵化的普通法律師對此回答說，接受一筆少於現行契約中規定的應付款項的賠償金的協議是沒有約因的，此和解也不具備約束力，並直至應給付的款項實際被給付並且被接受爲止。這種說法對於給付固定款項的情況是很合理，但既然和解已確定那些未固定損害賠償金的數額，它不適用於不確定損害賠償金的要求，因爲接受的承諾與給付的承諾都具有約束力。不過，普通法的法官仍喋喋不休地對兩種情況重覆著他們的陳腔濫調——未清償的和解不具約束力。因此造成一種情形，就契約中未確定的損害賠償金額產生爭議的雙方，不能達成有約束力的協議以解決糾紛。那些愚蠢的普通法律師還一味堅持，無論雙方當事人是否願意提起訴訟，都必須以訴訟來確定損害賠償金的數額。不過，對於侵權行爲的請求權的和解，未清償也有效。普通法帶著這種深刻的矛盾命題關係來到了美國。我們可以毫不誇張地舉出上百個按照「未清償的和解沒有約束力」這一原則所作的判決，其中舉出各式各樣但都不充分的理由。教科書中盛行的主題是「混沌及黑暗的夜晚」。因此，那些無能的管理人將過時的法律程序強加到當代法律之上。

出售尚未存在的貨物

關於普通法律師盲從慣例的另一個例子，表現在買賣即將生產但尚未存在的貨物的問題上。中世紀時的普通法規定，貨物的買賣協議一經達成，則貨物的財產權立即屬於買方，不管是否交付，賣方都可以立即就約定的價格提起債務訴訟，買方可以就貨物的扣留提起訴訟。福德斯鳩奠定了這一不容置疑的法律。那些律師從未遇到，有誰會出售尚未製造的貨物這樣的事。普通法於是被推斷爲，出售不存在的貨物在法律上就是無效的，並且對於這種買賣，法律不給予補救辦法。（後來，要求賠償違約所造成的損失的訴訟中規定，不對那些當貨物被要求製造，或由賣方購買的買賣契約的破壞提供任何補救辦法。）這好比是出售某種以爲存在但事實並不存在的東西。這種交易在法律上是無效的。一個古老的案例是，一個人以他的羊爲憑賣掉了所有的羊毛，這種交易是正當的，儘管羊毛還在牛長之中。因此，出售在某一塊田地裡正在生長的莊稼也被視爲一項正當的買賣。對此提出的理由是，貨物已有一部分存在。但是這個裁決及於尚未播種的莊稼與羊群的租賃，其因積累而得的特定部分增值，可以是出租人的財產。另一方面，出售七年後可供母馬產子的公駒，不算作一項交易，而只是一個協議。但是晚些時候又出現一個案例，一位牧師出售七年後積累可得的全部什一稅（tithes），雖然簽約之時，這筆稅款尚不存在，但這筆交易在亨利六世當政時被判爲正當的。到這個時期我們可以明顯地看到，普通法院的法官就像愛麗絲漫遊仙境一樣，對見到的怪事嘖嘖稱奇，大傷腦筋。

最後，有一個案子交到了伊麗莎白時期出色的律師卜勞頓手中。這一案例記載在摩爾未翻譯的報告書中，「一位誠實的自由民」因做出不合自由民身份的舉動而有罪。與我們在前面章節中講到的希臘船長的案子一樣行爲惡劣，這個自由民把他的母牛一年可製造出的奶油，全部出售並得到預付款。但當奶油做好之後，他又賣給了第二個買主。這個故事聽來有點蹊蹺，怎麼能把奶油保存一年還能出售眞是個謎。不過在中世紀，這種經年累月的奶油也許被視爲一種美味呢。就讓我們權當是摩爾把奶油跟起司搞混了吧，他畢竟僅僅是個普通法的律師而已。無論如何，報告中說奶油被售給第二個買主，買主用馬克付了錢，並放心地把這些奶油交給這位誠實的自由民賣主保管。這位自由民慷慨地把這批貨送到了第一位買主那兒，於是，第二位買主對第一位買主提起追回原物之訴（replevin），第一位買主以第一次購買爲由宣稱對此擁有所有權。就這個案件，人們要求卜勞頓先生判定，這筆貨物究竟是屬於第一個還是第二個買主。卜勞頓的回答是屬於第二個買主，因爲一開始在自由人與第一位買主間形成的契約，是僅僅約定自由人將在奶油製成後出售，因爲在奶油存在之前是無法出售的。而在製造它之前，奶油是不存在的，因此，在製造奶油之前，不存在所有權問題，也就沒有關於所有權的契約。因此，第二個買賣契約才是有關所有權的移轉，在卜勞頓的這個判決下，第二位買主拿到了奶油，第一位買主向自由人提出損害賠償之訴。

當然，這個案件是由卜勞頓按照當時有效的法律所做的錯判。與第一個買主達成的協議是關於自由民將要製造的所有奶油，而不是一部分。在此期間內，奶油一製成，無需再做什麼別的，它就立即適用於那個契約，所有權就立即移轉。對第二個買主的出售行爲是完全無效的，因爲這位誠實的自由人在出售別人的財產。卜勞頓應該從牧師出售他所有的什一稅中了解此一原則。但是，假如一個製造特殊物品的生產者，必須依契約交付其物品中被選中的部分，並直到貨物被挑選完畢，符合這個特定的契約之時，所有權才算移轉。這個自由人在奶油一做好的時候，就有權通知第一位買主收取他的貨物。假如他不這樣做，可以在所有權屬於買主的前提下，存放屬於買主的奶油；假若買主尚未付款，他可以以奶油一旦製好所有權即移轉爲由對買主的欠款提出訴訟。假如卜勞頓了解羅馬法的話，那他就會做出正確的回答了。因爲在那個高度文明中，對於出售尚未擁有或尚未製造的物，這種問題早已提到並做了答覆。

都鐸王朝及斯圖加特時期是極端殘酷的年代。統治者個個都是鐵石心腸。亨利八世把摩爾送上斷頭台是爲了使印第安的阿帕切族蒙受恥辱，伊麗莎白這位「公正的處女」（fair vestal），像羅馬皇帝圖密善一樣專橫暴庚。而庫克則集殘酷、虔誠、貪婪於一身。我們將在下一章讀到他迫害沃爾特・羅利先生（Sir Walter Raleigh）以取悅詹姆斯一世所用的方法，使英國法長期蒙受了恥辱。克倫威爾和他的清教徒們也冷酷無情。查爾斯一世以典型的斯圖加特的方式遺棄了他的大臣斯圖福德。查爾斯二世當政時期，馬休斯・黑爾對施巫術的可憐的老女人進行審判並處死，而清教徒們也依據《舊約全書》作爲他們對巫師的法則，在麻薩諸塞施行著同樣的虐待。聖公會教徒對於新教徒、長老會教友、貴格會教徒以及羅馬天主教徒均進行迫害。最後還有傑夫里，他在法官席上的爲所欲爲，在英國法官歷史記載中留下最後一抹不光彩。

衡平法體系的確立

斯圖加特時期一位突出的人物是大法官諾丁漢（Nottingham）。他盡的第一項職責是修正普通法中，要求賠償違約所造成損失的訴訟的濫用，此訴訟准許承認各種口頭契約，而證據往往是最爲明目張膽的僞證。普通法從不承認口頭契約到承認所有各種口頭契約以及口頭信用。《欺詐法》要求某些關於信用的契約及文書必須是書面的，從而改正大部分的惡行。儘管該法起草得很仔細，但其中的每個字都關係到訴訟中的大筆費用。依據該法的幾項條款所做判決的註解與評論，現在收編爲一大本法律書。還從未有人能夠制定具有普遍效力的一項法規，毫無疑問，這樣的人可謂前無古人，後無來者。

在諾丁漢的時代之前，可以經由無數的紀錄中許多不相關的判例，發現衡平法的管轄權的不同項目。諾丁漢大量閱讀並相當了解羅馬法，並熟悉各個類別，他將衡平法管轄權排列在管轄權的不同項目之下，既有與普通法庭的管轄權共存的部分，也有衡平法庭的專屬管轄權的部分。這項工作完成之後，英國的衡平法成爲一個對稱的體系。

如果沒有衡平法，英國的法律體系將是難以想像的，而它實際上卻是僥倖存留下來的。由於種種不值得稱道的原因，清教徒對於大法官法庭懷有強烈的反感。克倫威爾時期的大部分律師都拒絕在普通法法庭出庭，法律學院也已關閉，普通法法庭仍在行使其職能，就新發現的證據或以審判過程中出現錯誤爲由，向法院提出重新審判的請求成爲時尚。他們爲廢除大法官法庭付出堅忍不拔的努力，使其實際上停止發揮功用。普通法的律師從未理解過大法官制度。那些不了解實情的律師仍以爲這是一種任意適用法律的方法，在處理特定的案件時還可以廢除法律，它是作爲政治機制被濫用了，他們的這種看法無異於胡說八道。

清教徒不喜歡衡平法的主要原因，是他們隱約感到衡平法在某些方面與羅馬教會的教會法有關聯。實際情況比他們想像的還要眞實。事實上，整個大法官法庭的法律程序及審判方法都是羅馬式的，它的法學準則亦如此，但是它作爲政治體制而被濫用卻沒有記載。到斯圖加特復辟（Stuart Restoration）之時，大法官制又捲土重來，不久後，有造詣的律師都開始學習教會法。查爾斯二世統治時期的首席法官沃恩（Vaughan）同他的兩位助理法官同坐在法官席上，用法律術語來說，這兩位助理法官叫作出庭律師

（puisnes），是正式的普通法的出庭律師。產生關於何謂教會法的問題。他們在聽取一個案件時，有人提出這樣一個問題，兩位出庭律師當即帶著某種驕傲的口吻對此表示拒絕承認。沃恩舉起雙手感嘆說：「以上帝的名義，我究竟犯了什麼罪過，要與這兩位公然否認教會法的法官坐在一起？」

在一六八八年的革命中，撤銷了處於輔助地位的普通法官，並按新法規任命了新法官，在表現良好期間擔任職務。不久約翰・霍特（John Holt）成爲首席法官，他在一個案件中，將羅馬法中關於保釋法規引進普通法。但普通法仍在很多方面，需要得到羅馬法的幫助。曼斯菲爾德（mansfield）是英國最偉大的一位法官，他將羅馬法中關於類似契約關係的非契約，稱爲準契約的衡平法教條，以及公司、合夥、代理以及保險等法規引進普通法。又過了二百年，從羅馬法而來的衡平法體制才算終告勝利。直至一八七六年才承認必須給予普通法院衡平法的權力，普通法與衡平法不一致時，適用衡平法的規則，以此確保公正的法律在英國的支配地位。

十七世紀發生的各種政治爭鬥，使新的陪審團制變得堅不可摧。既然它已變爲一種聽取證詞的司法機關，法庭被迫制定訴訟程序的規則，以使被選出的公正陪審團可以審理案件，同時確保應由法官控制向陪審團出具的證據，不得引進不當的證據。所有證據都要經過交叉詢問，以進一步保證它的眞實性。原先的規則很奇特，在普通法的最初階段，是由證人宣讀的古老誓言來使証據生效的，他必須按照他自己所了解的情況宣誓作證，而不是別人告訴他的。

正是在這段時期，英國法傳到美國殖民地。各殖民地從美國獨立戰爭之前就開始迅速發展，各州獨立之後更加快了這一步伐。但是獨立並沒有給各州的法律帶來改變。英國法庭中審理的案件，仍舊作爲美國法庭參照的判例。從理論上說，兩國使用的法律是一樣的。就連普通法和衡平法這兩種衝突的體系，也引入了除清教徒所在的麻薩諸塞州和貴格教的賓夕法尼亞州之外的美國各地。擁有幾百萬人口的加拿大大部分地區也引用英國法。今天的澳大利亞也使用英國法，在全世界都可以找到許多英國法與現代羅馬法相連接的點。在某些英國屬地盛行羅馬法，從這種法院中提起的上訴將由國王在其市政會（the King in Council）裡聽取，現在則由稱爲樞密院司法委員會（Judicial Committee of the Privy Council）的法庭受理。在那兒，英國法官毫不費力地依照羅馬法規進行判決。自一七〇一年始，蘇格蘭的上訴開始在英國上議院中受理，蘇格蘭從未實行過普通法。一般而言，它始終引用的是羅馬法。所有這些都在一定程度上開闊英國律師及法官的眼界，解放他們的心靈，並爲普通法及衡平法的融合而準備。

但是無論如何，律師和普通法從羅馬法中學到，透過形式看本質的法學精神。卜勞頓有趣地描述這一情形。他用諾曼第法語寫成的著作於一五八八年由偉大的法律出版家理查·陶泰（Richard Tottell）將一部分印制出版，此書之精美完全可以與布雷克頓所著的《英國法律及慣例》的拉丁文版相媲美。此後一百五十多年中似乎沒有人將卜勞頓的著作譯成英語。以下這一段是從第一本英文譯著中連同其大寫形式一同摘錄下來的：

讀者也許可以從這一判決及其訴訟理由中看出，使法律成爲法律的不是文字，而是內在含義。我們的法律與其他法律一樣，是由兩部分組成的：肉體和靈魂，法律的文字是肉體，意義及道理是靈魂，因爲法律之所以存在的原因就是它的靈魂。也許我們可以把法律比作是一枚堅果，外殼裡面是核心，法律的字面代表外殼，其意義是核心，正如你若只使用外殼就享用不到堅果一樣，如果你只依靠那些字面，就不會從法律中獲益。既然堅果的果實和用途在其核心而不在外殼，因此，法律的果實和用途也存在於意義，而非文字之中。

爲法律而建的最漂亮的建築之一，是倫敦的中殿律師學院大廳（the Hall of the Middle Temple）。我們應將其歸功於這位伊麗莎白時期律師的高雅審美情趣。伊麗莎白女皇告訴卜勞頓只要他肯放棄宗教信仰，就給他大法官職位的那封信一直保存在卜勞頓廳（Plowden Hall）中，直至毀於十九世紀初的一場大火。儘管法律史上出現了像庫克這樣的人物，但歷史還是用卜勞頓這樣的德高望重之人，來彌補了這一損失，僅僅是他的書就會永留青史。

從某方面來說，古老的普通法比我們今天的法律還有能耐。當它審查陪審團做出的裁決並發現其不公正時，它可以實行正確的判決，並處罰做出錯判的陪審員。現在已經不可能再這樣做了，如果決定重新審判，那整個審判都必須從頭開始。如果有人就案情提出上訴，並因缺少證據推翻原判，公正的判決也不能就此做出，整個審理必須重新開始。同樣，主持法庭的法官也不能處罰陪審團，不管它做出的判決有多麼地不合法。這種做法起因於一樁古老的布舍爾案（Bushell），後來被譽爲不朽的判決。那個案件中提出的理由是，陪審團根據自己了解的情況以及證據作出裁決，這在當時不是眞實的，在今天也不是眞實的。假如判決與證據相反，儘管陪審團可能認爲，它了解與證據相反的事實，但這個判決在那時是不能成立的，在今天也一樣。人們對這一錯誤卻執迷不悟，一味地重覆著法律的老調，法庭無權處罰作出錯判的陪審團，就是基於這樣一種毫無根據的理論。美國憲法及大多數保留陪審團審判制的州，規定任何判決不能依據有矛盾的證據，除非是陪審團審理的案件，而依據陪審團的裁決做出判決。因此，法律並不總是向前進步的，這就是它退化的一個例子。

很多年以前，一位刻薄的希臘哲學家譏諷地描述，在陪審團面前的答辯會讓辯護律師變成一幅什麼模樣。他說：「辯護律師被局限於爭論的問題點，並且必須分秒必爭地把話說完。就像奴隸對主子那樣，他們必須用甜言蜜語哄騙陪審團，用行動換取它的歡心。因此他們變得緊張、機敏，他們的心靈變得狹小、扭曲。奴隸般的生活奪走了他們的進步、直率與獨立，恐懼和危險的包袱又迫使他們撒謊。他們無法用正直和眞理來承受這一負擔，於是馬上開始求助於欺騙。因此，他們雖然在如何牽強附會、別出心裁上表現得尤其聰明，但他們被扭曲、被壓抑得沒有了眞正健全的心智」。今天許多律師依然是這樣。在這一職業的底層與無意識的部分，可以發現很多這樣的人。但是如果一個律師登上了露台，進入羅馬正義的宮殿，就會看到到處豎立著爲紀念偉大的羅馬律師而塑立的雕像。他會反省深思，這些人創造的法律體系，仍然是那些從未被其雨露滋潤過的大地的行爲指南。這種全球性、日益興旺的法律體系一定是由那些見多識廣、寬容開明、動機純潔、思想敏銳而自由的人們創造出來的。也許這就是對那些向聖賢發難，或始終如一地指責律師的那些人的最好回答。

讓我們再從另一幅圖畫中看看那些未消失的好律師。一八六九年，英國法律界在卜勞頓的漂亮建築——中殿律師學院大廳中，爲偉大的法國律師巴赫葉（Berryer）舉行了一次盛宴，當時年事已高的布諾漢（Brougham）在講話中再次引用了他自參加卡羅琳女王案（Queen Caroline）的審理以來最鍾愛的一句名言：「作爲一名律師，首要的及最重要的職責是，將一切置於當事人的利益之下。」首席大法官考克伯恩（Cockburn）在回敬給「法官們」的祝福時提出了與布諾漢不同的異議，並在大家爆發的掌聲中說出，將永遠指導著律師如何對待當事人的話：「律師應像戰士那樣使用自己手中掌握的武器，而不應像刺客，他應該支持當事人，合法的（per fas）而不是非法的（per nefas）的利益，他應知道如何調和當事人的利益與眞理和正義的永久利益。」每一位能夠走上正義的聖壇，並點亮那神聖而不滅的火焰的人都必須通曉這一點。

第14章

英國法律體系的和解

「我很感謝你的挑戰，眞的，不是爲了我們這些坐在法官席上的人，而是爲這些旁聽的年輕人心存感激。不管誰對誰錯，答辯完畢。」

一六八八年，詹姆斯二世被廢黜，爆發歷史上著名的光榮革命（Glorious Revolution）。其最稱得上「光榮」的一點是，在英國藉由憲法確立法官只有在表現良好任期才能保住職位。這一原則規定於美國聯邦憲法中：聯邦最高法院的法官以及巡迴法院與地方法院的法官，在表現良好期間內其職位受到保護。原先英國的規定是，法官任憑國王的好惡來任命，並且除了都鐸王朝與斯圖加特時期，法官的任期都是終身制的。不管政治制度如何變化，當時任職的法官從未受到任何衝擊，至少沒有出於政治原因的攻擊。不錯，愛德華一世的法官是接受過審判，並以貪污受賄罪與濫用司法職權被判刑。在三任愛德華國王的統治時期，也確有個別法官被撤職的情況。在理查二世統治時期，議會罷免並處罰了國王的法官，因爲在首席法官泰斯里安（Tresilian）的帶領下，除一名法官外，全體法官都在一份認爲議會犯有叛國罪，超出法庭職權的意見書上簽了名。結果身爲高等法院首席法官（Chief Justice of the King's Bench）的泰斯里安被斬首示眾，其他簽了名的法官及國王的律師洛克頓（Lokton）都被流放到愛爾蘭。這在政治上就同被放逐到偏遠的澳大利亞新南威爾斯的港灣是一個意思。要不是當時從教士到議會發動的請願，以當時的殘酷程度，所有的法官早就被砍頭了。

法官任期終身制

蘭開斯特王朝的亨利四世取代理查二世的時候，並未更換任何法官。玫瑰戰爭中，約克人打敗了他們，唯一受到衝擊的，是曾在蘭開斯特的部隊中服役的首席法官福特斯鳩。當亨利七世在波茨沃斯戰役中，打敗最後一任約克國王理查三世時，亦未更換任何法官。當亨利八世的女兒瑪麗成爲繼承她的哥哥——愛德華六世，羅馬天主教的女王時，當時的法官也只是將他們的宗教信仰改爲歸依羅馬教皇。幾年之後，伊麗莎白登上女王寶座，法官們搖身一變，成爲新教徒。詹姆斯一世時，伊麗莎白的後繼者乾脆開了皇室出售法官職位的先河，只需付現金便可以坐上法官席。護國公（Lord Protector）克倫威爾清除了所有任職的法官。復辟時期的查爾斯二世任命了新法官，不過保留了馬修斯・黑爾先生。詹姆斯二世曾兩次罷免他的法官。在大革命時期，傑夫里尚未被斬首就死了，但詹姆斯手下的所有法官，除一名中立的之外，全部被排擠一空。

於是，從那時起，便定下法官不可被罷黜的原則，美國作爲殖民地也繼承這一原則，雖然在很多州，我們現在又轉而採納羅馬體系中最糟糕的法官選舉制。在世界上所有被冠以文明的地方，只有美國各州的法官是被選舉出來的，除了那些保留法官終身制的州之外。一般而言，如果法官被任命爲終身制，各州法官席上的成員將會更出色。有很多人提倡選舉法官，但是我敢說，經選舉坐上法官席的法官，沒有一位不願意將其任期變爲與聯邦法官一樣。無論如何，提倡由選舉產生法官的人對法律的歷史知之甚少。

法官之所以應成爲永久任期的官員，是因爲在所有人中，法官是最不應爲正義做出犧牲的人，他不得為主持正義付出代價。不論他是誰，也不論他有什麼才能，他都必須不為他人所干擾，做到不偏不倚，除非他有犯罪行為，否則不得在其他任何地方被傳喚，為其身為法官的行為做出解釋。法律實施的最根本是不受影響的公正，法律的歷史已證明，如果沒有人去左右那些擔當司法職位的人，一般而言，他們的行為都將專注於司法的公正上。而選舉出來的法官在人群的叫囂、責難聲中做出犧牲的例子不勝枚舉。誰要是希望法官除了依法主持公正，還要屈從於其他影響，不管影響者是誰，也不管動機為何，不管針對什麼施加影響，施加影響的人是好意或是惡意，誰就是政府的敵人，就沒有眞正意義上的道德感。因此，罷黜無能的詹姆斯皇帝，所取得的最為光榮的成果，就是確立英國法官的終身制。同時英國也認為政府有義務付給法官薪資以作為補償，當薪資可與執業所得的報酬相比時，一個有能力的法官在經濟上就不會吃太多虧。

這一司法改革是對英國法律結構的一大支持。還有其他一些改革也產生一定影響，一是普通法與其從業者的自由化，另一是關於證據法則的確立，陪審團可據此成為眞正的司法機關。還有一個是辯護方法的改革，以使實際的衝突得以提交至司法機關。但是這些的重要性都比不上，英國等待了二百年的這場改革，它波及整個國家，給予擁有普遍管轄權的法院完整的權力，使其能夠運用任何一項適用於案件的情況的法律原則，特別是給予法庭視案件要求既可以作為普通法庭，又可以作為大法官法庭的權力。

我們在此應回顧自布雷克頓於一二六八年逝世以來，法律所走過的漫長路途。普通法侷限於陪審團可就其事實裁決的案件，而使其可適用的領域變得狹小，但卻使陪審團成為司法機關。如果以某種觀點而言，這種狹隘帶來惡果，（那些惡果已被一一歷數），但它至少沒有妨礙大法官法庭自己形成一套平行的法律體系，並使其系統化，內部相互關聯、相互依賴，這種體系產生的法官和審判庭，重新召回羅馬法理學家的法學方法。

至於陪審團制，我們還是來看看它所產生的好的影響。它使普通市民接觸法律，並使其成爲法律施行的一個組成部分。它給予普通市民生活在自由體制下所需的訓練，英國人的政治素養無疑地歸功於陪審團制，當歐洲的其他地方還遠遠沒有能力自治時。陪審團制具有代表制的特徵，這種特徵被用於英國議會的組成，像孟德斯鳩所說，代表制的政府是自亞里士多德《政治學》（*politics*）以來，唯一眞正的政治發明。從這個觀點，人口中較聰明的部分經由陪審制，接受讚美、尊敬法律與有秩序政府的訓練。

法律專業的劃分

至此，尚未提及任何有關法律專業的事。現在該談一談關於這個專業了，談到我們國家的法律專業，就有必要將英國這一發達的專業，與已被我國的特定環境改造的專業做一對比。從普通法的早期開始——至少早在一二五〇年，基於某種歷史的影響，法律專業最終明確劃分爲兩大類：一類由出庭律師（barristers）或辯護律師（advocates）組成，他們專門負責向法庭陳述案件的工作；另一類由代理律師（attorneys）組成，他們負責訴訟的準備工作，以及所有律師工作中不含爲案件進行辯護或進行實際審理的部分，或從事出庭律師的諮詢工作。這一區別的關鍵在於，即使在我們祖先那個未開化的年代，一個人也可以找一位朋友或夥伴爲其在法庭上辯護，但是請代理律師代理並約束木人的權利，則是之後很久才發展而來的。起先，出庭律師說的話對當事人不具約束力，後來到了羅馬帝國時期，辯護律師分化出來並自成一派。在英國和法國，這種專業的分類就這樣延續下來。事實是，出庭律師或辯護律師一直都享有優於代理律師的特權，他們不僅社會地位更高，而且大多是由來自社會上層享有更好的機會的人來當任。實際上，律師學院中的某條舊規則對於代理律師所下的定義是：「低等身分而無關緊要之人」。幾世紀以來，代理律師一直都被律師學院強硬地排斥在外。

所有早期普通法的文獻資料都是關於法庭上的辯護律師的。這些資料是法律遺產的無價之寶，儘管現在已幾乎無人可以讀懂。對辯護律師庭上辯論的記錄早在一二九二年就有了，自那樣久遠的時間以來，英國就已擁有如此完善的法律制度，律師當庭進行的所有辯護，以及法官判案的具體依據都有詳細精確的記載。精通法律的書記仔細傾聽，將辯論與出庭律師爲其當事人辯護時所爭執的法律觀點，記錄在羊皮紙上保留下來。這些記錄彙編成集，稱作《年鑑》（*Year Books*）。從一二九二年至一五〇〇年間一本不差，後來還有些零散的《年鑑》。這些都是用諾曼第法語寫成的，或是用這種語言後來演變而成的盎格魯——諾曼第語。《年鑑》的彙編即將結束時，人們開始編寫更接近我們現在的訴訟報告，比如戴爾（Dyer）、安得生（Anderson）和卜勞頓所寫的那種。《年鑑》的獨特價值在於它精確、翔實地記錄了法庭在確定審判的爭議時，雙方律師的爭辯。在此，早期出庭律師的工作結束了。當現代的書面訴狀開始使用時，《年鑑》的使命就告結束。

因此，現代的辯護律師要應付法庭的兩部分——法官與陪審團，而早期普通法的出庭律師則只要應付法官。還應注意的另一件明顯的事實是，除非辯護律師爲起訴人辯護，否則對他而言沒有刑事任務。在所有王室作爲原告起訴的案件中，要由他們先請律師，然後被告方可請律師。

一二九二年，辯護律師又分爲兩類：高級律師（serjeants at law）及見習律師（the apprentices）（或資深律師和後進律師（the seniors and the juniors）），又過了很久之後才有高級律師與王室律師（King's counsel）及出庭律師間的區別。依我們現在來看，一個見習律師（或我們說的，出庭律師）經過多年的實務之後方可獲高級律師頭銜。法官只能從高級律師當中選取。法官稱之爲兄弟的是高級律師，而不是見習律師。幾世紀以來，普通法的辯護律師都在具有多年律師經驗的法官面前進行辯論，除非他們天生蠢笨，無可救藥，一般都會成爲很棒的律師。

在此一時期，辯護律師就必須是一位學識淵博的人。他必須通曉三種語言，並且都能熟練運用。法庭上進行的口頭訴訟均使用諾曼第法語。對於案件的記錄全部用拉丁文，而當出庭律師與他的當事人交談時，他又必須會講一種或多種這些中下層英國人使用的方言。目前從《年鑑》上看來，辯護律師不需慷慨陳詞、滔滔雄辯。他們言辭直接、論辯簡短，措詞亦不華麗雕琢。整個過程是一種非正式的討論。在討論和爭辯的過程中會提到新的事實，已經陳述過的事實也會被賦予新的意義。與案件無利害關係的高級律師和見習律師在法庭上進行調停，有時法官在總結辯論時會偏向在場出庭者的利益。律師學院的學生也出庭旁聽。首席法官貝爾福德（Bereford）對曾經攻擊其法律觀點的高級律師威斯特科特（Westcote）說：「我很感謝你的挑戰，眞的，不是爲了我們這些坐在法官席上的人，而是爲這些旁聽的年輕人心存感激。不管誰對誰錯，答辯完畢。」

在法庭上會時不時地聽到一個法官言辭犀利地逼迫另一個法官。還是這位首席法官貝爾福德向我們講述他出席議會時，文伯瑪伯爵夫人（Countess of Albemarle）——這位夫人看來很有自己的主見，應高等法院的法庭發出的令狀出席。她提出反對，說此令狀沒有具體指明對她指控的罪名。有兩位法官認爲令狀是有效的，但是首席法官漢姆（Hengham）認爲無效，他對其中的一位法官說：「你在此當然會做出這樣的判斷，就像你曾在大法官法庭上所做過的那個判斷一樣，從犯被絞死，而主犯日後卻在你的面前被無罪釋放。」然後對另一位法官說：「曾有一個人在你面前被絞死，後來這個人的遺產被贈予其繼承人，以彌補不公之過，因爲你的判決違反了土地法。」還有，愛德華三世統治時期，威洛比（Willoughby）正在法官席上說明一項法規時，與他同坐在法官席上的兄弟施爾敘（Shareshulle）說：「現在那已不是法律了」。威洛比不屑地反駁道：「一個比你更有學問的人才被它判決了」。

有時辯護律師會受到沉重的打擊。兩位精通法律的高級律師正就一筆賬辯論不休，法官打斷他們說：「別再爭吵，將你自己脫離那筆帳吧」。還有一次，豪威德（Howard）法官對一位精通法律的律師說：「假如你想引用一個案件，爲什麼不引用一個相關的呢？」首席法官斯多納（Stonor）還曾對正在法庭上發言的見習律師格林（Green）說：「我很驚訝，格林想使自已成爲一個無所不知的人，而他不過是一個年輕人。」

假如我們向前邁進一百年，到愛德華一世的曾曾孫子理查二世當政時，我們看到的還是相同的體制，同樣的記錄和同一種律師，只不過律師的素質已退步了。讀了那些記錄對律師的印象是，他們的思想一點也不開放，而是僵化與教條，對於他們所執行的法律體系似乎根本不懂或不會純熟地運作。

奇怪的是，正是此一時期，我們歷史上第一位偉大的詩人將高級律師描寫得活靈活現，這位詩人無疑與這些律師私交甚好。喬叟（Chaucer）在其所著的《坎特伯雷故事集》（*Canterbury Tales*）的緒言中，生動地刻畫當時典型的律師形象。若能經由意譯如實地闡述，他使用的那種過時的英語方言的意思就更好了。你可以看到當時嚴肅古板、看似睿智但自負傲慢的成功律師的眞實模樣，並且這種人雖歷經五百多年仍未絕跡。喬叟在《坎特伯雷故事集》中收錄的形形色色的人中，有一位在南沃克（Southwark）的塔博德學院（Tabard Inn）的高級律師，他很謹慎，城府很深，在聖保羅教堂前庭的柱廊工作了多年。當時，律師不用付房租，他的辦公室在聖保羅教堂柱廊上面的房間，這是大教堂的門廊中廊柱的公用空間，每個高級律師都分得一個廊柱空間的地方。他在這兒會見當事人，並在放在雙膝上的羊皮紙捲上做記錄。喬叟寫的這個高級律師是土地購買者，「沒有哪兒沒聽說過他的大名」，不過，此人看上去比實際上要忙，他隨身攜帶著記滿了自征服者威廉國王時期以來的案例及判決的羊皮書，所有的法條他都倒背如流。喬叟還特意描寫了他的穿著，雜色長袍配上絲綢腰帶，更使其形象躍然紙上。我們每個人都會在腦海中浮現出當今一些面目嚴肅、透著迂腐的學院氣，整天假裝自己比實際上懂十倍的人。這類人從來就未曾少見。

不過，這種體制卻造就一批出色的律師和偉人，像巴爾寧（Paring）、福特斯鳩、利特爾頓（Littleton）及丹比（Danby），在各個時代都稱得上是偉人。但是我們尚需進一步，從各方面詳細描述他們的辯論風格，因爲他們所熟悉的那種訴訟秩序已不復使用，雖然實體法基本上無大變化。現在我們再往前邁進一百年，也就是到一四八五年，在經歷了玫瑰戰爭中蘭開斯特家族與約克家族間的血戰之後，都鐸王朝的第一任皇帝亨利七世在位時期，小王子被他的駝背叔叔理查三世在倫敦塔橋暗殺之後，擁有蘭開斯特家族紅玫瑰頭銜的亨利七世與被害王子的大姐結婚。她是約克家族的白玫瑰，亨利無可爭議地獲得了王位。首席法官福特斯鳩用拉丁文寫成的論著《英國法頌》中，對這一階段英國的法律體制及辯護律師在律師學院所接受的教育，有翔實的記述，這本書可謂法學遺產中的無價之寶。

律師學院

律師學院由來已久，已找不到其起源的記載。不過可以肯定的一點是，在律師學院之前就有法律學生的團體。愛德華二世在位時，或稍晚些時候，有一群學生在神殿（Temple）中得到住處，由神殿騎士勳章（Order of the Knights of the Temple）沒收得來的財產，並很快劃分爲中殿（Middle）和內殿（Inner）。另一群學生聚集到林肯律師學院（Lincoln's Inn）。再晚些時候，另有一幫學生得到格雷・威爾頓勳爵（Lords Grey de Wilton）的宅地，後成爲格雷律師學院（Gray's Inn）。除了這些大法學院之外，還有十個小一些的大法官學院（Inns of Chancery），它們與大法官法庭沒有任何關係，只是一些預備學校，學生們在這兒學習的只是從大法官那兒發布的關於訴訟的原始令狀而已。

不過，這些學生聚在在城牆外的老城邊上是有原因的，這個地方成爲後來的神殿法庭（Temple Bar）。福特斯鳩解釋其中緣由說，大學裡不能教授英國法，學習法律的地方要比大學寬敞、舒適得多，又要在離威斯敏斯特國王的法院不遠的地方，因爲法院中每天都有訴訟進行，有對法律的辯論，有精於法律、技巧純熟的資深法官做出的判決。學習的地方在繁華城市的旁邊，但是非常安靜，遠離鬧市的喧囂，沒有過往的人群打擾這些學生，而他們又可以天天出庭旁聽。現在叫做斯蘭德（Strand）的街道當時只是一條鄉村小巷，學生總是穿過這條小巷，到達法庭所在的威斯敏斯特大廳，就連大法官也坐在大廳前面的大理石椅子上。這座古老的諾曼第大廈，是征服者威廉的兒子威廉・盧浮斯建造的。

這四所大的律師學院完全是靠自願捐助維持的民間機構。其中資格老、名望高的出庭律師成爲律師學院的主管人員，只有他們仍然保有授與律師學位的專屬特權，不過如果被他們拒絕授與律師學位，可向法官提出上訴。學生們在這四所律師學院可學習《年鑑》中的案件及稱做Fleta與Britton的法律論文、閱讀法案、在法庭開庭時出席旁聽。之後很快就開始閱讀利特爾頓的《租借地論集》（*Tenures*），再往後就學到庫克對利特爾頓吹毛求疵的評論。

律師學院的授課主要以，在一位主管人員與兩位出庭律師法官的面前，就懸而未決的案件進行討論，以及由學院中有能力的出庭律師發表稱爲讀本的講座。能被選中作爲學院的講師是極爲榮耀的事情，由律師學院的講師舉辦的盛宴花費也非常昂貴。學生在學滿七年（後來減爲五年）之後，就可以取得律師資格，出庭律師在成爲高級律師之前也許被稱作見習律師，雖然這個稱呼有時用於學生。當時是否需經考試方可畢業尚無法確定，不過也許由以從委任高級律師的儀式中，要求高級律師按照原告的申訴進行辯護看得出來，那種考試不過是敷衍了事而已。

福特斯鳩解釋，爲什麼供養上律師學院的學生要支付高昂的費用，並且直率地補充說，貧窮的階級及生意人一般都不願將如此大筆的開支花費在教育上，「因此，結果就是幾乎所有的專業律師都出身於士紳家庭」。福特斯鳩自己就是當年在哈斯丁作戰的征服者的後代，他自己的後代仍享有伯爵爵位。

到這個時候，大法官法庭已擁有一群新的律師。大法官法庭適格律師稱爲出庭律師，但大法官律師的事務性部分稱爲訴狀律師（solicitor）。在這個法庭中，對於普通法及羅馬法的知識都是必不可少的。訴狀律師差不多都是清一色的牛津大學或劍橋大學的畢業生，通常都比普通法律師思想要開放、自由一些。不過隨著大法官法庭與普通法庭慢慢合併，他們在大學接受了文理教育之後，都可以成爲律師學院的學生。由於他們接受良好教育及訓練有素，大法官法庭的律師們可以說個個出類拔粹。普通法律師只會用那種狹隘的、毫無創見的方式，提出是否有訴訟所需的令狀這樣的問題。假如找不到令狀，也沒有判例的話，那就不會有什麼訴訟存在。而大法官法庭的律師則依據理性和正義、信用和公正來行事。不過隨著兩個法庭間或多或少的交流，大法官法庭對普通法律師產生潛移默化的影響，開闊他們的思想。

伊麗莎白時期的辯護律師

現在我們應該再往前進一百年，到伊麗莎白在位時的一五八八年。這時證據已在公開審理時提交給陪審團。訴訟共有在契約的四種、侵權行爲的四種，兩種收回不動產之訴（ejectment），其中一種成爲後來要求收回被非法侵佔的土地之訴。一些老的訴訟被保留，但很少用到。《年鑑》此時已停止編錄，克利威（Keilway）、戴爾、本羅（Benloe）、達利遜（Dalison）、安德生、卜勞頓、摩爾以及其他許多人的記錄開始了。現在我們已進入書面訴訟程序的年代，對法律爭點的抗辯已發明。我們再也看不到以拉丁文記錄的案宗，在訴訟程序前，那種對所有提出的事實進行自由靈活、無拘無束的辯論了。現在辯護律師用英語辯論案情，甚至在法庭上的正式發言也不例外。英語這門語言已日臻完善，其豐富性及靈活性使其得以保留至今。不過，當時的案情分析還是用諾曼第法語來寫。法庭的記錄仍用拉丁文書寫，不過也引用許多英語字彙。

摩爾於一五八〇年所編的《盎格魯——諾曼第判例彙編》（*Anglo-Norman Reports*）中有一段大法官布羅姆累（Bromley）所作的發言，可以說反映此一時期律師的思想。高等民事法院（Common Pleas）的首席法官戴爾剛剛去世，女王任命高級律師之一安徒生接任這個空缺，主持法官席的大法官對安徒生說，女王鑑於他的知識水平、審慎的個性及正直的品格將他任命爲首席法官的。大法官說：

我對此深感欣慰，因爲從你是學生到當任法律顧問和高級律師，我對你的出色表現都很了解，雖然我對你稱職的能力非常滿意，但還是希望對你任大法官一職，提出四點必備的素質：第一，你必須掌握法律的知識，就像《詩篇》（*Psalm*）中聖靈（Holy Spirit）的告誡所說：「多學一些東西吧，你們這些人類的裁判者」。你必須努力不懈地學習，才能溫故而知新。第二，你必須在判決時謹慎斟酌。特別是針對抗辯，法官必須遵守四個必要條件，不要因爲想要避免對你個人的傷害而給大家帶來不便，不要爲欺詐行爲開路，不要過分注重形式而忽略實質，要優先考慮其動機而不是停留在表面現象。在做出裁決的審理中，如果有任何可疑之處，法官應勸誡陪審員做出特殊裁定，並要在每個案件中，使陪審團察明證據而不進行誤導。最後還應最充分地傾聽雙方當事人的證詞。第三點是要做到不偏不倚，最好的表現就是不因憐憫而偏向窮人，也不因畏懼或巴結而偏向富人。第四點是要勤勉，節省開支，和避免由於一方當事人的死亡或財產的減少而拖延訴訟。一般而言，追求權利的人往往寧可得到迅速的敗訴的判決，而不願意延期等候有利於自己的判決。我建議你將這些事情牢記心中，因爲它們有利於促進平等、公正，而這正是法律的生命所在，我勸誡你向萬能的上帝祈禱，請求得到他對法官工作的指引，大家都知道所有的恩慧和統治都來自上帝」。

這是一位大法官律師對一位曾經是普通法律師從業者的勸誡。

我們不知今天是否有這更好的建議。但是自一四八八年以來，辯護律師的風格已全部改變。原先平實、簡明的語言，被詳盡、全面的長時間辯論取而代之，伴以無數案件的引用。很多案件是保存在舊的判例彙編中的，這些律師是與莎士比亞同時代的人，他們的言語豐富生動，具有文藝復興時期的色彩。

不過，最大的變化還是來自於辯護律師新增加的職責，提出證據並對陪審團演說，一切都不受證據法則約束。當辯護律師不受證據法則約束時，一六〇三年愛德華・庫克對沃爾特・羅利（Walter Raleigh）進行指控時，所使用的方法最能說明律師是如何進行辯護的了。庫克是他那個時代最精通法律的律師，但在此時，他正尋求晉升的肥缺。他生性冷酷卑鄙、心狠手辣，他在案件中表現得如此惡劣，以至於一百五十年之後，曼斯菲爾德這樣說：「我決不會說出像庫克在沃爾特．羅利案中講的那些話，以獲取土地和名譽。」但是，庫克的行爲與伊麗莎白統治時期，那些不肯爲受政府迫害的被告辯護的律師相比，並不顯得更爲糟糕。傳聞證據、匿名信、沒有證人的控告、造謠中傷和毀謗，所有這些都被肆無忌憚地使用。案件聽起來好像是美國參議院委員會的調查，表現出的卻是對權利無法無天地濫用。羅利爲活命而進行的英勇鬥爭使庫克所施行的殘酷更加觸目驚心。

庫克訴羅利案

羅利被指控的罪名，是在伊麗莎白統治的最後時期犯下的叛國罪。他被控試圖令阿拉貝拉．斯圖亞特（Arabella Stuart）取代蘇格蘭的詹姆斯王繼承王位，並試圖引入所謂羅馬人的迷信。最後一項指控當然是荒唐透頂，根本就是對羅利本人作爲新教徒的偏見，他是新教徒中的新教徒，而第一項指控也許根本就不是叛國罪。

這個審判中蹊蹺的是，沒有提出任何一項不利於羅利的有力證據。審判他的是高等法院中的法官及點名召集來的幾位羅利的敵人。庫克先列出審團的名單，然後開始了他那言辭激烈的演講，末了質問羅利是否對國王的孩子抱有惡意。

羅利：誰跟你講的？你說的這些我可從未聽說過。

庫克：噢，是嗎？我會證明你是迄今爲止法庭中最惡名昭彰的叛徒。你將國王換下之後，就會改變宗教。

羅利：你的話並不能將我定罪，我自身的清白就是我的辯護。

庫克：不，我會證明一切，你是妖魔。你長著英國的面孔，卻有西班牙的心。

羅利：讓我自己來答辯吧。

庫克：你不能。

羅利：這有關我的生死。

庫克：喲，我碰到你的毫髮了嗎？

有誰能想出庫克的可鄙行徑，試圖阻止羅利講話，然後用一句「喲，我碰到你的毫髮了嗎？」，便轉向陪審團。庫克接著指控他與阿拉貝拉・斯圖加特女士密謀，但對此未提出任何證據。

羅利：我曾經跟這位女士交談過嗎？

庫克沒有回答，而是用最粗野的方式又提出一大堆傳聞指控。

羅利：我將洗刷這一罪名，死也要做眞誠的人。

庫克：你是有史以來最徹頭徹尾的大叛徒。

羅利：你的話並不能證明這一點。

庫克繼續他的慷慨陳詞，最後總結說：「陪審團的長官們，你們尊重他的訴因，假如他有罪，我知道你們會處理的，爲了維護國王的利益，爲了維護基督教福音書的統治地位，也爲了我們大家好。」

最令人憤怒的是庫克一邊大談福音書的統治地位危在旦夕，哭哭啼啼地假裝虔誠，一邊極力置羅利於死地。福音書中關於仁慈和善良理想的傳播，對於庫克好似對牛彈琴，絲毫不起作用，他就像隻有利齒的老虎。

羅利拒絕被牽扯入有關「福音書的統治地位」的問題，且不管這指的是什麼，他緊咬住沒有證據這點回答說：「迄今爲止，我還沒聽到你說出一句證明我有罪的證據，我未犯下任何叛國行爲。如果說科羅姆（Cobham）勳爵是叛徒，這跟我有什麼關係呢？」

庫克：他所做的一切都是受你的唆使，你是毒蛇，你是叛徒。

羅利：這不是有德行與有水平的人會稱呼我的話。不過，我感到欣慰，因爲你能做的只是這些。

這時首席法官波普漢姆（Popham）明知庫克的行爲已有失體統，按理說，在既無法請律師又沒有證人的情況下，法庭有責任保護被告。但他卻表現得奴性十足，一副懦夫的嘴臉，他不但沒有反駁庫克，反而怯懦地插話說：「沃爾特・羅利先生，律師先生（庫克）以他效忠國王的職責說話，你爲你的生命說話，雙方都很英勇。」

庫克開始這段陳述之後，沒有人警告陪審團，說他尚未提出證據就進行指控，審判就這樣開始。對科羅姆閣下進行私下的調查，法庭上宣讀沒有他簽字的調查報告，其中對證據隻字未提，但包括一些針對羅利含糊其辭的、不很明確的說法，對此，羅利說：「讓我看看這個控告。這就是他們能夠找來起訴我的所有證據，可憐的詭計！陪審團的先生們，我祈禱你們能明白這一點。你們必須譴責我，或是給我生命，讓我自由或是讓我的老婆孩子上街討飯。你們必須證明我是罪大惡極的叛徒，或是是忠於國王的臣民。」

羅利告訴我們證詞是如何編造出來的，波普漢姆承認科羅姆閣下不打算簽字，他後來試圖說服他這樣做，但是科羅姆還是不肯簽。庫克於是又開始另一回充滿謾罵的控訴，似乎能想到的都說完了。羅利又提出一點，需由兩個證人來反對他才行，對於嚴重叛國罪，法律無疑是要求這樣做的。但是庫克否認這是法律規定，波普漢姆及助理法官都隨聲附和，但庫克心裡比誰都清楚，於是他立即著手尋求一些確鑿的證據。

羅利要求與科羅姆閣下對質，但被法庭否決，理由只有一條，假如科羅姆出庭，可能不會支持對他的指控。羅利當然有權要求法庭傳喚找得到的證人出庭。要求與證人對質的權利是憲法中規定的合法權利，除了在那些無視憲法的法庭中。審理羅利案時使用的英國法竟允許證人拒絕簽字的證詞作爲證據，並允許原告律師不傳喚證人。但是庫克知道兩份證明才算合法有效，於是宣讀了另一份毫無價值的證詞，一個證人發誓他聽見有人說：「國王永遠登不上王位的寶座，因爲羅利先生與科羅姆閣下會在那一天到來時割斷他的喉嚨。」

羅利：你從中推斷出什麼？

庫克：你的叛國行爲盡人皆知！

羅利於是強調科羅姆後來否認強加於他的指控，他說：「如果事實始終如一的話，那他爲什麼要背棄說過的誓言呢？你並沒有任何直接證據證明我有罪。」

庫克：你說完了沒有？國王應有最後的發言權。

羅利：錯了，律師先生，爲自己的生死而講話的人必須有最後的發言權，一味地重覆虛假錯誤並不能堵住我的嘴，玷污我的訴因。我向上帝和國王就這一點提出上訴，科羅姆的罪名是否可作爲指控我的充足理由。

庫克：國王的安全與你的辯白不吻合。我在上帝面前提出抗議，我從未見過比這更明目張膽的叛國罪。

聽到這兒就連索西（Cecil）閣下都坐不住了，他因爲是羅利的敵人而被指派爲審理委員會委員。索西竟願降低自己的身份去坐那個位置也是當時的特色。但是就連他也插話說：「律師先生，請不要這樣不耐煩。給他說話的機會。」

庫克：「要是我可以耐心傾聽的話，你就會長叛徒的士氣，滅我的威風。我是爲國王宣誓效忠的臣僕，我必須講話。」

說到這兒，庫克惱羞成怒地坐下，不再發言，直到審理委員會的委員們及法官們因害怕引起國王的不悅而懇請他、乞求他發言。於是他又講了一堆不著邊際的話，沃爾特・羅利打斷他的話說：「你冤枉我」。

庫克：你是有史以來最卑鄙無恥、喪盡天良的叛徒。

羅利：你的話輕率、魯莽，有失檢點，有傷大雅。

庫克：我需要足夠的言辭來揭露你惡毒的罪行。

羅利：我想你的詞彙的確不夠，因爲你已把一件事說了無數次。

這對庫克是沉重的一擊，他根本不是與羅利舌戰的對手。

庫克：眞是可惡的傢伙，你的名字因你的傲慢將被全英國人唾罵。

羅利：律師先生，你我之間的這場較量，就快要證明了。

庫克：好吧，我會向全世界證明，世界上沒有比你更卑鄙、更惡毒的人了。

然後庫克從口袋中掏出一封科羅姆閣下所寫的信，向陪審團宣讀。然後羅利從自己的口袋中掏出另一封科羅姆寫的信，在信中，科羅姆申明，羅利從未跟他有過任何聯繫，也不知道他犯了什麼叛國罪。

羅利：現在我眞不知道這個人究竟有幾個靈魂。他的一個靈魂在這封信中下了地獄，另一個在另一封信中下了地獄。

羅利對庫克如此聲色俱厲的威逼萬般忍讓，連他的敵人都被感動了，在首先向國王匯報審判進展的兩個人中，一個說羅利的演說可謂前無古人，後無來者；另一個說，審判剛開始的時候，由於被傳言誤導對他恨之入骨，若能看他上絞架，走上一百哩路也在所不辭，但是現在他寧願走上一千哩路去解救他的生命。

陪審團一定是一夥鐵石心腸的烏合之眾，十五分鐘之後他們做出了有罪的裁決，波普漢姆宣布判羅利死刑，緩期執行，羅利被囚禁在倫敦塔中若干年，在這段時間裡，他表現出極高的文學天賦。他這樣寫道：

知識及才學
帶來了古時的智慧與果敢，
使羅利獨自苦修的斗室蓬壁生輝

或許這是他一生中最好的一段時光。後來他獲釋出獄了一段時間。但最終他又被帶上法庭，按照原判再度被判死刑，在這個長達十四年之久的判決最終生效之時，羅利說：「現在我以上帝爲我的法官，不久我就要去見他了。我從未對國王不忠，對於這一點，我將去不必再畏懼地球上國王的地方證實了。」

就這樣，大律師庫克的暴行把英國歷史上最勇敢、最博學、最才華橫溢的紳士送上了死路。不過這樣的事是很可能發生的，因爲當時還沒有有關證據的法律規定，也因爲那些法官們在公眾情緒的面前表現得怯懦十足。庫克如願以償，他成爲高等民事法院的首席法官，後來又坐上高等法院中首席法官的寶座。現在他已改掉了卑躬曲膝的習慣，轉而成爲愛國主義者，證實了約翰生（Johnson）在他的字典中對「愛國主義」所下的諷刺的定義：「它是流氓無賴使出的最後的招數。」

訴訟費與律師的奢華

現在我們從這個令人沮喪的審判和刑事法律轉到振奮人心的訴訟費問題上，這在律師們的眼中一向是很神聖的。要說明的是，金錢在當時的購買力是現在的二十倍。這一時期出現的一位偉大律師是理查・金斯梅爾（Richard Kingsmill）。有一封保存至今的信中說：「對金斯梅爾先生來說，他的權威和名望使他要價不菲。如果判決結果對你不利，他會給你補救方案，不過，要請他可得慷慨解囊。」人們對於高價律師這種孩子般的信任令人感動。不過當時的訴訟費看起來低得離譜。我們都知道，倫敦哥爾德斯密斯（Goldsmith）公司的律師聘金爲十先令。在威斯敏斯特請我們的律師吃一頓早餐要花掉一先令六便士，好打官司的普朗姆頓（Plumpton）聘用高級律師亞克斯（Yaxley）爲其在約克郡、諾丁漢郡及得比郡（Derby）進行巡迴審判的價格是五英鎊，假如高級律師出席巡迴審判，訴訟費爲四十蘇格蘭銀幣。

如果想有全面性的理解，從這些費用轉而看一看律師的娛樂生活及宴飲就更有意思了。在社交活動方面，律師學院總是很突出。耗資巨大的宴飲、狂歡、有皇室參加的化裝舞會及戲劇演出、晉升爲高級律師的盛大慶祝活動、法學講師舉辦的宴會等等，在當代的編年史中都有翔實的記載。我們可以讀到香料麵包、糖果蜜餞和其他花俏的東西，還有希波克拉斯酒。其中一次宴席的供貨單包括二十四頭精犢牛、一百頭肥羊、五十一隻小牛、九十一頭豬以及無數閹雞、松雞、乳鴿及天鵝，還有四十八隻百靈鳥，從中我們可以看到律師們狼吞虎嚥地大吃大喝。你也許還以爲，這些整天誦讀《聖經》的人會從《但以理書》（*Book of Daniel*）中，領會先知對波斯國王所展現的素食者的優越呢。

正是此時期，庫克試圖毀掉大法官法庭對普通法法庭的不公正判決進行修正的權利。庫克是思想極端狹隘的人，正義對他來說根本不算什麼，當時的大法官是艾麗斯梅爾閣下（Ellesmere），他經常不太恰當地從《聖經》中引經據典來粉飾其判決。庫克試圖對大法官法庭的禁制令採取蔑視態度。這件事情交由詹姆斯一世國王來決定。他雖不是什麼聖者，但他接受了培根的建議，支持大法官法庭的權利。大法官法庭很有勢力，在此次辯論中發揮了很大作用。最後大法官法庭大獲全勝。但是庫克利用他的清教徒主義及僞善的雙重手腕，煽動清教徒起來反對大法官法庭。我們在此也許應說說培根，他接任了艾麗斯梅爾閣下的大法官職位，但他的法官生涯並沒有什麼值得稱道的地方。

克倫威爾對律師從未給予重視。過了這一段律師學院全部被關閉的時期，就到了一六六〇年的復辟時期（Restoration），此時法庭展開新的一頁。一開始，傑夫里當道時，並未比庫克有何改進，但是情形慢慢地好轉。整個十八世紀，律師們都在不斷地解放思想。這個世紀初出現了一位偉大的法官約翰・霍特。很長時間內，他支配著普通法。新生的銀行業及銀行票據需要制定相應的法規。霍特在一定程度上可算精通羅馬法。他大膽地公開表示自己的看法，認爲實際上英國法的所有內容都採自羅馬法。羅馬法中有關保釋的規定是由霍特引進英國法。他確立代理的法律原則，其內容一部分取自原有的有關主僕關係的舊法，但大部分來自羅馬法的原則。

一個叫做代訴人（proctor）和辯護律師的律師階層成長起來，他們從業於教會法庭及海事法庭。相當於出庭律師的辯護律師被稱爲民事律師（Doctors），他們的組織機構叫做（倫敦）民事律師公會

（Doctors' Commons）。海事法庭，特別是作為捕獲法庭（prize court），正取得日益重要的地位。離婚案件及遺囑的驗證和執行，要求的法律程序越來越多，這個法庭被稱作是教會學者和民法學者的法庭。

這時英國已成為貿易發達的國家。需要引入規範商人的法律。後來，偉大的英國法官曼斯菲爾德閣下成為高等法院的首席法官。他是蘇格蘭人，十四歲時隻身來到英格蘭，從未回歸故里。法官席上終於有了有才學並依據羅馬法判案的法官。他將有關商業文件的法律條文引入普通法。羅馬法的準契約涵蓋一切關係，像運輸、保險、合夥，以及追回錢款等法規的關係都是基於衡平法的基礎，由曼斯菲爾德奠定的。他甚至曾試圖放寬英國的土地法。

在英國法中有一條僵硬的規定，叫做「雪萊規則」（the Rule in Shelley's Case），是約克國王時期為使土地更易於轉讓而發明的，但在實行時適得其反。在一起遺囑案中，曼斯菲爾德認為，立遺囑人清楚表白的意圖應具有決定作用，並應取代「雪萊規則」的一般結果。換句話說，他認為這個規則只是一種確定意圖的辦法。假如意圖已明白無誤地表達，就沒有必要運用這一規則。這立即招致不動產執業律師的一致抗議。當曼斯菲爾德出庭之時，哈格萊德（Hargrave）將已寫好的對這一問題的意見書提交給他，當時的場面非常尷尬，曼斯菲爾德一時不知所措。他毫不具備像出色的大法官威斯特波里閣下（Lord Westbury）那般的泰然自若，當威斯特波里的出庭律師將其意見提交給他時，他看了一眼，發現正與他作為大法官發表的意見針鋒相對，他一點也不感到窘迫，只是說道：「我眞不明白，一個能寫出這種意見的人是怎麼爬上現在這個顯貴的地位的。」

道格拉斯案

十二年之後，曼斯菲爾德坐上了法官席。當時英格蘭最高等的上訴管轄權掌握在上議院手中。一七○一年英格蘭與蘇格蘭結盟，英國上議院變爲蘇格蘭人上訴的終審法院。一七六九年道格拉斯案（Douglas case）的上訴開審，這一案件以其浪漫的情節、涉及的龐大物質利益，特別是其律師的出眾才華而轟動一時。這個案例可以爲我們展示美國獨立戰爭爆發前，英國的律師及審判的情況。當時，我們這個殖民地中的律師還在英國的律師學院接受教育。

這個案子在形式上是民事案件的上訴，而在實質上是對一名死去的婦女簡・道格拉斯（Lady Jane Douglas）的審判，她出身於相當古老、卓越的家族，足以滿足那些愛聽最原始的浪漫故事的人的好奇心。道格拉斯宅府是蘇格蘭貴族氣最濃的，並有許多分支，其祖先是黑道格拉斯（Black Douglas），擁有道格拉斯伯爵的頭銜。在民謠和傳說故事中，沒有比道格拉斯的一生更動人的了，他與羅伯特（Robert）和布魯斯（Bruce）英勇作戰，後來他捧著國王的心，埋葬在聖地巴勒斯坦。紅道格拉斯（Red Douglas）是安格斯郡（Angus）的伯爵，在黑道格拉斯破落後成爲宅第的主人，並擁有了道格拉斯名下的大片地產。他們是蘇格蘭勢力最大的貴族之一，後來又陸續獲得道格拉斯侯爵及道格拉斯公爵的頭銜。安格斯郡的郡主帶著一百名道格拉斯的騎士，每位騎士都有家僕隨從，他們在圍攻詹姆斯國王的戰役中戰死。

弗勞頓戰死的沙場上，
蘇格蘭人折斷的長矛橫陳遍野，

還有她破碎的盾甲！

安格斯郡的一位伯爵是蘇格蘭的詹姆斯六世和英格蘭的詹姆斯一世的祖父。

最後在一七四六年，這位大宅府的主人阿徹博爾德・道格拉斯（Archibald Douglas），這位道格拉斯公爵及侯爵、安格斯郡的侯爵及伯爵、蘇格蘭的顯貴變成一個鬱鬱寡歡的遁世者，他一生未娶，與他唯一的妹妹簡也不和。簡是一位漂亮但任性、固執的女人，最令她哥哥氣不過的是，她有鼓勵那些迷人但一文不名的窮小子求愛的意向，而對他認爲與妹妹門當戶對的求婚者卻拒之門外。她哥哥爲她進行過兩次決鬥。在第二次決鬥中，他殺死了一個想娶她妹妹的混蛋表兄。殺死兄弟的罪過使他徹底地遠離塵世。他強迫妹妹簡結婚但被拒絕，從此兄妹二人也徹底疏遠，行同陌路。她大部分時間在巴黎與蘇格蘭詹姆斯二世的追隨者住在一起。他們兄妹甚至在政治上也有分歧。公爵支持漢諾威（Hanoverian）王室繼位，而妹妹簡卻是流亡的斯圖加特的虔誠黨徒。不過當簡四十八歲的時候終於秘密與一位多年的追求者結爲連理。此人叫克隆尼・史都華（Colonel Stewart），是一位自一七四五年詹姆斯叛亂後出逃的詹姆斯黨徒，他生活拮拘，破敗不堪。這對新人沒有公開宣布他們的婚事，便來到了巴黎。在簡四十九歲的時候，生下了一對雙胞胎幼子，有人力辯說，她實際已五十一歲，故事就是從這兒開始的。這樣的年齡分娩已不大可能，至少是很罕見的。在此之前，她在寫給她哥哥的信中透露了結婚一事，他一怒之下沒有回信，還切斷她的生活費來源。現在她又寫了一封信，告訴他喜添貴子，並以他的名字將長子取名爲阿徹博爾德，但公爵還是隻字未回。

排在簡的兒子之後的繼承者是漢密爾頓公爵（Duke of Hamilton），他是安格斯郡的道格拉斯家族的小兒子喬治・道格拉斯的後代。一百多年以前，喬治和女公爵漢密爾頓・安娜結婚，這個家族的成員叫道格拉斯・漢密爾頓，他們繼承大量的漢密爾頓家族的世襲財產。他們似乎已經對道格拉斯公爵施加影響，向他指控，簡及她的流亡丈夫試圖以欺騙的手段製造一個假孩子來作爲道格拉斯土地的繼承人。他聽信他們的話，一怒之下決定將他的地產全部留給年輕的漢密爾頓公爵。從法國歸來的簡獲悉這個消息，一時變得身無分文。她的丈夫身陷倫敦債務人監獄，簡設法來到蘇格蘭，想見她的哥哥，但被人從道格拉斯城堡的門前趕走。不久雙胞胎中的次子就死掉，簡也在極度悲痛和焦慮中貧困而死。而如今她的窮丈夫被正了名，他的一位大哥死後，他成爲約翰・史都華先生，並留給他的兒子五萬蘇格蘭銀幣。這筆錢看似一筆奢侈的大數目，但需要解釋一下的是，一枚蘇格蘭銀幣的價值僅爲十三先令四便士。很快約翰也死去，簡和她的丈夫都在知道死神將至時鄭重宣布，阿徹博爾德這個孩子是他們的兒子。要反駁這樣的證詞，需要相當強有力的證據。

道格拉斯公爵後來與一位遠房親戚，瑪格麗特・道格拉斯小姐結婚。這位美人開始爲這個孩子的繼承權打官司，雖屢遭駁回，但最終引導他的丈夫聽取公論，並說服他撤銷了漢密爾頓的繼承人資格。在他臨終前，他承認了這個侄子爲他的繼承人。十天之後，這位公爵死去，簡的兒子阿徹博爾德，這個悲慘身世引起大家廣泛同情的苦命人，接替他的爵位。但是漢密爾頓的監護人並沒有就此罷休，他們譏笑說這眞是一個奇蹟。他們的代理人跑到法國，花費巨資收集來大量的證據，證明阿徹博爾德是巴黎一位吹玻璃的工匠的孩子，被簡買來冒充她親生的孩子。道格拉斯公爵的寡婦自己擔任阿徹博爾德的監護人。她不缺錢花，於是她也跑到巴黎，不惜花費更多重金，打算把漢密爾頓的陰謀查個水落石出。

此時漢密爾頓家族已開始在蘇格蘭法庭提出訴訟，一七六七年，此案在蘇格蘭最高民事法庭（Court

of Session）開審，由十五位法官到庭。蘇格蘭實行羅馬法的訴訟程序。法庭起先以八比七的裁決，判漢密爾頓勝訴，這引起了民眾強烈的抗議，人們打碎了法庭的玻璃，國民軍被召集，看來簡直像是蘇格蘭的道格拉斯家族與漢密爾頓家族間的一場內戰。

於是又上訴到英國上議院，道格拉斯家族的親戚都站在年輕的繼承者一邊。第一個掌權之人是崑斯伯里公爵（Duke of Queensberry）和法庭中的知名人物都福爾（Dover），他是道格拉斯家族最大私生子，還有摩爾頓伯爵（Earl of Morton），也是道格拉斯家族中很有影響的人物，以及布克勤公爵（duke of Buccleuch），年輕時曾追求簡，但被拒絕。但是所有道格拉斯陣營中最有勢力的當數崑斯伯里公爵夫人，這位上流社會專橫傲慢的統治者，原名是凱瑟琳．海蒂（Catherine Hyde），是一位備受推崇的出名美人，也是首席大法官克勞倫頓（Clarendon）的曾孫女，是英國兩位斯圖加特女王——瑪麗女王和安娜女王的表姐妹。她聰穎過人，伶牙俐齒，年輕時熱衷文學，廣交名流，和康格里夫（Congreve）、蒲柏（Pope）、普賴爾（Prior）和蓋伊（Gay）過從甚密。如今，一七六七年的她已是一位老婦，風韻猶存，在年輕的國王喬治三世的法庭中很有影響力。

漢密爾頓和道格拉斯兩個家族的人都開始游說上議院，在上訴中拉票，因爲在那個時代法律問題和其他問題都由所有貴族在上院中投票表決。在這種事情上，崑斯伯里女公爵可是精於此道的老手。她很快就控制事態的發展，使漢密爾頓家族的人改變了看法。同時，上訴狀很快遞到了議會上院，道格拉斯家族的公爵夫人委派的蘇格蘭律師代理人來到倫敦查看地形，挑選他們的律師。一個夜晚，他到遠近馳名的南都（Nando）咖啡館裡閒坐，一邊喝著悶酒，一邊顯出一幅蘇格蘭式的沉默、拘謹。在旁邊一張桌子上，幾個看似律師模樣的人正開始討論著什麼，其中一位維護蘇格蘭對道格拉斯案的判決。一位三十歲上下，眉毛突出，揚著高昂的腦袋的大塊頭，正以低沉的聲音攻擊他。這位就是令人敬畏的愛德華・梭羅（Edward Thurlow），後來成為大法官及上議院的暴虐的統治者，當時還是無人委聘的剛剛進入律師行業的出庭律師，經常光顧南都，喝上幾回這兒的潘趣酒。一席慷慨激昂的辯論之後，潘趣酒也喝完了，梭羅就搖搖晃晃地回家去了。不過，他已使蘇格蘭的代理律師為之折服，第二天早上，一大堆文件連同令人咋舌的訴訟費，還有一行僕人都一古腦兒地送到他家，梭羅被指聘為道格拉斯大案在上議院進行上訴的律師。他很快被帶去見昆斯伯里公爵夫人，瞻仰她風韻猶存的光彩。她深深地被他吸引住，說這是自勃林布魯克閣下（Lord Bolingbroke）以來最有魅力的談話。她在見國王喬治三世時以不容商量的口吻說，她的律師決不能穿著初級律師的破爛袍子出庭。就這樣，本需歷經法庭多年實踐方可穿上的國王法官的絲質長袍，在這位年輕的國王本人的要求下賜給了這位青雲直上的出庭律師，從此梭羅的命運被改變了。

上議院終於開審了，大廳裡擠得水洩不通。上議院早被買通了，裁判由大法官嘉姆頓閣下和首席法官曼斯菲爾德擔任。上議院中的大多數人一方面很想投原告道格拉斯一票，一方面也不敢怠慢這兩位執法長官的意見。假如兩位法官的意見不同，大多數人會盲從曼斯菲爾德。為原告道格拉斯出庭的是梭羅，他已為此案準備了強有力的書面陳述，還有大名鼎鼎的蘇格蘭辯護律師詹姆斯・蒙特格摩（James Montgomery）和弗萊徹・諾爾頓（Fletcher Norton）。另一方有首席檢察官查爾斯・約克（Charles Yorke）、大法官哈德維克閣下的二兒子，還有被稱為「尖刻的蘇格蘭人」的亞歷山大・威德波恩（Alexander Wedderburn）。這一方實際的領袖是坐在審判席首位的唐寧（Dunning），他在嘉姆頓閣下面前的一席辯論駁倒了對方的主要論據。他看似笨拙不雅，但是隱藏在令人生厭的外表之下卻是一個天才。

他是一個最具說服力的演說家，曾被許多人誤認作是大名鼎鼎的語言學家朱尼厄斯（Junius），他現在是副檢察長，政治前途不可限量。

梭羅開始上訴，並以他對證據深刻的剖析而贏得了熱烈的掌聲。他向漢密爾頓的律師代理人發起了猛烈的攻擊，控告他犯有行賄及教唆僞證罪。接下來是蘇格蘭大律師，全面講解了論據及蘇格蘭法律的意見，然後是威德波恩爲漢密爾頓辯護，他的發言精彩之至，查爾斯・詹姆斯・福克斯（Charles James Fox）不是位度量狹小的法官，他說威德波恩的辯護是他所聽過的最爲精彩的。接下來是查爾斯・約克發言，這令道格拉斯家族深感不悅，因爲女公爵還以爲她已經聘走他，當她發現他已受聘於漢密爾頓家族時，女公爵對他說：「那麼先生，既然我們都聘用過你，那麼到了來世，你算是哪一邊的人呢？」這句話近乎預言，不久後可憐的查爾斯・約克就死去了，也許是在羞辱中自殺的。唐寧講完之後，由弗萊徹・諾爾頓爲道格拉斯作總結發言，他曾任檢察總長，是一位有膽識的律師，以其論辯的明晰而不重事實著稱。曼斯菲爾德對他的評價是，就他這種講話的藝術，要想阻止他不誤導陪審團實在是難於上青天。當時的政治性文章撰寫者稱他是「厚臉皮雙倍費用先生」。這既準確地描寫了他不難爲情的樣子，又道出了他從業賺得的大筆薪水。

人群中許多人都對判決結果押了賭注，人們對兩位長官的意見拭目以待。嘉姆頓早由曼斯菲爾德事先指點過了，他的意見是支持原告道格拉斯的，在他之後是曼斯菲爾德的發言（他自己也屬於古老的蘇格蘭默里（murray）家族的年輕後代），他的演說遭到批評，但非常流暢，他了解他的聽眾。他沒有討論證據（這個已由嘉姆頓談得非常徹底），但他以感人的語調講述簡在從巴黎歸來的危難中前去見他的情景。她給他留下何等善良的印象，還有她充滿哀傷痛苦的可憐晚年。他斷言說，他無法相信，一個像她這樣出身名門、修養良好、生性高傲的女人，會犯下這般令人髮指的欺詐罪行。然後整個上議院都表示支持司法長官的意見，蘇格蘭法庭對漢密爾頓的裁決在僅有五人反對的情況下被推翻，道格拉斯的繼承人勝訴，不過道格拉斯公爵和侯爵的頭銜被廢除，安格斯郡的侯爵及最古老的伯爵爵位經由蘇格蘭法律轉讓給漢密爾頓公爵。國王立即封道格拉斯繼承人爲道格拉斯城堡的主人，但是男性家族斷了後，他的後代成爲道格拉斯・霍姆斯（Douglas Homes）家族，霍姆斯伯爵。

然而此案並未了結，梭羅控告的那位蘇格蘭律師代理人，當案子正在辯論之中時提出要求與他決鬥，梭羅當即同意結案之後應戰。於是判決之後的第二天早上，梭羅前往海德公園。他在中途飽飽地吃了一頓早餐，因爲這也許是他最後一頓飯了。兩位決鬥者在相距十步之遠的地方開槍射擊，當然兩位律師誰都沒有打中。然後他們拔出了劍，互相逼近，這時決鬥的助手介入調停，阻止了決鬥。不過還是讓後人得知這位決鬥者的勇氣，蘇格蘭律師公正地承認：「梭羅先生追上前來，像一頭大象那樣直撲向他。」

喬治四世與王后的離婚案

在此之前，我們已經提到褫奪公民權法案又重新用於斯特拉福德案，這應該是一種司法訴訟程序，還有一種程度輕一些的形式，叫刑罰法案（bill of pains and penalties）。這兩種形式僅在於懲罰的不同。這種不經法院審理，由議會直接宣判的訴訟形式曾被一位英國國王用於與王后的離婚案中，這使我們從另一個側面看到一八二〇年的英國法。關於對凱洛琳王后的審理曾出版過一本有趣的書，不過對於這次審理最好的記述應是艾德禮（Atlay）的《維多利亞大法官》（*Victorian Chancellors*），這是描寫法官的最佳英文書籍，比坎貝爾（Campbell）的《大法官生平》（*Lives of Lord Chancellors*）記述得要翔實得多。

誰都知道放蕩的花花公子喬治四世的故事，在他還是威爾斯王儲的時候，與費茨波特（Fitzherbert）非法結婚之後，有人勸他娶德國公主以償付其債務。一七九五年他的表妹凱洛琳有幸被選中作爲皇妃。她是那個後來在耶拿（Jena）普法戰場上戰敗的布倫瑞克公爵之女，哥哥是「布倫瑞克的宿命領袖」，拜倫的話中描寫了當拿破崙臨近滑鐵盧之戰時他正在布魯塞爾狂歡痛飲的情景。這位公爵從宴會趕往戰場，尚未到達滑鐵盧，便於夸脫布拉斯（Quartre-Bras）被打敗。

這位公主其貌不揚，或者說長相不太動人，當她被帶到倫敦時，威爾斯王儲見到這位未來的帶著布倫瑞克鄉野之氣的新娘，慌忙要了一杯白蘭地才算定了定神，不過靠著更多的白蘭地爛醉一場，他總算熬過了婚禮。他們生下一個女兒之後，國王開始對他的王后有了憎惡感，再不肯同她生活在一起。在那時，人們對她的不檢點已有所察覺，並進行了秘密調查。當王儲成爲攝政王時，她在豐厚的經濟條件的驅使下到地中海國家旅行，還帶了許多古怪的由她自己挑選的隨從。她的不良作風的傳聞傳回了英國，副大法官約翰·李奇（John leach）派出調查團前去調查。當又老又瘋的喬治三世國王歸天時，攝政王王儲成爲喬治四世，凱洛琳作爲他的合法妻子成爲英國王后。他們唯一的孩子，可愛的夏洛蒂公主以前總是站在她媽媽一邊的，現在剛結婚一年，就與新生兒同時夭折。就連憎恨王室的拜倫也爲這位不列顛群島的金髮女兒寫了一首輓歌。

凱洛琳王后不顧其法律顧問的反對，回到了英國，受到了人民大眾的熱烈歡迎，她堅持要登上英國王后的寶座。她丈夫的行爲在大眾眼中要比她差得多，可能因爲廣大的中下層民眾都是她熱情的迷戀者。奇怪的是，國王的兄弟們對此問題分成兩派。其中有兩人對上議院的事情爭執不下，竟大打出手。

國王堅持徹底與王后離婚。他尤其反對人們在教堂的禮拜中向她祈禱。在英國，除了議會，任何法庭都沒有權對她判決，上議院提出刑罰法案，判她犯有婚姻不檢罪，剝奪她的王后名譽，徹底解除與國王的婚姻關係。這個訴狀，與英國其他普通的離婚訴訟一樣，必須在完整的審理中以證據證明。

王后有權擁有她自己的檢察總長與副檢察長。先來的是她的檢察總長布朗漢姆（Brougham），此人後來先是成爲下議院的領袖，後又坐上首席大法官的寶座。從某種意義上說，他是那個年代辦案成效最高的辯護律師。第二個人坐的是鄧曼（Denman），他才華出眾，名聲清白無瑕。再下一個是廷道爾（Tindal），此人後來成爲高等民事法院的首席法官。最後是威爾德（Wilde），他後來也成爲了大法官，是一個能力很強、意志堅定的人。法律改革家威廉和羅馬法學者盧星頓（Lushington）博士爲王后起草了陪審團的成員名單。

國王的陪審團有檢察總長羅伯特・吉福德（Robert Gifford），後成爲高等民事法院的首席法官及主事官（Master of the Rolls），可惜英年早逝，死時僅四十九歲。接下來是副檢察長考比利（Copley），他的特別之處是唯一一位出生在美國的英國法官。一七七二年他生於波士頓，是畫家約翰・辛格頓・考比利（John Singleton Copley）的長子，他的媽媽就是當年波士頓茶葉黨事件（Boston Tea Party）中茶葉被倒的那位商人的女兒，這一屬於保皇黨的人家在獨立戰爭爆發之前遷往英國。他們的兒子在劍橋大學攻讀法律。他曾回到波士頓查看他媽媽當年被充公的財產他能得到多少。美國從未履行過要求歸還沒收財產的協約條款。不用說，考比利從波士頓的人那兒沒拿回任何東西。不過，考比利廣場和名爲考比利大廈的飯店也許算是一種遲到的補償吧，對這次回訪的記憶使他斷了波士頓念頭。考比利作爲初生茅廬的律師，以交叉詢問的高超技巧、陳述錯綜複雜的案情時思路之清晰，脫穎而出，他四次當之無愧地成爲林德赫斯特（Lynndhurst）大法官。雖然出生於獨立戰爭之前，但他活著聽到了蓋茨堡（Gettyburg）演說，並看到了維克斯堡（Vicksburg）的陷落。九十歲高齡時的林德赫斯特成爲上議院中不尋常的一景，他已喪失了視力，但精力卻依然旺盛，記憶力也未減退，「頭腦一點也不糊塗」，他在回顧英國與俄國長時期以來複雜的外交關係時，講起話來依然滔滔不絕，無需講稿，他是思想的巨人。

國王的律師中還有一位是專門的律師，後來成爲財政法院（Court of the Exchequer）的派克男爵（Baron Parke）。在他多年來的統轄下，這個法庭編寫的判例彙編年復一年地製造著冤假錯案，他被稱爲「三次辯駁男爵」（Baron Surrebutter）。

對凱洛琳王后的審理案件終於在人滿爲患的上議院開審。通往議會大廈的道路設置了路障。一個近衛隊被派往威斯敏斯特大廳。王室的騎兵部隊在大街上巡邏。王后在人群的歡呼簇擁下來到法庭。國王的外國證人在多佛爾登陸時曾受到市井平民的粗暴對待，如今從頭到腳清洗乾淨，換上了新衣服，聚集在有警衛把守的另外一樓大樓裡，因爲周圍經常有刁民尋釁。這些下層平民一般對外國人抱有很深的敵意，正迫不及待地伺機虐待這些爲反對王后而作證的義大利人。

吉福德爲起訴所做的開場白並不精彩，實際上他披露的事實聽起來是如此糟糕，等他發完言坐下的時候，王后的案子看來必輸無疑了。即使她實際上沒有行爲不軌，但她的行爲如此有失體統，已不符合她作爲王后的身份。傳喚的第一個證人是義大利的馬奧奇（Majocchi），他是王后的馬伕，王后一看見他出庭就憤然離開了法院，帽子上的羽毛一顫一顫的，這一行爲使案情進一步惡化。證人講述了他所知道的一切，但當布朗漢姆對他進行交叉詢問時，他對所有的問題都一味回答「我不記得了」。蠢到這個地步，他的話也就威信掃地。威廉姆斯對王后的瑞士女傭多蒙特（Demont）的交叉詢問，以及考瑞奇對原告蒂勃恩（Tichborne）的交叉詢問可謂法律史上的經典。審訊結束之時，一系列有力的交叉詢問已使國王的證人受到重創，不過這時考比利站起來發言，他以其近乎完美的技藝，處變不驚、溫文爾雅的態度，以及他那整理證詞的天賦，挽回了局面。

幾個星期的休庭之後，在布朗漢姆的主持下，對王后的審理又開庭了。這次審判是他一生中最大的成就，但是其間口頭答辯太多，而對證詞不夠重視。他向一些證人發起了猛烈的攻擊。布朗漢姆在一段發言中這樣描述一個證人：「那個老色鬼，他講故事的那種方式，他那副宛若來自地獄的形容枯搞的樣子，一定讓你們這些勳爵們想起偉大的義大利詩人對地獄裡那個寬臉裁縫透過針眼偷偷獰笑的描寫。」布朗漢姆對王后所受冤屈的陳述激起了國人的義憤。尤爲感人的是他對這位被遺棄的妻子的描述，從陌生人那兒第一次聽說唯一的愛女死去的惡耗，英國早應該通知她，實際上卻沒有，而且在此之前她甚至不知道女兒生病的消息。布朗漢姆要挾說，會以實證反訴國王行爲不端，這令國王及上議院大吃一驚。他以引經據典來結束發言，令那些旁聽華麗雄辯的聽眾大爲贊嘆。這與華倫・哈斯丁（Warren Hastings）審判中伯克（Burke）的著名結束語形成了鮮明的對照。

但當被告方審問證人時，情形又發生了變化。沒有傳訊證人的話，王后的案子可能會好一點。王后一個國內僕人支持她的同時，隨從中有一位英國官員卻承認對她不利的事實，考比利交叉詢問另外一個軍官弗黎恩（Flynn），很明顯他想包庇王后，在考比利的審問下崩潰了，在昏迷中被抬出法庭。有一些證人如被傳喚將很危險，雖然布朗漢姆在爲被告所做的開場發言中很不明智地提到了這些名字。不過布朗漢姆幸運地發現，原告方的一個證人在違反一項規定的情況下被遣送走。他突然要求這個證人出庭。布朗漢姆質問那個把他送走的人：「誰僱你做的？」以此打擊國王，法庭裡頓時有人大叫「秩序」。這時，對一切都無所畏懼的布朗漢姆作了一段著名的發言，並引用了米爾頓（Milton）的《失樂園》（Paradise Lost）裡的段落：

> 此人是誰？我對這個偽裝起來的神秘之人，這個飄渺無形的幽靈，一無所知。
>
> ・・・
>
> 假如可以把它稱作有形的話，那個人形沒有可分辨出來的手足、關節或四肢，
> 那個看似頭部的位置好像戴著一頂王冠。

這傷了喬治四世的自尊心，倒也增加了一些幽默感，王儲被稱作是歐洲的第一紳士。他對自己的形象感覺良好，雖然他大腹便便。他抱怨說布朗漢姆怎麼可以對他的形象視而不見，因爲每個人都認爲，不管他有什麼過錯，至少他的雙腿還不是不可辨認的。

所有的證人都被傳訊完之後，鄧曼起身作總結。其講話一直都很精彩，直至最後收場的幾句。他引用了對於通姦婦女的名言：「假如沒有人前來指責你，我也不會指責你。你走吧，不要再作孽了。」作爲對一位被指控爲行爲不端但主張自己清白的婦女的辯護，這些話可謂是不可饒恕的缺乏判斷力的表現。當場就有一些愛說俏皮話的人編出了一段順口溜，很快便傳開了：

> 優雅的女士，我們懇求您，
> 離開這兒吧，請別再作孽，

假如這個太難做到，
至少請您換個地方。

鄧曼之後發言的是專門經辦離婚案的律師盧星頓博士，他就證詞進行了論述。第一個作答的是檢察總長吉福德，這次他挽回了開場白的失敗，攻某一點是個經常使用的招數，他抓住未能出具傳喚的證人這一點不放，收到了決定性的效果。考比利做最終發言，對鄧曼和布朗漢姆大加嘲諷。賀瑞斯（Horace）的處女作中的三十七首頌歌，其中一首是描寫埃及艷后的經典之作，以其貼切而著稱於世：

瘋狂的王后野心勃勃，財富濟濟，
與一群邪惡之人為伍，
正密謀搗毀朱庇特神廟，顛覆帝國。

這是一箭雙雕的妙語，它既攻擊了王后，也打擊她手下的那群烏合之眾。她的主要後台是倫敦參事伍德（Wood），人稱爲「大智者」（Absolute Wisdom），他將兒子培養成爲大法官黑瑟利（Hatherly），挽回了自己的聲譽。

現在幾位法官之間出現了爭執。一部分人不同意判王后有罪，讓她繼續維持婚姻關係，作爲英國王后。這些人大部分是正派體面的紳士，他們不願做出英國王后犯了通姦罪的判決，並且出席上議院的主教們也不同意無條件的離婚。這些難以對付的人與其他那些鑽牛角尖的人一樣，強調婚禮上所說的那些莊嚴的字眼：「上帝令他們結合在一起，沒有人會將他們拆散」。因此這份訴狀只獲九張多數票，全體神職人員棄權。第二年王后死去，只要求在她的棺材上刻上「凱洛琳，蒙冤的英國王后」這幾個字。

至少從一七○○年開始，主要律師就在政治上扮演重要角色了，他們在下議院中擔任檢察總長和副檢察長，使他們獲得了很高的司法地位。布來克史東的名著《英國法律評論》（*Commentaries*）使他贏得在高等民事法院裡的一席地位。他在名為財政法院的上訴法庭中所寫的專家意見推翻了曼斯菲爾德的雪萊規則。知名的出庭律師在國家的起訴案中大顯身手。威德伯恩為克利夫（Clive）辯護，艾倫巴洛閣下為華倫·哈斯汀辯護。在王后一案中，我們已看到布朗漢姆和鄧曼的身影，不過所有這些辯護律師中才華最過人的是尼斯金（Erskine）。在整個法律史中，他是除羅馬的西賽羅之外，在法庭上辯論的最優秀的辯護律師。西賽羅不僅僅是一位律師，還是一名文學巨匠。後世的英國律師就沒有必要在此提及了，因為隨著法律體系的改革，現在的情形已不同了。一般而言，這些改革僅限於訴訟程序及執法方面，而很少是針對實體法中實際法規的改變。

邊沁的法律改革

布來克史東的《英國法律評論》是英國對其法律體系最自滿的代表。最先提出異議的是邊沁（Bentham），其實改革是由一些主要的法官和律師發起的，但功名卻歸屬於邊沁。他曾想當一名律師，但沒有如願，於是就認定法律需要改革。他從批判布來克史東的書和指責英國法入手。他的看法多年來都未受到英國公眾及律師界的重視。他的方法也許應予批判，他不是經由對普通法和羅馬法的歷史先做通盤深入的了解，從而了解英國法現狀之由來，而是選擇了做一個先驗論的理論家的捷徑。普通法院及大法官法庭中的訴訟方法需要改變是確定無疑的。大多數有見識的律師都看得很清楚，不讓證人出庭作證的規則應退出歷史舞台了。要求最爲強烈的是廢除耗資巨大又秩序混亂的法庭雙軌制。曼斯菲爾德大法官在普通法上建樹頗多，但他的接班人卻是一群思想狹隘的律師，一心想毀掉他奠定的一切。大法官法庭中的艾爾頓法官（Eldon），辦事拖拉招致了人們對大法官法庭的許多怨言。而他個人也落下了對一切改革都守舊的惡名。他在位長達二十五年，其間他主持的法庭每況愈下，一天不如一天，雖然他在拖延了很久之後才提出的意見，總的來說還是合理的。

自邊沁去世以來，誇大他對法律改革的貢獻已成爲一種風氣。他很富有，花錢僱了很多秘書，對刑法、證據法則及辯護方法等專題積累了大量的文字資料。他將很多資料用於他所稱的立法的科學。他試圖制定一部政府的憲法，一部他自信既可以滿足埃及的赫迪夫（Khedire of Egypt）的需要，又可以用於南美新建立的西班牙——印第安共和國，甚至可爲那些至今仍經常流露出其固有野性的墨西哥人所用。當伯爾（Burr）策劃在德克薩斯附近成立一個他自己的州時，邊沁正渴望著成爲伯爾的查士丁尼呢。他不厭其煩地向人們推薦那部陳腔濫調的憲法，而那些人希望在憲法中爲聯盟中新承認的州編寫一些新內容。這種粗鄙的推理眞實地反映了邊沁作爲一個憲法制定者的無能。

無可爭議的是，邊沁在簡化大法官法庭和普通法庭的訴訟程序與辯護的提議，基本上都是合理的。他認爲不讓有利害關係的證人作證是錯誤的，這一看法基本上爲大家所接受，雖然在多數訴訟中，認爲當事人雙方作僞證的機會應是均等的，限制了邊沁的規則。法律仍有一條規定，假如一個人亡故，不管爭議是牽涉死者的地產還是他生前所在的商號，反對死者的當事人都不能就任何在當事人和死者之間的對話作證。這條法律宣布它審愼的看法，因爲在這種情況下，利害關係人作爲證人是不會說實話的，這一結論無疑是明智的。但當法律改革家們使被告成爲刑事案件中有資格的證人時，他們忘了保留這條明智而有益的原則。因此現在處理兇殺案的一般原則是，被告在殺死可更正他的證詞之人後，可藉由自己的自白編造與死者進行過的任何談話或交易。這樣的改革，使法律宣布，當一個人做出不利於死者的證詞時，會誠實作出對死者不利證詞的人，當然不是曾經欺騙過他的人，而是已經殺害他的人，在法律中恐怕再也找不出比這更愚蠢的結論了。

邊沁的證據理論幾乎移除所有對證人的不適格的限制，但保留了證人不得與被告具有婚姻關係，以及律師與當事人的關係這兩個限制。其他所謂的醫療的保密以及告解的關係還未被接受。儘管似乎很難分清當事人爲得到律師對其合法權利的建議所說的話，與病人爲得到醫生對其病痛的診斷，以及一個人爲贖罪得到不死的靈魂而告訴神父的話之間有什麼區別。但是允許證人爲被告作證，允許律師不僅在法庭面前，而且在陪審團面前進行案情的答辯，無論如何並不算是邊沁的功勞。

犯罪與精神分裂症

刑法中提高犯人的待遇，改進有關刑罰事務的觀念，這些也不應歸功於邊沁，而是其他人，這些改進是文明程度提升的結果。改革家傾向於將刑法改革的觀念帶到無法實行的極端，表現在我們今天的各方面上。沒有人爭論，精神疾病可能導致一個人的不正常，以致於他無法爲其行爲負責。顯明的案件只看到精神的疾病或缺陷在生理上的表現，帶有不理智的自殺傾向的癲癇病人一般並不會被忽視，所以這裡指的是其他若干種的精神疾病。而另一方面，人類許多不正常、不合法的行爲所引起的犯罪則完全不是精神疾病的表現。

有一些刑事改革家似乎已得出了這樣的結論：有一種人類正常與合法地行爲的標準，任何背離這個標準的人就是患有精神疾病，由於這種疾病不會在生理上引起身體不適或有大腦本身變異的跡象，這種病只能經由其行爲才能夠被檢驗，因此這種檢驗就是測試行爲是否悖離正常的、合法的人類行爲，至少犯有墮落罪行的人肯定證明是有精神的疾病與缺乏精神的責任。不過，在民事犯罪中，犯有侵權或欺詐罪的人不能證明有精神病。刑罰學者也不會愚蠢到相信這個理由，但當錯誤的行爲漸漸變成犯罪時，那麼僅僅犯有罪行這個事實就足以證明，行爲者缺乏精神責任能力。犯罪診斷學者甚至給這種無精神責任能力一個名稱，最爲常用的是把它叫做「精神分裂症」（dementia praecox）。這個術語的意思好像是說，如果一個人願意冒著犯罪的危險而取得他渴望或妄想的東西，那他就患有精神分裂症。因此，假如一個人跑到大街上，搶劫路人的錢，就要檢查他是否患有精神分裂症。假如他未被檢查，他就是一個以正常心智行事的正常人。假如這個人在監獄服完刑後又再度犯罪，那麼以前對他精神錯亂的假定是無可避免的。

這些刑法改革家們進一步把搶劫犯、竊盜犯或殺人犯的行爲也歸因於精神狀況，假如他們這種說法正確的話，那他們一定是指社會無權懲罰這些生病的人。但他們拒絕承認有這種意思，並說法律無權將他們處死，但必須隔離他們，判他們入獄。這實際上又回到了關於廢除死刑的古老爭論，他們是純粹從宗教角度出發的，其理論基礎是犯人的生命也是神聖不可侵犯的，而所有以前的法律都更看重被犧牲的無辜生命。這些人認爲犯人是精神病的犧牲品，這種病通常是遺傳的，很可能傳給後代，他們斷言精神分裂症患者是不會經由隔離而痊癒，必須阻止他們繁衍後代，因爲他繼承而來的病情還會遺傳下去。

這種爭論唯一可能的答案是社會最好杜絕這種罪過。按他們的理論，爲什麼要在一個既不爲先輩驕傲又無望繁衍後代的人身上浪費時間和金錢呢？這些人苦思的結果好像是他們自己患了精神分裂症一樣，他們的不正常之處在於，如果有一個神志完全正常的人犯了罪，他們就把他看成是早熟的精神分裂。他們就像查爾斯．里德（Charles Reads）寫的小說《現金》（*Hard Cash*）裡，那個認爲見到的每一個人都是瘋子的精神病醫師一樣，結果他自己才是瘋子，因爲他鑽到其學說的牛角尖裡，過於冥思苦想。對他來說，唯一安全的地方竟只有精神病院裡，牆壁裝有襯墊以防病人自傷的小屋子。

法律及人類的共識始終拒絕聽從那些感情脆弱的刑罰學者們令人迷惑又不合理的說教。法律上對於精神失常的認定，是看這個人有無能力理解其行爲的道德性。這是需要證據的問題，並且需依具體個案做出決定。法律和道德都是以一般的人類行爲爲基準的，主要建立在人類順從社會上其他人的行爲的趨向上。假如一個涉及犯罪的人，從他犯罪以前或以後的行爲中表現出，他明知道自己沒有遵從人類的標準的話，那就證明他明白其犯罪行爲的性質及本質，因爲這兩個詞指的完全是相同的事。

我們可以拿一個曾激起全世界對其不公正判決嚴厲譴責的案子作爲例子。兩位生活優越的年輕人，均受過良好的教育，並且知道他們的行爲是錯誤的罪行 綁架了一個他們認識的孩子，孩子也認識他們，唯一目的就是向孩子的父母勒索一筆錢，打算用於補貼他們自己的父母爲他們的歐洲旅行提供的費用。他們的行爲表明，從一開始，他們就計劃等拿到錢後就把孩子殺掉。他們沒有拿到錢，儘管他們在殺死孩子的前後都試圖要錢但未遂。他們在犯罪之前和之後如何巧妙地隱瞞事態都有全面詳實的證據。他們的行爲冷酷殘忍是有目共睹的。他們的心智之健全及預謀策劃之精心也同樣是顯而易見的。死刑自然是能合理施加的唯一懲罰。

這時有人大肆宣揚在某種意義上，社會應對這些年輕人負責。而社會與此相關的一切，只是普通的社會狀況使他們的父母得以積累財富，在相對奢侈的條件下將這些年輕人撫養長大，送他們去大學受教育，使他們應有盡有，不具備一切犯罪動機，他們毫無理由抱怨這個社會。但是一個愚蠢而無知的法官，若不是墮落的選舉制根本無緣坐上法官席的人，他自己最清楚爲什麼，卻認爲死刑對他們年輕人幼小的心靈太殘酷，這些早熟的罪犯，在那些刑罰學家看來，當然是患有精神分裂症的，應由公費支付其終身費用。法律的實施因此蒙受了徹底的屈辱。

邊沁檢驗法律的標準

對於邊沁我們要說的是，在罪犯的責任能力的領域，他從來不曾試圖敗壞法律。與所有的改革家一樣，他對立法的價值有些誇大其詞。他自稱有一個公式以檢驗一切法律。他的名言是「最大多數人的最大善」。他所謂的善建立在與痛苦抵銷後的快樂之上，以發現一個行爲的利益。邊沁在《立法原理》（*Principles of Legislation*）一書中有幾篇名爲《不同種類的快樂與痛苦》（*Different Kinds of Pleasure and Pain*）、《快樂與痛苦的價值》（*Value of Pleasures and Pains*）的章節，從中洩露出他對心理學最徹底的無知。對邊沁來說，快樂與痛苦只是純粹感覺上的，但是對人類社會精神的心理研究卻顯示出，更高層次的快樂與痛苦是很複雜的精神概念，「幸福」的狀態不是由感覺上的快樂與痛苦所決定的，而是由個人的意識所決定的，意識到自己正以最佳的可能方式，舉止合於社會的一分子。邊沁的檢驗標準只適用於未開化的野蠻人，而不適用於在複雜的社會狀況下生活的文明人。

另一方面，作爲檢驗法律的社會利益，從立法之初就被認爲是法律及檢驗的理由。不僅是立法，而且所有的法律及所有的道德，自始至終都是以有利於公眾利益爲目標。不過同樣清楚的一點是，最有利於個人利益的也將最有利於公眾利益。這種普遍的社會利益是無法預知的。這是經驗的結果，像邊沁所理解的檢驗根本不是什麼檢驗，也永遠不會是。他所說的一個人從殺死另一個人中得到的喜悅抵銷了其罪行帶來的痛苦，是一種低級的、令人作嘔的表現。這顯然是他不現實的頭腦的產物，而把它作爲謀殺法的檢驗，對於一個能夠自省的人來說更是不可想像的。殺人是犯罪，這不是由快樂與痛苦決定的。這就是爲什麼邊沁的哲學未曾對英國律師產生什麼深刻的影響，他的話也未曾引起資深律師的興趣。不過，一位法國人發現了邊沁，並在他寫的各種混亂無序的手稿中整理了一些有序的東西，使邊沁的幾部著作得以出版。他在歐洲大陸成爲一名偉大的法律學家並從此名聞遐邇。他的著作經歐洲大陸傳回英倫三島，對法律改革產生了很大的影響。不過英國法的改革是由從業律師進行的，不是由理論家。

整個十九世紀，英國議會都在忙於精細地改善其法規，我們在此無法就其細節逐一講述。土地法的形式做了變動，設計了有關土地文件的登記形式。一八七三年制定的《司法權法案》（*Judicature Act*）廢除了衡平法院與普通法院之間的區別，並於一八七六年開始生效。根據這個法案，在所有衡平法規與普通法規不一致的情況下，前者均被後者所取代。還制定了新的郡法庭制度，大法官法庭中的訴訟程序被簡化和加快，普通法院的訴訟也減少了一些中間環節。直至今天，全世界刑法得到最好、最快和最堅決的執行，以及民法實行得最徹底、最開明的無疑是這座銀海中的島國，我們幾乎所有的法律概念及大多數的法規都起源於這兒。

法律與道德的區別

當我們今天審視法律的時候，就會發現它的一個特徵，其實根本不是法律，但卻幾乎對所有的法律關係都產生影響。在我們講述法律的歷史時早就指出，起先所有的法律都純粹是習俗，而法律的發展過程主要也就是將社會風俗或道德觀念，與逐漸會被認定有足夠的重要性來作爲法律實施的社會行爲的規範分離的過程。違背這些必須負起刑罰或金錢責任，羅馬法律學家取得的偉大成就之一，就是指明社會習俗中哪一部分應制定爲法律，哪些事情應作爲道德規範或行爲規範來實施，並且除了社會的評判沒有其他的根據。普通市民的生活不與法律發生關係，他們可以過守法的生活，因爲市民平常的與一般的行爲聽從於公認爲合情合理、並合乎規範習俗的觀念。

大多數人心中都有一個行爲標準，並像避免違法般地遵循這些標準。這些標準中有些並沒有道德上的意義，他們就像穿衣戴帽是一種習慣，但是人們對這些標準表現出的循規蹈矩與對待法律標準一樣一絲不苟。但是，還有其他一些具有道德上的意義的規定，這些規定被宗教信仰複雜化了。道德這門科學永遠不會是一門精確的學科，因爲一些人認爲對的事情，其他人卻可能認爲是錯的。不過總結，處在一定的時間和特定的社會組織中的大多數人，都對是非抱有相同的看法。有一些是基本的品質，比如誠實、正直、慈愛、心地善良、寬厚、友愛、有同情心、樂觀、慷慨、克己等等，以及像尊重他人意見，對不同於自已的看法和方式表示寬容和忍讓這樣的好品質，多數人都會出自天性地表示尊重和敬仰。

這些美德具有強烈的社會方面，它們使人際的交往變得友善眞誠，使人在人群之中成爲有名聲、有身份、有人格的一員。具有這些品質的人其素質之高，對於他們來說守法不僅是愉快的，而且還是必要的行爲。我們很少因爲缺少這些品質就會要求修改增補法律，但它們卻間接構成法律中的一大部分。律師們很清楚，在實行一項法律時，行爲或證詞有悖於任何普通道德規範的證人或訴訟當事人，在法庭或陪審團面前就喪失部分信用。律師們總是千方百計地從反方身上挑出若干毛病，像有欺瞞行爲，口是心非，貪婪、損人利己、冷酷殘忍等等。同時很害怕這些事情落到自己頭上，這些對於判斷一項爭議的是非曲直通常沒有多大重要性，但卻可能決定法官或陪審團會為誰說話。給別人留下好印象一向是一切原始法律依賴的根據，現在在社交行為中仍是一個決定性因素。那些認為可以在法律和道德之間劃出一條毫不含糊的分界線的人是不懂人性的，他們也許可以坐在學院或圖書館裡，劃出這樣一條清晰明辨的界線，但在現實生活中，這樣的界定卻一刻也無法持續。認為法律或其法規的條文涵蓋了法律之一切內容的人是被這些文字蒙蔽。在某些情況下，道德規範被視為法律的一部分。比如說，只要法律告訴我們，一個有悖於道德規範的契約是不會依法被履行的，很顯然，合法權利就要由人們所認可的道德標準來決定。有些人爭辯說，道德與個人的內心思想有關，而法律則涉及一個人與他人的外在聯係，他們根本沒有眞正理解法律之於人類行為的實際意義上的概念，資深的律師都知道，處在法律表面字眼下的基礎是對宗教、道德、情感和習慣思想等等人類一般經驗思想的繼承，決定法規適用的也是這一基礎。再有天賦的人也無法用語言表達這些因素，或用行動徹底預言，它們是人性的本質，但法學理論家和改革家們卻總是將它們遺忘。

不過，倘若沒有這些法規，沒有講究法律方法的法庭，也沒有從法律的角度看問題的專業的話，剛才提到的那些因素就會產生出既無法判斷、又無法表達的法律權利。法律的歷史已告訴我們，在人類社會發展的某個時期，在書面文字發明以前，先有一個特定的階級對法律形成決定性的認識。傳達這種非成文法的方法是經由傳統的口授。法律的歷史也告訴我們，在書面文字被發明以前人們就開始要求將法律付諸文字，以使其不再為某個階級所特有。當法律形成書面文字之後，以法律為職業的階層就出現。我們可以透過這種發展清楚地看到為大家普遍接受的經驗，即對於某一特定問題的專門知識比無知可以得出更好的結論。法律一旦變得理性，並成爲經由合理的程序得出的結果，那些經過專門培訓，能夠依據法律關係，運用其法律知識和能力進行推斷的律師階層就發展起來，並能夠在某種程度上放開普通人內心衝突的道德標準。那些要求把法律樸素化，使每個人都可以做自己的律師的人，還有那些要求少懂法、多懂正義的而坐上法官席的人，其實不過是在與人類思想的本質爭辯。你也可以同樣要求每個人做自己的工程師或自己的醫生。每個年代都有人像要求得到正義般要求法律要規定嚴明，不得含糊，而同時，爲此大聲疾呼的人們又要求法律應適用某些特殊的正義概念，或給每個個案以特定的權利，以靈活掌握法律，對案件進行裁判的法官也可能會有這樣的想法。

關於合法性與道德判斷之間的衝突，最好的例證是二千四百多年前一位希臘聖人講述的案例。一位羅得島的穀物進口商剛有一般載滿穀物的貨船從埃及抵港。由於島上穀物緊缺，穀價已不可衡量，這位進口商可以漫天要價。但是他知道購買者所不知道的信息，再過一兩天就會有六艘船滿載穀物而來，到那時價錢又會恢復正常或下跌。

這位進口商是否受買賣法的約束而應將他所知道的消息透露給購買者呢？一派希臘哲學家和西賽羅給予肯定的回答，但斯多噶學派認爲此進口商沒有義務透露消息。然而假如這件事影響很多人，此案在普通人的非法律的頭腦中就會認爲是法律在准許冷酷無情，只知攫取的無恥之徒在壓榨窮人。

羅馬法至少在某些關係中規定買賣雙方負有告知的義務。因此在我們的海上保險法中，申請海上保險的被保險人必須告知他知道的所有有關風險的事情。但在這個保險法引入英國普通法之前，它確立了買方自擔買賣的風險的規定。如果他想得到保護，就必須取得對於售出物品的明示擔保，或是取得暗示的擔保，但是賣方或買方在對可能影響價格的事情毫無了解的情況下就做出擔保是聞所未聞的，因此提供的法律標準也是不確定的。

下面這個著名的案件告訴我們，英國法仍未改動普通法的這一原則，一個人在公共市場上出售他明知已染上某種疾病的公豬。購買者將公豬趕回家，牠們又傳染了他的其他豬，使他蒙受很大的損失。法律禁止在公共市場進行這樣的買賣，這筆交易是非法的。問題是這筆交易中是否存在可提起訴訟的欺騙或欺詐。有人提出意見說，按照公平交易的原則，在公開市場上，賣方必須至少間接地表示他沒有出售非法出售物，每個人都至少要依法行事，因爲在證明非法的證據提出之前，在法律上都假定每個人是依法行事的。而英國法院以買者自負風險的舊原則，作爲對這一強烈爭辯的回答。普通法當然會保護買方不受賣方無權做出的傷害。大多數人也許會認爲法律不應當允許帶病動物的買賣，至少在公開市場不允許。

一個法律體系若不企圖掩飾或避免做出可能違背多數人的道德標準的判決的話，其處境總是危險的。有兩種方式會導致這種結果，世俗法院，像古雅典的迪卡斯特里法院（dicast）或羅馬的百人法庭或盎格魯——撒克遜的郡法院都獲準有裁決權。假如他們在陳述法律原則時出了錯，那這種歪曲法律的行爲就在對許多人的判決中被遮蓋了，不過這個辦法早就沒人用了。今天的陪審團之特別之處在於，當它違反了法律原則時，法律和法官都不承擔做出不公正裁決的責任。而當判決看起來與一般人的正義觀不符時，陪審團就得承當錯判的惡名。但是大家都知道，假如總是由人類的道德評判在司法爭議中具有決定性的作用，那麼，無論如何也不會有普遍的法律原則來表現其對立於法治而合乎道德的層面。堅持純粹的道德評判的結果是，除了那些在多數人看來不是那麼有資格得到公正對待的人，所有人都有權在普遍的法律原則下得到平等和公正的待遇。民主政府中意見不同的結果注定要達成妥協，不過這種妥協當然是經由在法庭以群眾的參與來達成，由他們表示拒絕在某些特殊案件中使用普遍的法律原則。人總是難免出錯的，與所有由人來管理的機構制度一樣，也許比在理論上取得公正結果更重要的是，法律應當主持表面上的公正。

回顧英國普通法的歷史就會發現，許多世紀以來，嚴格而僵硬的法規經常是一板一眼地製造著不公正。法律必須統轄人類，人類不可能變成按照規矩運轉的機器，法律也不可能被制定成不出錯、不產生痛心後果的、思維縝密的體系。無論如何，絕大多數訴訟都是不必遲疑就可以明確判定的案子。對於公正的一般標準，人類對於安全的需求，人人皆有的普遍的公共利益的觀念，對於法律和秩序的尊重，對於誠實、信用和公平交易的要求，對於財產權的普遍認可，以及信守契約的需求等等，最終給英國帶來了健全的結果。查爾斯．里德的《現金》是法學小說中最棒的一部，但其中一個民事案件中將人臨終的聲明用作證詞的情節是一個敗筆。故事中的美國人富拉夫（Fullalove）帶他的黑奴威斯伯安（Vespasian）到英國法庭。他告訴他，他們販賣稱之正義的東西，「這東西很貴但相當重要」。現在價錢沒有以前那麼貴了，但價格的貶低並沒有使這樣物品失去它的重要性。

假如一個精通法律的英國律師把試圖盜用有價值的商標這樣的「海盜」行爲中的不公正交易案件，與美國聯邦及州法院處理的這類訴訟案件作比較的話，就會發現英國法官在試圖捍衛誠實與公平的交易中的表現遠沒有美國法官那麼一致。他還會發現，這方面的罪犯不是在州法院，而是在高一級的法院——美國最高法院被起訴，儘管有時那些法官在對誠實的道德考量上表現得相當遲鈍。

第15章

法律的絕對統治

「我是誰？一個虛弱的白日的幻影，我不應該把我的魯莽和輕率看作超越法庭上積累的智慧，法庭是世界上最威嚴的，在人們把我遺忘之後很久，正義與平等的偉大結構依然崇高。」

在美國獨立戰爭爆發以前，各殖民地中的法庭均由皇室法官擔任。待這些殖民地發展至對更完善的法律體系有了需求的階段時，引進了全套英國法的普通法及衡平法體制，儘管也有個別偏遠的地方未被影響。當英國人佔領紐約州的東部城市新阿姆斯特丹時，徹底革除當地的荷蘭律法。殖民地中的皇家法官由於必要性僅執行他們精通的法律。那些在倫敦律師學院接受過法律教育的律師們進一步鞏固英國法的統治地位，雖然有些人無此深造的機會，但在律師事務所進行的閱讀學習也足以使他們掌握充足的法律知識，做到訓練有素。無疑，那些曾在律師學院受過教育的、來此開拓殖民地的律師要比那些不及他們幸運的殖民地法庭成員更有威望，更有影響力。律師們缺乏系統的教育，這一點在決定美國執業律師的組成上產生持久的影響。

美國律師專業的教育與分工

愛德摩德．伯克（Edmund Burke）是位不同凡響的政治家，他在美國所作的一次演說最能體現其哲學思想，其中他談到一個很特別的現象，即布來克史東的著作《英國法律評論》在美國殖民地比在英國本土賣得還要多。不過，他沒有提出這一怪異的現象的眞正原因 這個原因對於我們是不言而喻的。在英國，法律教育的模式是一成不變的，律師學院早就形成一套他們自己的學習方法。引入一本像布來克史東這樣的新書不是件容易的事，而且也沒人認爲有此必要，但在沒有法律學校的殖民地，《英國法律評論》被奉爲法學必讀之書，而且是唯一一本可以從中輕鬆地汲取廣泛的法律知識。殖民地中選擇律師作爲職業的人越來越多，多數學生認爲，布來克史東的理論是爲步入法庭所做的基本準備，利特爾頓的《租佃論集》、庫克對此書所做的草率評注以及馬修・黑爾的兩篇論文，一篇是關於刑法，一篇是關於普通法，如今都被這本簡明易懂、條理清晰、語言睿智而且內容涵蓋整個法律領域的書所取代。書中的每句話都被當作法律的福音。從那時起人們開始對布來克史東通近於迷信的崇拜。這種崇拜只會存在於殖民地的思維方式中，並從此持續了若干年。在西方布來克史東的名望遠遠高過肯特（Kent），因爲他的思想更精純，而且不像肯特在敘述中使用那麼多令人生畏的拉丁文和法文。

到美國內戰爆發之時，缺乏教育設施的狀況使律師專業的模式一成不變地固定下來。要保留英國將律師分爲出庭律師和代理律師或訴狀律師的傳統，就要求律師中不僅應當有老式社會中的貴族階級，以及保留那些代代相傳、由來已久的傳統，而且要設立提供律師教育的機構，並爲那些在律師學院深造人員創造進入法庭的便利。要是對那些接受了大致相同的法律教育律師施以不同的社會禮遇，或許會令殖民地無法接受。但殖民地開拓者們根本不可能承認，任何法律執業者中都能像英國出庭律師那樣，獨攬在法庭上發言或訴訟的大權。他們也想不到人們會承認隱藏在英國律師業分工之後的、不言而喻的眞正原因，即英國公民有能力選擇代理律師，他可以處理較不重要的法律事項，但是當當事人必須就更重要的法律事項做決定時，當事人沒有這種能力，而必須將挑選適當律師的事宜交由其代理律師處理，按說他應該也無疑地確實比當事人本人更有能力做出恰當的選擇。在本章的後半部分，我們將談到這種分工在美國產生的影響及其帶來的種種後果。在這兒需要請大家注意的一點是，在內戰前，出於完全自然的、不可抗拒的原因，使得美國提供法律教育的嚴重不足，於是在理論上定下這樣的原則：所有的律師都具有履行律師所有職責的潛在能力，不管這些是屬於出庭律師的職責範圍，還是屬於訴狀律師的，抑或是在英國被稱爲代理律師的職責範圍。而且，此一原則從此不變。毫無疑問，這是眾人心目中根深蒂固的誤見，看來似乎已無法改變了。

現在法律學校如此之多，完全可以勝任向律師業輸送合格人才的重任，倘若被法庭聘用的專權交由這些學校來掌握的話，那可眞是對法律業一項大有稗益的恩惠。醫生的職業就是由教學方法來淘汰那些不合格人才的，爲什麼律師業就不能採取同樣的辦法，缺乏健全的理由。個別的因難的例子是完全無關緊要的。

美國憲法的起源和發展

一個值得我們專門討論的話題是美國憲法的起源和發展。對政府具有約束力的成文憲法可追溯至殖民主義萌芽的皇家特許的殖民地中。特許狀中的一些內容對於理解英國與美國殖民地間的眞實鬥爭及憲法思想的形成相當重要。這些特許狀規定殖民地居民的權利及特權，其中包括許多慷慨的條款，並逐漸形成用特許狀的形式來規定殖民地權利的慣例，特許狀成爲經常使用的文件形式。在英國人民爭取權利的長期鬥爭中，實際是藉由逼迫王室讓步得來的各種自由憲章，卻披上了御賜的外衣。《大憲章》是由約翰王發布的，由其子亨利三世修訂和再版的，並得到其孫愛德華一世的進一步鞏固和確定。此後查爾斯一世時期的《民權宣言》（*Petition of Right*）也是以皇家法令的形式頒布的。英國歷史上的這些憲章在英國人民的心目中具有特別神聖的地位。不過英國人卻從來沒有想過以憲法的形式界定自己的權利，並同時對國王和議會也具有約束力。其中的原因是英國沒有高於議會上下兩院、能制定憲法的代表機制，而且也不存在建立這樣的代表機制的可能性。英國議會制定的憲法從來都是可以被後繼的議會廢止的。在議會制形成的早期，認爲議會可以約束其後繼者不改變其制定並通過的法案是不可思議的想法。霍布斯在他所著的《利維坦》一書中大膽地說，既然立法機構不能對其後繼者有約束力，因此沒有法律可以對政府具有約束力。霍布斯犯了明顯的錯誤，他沒有看到的問題是，當政府未被廢止時，法律是否對其具有約束力；當政府存在時，法律能否賦予個人反對政府的權利。不過，在英國歷史的各個時期，從來沒有制定對政府本身各個部門均有約束力的憲法，並且除了根據憲法本身的規定，不可以撤銷、修訂憲法，也從來沒有存在過這種可能性。所謂的英國憲法可以由議會在任何時期進行更改。

的確，斯多納曾在舊的年鑑中宣稱，就連議會的法案也可以是不符合憲法的。庫克也曾在拼命與皇家律師一爭高下時採納了這個觀點。這些律師都有這一類的想法，因此巴特羅斯才說，有一些事情政府是無能爲力的。前一章中世紀的法律中曾引用他的話。社會契約學派會說，這些事情是不包括在最初的社會契約之內的，有一些權利是不可以被人民放棄的，即使一致同意他們放棄也不行。這種認爲法律至高無上的觀念是建立在反對一切專制政府的原則之上的，不論是一人專制也好，多人專制也好。這種觀念得到美國最高法院的贊同，甚至傳播到那些憲法鮮爲人知的地方。

不過，這種認爲有些法案可以凌駕於政府權力之上的看法在英國始終沒有立足之地。斯多納和庫克之後後繼無人，沒有人主張，議會制定的法律在某種意義上是不合憲的。曾經英國人產生過信仰危機，本來可以趁機將自己從沒有議會就沒有一切的思想束縛中解脫出來的。當查理一世被斬首、國王的議會上下兩院實際被解散、一個篤信上帝的清教徒國家正在醞釀之中時，克倫威爾曾提議制定成文憲法，英國人按照他們的說法躲過憲法的一劫，不過什麼也沒發生。保守天性佔了上風，英國又回到了國王和議會，國王在上下兩院的權力很快被剝奪，多年之後，上議院也喪失與下議院平等的夥伴地位。

在古代，至少在羅馬，有一種理論認爲基本法不是成文法，而是習慣法。我們不妨以元老院授予律師的權力爲例，在國家處於危難之時，律師應「儘力維護共和國不受侵害」。元老院頒發的這一政令意在給予律師獨裁的權力。然而，還有一條法律，規定所有羅馬公民，在沒有向全體國民大會提出上訴時，不得被判死刑。有人爭辯說，獨裁權力的法令會臨時廢除這種上訴權利，尤其是對任何一位以公開武裝反對政府的人。西塞羅在西元前六三年時擔任律師的職位，在西元前一〇〇年的這種法令下，爲對抗殺害羅馬公民的案件而辯論。西塞羅本人以元老院的法令（**senatus consultum**）將喀提林（**Catilinarian**）叛國者處死，他因此而被流放，後來才勝利歸來。因此，羅馬有這種定義不完善的不成文憲法，但它有時被尊重，有時被破壞。在雅典人中間，當一個人因爲使一項法律通過而被起訴時，憲法的標準就是法庭所制定的標準。但是成文憲法的理論對希臘人和羅馬人的思想而言是絕對陌生的。雅典的憲法就像英國憲法一樣，只是普通的立法而已。

主權觀念的演變

在現代的早期，政治思想中出現了一個新的用語——主權。詞是新的，但概念是舊的。希臘和羅馬對於政治權力的最初理解是指所有的政治權力——行政、立法和司法——來自人民，它們經由國民大會而體現。在羅馬，立法權也屬於元老院和平民會議。當羅馬共和國滅亡，開始進入帝國時期時，奧古斯都被授予的權力是經由元老院和人民投票得來的。他的繼任者仍使用這種授權方式，規定授權的法律被稱爲皇家法（lex regia or rayal law）。不知過了多久，這種授權法被廢止，反正在額爾比安的著作中就已經提出皇帝可以制定法律的說法，因爲人民給予他這種權力。查士丁尼的《學說彙纂》中繼承這種觀念，而他自己實際上也是獨斷專橫的人，他在論述中灌輸了獨裁統治是建立在人民的意願之上的看法。波隆那學校中的博士們在評論他的文章時說，人民既然曾經賦予這權力，就還可以收回這權力。

但是不幸的是，聖保羅在寫給羅馬人的《使徒書信》（*Epistle to the Romans*）中談到政治，並進一步發展這一命題，即「一切權力都是上帝賦予的，因爲除了上帝誰也沒有權力。因此，誰若抵制這個權力，就是對抗上帝所命定的事物」。因此，引入皇帝或其他統治者的權力來自上帝的觀念，上帝高於一切人類的智慧，統治者的權力是上帝給予的，而不是經由任何人類的力量。既然這種權力有著神聖的淵源，教士們宣稱他們也有一份，而教皇作爲上帝的代表（Vicar of God）將自己安插在上帝和沒有神意指導的統治者之間，就像他將自己及其教士安插在一切凡人與上帝之間一樣。

教皇要求控制世俗政府，世俗統治者要求獨立於教會，在這兩者於中世紀展開的長期鬥爭中，人們將聖保羅的文章奉爲國王擁有神權的基礎。用新的話語來說，世俗政府對權力的要求可以概括爲，每個國家政府都是獨立自主的，也就是說，是獨立於一切外來控制的主權國家。這一準則壓倒教皇的權力說，並盛行於世。但是何謂對外主權這個簡單的問題仍然存在，這不是有關主權存在於國家內部的問題。所有的律師都同意羅馬法的觀點，認爲主權存在於人民中，而且這種民眾的權力應該是國家中至高無上的權力。

法國作家伯丁（Bodin）在其書中表達這一觀點，爲的是證明教皇對於身爲新教徒的國王亨利四世繼承法國王位沒有控制權。的確，法國國王只輕描淡寫地以一句王位相當於彌撒結束爭論，但這一觀念卻奠定所有現代國際法的基礎，它產生的結果就是規定每個國家的政府相對於其他所有政府，都是一個主權。至此，主權的地位固若金湯，再也不可動搖。伯丁還進一步把內部主權的權力歸於最高統治者。

政府中的專制主義者對此的看法是，這種政府擁有的主權，被認爲是免受外來侵略的，邏輯上必須有一個最高的權力，它存在於每個國家的政府中，並且必須是對這個國家內部的任何其他權力不負責任的。這完全是不合邏輯的推論，也根本不是什麼必然結果，因爲國家也許對外是獨立自主的，但對內這種處理內部事務的主權卻可能不存在。霍布斯開始著手解決這兩種觀點間的爭端。他一直很令人討厭，因爲他總愛走極端，從他的基本立場認爲人類的自然狀態是一切對一切的戰爭，再藉由締結社會契約以結束這場戰爭，到君權神授的專制主義者的思想。他斷言道，政府及其法律都是由上位者給予下位者的。無論如何，霍布斯堅持認爲，在所有的主權政府中，無條件亦不受控制的主權一定是存在於某個地方，他將這種主權力置於最高統治者——國王。訓練有素的天主教雄辯家莫力那（Molina）、馬利安那（Mariana）和卡迪那·拜爾恩（Cardinal Bellarmine）很快就把國王的神權批駁得體無完膚。起先，英國聖公會的教徒支持君權神授，引用聖保羅的話作爲對國王無法無天的行爲不抵制並消極遵從的根據：挨了一巴掌後，把另一邊臉也湊上去。一六八八年爆發的革命支持議會對所謂的君權擁有控制的權力。於是，英國人接受這個思想，並將其簡化爲英國政府的主權位於議會。從那時起直至今日，英國人一直將議會擁有至高無上的權力奉爲信條。那以後，英國人再也沒有逃脫這一政治信條的束縛。

這個信條產生的結果是議會慢慢地、但卻當仁不讓地篡奪了對其所有的殖民地及大英帝國一切領土的控制權。議會與美國殖民地的創建毫無關係。殖民地居民的權利是由皇家頒布的特許狀予以保障的。這些被認可和執行的特許狀就是王室與殖民地居民之間結成的盟約。因此，當王室成員與殖民地居民之間發生爭議時，殖民地居民就搬出特許狀中白紙黑字，對他們的權利所作的一清二楚的規定。議會在沒有合法權力的情況下，假稱可以隨心所欲地取消、修改或重新編寫那些特許狀中的條款。《航海法案》（*Navigation Acts*）的通過觸犯殖民地居民的權利，這是古老的雅典城邦國家爲使其從屬城邦的所有交易服從於有利於雅典貿易的不公正法律的翻版。殖民地的律師，對於議會至上的信條一無所知，亦從未接受，他們用特許狀中賦予的殖民地權利做出回答。議會自然不能放棄有關它自己權力的信條，堅持認爲它不受王室頒發的特許狀的約束，有權對殖民地任意行事。它既然可以廢掉英國國王頒布的任何法令，因此自可以推斷出，它也可以廢除頒發給殖民地的任何特許狀。這些推論都是那些不懂得王室對殖民地的授權是王室與殖民地建立契約關係的普通法律師的觀點。殖民地的律師始終沒能徹底理解這一觀點，但是殖民地居民的心中卻深植一個不可動搖的觀念，即政府憲章或憲法可以作爲一套法律規則的體現，高高凌駕於普通的行政權或立法權之上，並對其有控制權。

至高無上的憲法

在此我們需要辨明一點，認爲特許狀是作爲對政府有約束力的契約，這個想法本身，即團體的憲章是一種契約的先驅，達特茅斯皇家海軍學院一案援用的就是這個教義。不過，當這個教義與認爲人民是政治權力之最終來源的教義結合時，形成一個更高層次的概念，認爲憲法是至高無上的法治，對人民本身及政府的所有機構均有約束力。要完成這個概念，就需要運用羅馬法中認爲一切權力來自人民的思想。

從政府契約的角度來看，獨立運動不僅僅是爭奪那微不足道的稅收，它依靠的是政府權力這些深入人心的基本思想。而那些殖民地居民則沒有正視這個問題，他們其實應該把這些問題擺到英國議會的桌面上，指責國王比譴責由人民選舉的代表機構要令人快意得多。殖民地人民不應該把殖民地的主權控制的教義置於國王身上，國王及其大臣無疑在鬥爭中是首當其衝的，但他的大臣只不過是代表議會上下兩院的執政委員會的內閣。歷史上沒有什麼比將內閣的行爲指控到國王身上更愚蠢的事了，國王對議會大臣的發言是無權過問的。這種議會至上的思想是完全沒有必要的，因爲在剛剛結束的戰爭中，統治帝國的戰爭會議（War Council）中就有來自海外領土的代表。如今，英國王室仍是加拿大、澳大利亞及南非君主的首領，但議會對這些地方都不再有發言權了。這最終證明了美國人的理論是正確的，因此可以說在時間的輪迴中扭轉了誰是誰非。

有一項事實是無人可以辯駁的，那就是認爲政府必須有一個有組織的工具，對其所有的部門以及人民均有約束力，這種想法深植於殖民地律師的心中。殖民地人民補充政府的法治理論，重新提起羅馬人認爲主權就存在於人民，存在於社群中的觀念，認爲政府是主權的外在表現。我們需要區別有機的社群與政府及其機構，以體現我們在根本上背離政府就是實際上的國家或社會，沒有任何權力凌駕於其上的英國式教條。需要聲明的一點是，《獨立宣言》剛剛宣布不久，國家憲法就開始取代古老的皇家特許狀。一個不可避免的問題隨即被提出來：假如國家的政府違反國家的憲法，法律上有何補救的方法，到哪兒去找這樣的方法呢？答案馬上就有了。這是司法的問題，任何權利受到侵害的公民都可以提出這個問題，必須由法庭遵照本國的法律做出裁決。國家的憲法是至高無上的，對於政府及其一切機構均具約束力。它對於擁有獨立主權的人民、任何國家機構制定的任何法規、任何政府官員的任何行爲均具有約束力，只要與這個至高無上的法律相違背，就是無效的。在制憲會議召開以前就已經以此爲準則判決了許多案件。這就是本章題目「法律的絕對統治」（Absolute Reign of Law）的含義，即法律有絕對至高的統治權，也可以說，絕對的法律統治（Reign of an Absolute Law），這是美國的信條，並認爲統治一切的至高法律來自於人民，它約束一切政府權力的行使，由司法權作後盾，保證其實施，維護其統治。

社群與國家

這就是內戰結束後，聯邦制憲會議召開時美國人的思想狀態。還有一點是前面剛剛提到的，美國人對於國家的本質形成更爲深刻、更爲基本的認知。原先的十三個殖民地形成了一種社會凝聚力，使他們達成單一的社群的形式。多年以前，西賽羅就在其關於共和國的論文第三十五章中將這種社會集團的形式定義爲國家，現在這些文獻資料已不復完整了。他給國家下的定義是「人民的聯盟，經由法律協議和利益的社群結合在一起。」也許這樣翻譯更好些：「一群用法律協約維係起來的民眾結合在一起，以謀求普遍的利益。」偉大的教會之父聖奧古斯都繼承了西賽羅的觀點，認爲國家的概念不僅僅停留在其統治力量上，這是自古有之的眞理。波蘭一百多年來一直處於分裂狀態，由俄國、普魯士和奧地利割據而治，然而不滅的社群精神卻存活了下來，在如今的波蘭國土上重放光彩。存在著這樣的社群精神是個事實，對它唯一的考驗是看它是否有內在的凝聚力，以及能否繼續將大家聚合在一起。這不是什麼抽象深奧的形上學問題，而只是討論以政府爲實際形式表達人民的共同意願。國家是獨立於政府的形式的。不過一般而言，社群精神遲早要尋求以政府爲表現形式，否則便會枯萎消亡。

對於這種社群最好的描述莫過於伯克（Burke）的精彩論述，任何特定的人類社會「都被置於一個與世界秩序相一致、相對稱的位置上，其存在模式被法令規定爲由一個短暫的形式構成的永久性機構。在大智慧的支配下，整個社會不會有一時停留在青年、中年或是老年，而是恆久不變地、循環往復地走過衰落、滅亡、更新和進步這些不同的進程。」政府也許會有榮辱沉浮，帝國也許會有興盛與衰亡，而社會聚合體、社群、國家都可能保持不變。當這種社會聚合體以政府爲其特定的表現形式時，就被視爲一個國家，在它與其他政府間的一切關係中就被視作是一個單一體，一個道德人，我們的法律將其視爲一個公法人。

當美國制憲大會召開之時，在各個獨立的美國殖民地中就存在著這樣一個社群。代表們的權力直接來自於這個統一的、將各州人民連接在一起的社群。這種委任代理是如何授予並無區別，重要的是，它是美國人民的委任力量，他們利用殖民地的現行與原始的劃分來選舉代表。當獨立的運動開始時，當殖民地宣布《獨立宣言》時，這已經是統一的殖民地在做出決定了。

這種社會聚合體的概念是回歸古希臘與羅馬思想，顯示偉大而基本的概念在法律漫長的發展過程中並沒有完全磨滅。在蒙昧時期和封建時代，社群的觀念全都隱藏起來。領主的統治地位和國王對領主的統治僅被理解爲領主和臣民間的私人隸屬關係。一個國家被視爲一個國家，不是因爲它是由法律的一般約束之下的利益群體的紐帶自然聯結在一起的社群，而是因爲存在著一個萬人之上的共同統治者，每個人都必須對他抱有完全是人爲創造出的效忠義務。而自然發展起來的殖民地不受這些老式封建思想左右，只在宣布《獨立宣言》時，聲明自此解除與英國皇室的效忠關係，而不是與實際上統轄殖民地的英國議會間的關係。歷史證明，殖民地是對的。因爲殖民地拒絕承認除英王特許狀中規定的權利外，英國還對它有其他任何權利。對於其他權利，他們要求得到所有英國公民都有的普遍權利，因爲這些權利是由他們所帶來的法律中明文規定的，是受他們的法律的一般約束的。

美國最高法院始終有一個信條，認爲由當年殖民地的人民組成的國家早在聯邦政府形成之前就存在了。第一任首席大法官陳述他的看法，他認爲《獨立宣言》宣布之時，殖民地的人民就已經爲了共同的目標聯合起來。同時經由州政府及其他臨時機構來處理更多的國內事務。最高法院早就區分國家的社會聚合體及其政府形式。最高法院中一位具有哲學思想的法官斷言，社會聚合體是自由人爲了他們的共同利益結合在一起的一個整體，平和地享用他們自己的所有，公正地對待他人，必要時反抗侵略。在這一點上，公法中總算有了新內容。

政府自然是與英國式的思想相一致的，經常自詡它本身就是社會聚合體，然而這兩者卻有著截然的區別。各殖民地的社會聯盟是先於第一個政府的形式（即一七八一年制定的美國十三州聯邦條例（Articles of Confederation））及現行政府（即一七八九年制定的美國憲法）而存在。我們的最高法院曾再三重申這種有內聚力的社會聚合體在時間上先於政府而存在的主張。另一個早就有的定論的是在憲法通過之前，這個統一的政治實體就名符其實地存在了，維持著軍備，進行一些軍事行動，發行信貸票據，進行金融借貸，派駐並接收大使，締結條約等等。最高法院認爲，國家一詞的使用有三層含義：首先，意指一個政治社群；第二，指這個社群的領土；第三，指它的政府，並對政治社群與政府這形式之間的區別作了強調。他們說作爲一個社會聚合體的聯盟，不是一種專斷的和純粹人爲的關係。聯盟的結合是出於共同的根源、相互的支持、相近的利益以及地緣關係等等這些自然的事實。這些關係藉由獨立戰爭得到了確定、加強和鞏固。十三州聯邦憲法的通過使其具有專斷的、純粹人爲的政府這種形式，美國憲法的通過又改變了那種形式。不過形式必定不可能高於它的創造者，而且那種形式是由現存的統一的人民賦予的，他們是創造政府這種形式的人民。

這就是各州聯盟富有哲理的理論思想，最後經由我們的內戰而確定。不過，許多年以來，有一派政治思想爭論，唯一眞正的社會聚合體是各州的人民，沒有什麼全美國的、自然聚合在一起的政治社群。國家作爲構成政府基礎的社群是政治上的新概念，直至多年以後才爲英國和法國的政治圈所接納。德意志帝國成立之後，巴伐利亞的法學家們，曾參考卡爾霍恩（Calhoun）的論點，只有稱爲巴伐利亞的政治社群，不存在什麼德意志帝國的人民這樣的自然的政治社群。不過，迂腐到連德國自然的政治社群都否認的人簡直就同一隻頑固不化的蜥蜴般陳舊過時。

我們有必要先定義這個聯盟的基本方式，因爲沒有這個定義，就無從理解政府僅僅是政治社群的創造物。如果被英國的議會構成政治社群並且其權力至高無上的理論蒙蔽頭腦，就無法理解我們的政治體系。那些爲我們的國會和總統握有至高權力扼腕嘆息的人一百五十年之後才出現。至於統一的政治社群形成之時，則沒人發表意見。它是自然而然地發展而來的，不過對於政府的形式是可以確切指明人爲協議的簽署的時間，以及在制憲大會上訂立協議的具體人物。

憲法通過之時，人們暫時收回一切政治權力，並爲體現主權完整而訂立國家的最高法。任何其他法規，地方的也好，普遍的也好，儘管有與其相反的地方，但都必須服從於它。人民經由制憲大會的代表以行使政府的一切權力，不論在此之前，這些權力是存在於各州還是存在於人民的整體。唯有從這個背景出發，才能理解我們的體系。

美國的三權分立

其次，憲法認可美國的社群中存在著三種權力，並且是其內部所固有的。根據多年來法律的發展，也根據自亞里士多德以來就已公認的眞理，這三方權力是立法、行政和司法。按照孟德斯鳩的學說和哲學家洛克的理論，從英國政府的形式中也可以推斷出，在議會至上的教條形成以前，那三項權力肯定是分開的，並且是由分立的部門各自行使的。立法權歸立法部門所有，行政權歸行政，司法權歸司法。

立法部門被授予的職責是制定法律，我們已經看到，以另一種說法而言，由立法制定法律是國家認可法律的表現形式。這種立法權只看向未來，它提出規範未來的交易或行爲的規則，而不是過去的與已完成的。立法部門仿效英國的作法，由參眾兩院組成。不過行政部門也享有一部分立法權。首先，對法律認可的權力不僅只授予作爲立法機構的國會，行政部門，總統，也必須認可；但是假若總統拒絕接受，而兩院中各有三分之二的贊成的話，那就接近實際上達成一致，這表明實際上意見一致的人民會置總統的否決於不顧而決定認可法律。

行政部門就是總統府，行政權掌握在總統手中。他的職責是實施法律。總統不能爲未來制定法律，因爲那是立法的事，他也不能承擔判定訴訟的職責，因爲那是司法行爲。他的權力領域被嚴格控制在現在，只有在立法領域，他可以經由否決要求對法律重新進行更全面的考慮，以便更加接近於達成全體意見一致。

根據憲法，美國的司法權由最高法院以及由國會設立的下級法院所掌握。法院的法官不是終身制，僅在表現良好期內任職，每位法官都領有報酬，並且在其任期內不得削減。這一條款體現一六八八年革命的成果及所有各個時期的慣例。國會不得藉由停發或削減報酬的立法手段迫使法官離任。美國政府被賦予的司法權限被認作與聯邦政府的必要性的範圍相當。最高法院一般情況下爲上訴法院，在一方當事人是州並且大使和外國代表受到影響的每一個案件，最高法院是原始管轄權的法庭。當然，國會有可能廢除美國下級法院的全部管轄權，但它不能響原始的管轄權，也不能阻止最高法院的上訴管轄權對美國司法權力範圍內的任何案件產生效力。假如最高法院的上訴管轄權可以被廢除的話，它將被縮減為只具有它自己原始的管轄權。最高法院將因此無權對美國憲法中出現的任何憲法上的問題作出裁決。國會將有可能試圖不加區別地把那些除了州為當事人的一方，或牽涉到外國代表的案件之外的所有案子一律交由州法院裁決；但是最高法院已作出決定，某些美國法院的管轄權將州法院排除在外。鑑於法院在它的裁決上並非始終如一，我們根本無法說明法律是什麼，不過可以確定的是，國會不能奪走最高法院的上訴管轄權。當然制憲大會從來沒有預計可能會出現這樣的自毀之舉。當國會可能以法律命令時，上訴管轄權當然會成為這樣的例外，但是最高法院永遠不會使國會有可能打亂政府的全盤規劃方案。如果奪走最高法院的上訴管轄權，又廢除所有聯邦下級法院，那麼憲法對聯邦政府和各州的所有禁令就會因為將這些問題交由州法院作出不同的裁決而失敗。

憲法與增修條款

原始憲法的禁令有兩種，一是針對聯邦國會本身，在英國史中可以找到他們的解釋。禁止通過褫奪公民權法案或是溯及既往的法律（ex post facto law）令我們回想起英國法中最血腥的幾頁。其他禁令是用來維護各州平等的。除了按人口比例，不得徵收直接稅，國會也不能對從一州向另一州出口的貨物徵稅，或是對一州的某個特別的港口給予優於其他州港口的特別優待。

談到憲法對各州的禁令，還包括禁止通過褫奪公民權法案或是溯及既往的法律，以及損害契約義務的法律。其他的條款內容是反對任何會使州與聯邦政府對立的行為。其中一條規定是，州不得參與於任何種類的聯盟，一八六一年從聯邦中脫離出來的幾個州違背此一條款，北方各州的軍隊爲維護憲法的規則而執行此一條款。

憲法剛剛通過，制約聯邦政府的憲法增修條款《人權法案》也隨後通過。其大部分內容取自英國歷史上的《權利法案》。反對確立國教或阻止宗教自由傳播，反對限制言論或新聞自由，反對阻止集會和向政府請願的權利，反對駐紮軍隊，反對不合理的搜索與扣押，除非是可能的原因，而且能明確具體地說明人物和地點，否則不得發出搜索令等等，這些都來自英國歷史。

保留大陪審團作爲對犯罪進行起訴的先決條件，禁止被告兩次陷於被判罪的危險處境，或強迫他爲自己作證，這一切都針對普通法的一些特定的弊端。保留《大憲章》中關於未經正當的法律程序，無人可被剝奪生命、自由或財產的規定。反對奪取私有財產而不給予適當補償的條款，禁止古老的王室徵發法。公開的沒收財產只有在憲法增修條款的情形下才有可能。一反古老的普通法規定，給予刑事被告一定的司法救濟，新規定爲：他必須在其行政區內受審，必須與證人對質，對他自己的證人必須有強制性的程序，必須被允許找律師爲自己辯護。這些規定修正普通法中的不人道之處。不得課以過度罰款，也不得施以殘酷的刑罰。這些規定令我們回想起星室法庭的歷史，以及那之後曾判巨額罰金及削耳酷刑的一些審判。大家都會想起老普萊恩被星室法庭二度傳訊的事情。他的長髮遮掩著由於前次犯罪被削去的雙耳，這時一位慘無人道的法官宣布：「我想這位先生長著耳朵，讓我看看他的耳朵。」他的頭髮被掀到後邊，露出耳根，他得到的判決竟是連他殘留的耳根部分也一並削去。這就是當莎士比亞將司法的仁慈描寫爲從天而降的溫柔雨露的那個年代原始而殘暴的行爲。

這些最早的增修條款只影響到美國政府。因此許多年來，聯邦政府未經正當的法律程序，不能剝奪任何一位公民的生命、自由或財產，而從聯邦憲法來看，各州卻可以這樣做。根據內戰後通過的增修條款第十四條，法律禁止各州不經正當的法律程序就剝奪任何一位公民的生命、自由或財產，或在其司法管轄權內否認任何人有受到法律平等保護的權利，這種法律平等保護的思想可一直追溯到西賽羅。這樣，「絕對法」（Absolute Law）終於可以完整地對聯邦政府及各州具有同樣的約束力，它規定聯邦法院對政府的所有機構都有強制力。

後來的增修條款允許不按比例或人口分配繳納所得稅，以便使較窮的州在參議院中的平等代表席位受到保護，讓較富有的州支付幾乎政府所需的一切費用。增修條款還規定美國參議員的直接選舉——結果是令人遺憾的。還補充對於供人飲用的酒精液體的生產或銷售，進口或出口的規定，試圖藉此提高人們普遍的道德水準。國會和各州都有權實施這個規定，有一大部分的公民拒絕遵守這一禁令，現在仍有大片區域從事非法的酒精飲品的販售行爲，有些地方已形成了自己的一套作法，包括那些供應商之間爲滿足酗酒者而私下展開的競爭。

最後一條增修條款規定，公民的投票權不得被國會否認或削弱，任何州不得對選民加以性別歧視，婦女應像當年規定有色人種的平等權那樣受到同樣的憲法保護，不過，這一條款不可能像當年的有色人種增修條款那麼容易實施。白人婦女不太可能認爲黑人婦女有權分享平等參政論者對她們的支持。事實已經證明，這最後一條增修條款對選舉的結果沒有產生什麼大的影響，婦女投的票與男人差不多。

不過，禁酒令提出了一個問題，法律在大部分公民拒絕遵守的情況下能否得以實施呢？它的實施取決於公眾情緒逐漸地、被迫發生改變，但是我們必須說，至今不但尚未發現任何公眾情緒會改變的跡象，而且還激起了很多人對烈酒的渴望。這個難題最終也許會達成合理的妥協方案。這個國家很會調整法律去適應社會的條件，以允許現狀繼續。當這種調整發生時，由現在的合法情形產生的人爲的非法狀態當然也就不存在。這種情況以前在各州都發生過，不過現在，不只美國本土具有實行禁酒令的經驗，還廣泛傳播到許多其他國家。

從這個普遍的方案中我們可以看出，聯邦政府是一種政府的形式，即其各個部門都受到最高法的約束。在某些事情上不預期彈性或妥協。說憲法是最高法就讓人們想到，假如國會自己，或行政部門，或某些官員，或各州及其立法機關，或其中的官員，在通過一項法律或以其他行爲以試圖或否決、或蔑視、或違反國家的最高法時，有什麼法律補救方法嗎？假如上述行爲發生而又沒有救濟的話，當然說明最高法已降爲低於觸犯它的那些法律或法案。至少那些尊重理智之人都不會否認這一點。

就像我們所看到，當這部憲法通過之時，人們早就爲維護殖民地在特許狀中被授予的權利，與議會的立法法案及其內閣委員會的行政法案進行長期的鬥爭。當我們今天再來回顧這些爭議時，從法律上來講，殖民地有理而議會不對似乎已毫無疑問。不過，重要的一點在於，我們前面已反覆講過，殖民地人民的心中已被深深灌輸法治是超越於立法和行政權之上的思想。

《獨立宣言》頒布之後，有一些州採納了新憲法，並將作爲他們的根本法。麻薩諸塞州是其中一個，並熱切希望自己的州會有「法治而不是人治」的政府，其他州紛紛仿效。有一個州用殖民地的特許狀將就應付了若干年。在制憲大會討論出新的聯邦憲法之前，就已經作出決定，州法院在審理案件時所作的裁決若與聯邦憲法有衝突，就是完全無效的。當聯邦大會召集之時，這個概念已在政治思想中得到很好的發展。也許與會成員中，沒有人對於聯邦政府是否有必要掌握司法權持有一絲的懷疑，這種權力可以維護憲法的最高法地位。聯邦黨人發表的一篇文章中清楚地指明這種必要性。

這一思想根深蒂固於所有政治思想家的心中，新政府馬上提出應增加《人權法案》作爲增修條款，以規定公民在政府的統治下有哪些權利。這些增修條款未費周彰即獲一致通過，其中保證的公民權應得到任何政府機構的保護，使其免受侵犯。不久，就眞地出現了另一州公民向一州提出訴訟的問題。最高法院力圖保護無助的印地安人不受喬治亞州的掠奪，於是馬上又設計一個新的增修條款，以防止這樣的偶發事件再度發生。不過，有一個辦法可以很容易地避開這個增修條款，那就是不去起訴州，而是起訴州政府的官員。

彈劾法官

在憲法統治下的政府發生了第一次偉大的政治變革之後，最高法院在判定一項聯邦法律或行政法案違反聯邦憲法時，終於能夠絕對做到當即宣布這些法案因不符合憲法而無效。政治家們在政治鬥爭中少有放遠眼光的，往往不擇手段，他們認爲必須採取措施來限制最高法院的權力，把它降低爲服從人民的代表——總統和國會。他們全面審查憲法，並採用彈劾的間接方法使最高法院服從於立法和行政機構。這兩個部門齊心協力對付最高法院，決心彈劾法院中的一位法官。被選中的犧牲品是馬里蘭的山繆·蔡斯（Samuel Chase of Maryland）——《獨立宣言》的簽署者。憲法通過時他曾持反對意見，但後來在政治上成爲一名聯邦黨人。當他被任命爲最高法院的法官時，由於執行外僑與謀叛法（Alien and Sedition Law），它企圖阻止外僑與公民對法國的支持，而招致很多人的憎恨。與世界大戰期間通過的法律相比，其實這條法律本身是比較溫和的，但是被波及到的政治家卻大聲疾呼，假如不允許政治激進分子對國家持不同政見，常見的自由就岌岌可危。

英國歷史上進行彈劾的先例不都是令人滿意的。曾有過許多著名的彈劾案的審理，但在都鐸王朝時期，政治家和王室放棄使用彈劾，而是經由褫奪公民權法案使審訊過程更快，也更血腥。政治家們無疑很懷念褫奪公民權法案，然而這個溯及既往的法律已被聯邦憲法禁止。不過，彈劾被保留下來，看來藉由這種形式有可能避開一切司法的限制。

愛德華・庫克先生於一六二一年將彈劾恢復爲一種審判模式。同一年，下議院聽取證詞之後，作出一項裁判，並施以懲罰。但上議院立即搬出一起一三九九年的判例，並據此證明下議院不是議會中的法官，議會的裁判權僅屬於上議院。在此之後，有過幾例著名的案件，像斯圖加特的彈劾，還有他爲自己辯護所作的發言，已成爲代表高尚和感人的經典之作。克萊瑞頓（Clarendon）、索莫（Somers）和麥克菲爾德（Macclesfield）三位大法官被彈劾，不過，對首相博林布魯克（Bolingbroke）使用的是捲土重來的褫奪公民權法案。對薩切委瑞博士（Sacheverall）提出的彈劾是基於他爲支持託利派（Tory）的不抵抗和消極順從學說而進行了兩次布道所犯下的不尋常之罪過。對他判處的懲罰是沉默三年，這對於一個如此熱衷政治布道的人來說無異於一項殘酷並且難以接受的懲罰。

英國歷史上的彈劾中最有意思的一例是華倫・哈斯汀彈劾案。他是印度殖民地的創立者克里夫的繼任者，回國時名聲顯赫，此後十年中他一直被一些傑出辯才的精英分子視爲眼中釘，像謝里丹（Sheridan）、福克斯（Fox），特別是政論家伯克，他是貴族社會中最出類拔萃的政治家。哈斯汀的辯護律師隊伍以愛德華爲首，後由首席大法官艾倫巴羅帶領，他們把這些大雄辯家的思路緊緊綑綁於嚴格的法律程序上，以縝密有序的證據規則應對他們的政治法規與不嚴密的證詞，打亂他們的陣腳，攻破他們的彈劾控告。威斯敏斯特議會大廳中的超絕場面和這些大政治家們的精彩表演，在英國史上彈劾案的審理中可謂登峰造極。

蔡斯法官彈劾案

比彈劾哈斯汀的政治影響更爲深遠的是對蔡斯的彈劾審判。當時我們的憲法還很新，未經任何考驗。我們對聯邦官員採納英國的彈劾方法，由眾議院掌握提出控告的唯一權利，以及由參議院掌握唯一的審判權力。一八○四年，曾爲美國沿大西洋岸領土的獨立作過戰的人們，活著看到國家的版圖延伸到奧瑞岡的哥倫比亞河口。這一年，我們的憲法走過的歷程還很短暫，一場大戰即將在律師與政治家之間展開，以確立我們這個國家的政府應從法治還是僅從人治。對法官蔡斯的審理實際上就是看看，站在敵對方的那些無知並抱有偏見的政治家否因爲他們認爲法律有瑕疵，並對我們的憲法抱有錯誤的看法，就能藉由彈劾把最高法院的法官趕下台。

蔡斯是聯邦黨人，他在一個以馬歇爾（Marshall）爲首席法官的、久負盛名的法庭中任職。他交往的人都是聯邦黨人，其中一位是華盛頓的侄子。在傑佛遜總統的煽動下，眾議院以狡詐的方式，指稱蔡斯在審訊名叫弗萊斯（Fries）的叛亂犯，還有另一個名叫凱林德（Callender）的罪犯中出現錯誤，並以此爲由要求彈劾他。還有最後一條指控是，他在巡迴審判中對大陪審團所作的講話中詆毀執政黨，當時是共和黨。問題的眞正關鍵是，立法機關能否以法官對憲法的看法不當爲由，藉由彈劾以撤銷法官的職位，並控制法官，然後再以他們自己無能但卻虔誠的黨徒佔據法庭。形勢是嚴峻的，馬歇爾向政府表明其態度，說法院將毫不遲疑地履行其判斷一項行政法案是否符合憲法的職責，傑佛遜把這位美國歷史上最心智健全的正常人稱作是「半瘋的大法官」，可見他有多惡毒。這次彈劾以其影響之深遠成爲自憲法通過以來，美國憲法史上最爲重要的史實。

然而，我們不無遺憾地說，那些書寫歷史的人由於缺少豐富的法律知識，沒能認識到這次審判的超乎尋常的重要性。曾有兩個人嘗試過完成這個任務，但憲法史上連他們的名字也一併抹殺。三十多年以前，大學生們出於對新知的渴求，違反戒律，把一本馮・霍斯特（Von Holst）的著作當作美國憲法歷史的教科書來閱讀，在那浩翰的卷帙當中對於此次彈劾隻字未提。我眞不明白，要寫憲法史怎麼能不提這次審判。隨便誰來想一下，假如蔡斯被判有罪並被革職，假如當時那些一聞血腥味就胃口大開的政治家將矛頭再指向首席法官馬歇爾，把他也彈劾革職的話，這個國家的歷史將會被如何改寫。

約翰遜法官彈劾案

又隔很長一段時間之後，出現另一起重要的彈劾案，那就是安德魯・約翰遜（Andrew Johnson）案。對他的指控是他違反一條有關刑罰的法律，再加上其他一些情節不太嚴重的指控。由於對他違反法律的指控失敗，提到的其他事情中除了作爲審判長表現得不得體之外沒有什麼大不了的，而且那些事也不至於被彈劾。然而對約翰遜的審判還是値得一讀，好看看作爲辯護律師的伊瓦茨（Evarts）、科蒂斯（Curtis）和戈貝斯克（Croesbeck）是如何推翻政客的觀點，這也是彈劾大案審判的普通結果。這是訓練有素、才學豐富的頭腦戰勝思路混亂不清、條理亦欠嚴謹的政客的勝利。任何一個專心閱讀過這些卷宗的人都會記得賓・巴特勒（Ben Butler）令人厭惡的粗俗表現和吹毛求疵，是他出面爲眾議院處理這個案子，使它失去面子。還有法官賓漢姆（Bingham）膚淺卻又自命不凡的辯論，以及老薩德・史蒂文斯（Thad Stevens）那冷靜、理智、深刻的思想。他已老得站不起來了，每天被人用椅子從眾議院抬到參議院，兩邊由最好的律師護駕。要是他主持審判的話，約翰遜就會被判無罪。史蒂文斯有用不完的智慧。有一天，兩個強壯的侍從抬著他時，他抬頭看著他們說：「孩子們，等你們死了，誰來抬我呢？」約翰遜案審理時與眾議院對壘的有科蒂斯，他的辯論很有分量，充滿機智，還有講話文雅的伊瓦茨，任何一位讀過這些審判記錄的人都會對這次非同尋常的審判記憶猶新，不過彈劾約翰遜在政治上的重要性是無法與彈劾法官蔡斯相提並論的。

我們沒有必要細看對這位法官提出指控的正式陳述。這些可在一八〇五年出版的記載審判過程的書中查到。爲了應訴，蔡斯與他的律師一同出現在參議院，這是當年水平最高的辯護律師。處理彈劾的是洛亞諾克的約翰．魯道夫（John Randolph of Roanoke），他對法律是門外漢，還有其他一些政客，自然是來充當律師的。

主持參議院的是艾倫．伯爾（Aaron Burr），是漢密爾頓被害後剛剛上台的。伯爾以前的死對頭傑佛遜最近與他改善關係，委他以重任以示友好。對哈斯汀大案的審理記憶猶新的伯爾試圖重現威斯敏斯特大廳當年的盛況，但當時的最高法院法庭是坐落在華盛頓一個坑坑洞洞的不像樣的小鎮中的老議會大廈，周圍連房屋和街道都沒有，只有尚未完工的國會大廈。如此不協調的環境使得此次模仿極爲拙劣，簡直是一種嘲弄。參議院副主席伯樂（Burr）在他自己設計的這個不倫不類的舞台上演出差不多是他政治舞台上的最後一幕。他即將離任副主席，去從事路易斯安那州的商業投機活動，這又激起傑佛遜對他的仇視，將他以嚴重叛國罪爲名交到法官馬歇爾的審判席前。應該說，伯爾在審理蔡斯案中的舉止風度是端莊得體的，合乎司法的規範，他從中扮演的角色是無可挑剔的。作爲一名頭腦敏捷精明的律師，一定會挫敗那些傑佛遜的黨徒。

參議院審理蔡斯案

參議院在審理蔡斯時面對的唯一的問題是憲法的涵義。在第四條的第二款中，憲法聲明所有被宣判犯了叛國罪、受賄罪及其他嚴重罪行和輕度罪行的美國政府官員都應予以革職。在第三條的第一款中又補充說，被判有罪的人應負法律責任，依法受到起訴、審理、裁判和處罰。很顯然，嚴重罪行和輕度罪行這些詞指的不是「嚴重錯誤」，而是眞地犯有罪行，這是這些用語在當時的含義。憲法明確指出，所有可控告的罪行都是可以作爲犯罪而進行起訴和處罰的，從側面進一步加強這個觀點。由於蔡斯法官未被斷定犯有任何公開罪行，從條款中找不到進行彈劾的根據。

歷史學家們對這次審判的爭辯而作的解說很不成功。書寫歷史的作家一向不善解釋法律上的事情。他們似乎搞不懂那些法律術語。不過，這也不是什麼新鮮事。三百多年以前，普通法的先哲庫克就曾說過：「不管是文科還是理科，讓一個非專業的人來正確無誤地講述這些學科內容中的任何部分都非易事，人不可能對他不懂的事情作出公正、眞實的敘述。我希望你們當心編年史的法律。」也就是我們說的歷史學家筆下的法律。在庫克生活的那個年代，英國史只有一些空洞無物的編年記載。

雖然法律已規定得很清楚，但主持開庭的坎貝爾（Campbell）還是力辯，在剛剛結案的匹克魯（Pickering）法官案中，大家已公認可彈劾的罪行不一定就非要起訴。或許是出於卑鄙的政治原因，匹克魯法官已被彈劾，一些參議員得以對憲法的用語做特別的建構。不過，這些人會發現，法官蔡斯擁有他所在的法院的支持以及審判席上傑出律師的辯護，他與新漢普郡整天酒醉和裝瘋賣傻的匹克魯法官可不是一類人。魯道夫在其發言中繼續閃爍其詞地指出，彈劾是一種對國家官員的行爲所進行的官方審訊，其性質更接近民事調查，而非刑事起訴。依魯道夫之見，進行彈劾的罪狀是蔡斯法官在其判決中犯了錯誤。他說此話時沒有預見到對手是誰。換句話說，按這些人的意思，由最高法院法官決定的法律應予修正，而且法官依法進行的審判應聽命於那些坐在參議院的法官席上，通常是些二流的政客或平庸的律師，聽命於那些準備撤銷法官職位的人。這是美國歷史上早就提出的司法複決。但魯道夫等人提出的不是明顯愚蠢的人民複決，而是由參議院複決，藉由撤銷法官的職位，行使對法律的最終決定權。

但是彈劾案的一些條款與這一理論衝突。那些條款總想把行爲指控爲犯罪，雖然那算不上什麼罪行。其他被指控的只是一些錯誤，但是被指控的所有行爲，除了向大陪審團作的那次講話，甚至連錯誤也談不上，至多是有些不得體而已，其他行爲在最後的案情分析中都統統被指爲法官在履行其司法職責上犯有法律錯誤，但馬歇爾和他法官同僚做出的裁決中把這些錯誤一一排除。

蔡斯的律師在開場白中就指出此次彈劾的法律依據有多荒謬。另一位審理者尼克森（Nichoson）聽了這一席話就放棄原來的立場。作總結發言的魯道夫，談到有關的法律觀點時根本不知所云，像他這樣一個維吉尼亞的農場主人，即使對拉丁文略知一二，也無法指望他能與訓練有素的律師應答如流。出具完證據之後，在總結辯論中，審理者們又使勁回到他們不必證實這是犯罪行爲的立場上。他們最後斷言說，假如他們證明違反法律不等於犯罪，法律就會把這樣的違法行爲歸咎於居心不良或動機不純。這就等於說，每當法官判斷錯誤，他就是出於居心不良或動機不純地犯了嚴重罪行或輕度罪行。然而那些黨徒其實知道上訴法院之所以存在就是爲了糾正錯誤的，而且上訴的理論基礎就是認爲錯判不是有意歪曲法律，也不是犯罪。不知道這一理論的審理者們搬出了柏拉圖在他的《法律篇》一書中提出的論點，認爲上訴法官的錯判應被當作罪行接受審理。這是在布雷克頓出現以前那個蒙昧時代的普通法的理論，而法律另有公論早已經六百多年了。

蔡斯的律師一個接一個推翻審理者的觀點，並暴露他們在訴狀和發言中表現出的無知。路德・馬丁（Luther Martin）不留情地揭露並嘲諷魯道夫對馬里蘭州和維吉尼州法律有事實根據的斷言。尼克森在爲審理方作答時又轉變立場，現在他辯論說，任何職務中的失職行爲都是輕度犯罪，否則在表現良好期內任職的法官就不能被免職，儘管他表現無能也不能被撤職，除非被彈劾。這與一開始的觀點是一樣的，因爲它的合法性取決於這種言外之意：當一位法官在法律上出錯時，他就是犯了輕罪，假如他做了某些甚至連錯誤也談不上，只是缺乏水平或判斷力的事，他同樣也犯了輕罪。這對於一個不懂「輕罪」這個法律術語的行人來說，聽起來也許還有道理，或者對於那些相信撤銷法官的職位須經由立法機關請求，由行政部門執行的律師來說是如此。律師們對尼克森的回答是，只有犯了法律定義中的嚴重罪行與輕罪時，才能被彈劾，而在憲法中很容易找出足夠的行爲不端的理由來撤法官的職，因爲按照憲法，法官只在表現良好期內任職。但憲法並沒有把彈劾作爲對行爲不端的救濟方法。政客們在討論有關這一點的法律時提出的反對意見是，這條法律遲早要由司法部進行修改，由他們來定義何謂表現良好，何謂表現不是，而且法官們也必須在聯邦法庭中最終決定何謂良好或惡劣的表現。可以肯定的是，對那些一心分裂法庭的政客而言，最高法院在這個問題上作出的任何決定都絕不會是合適的。最後由魯道夫發言，他可是使出全力，他全被搞糊塗了，如坐雲霧，由於對法律的無知，他被路德・馬丁譏笑得更膽怯了。他作了很有特色的長篇大論，滿嘴都是他在眾議院時慣用的胡言亂語，在那兒他的口才還算過得去，但此時他越說越糊塗，幹脆藉故說把講稿弄丟了，垂頭喪氣地一屁股坐下竟哭了起來，就這樣一把鼻涕一把淚地結束了發言，使那些可憐的審理者們對案情越發摸不著頭緒。

參議院裏的大部分聯邦黨人反叛。蔡斯大獲全勝，被無罪釋放。從憲法的觀點而言，對大陪審團的演說是所有的指控中最輕的，他們在這一點上得到最多票。馬歇爾和他律師同僚以一系列的重大決定闡述法律，美國政府的整個結構建立於此。丟盡臉面的魯道夫，畏畏縮縮地從法庭出來，大罵傑佛遜背信棄義，是個膽小鬼。他提出的憲法增修條款，規定法官應由總統的國會咨文撤職，結果根本無人理睬。在內戰期間，即使在大法官唐尼在法庭上騷擾政府時，也沒有人對司法的獨立性提出質疑，可見這一增修條款的效果，不過是名存實亡。

蔡斯彈劾案中的英雄人物是馬里蘭的路德·馬丁。他是一個外表邋遢，不修邊幅的人，嗜酒常常喝個半醉。他又高又胖，聲音尖利，要是惹急了，還會尖叫，講起話來出口成章，滔滔不絕，沒完沒了。不過他是一位博學的法律天才，一位很有說服力的演說家，似乎即使說錯了也能令人信服似的。在那個年代，他無疑是美國法官席上的頂尖人物。在記敘伯爾審判案的書中，可以看到他第二次大勝傑佛遜，證明伯爾無罪的場面。

路德·馬丁在馬里蘭作了三十年的檢察總長。蔡斯被無罪釋放後，繼續作他的法官。過了很久，有人說，路德在蔡斯法官的法庭上喝醉了，表現得有失體統，於是被開了一張拘票。這份拘票遞交蔡斯簽字的時候，他看了一眼，把筆擱下說：「我無疑對法庭負有責任，但是我，山謬·蔡斯不能在路德·馬丁的拘留狀上簽字。」最後在一八二二年，馬丁得了中風後癱瘓，窮困潦倒，但他的名聲太好了，在法律圈很有人緣，爲了援助他，馬里蘭向每一位律師爲他徵收一項特別稅，大家都毫不猶豫地慷慨解囊。不久後他遷往紐約，在那兒伯爾的事業正春風得意，他收留了這位又老又窮的浪蕩子，並照顧他度過餘生，想到這些，人們就感到心中湧出一股暖流。

偉大的律師——韋伯斯特

與此同時，美國律師界的領導者曾經一度是賓克內（Pinkney），他於一八二〇年去世之後，領導地位傳到一位比他更出色的法律天才——丹尼爾・韋伯斯特（Daniel Webster）手中。美國歷史出現過的兩位具有非凡的政治家風度的知識分子都是傑出的律師。單論智力，漢密爾頓略勝一籌。他的悟性極高，具有能迅速得出正確結論的天份，他無愧於泰利蘭（Talleyrand）的評斷，他宣稱漢密爾頓是他所結識才華最出眾的人。泰利蘭是在仔細觀察他那個年代所有的偉人之後說的。漢密爾頓的推理分析有一種讓人深深爲之折服的力量，他的這種推理能力在歷史上無人可及。同爲律師，路德・馬丁與漢密爾頓相比當然遜色。韋伯斯特沒有漢密爾頓的獨創性，也沒有他的建設性才能，但卻擁有聰明的頭腦和豐富的表達力，這使他在律師界保持三十年的領導地位。在歷史上再也沒有像漢密爾頓和韋伯斯特這樣的兩個人可以稱得上是美國的知識精英了。

當然，韋伯斯特在他的一生中也犯過一些錯誤，但他的法律生涯這一部分卻是無可挑剔的。說韋伯斯特掌握的大量資料是依靠他人得來的，這一點不假，比如達特茅斯學院一案中的資料就是這樣，但把這些資料以令人信服的方式組織起來的卻是韋伯斯特的功勞。他一直是一位出色的律師，如果沒有他，麻薩諸塞州就有可能採用法官選舉制。在美國法律體制的建設中，他比別的律師發揮了更重大的作用。他的演說在形成美國國民的思想上有著舉足輕重的影響。一八五〇年三月七號，他發表了最後一次演說。這次演說長期以來被譴責爲是對自由州的背棄，現在看來這次演說中大量的內容都是建立在實事求是的基礎上的。

對這些已經成就的事實表示懷疑是徒勞無用的，但是假如韋伯斯特的建議得到採納，假如南方各州的政治多講一些道德原則的話，南北內戰就永遠不會爆發，奴隸制就會和平地過渡，像其他所有事情一樣。南部聯邦（Southern Confederacy）頒布的最後的法案就是廢除奴隸制，這是為那個神聖的聯邦機構寫下的奇特的墓誌銘。韋伯斯特至少盡了自己最大的努力來避免戰爭，而那些譴責他的人，像湯姆・史來特（Time Spirit），倒是在內戰開始時最急於犧牲聯盟和憲法的。那場戰爭至少昭示美國早期對於社群的理論在一定意義上反映實際情況，社群由於結合在一起而無法被分裂瓦解。那些把這一理論變為現實的人就是接受了韋伯斯特強有力的民族主義學說。他的名譽得到恢復，犯過的錯誤也可以一筆勾銷。一八五九年在韋伯斯特生日的那一天，奧利佛・赫姆斯（Oliver Wendell Holmes）為他寫下的幾行詩句，正代表了人們對他的最終評價。

死神之手，冰冷而潔白，
宛若霜雪，
輕輕覆蓋在層層峻嶺上，
它掩去了山腳的裂隙，
給頂峰以更加奪目的光彩。

假如我們能夠抹去從大法官馬歇爾的死到內戰期間的這段歷史，那最高法院就可以說是沒有留下任何污點了。不管人們也許會為一八四八到一八六一年間發生的事情找出某些開脫的藉口，這段歷史是不能被忘卻的。其間曾有過馬歇爾和斯多利（Story）的輝煌年代，他們兩個，一個具有深刻的思想，一個具有淵博的才學，他們掌握的法律天平是平穩的。馬歇爾去世之後，斯多利毫不掩飾地對法庭世風日下表示憤慨。但是在享有高度管轄權的法院所特有的那種超然物外、不偏不倚的氣氛，可以使一個人戰勝自己內心的偏好。當捕獲案（Prize case）在內戰期間於法庭審理時，由賓州的格爾（Greer）與喬治亞州的韋恩（Wayne）在判決中保留古老勇敢的羅馬人在干恩案（Gaines）中對異議分子的刻薄言語。內戰後，美國最高法院的判決的確擺脫隨著戰爭而來的尖酸刻薄，所有的憲法都或多或少與政治混合在一起，只要政治位於高階，這種混合是必須。

在我們講述法律時，規範公民間私有關係的法律比憲法中的某些問題更重要。當然我不可能對普遍的私法作詳細的介紹。除了那些不成功的法律試驗，我們的法律都在不斷的發展。憑藉羅馬法學家的法學方法，從先前確立的原則中發展出不同的看法或是認同。不過，某些條件影響法律的普遍形式，特別是法律的施行方面。對於私法而言，最重要的條件的是爲律師教育的準備。

法學教育

獨立戰爭後，在美國東部與較古老的康涅狄克州率先開設法律學校。過了一段時間以後，哈佛大學的法律學院成爲一些菁英人物，像斯多利（Story）或帕森斯（Parsons）這樣的法官工作的地方。他們的成果是卓著的，編寫一系列的教科書，對於法律學生來說有著不可衡量的價值。其中有兩部書特別知名，一本是《證據的綠葉》（*Greenleaf on Evidence*），文字優美流暢，特別明晰易懂；另一本是詹姆斯・肯特（James Kent）寫的法律專著。肯特原先是紐約州最高法院的首席法官，他被聘來以應法律學校的需求。他以布來克史東的理論為基礎，以講座的形式，寫作了一本《美國法律評論》（*Kent's Commentaries*），其中探討比布來克史東更為廣泛的問題。肯特是一個勤奮好學，知識廣博的人，他旁徵博引，以羅馬法中的不同面向來闡明他的觀點。不過，內戰爆發時，至少在西部各州，絕大部分法律教育都是從律師事務所獲得，或者是經由往往不完整也不連貫的讀本。

律師界與法院間有著密切的關連。一般而言，準備不完善的律師會對法院產生非常有害的影響。當法院充斥著選舉出來的法官時，就會造成這樣的結果：律師界和法庭之間互相反對，對律師和法官都造成過多的損害。有句古老的說法，太多無能之輩敗壞了法院。同樣，那些學養不佳的法官也降低律師界的品質。這樣的法官在上訴法院往往分不清哪些是實質性的問題，哪些是形式上的問題。作為選舉出來的法官，除了個別幸運的，注定都要或多或少處於最激進的民主社群中，以迎合成熟的公眾情緒。

陪審團制

這樣的情況產生某種結果：首先，對於陪審團的審判意見如此尊敬，法官不會參與陪審團的審議；其次，要求法官向陪審團作出書面的法律問題的說明書；第三，上訴法院在宣判細節事項上過於技術性；第四，不知變通地使用證據法則，以至於對哪些可作為有效證據有不同的意見，這往往成為上訴中的重要問題。這些偏頗之處始於刑法，擴展到民法案件。

也許應該如此解釋，一般而言，法官都已在實務中得出這樣誇張的看法：不管陪審團會被如何誤導、勸誘或欺騙，陪審團的審判是如此神聖，法庭不僅必須告訴陪審團他們可以裁定事實，還必須做到，無論在什麼情況下，都不得向陪審團作出關於法官對證詞或其可信度的看法的任何暗示。很自然，在農村社區裡，人們對陪審團的重要性更是誇大其辭了，結果就是，雖然按英國的理論，法官的職責是輔助陪審團，但實際全然被排除在任何輔助作用之外。

既然陪審團如此重要，一套精心策劃的挑選陪審團成員的制度就應運而生了，對陪審員可能如何受證據的影響，或可能傾向於如何看待案情的各種問題，旁敲側擊地進行考查。結果簡直荒唐透頂，在所有重要大案件的審理中，往往需要花費許多的時間才能確定陪審團的名單，而且還常常將那些有能力的人排除在外。這種作法大大地損害法律。

在審判刑事案件中確立的規則很快擴展到民事案件中，並且也造成很多類似的惡果。對陪審團審判表現出的過度狂熱，導致法庭對於民事案件中何時給予陪審團証據，做了許多可笑的規定。結果簡直太不幸了，因爲法官覺得自己的權限已被降到了最低限度，便索性逃避責任，樂於把所有案件都交給陪審團審理。有些州，甚至以法律規定，在律師向陪審團展開辯論前，法官必須就案件涉及的法律問題向陪審團作說明。在許多方面，在州立法機關的低劣律師可以做出對法律的施行最壞的事。

陪審團審判制產生的第二個惡果是，鼓勵對案件的可被理解的層面要求書面的法律問題說明書。這些法律問題說明書還必須交由法官批閱同意還是反對，因爲有規定，法官不必就法律要點作出指示，除非要求他這樣作。但一旦要求了，他就必須這樣作。舊的做法是法官聽取證據，然後進行篩選，選出相關的向陪審團作陳述，現在這種做法在較新的州已經絕跡。法律的這一部分變得非常技術性，以向陪審團作法律問題的說明爲專題，而編纂了大量的法律書籍。結果是，那些對於判決而言是相對次要的一些細節，以及判決的撤銷都比以前增加了許多。法律變得如此精密繁複，只有頭腦最精明的人才有可能不在審判中出錯。

這又導致另一種觀點的發展，人們漸漸認爲，在審判中的錯誤是可以經由證據的許可或排除而預見。證據法則的設計是指導法官判案的警戒性規則。但是，除非一項證據是決定整樁案件是非曲直的依據，沒有人會認爲證據的許可或排除不完全是審判法官的裁量權事項。不過還是從刑事案件發展到民事案件，都產生過分講究技術性的結果。藉由依據證據的裁決可以預見錯誤，但審判是否獲致正確的結果的問題卻完全地被忽略了。審判變成僅只是一場遊戲，在此問題在於確定陪審團名單時提出的許多問題，是否做出了錯誤的決定，其次是在決定許可或拒絕證據時，是否做出錯誤的決定，最後是在決定接受或拒絕反方律師提出的各種請求上是否做出錯誤的決定。

過分誇大陪審團審判重要性最大限度地削減衡平法院的管轄權，直到許多律師開始意識到，衡平法只是法律中非常小，幾乎無用的部分。假如律師會做那種唱高調，詞藻華麗的演說的話，即便缺少眞正有說服力的思想內容，也足以在陪審團面前勝訴了，並不需要掌握多少法律知識。而在衡平法院，假如律師知道一點稱爲衡平的古怪與無用的知識的話，那他不需要運用清晰的表達和闡述也可以勝訴。在此，應該談論美國的這兩種制度。

法庭雙軌制

就我們所見，法院的雙軌體系，普通法與衡平法，是作爲英國法的一部分傳到美國的。當美國人制定憲法時，無疑認爲雙軌制是完美無缺的，應予保留。因此憲法中就寫入這樣的條款，要求美國有兩種法律體制，這兩種管轄權應分別行使。但在確實實行雙軌制的同時，出現美國法院中同一名法官行使這兩種管轄權的特例，同一位法官會對原告說：「坐在我的法庭中，我別無選擇，只會判你敗訴，但是假如在這同一天，我還是坐在這同一個法庭的同一個位子上，你交給我的是一份羅列得一清二楚的弱點和無能之處的訴狀，我就會禁止你的對手申請我作普通法的法官，因此就會阻止自己作出對你不公的裁決了。」在這種情況下，保留聯邦管轄權，不過，同一法院行使兩種管轄權已經解決了大部分的難題。假如兩種管轄權掌握在同一位法官手中，那就僅僅是修正的問題。

多數的州法院開始時都採納這種雙軌制，在一些州還有大法官作爲獨立於普通法法官之外的衡平法法官。在紐約州，有兩位知名的律師作爲衡平法法官：一位是著名的肯特（Kent）法官，另一位是沃爾沃斯（Walworth）。不過紐約州很早就開始實驗各種法庭體系，它曾一度嘗試以上議院的上訴管轄權爲基礎的改革。他們把州參議院作爲上訴法院，這也許是近代史上存在過的最糟糕的上訴法院。紐約州的法官也變爲採用選舉制，它採納一種將普通法和衡平法合併在一起的改良體制。這兩種體系間的區別是永遠不會消除的，因爲在普通法案件中可以請求陪審團審理。

此時，聯盟已經承認許多新的西部州。除了一州例外，它們都採納普通法與衡平法的雙軌制，但他們的法官都是選舉出來的。也是除一州例外，其他州的制度都是同一個法官，同一個法庭，掌管著兩種體系。路易斯安那州保留法國人帶給他們的大陸法（civil law），不過它與雙軌制體系的實體法性質的法規本質上是相同，因此，其他州來的人很容易適應當地的大陸法。大陸法以某種間接的方式，向遵從英國法的雙軌制各州，提供擺脫某些英國法的技術性的捷徑。愛德華・利文斯頓（Edward Livingston）提出的見解就來自於他對大陸法的知識。

人們以爲雙軌制的問題會出在訴訟程序上，以及衡平法院中的訴狀和普通法院中的申訴之間的對比。事實上，這些方面都沒有問題，有問題的是那些無能的律師和法官，是他們在開庭審判時的無能表現。從這一實際情況中也可以看出，聯邦法院從未眞正要求消除這兩種體制間的差別。法院的行爲就好像他們只是使用訴訟的兩種形式。如果律師用錯了形式，可以很容易地修正。

各州的改革是以訴訟程序的法典化開始。各種訴訟形式，只規定唯一的訴狀形式，即原告應該以簡明的形式對構成訴因的事實進行平實的陳述。這聽起來再簡單不過，但結果卻是普通法慢慢形成一種辯護事實的體系，它把對所謂的基本事實（ultimate facts）的辯護與那些被視作是用來證實基本事實的事實加以區分。普通法的訴訟程序是簡單與平實的，比如說，假設某一天在某個地方，張三賣給李四價值一定款項的貨物並將貨交給李四，而李四尚未付款，就算完成一個很好的訴狀。這些形式是法律專業所知的並且不會被放棄，這些辯護的事實就是基本事實。實際發生的情況是，李四在張三的店裡簽了一張帳單，但對貨物的價格未予任何說明，張三寄出賬單，而李四尚未付款，因此這是最常見的訴因。在所有普通法的訴訟中，雙方當事人都可以要求陪審團審判，這個區別是很神聖的，是我們自由的守護，書寫在各州憲法中，普通法院與衡平法院中訴訟形式的不同是不能廢除的。於是就保留根據法典檢驗訴狀的作法，以發現陳述的案件是普通法的訴訟，還是衡平法的，並且必須用檢驗來確定不適合普通法院的被告是否適合衡平法院。假如存在後一種情況，這樣的案件就不能提交給陪審團。即使最熱衷陪審團審判的人也必須知道這一點。

但是，現在又出現另一個令人不解的問題。許多屬於美國法院管轄權之內的案件可先交由州法院處理。有一個法案規定，在某些情況下，這樣的案件可以移交到美國法院。案件一經移交，訴訟記錄到達聯邦法院之時，就必須立即改寫這種無視普通法與衡平法區別的混合訴狀，這樣，聯邦法院才能按照聯邦憲法的要求，行使獨立於衡平法管轄權之外的普通法管轄權。那些本希望無須再去鑽研古老法律知識的州律師現在感到自己飄流在未知的大海。結果就是，那些所謂的法典律師爲了瞭解自己的體系，必須對普通法和衡平法掌握相當的知識，因爲假如沒有法典規定的訴訟程序的體系，他就得用到這些知識，除此之外，他還得熟知法典中所特有的技術性的規定，以及那些高度專業性，有時簡直晦澀難懂的語言。在聯邦法院，或者像新澤西、伊利諾伊或阿拉巴馬這些保留了雙軌制的州法院中從業的律師，以同情而又輕蔑的眼光把這些法典律師看成是寄生於《民事訴訟法》（*Code of Civil Procedure*）的可憐蟲，那部法典中沒有一條明智的規則可供適用。一些州還試圖採用法典對整個的民事私法領域下定義，結果越定義越混淆。這些法典使用的顯然都是現行法律的概論，但對許多特殊情況的例外卻沒作規定，因此反而增加一些新的不確定因素。

法典和改良的訴訟體系爲聯邦法院增加新的不確定因素。那些法院中依照憲法保留訴訟程序的雙軌制，不可能把普通法的事項與衡平法的職權範圍混爲一談，聯邦法院已不能再遵從現有的舊規則。按照美國的法規，聯邦法院中對普通法案件的審理要盡可能地與聯邦法院所在州的州法院保持一致。不過，全國所有的聯邦法院的衡平法案件的審理都是一致的，並且是以聯邦最高法院頒布的法庭規則確定下來，州法案無法以任何方式對這種作法施加影響。各州在實務中制定的許多的法規，必須與聯邦的實務具有一致性而互相調和。在普通法和衡平法的所有訴訟方式全部被廢除，除了一種方式外的情況下，案件是否採取普通法庭或衡平法庭，如何可能在法律上遵從聯邦的訴訟程序呢？

在各州內部，廢除一切訴狀形式產生的結果是，在單一的訴訟案件，普通法的事項和衡平法的職權範圍可以混合在原告的訴狀和被告的答辯狀中。但是州憲法堅持陪審團對普通法案件的審理權，堅持衡平法職權範圍內的事項必須用一種方式審理，而其他的普通法職權範圍內的事項必須由陪審團審理，假如請求用陪審團的話。這一改變就是在同一案件中作兩種審判，一種沒有陪審團，一種由陪審團來進行。

在沒有廢除這兩種訴訟程序的各州，在保留普通法與衡平法的區別的同時，出現普通法形式的自由化。還有一些州主張普通法院和衡平法院有各自獨立的管轄權，而且州法院的衡平審判有別於聯邦法院。路易斯安那州依舊保留大陸法。因此，一個律師若是不止在州法院，還在聯邦法院中都工作過的話，就會有很豐富的實務經驗。

實體法的異同

幸好，幾乎每個州的實體法在多數問題上都大致一樣。我們可以以土地法爲例，不同之處確實存在。例如土地契約的形式和效力，有許多普通法規則已被廢棄，但登記土地所有權的作法仍很普遍，並且沒有可以稱作土地保有權的。除了原來的州有個別例外，所有的土地所有權都是美國政府發放的。在德州這個美國強行據爲己有的州中，公共土地屬於州所有，以前和現在都是由州來處分。在加利福尼亞這個從墨西哥攫取而來的州中，有一些舊的源自於西班牙發放的土地所有權憑證，產生大量的糾紛。不過普遍的原則是，土地所有權是從美國的公共土地轉讓特許證（land patent）開始。

有些種類的不動產（estate in land）是特有的。礦業法承認由發現礦場而來的所有權並且可以據此主張。這種所有權可以轉換成因特許而取得的所有權。但是假如沒有這樣做，如果每年都對這個權利進行某些工作以好好維護的話，這種所有權可被認作是無條件繼承的不動產（fee simple）之一。這種所有權也可以被當做世襲地產（base fee），只要有人對地產估價課稅就可以繼續的一種所有權。這不能稱爲有條件的世襲土地，因爲條件破壞時不需要登記，維持不下去時，這塊地就轉歸國有土地。

礦區的地產權經由所有權的適當主張並依法繼續佔有而取得，或是對此地的礦產申請特許，這種所有權的特別之處在於，礦區的土地所有權可以、而且一般也都在地表以下延伸到地表上描述的區域以外。這種規定源於英國的一項古老的採礦業慣例。用最簡潔的語言來表述這種特別的地產權就是說，礦脈是夾藏在岩石縫隙中的礦物質。岩石的縫隙沿著相對於地平線傾斜的角度挾帶著礦物質沉入地表。而對地產的所有權要求就可以包括沿著暴露在地表的礦脈延伸出的一段距離。不管礦脈在下傾中向何處延伸，也無論它是否延伸到地表劃定的界線之外，對地產的所有權要求都包括這段距離。法定的規則是，誰擁有礦脈床最接近地表的那部分礦頂長度，誰就擁有那一段特定的礦床，而不管它延伸到地下的何處。這是一個純粹經由採納和接受大眾的觀點確認爲法律的例證，後來還制定爲法案。但自然生成的情況是多變的，法律在適用時始終欠缺完善。

另一種完全以採納和接受大眾的觀點而發展的法律是水利法，它沒有形成法案，適用於所有需要灌溉的酸性土壤地區。根據普通法，水域中流動的水在使用時是不可以排他佔用。因時效而取得的合理權利可以經由相反占有權（adverse possession）而取得。但是在那些不使用灌溉的州，就不存在佔用的問題。對於那些不灌溉就無法生長莊稼的土地，就有必要引水灌溉，因而就要使用水。關於佔用水的規定是，從時間上來說，第一個佔用並將水用於有益用途的那個人有權得到他需要的用水量。這條原則是從羅馬法來的。它經西班牙傳入西方的法律，雖然那兒有史前印地安人原先建好的水渠，這些渠道無疑是用於灌溉的，而且與西班牙人或墨西哥人都毫無關係。這個原則首先應用於美國的國有土地，在佔用者和先取有河岸權的特許人之間產生難以解決的問題。這條法律至今沒有完全確立下來，雖然政府在酸性土壤地區的土地的特許時，早就以既得或衍生的水權作爲條件。

由於各州之間彼此不相容的事實所導致的特別情況，在有關公司的事項上需要大量的法律工作。由於美國的大商業都是以公司的形式運作，因此有許多商業是在公司成立的該州以外的其他州進行。各州都有法律規定，另一州的公司必須申請執照以開展業務。由於商業上或法律的原因，公司會依據它在沒有業務的某一州的法律而設立公司。要是本地公司的商業，就可以屬於跨州貿易而受到保護，但對於外地公司，州政府總想設法賺取稅收。大的州際公司一旦認爲有必要在它設立的州以外的其他州以外地公司的身份作生意，它馬上就會成爲州稅務局攻擊的目標，如果不說成是巧取豪奪的話。像保險這樣的商業，一直不算是跨州貿易形式的一種，各州對其強徵的稅一直很高，這大大增加保險的成本。由於其繁雜的法律，在美國作生意的人比世界上任何其他文明國家的商人都更需要隨時聽取律師的建議。

法律領域的擴張

但這並非全部，一個普通的說法是，美國人是世界上最受管理的人民。如果加上一句，在某些方面他們是世界上最受管理與最不受管理的人民，這個陳述才算準確無誤。我們已經發現，按照事件的自然發展，很久以前就有必要創立美國政府的土地部，由它專門控制國有土地的授與。聯邦政府授與發明的專利權、著作權以及商標的權力而增加了一個大的政府部門。這些部門行使的職能或多或少地具有司法的性質，因此又設立較大的法庭，主要處理這些部門的事情。然後又有了專營鐵路的部門和委員會，大大增加了在州際商務委員會從業的律師。法院在處理貿易和商務問題上的低效率無法令人感到滿意，於是，聯邦貿易委員會增加了業務。就這樣，一個接一個的政府委員會設立了起來，都或多或少地具有司法職能，不斷增加律師的生意。最後是所得稅增修條款的頒布，這個龐大的稅收部門立即以其對法律專業的大量需求而超越所有的競爭部門。他們榨乾活人的油水，又把心思轉到了死者的財產上。新增的遺產稅使人們爲支付這筆死者地產應付的遺產稅而被迫將其出售，因而造成財產價值的轉移。

州政府不會因聯邦政府的組織擴大而被取代，州委員會複製聯邦政府的許多業務。直到現在，一家大公司如果不請法律顧問，不搞清楚是否有關於某項業務的法律規定，就幾乎無法正當地從事最平常的公司業務。假如這些種類繁多的政府委員會，聯邦政府的也好，州政府的也好，能夠適可而止的話，情況就不會這麼糟，但是據政府的印刷部門說，他們可以讓大量的讚賞政府部門的文件充斥全國，並指出還可以獲取多少的稅收。他們沒少花時間去設法增加自己的權力，並經由對法律的修正和再修正把無助的納稅人進一步推向火坑，經由這些增修條款，所得稅法和遺產稅法把那些經營生意，或是希望死後爲自己的家人留下一點財產的人不斷推向越發危險的境地。不管哪個政府委員會提出什麼法律，國會和立法機構似乎都很樂意爲它們放行，讓它們通過。每當立法機構暫停審議，那些有資產的人就可以鬆一口氣，但是他們幾乎從來沒有停止過向納稅人增加新的負擔。

這種不斷湧出的法律是美國政體最大的弊端。事無巨細，把什麼都規範得細致入微的法律已經夠討厭的，當它們再不斷變來變去時，簡直就是災難。柏拉圖或許曾有過一個絕妙的主意，他說孩子們的遊戲也應予以規範，這樣就不能再更改了，但他提出的理由是，當這些孩子長大以後，他們就不會不斷更改法律。他的這種想法就是雅典多產的立法體制的害處直接造成的。希臘洛克里斯的法律規定，提出一項法律的人出席國民大會時應在脖子上套根繩子，如果此項法律未獲通過，則他立即被絞死。在雅典，假如一項法律經實施產生不良的後果，任何一位公民都可以向這條法律的提出者提出刑事訴訟。但是在美國政府的代表制體系下，對法律的責任不能用來對抗任何人。假如在美國可以控訴那些提出壞法律的人，那法院的數量就必須加倍。

但在另一方面，需要說明的是，我們生活在一個前所未有的工業化快速發展的國家和年代。商業中出現的許多行爲都是不容姑息的。無疑地，人們可以很容易累積財富是件好事，但是當有人用類似大棒、粗棍、印第安戰斧和剝皮刀這樣的方法致富時，法律的規範和機制就成爲當務之急。這是對中世紀野蠻方法的呼應，但是一般法律的敘述都比較難懂，而且它們只會給那些永遠不會使用這些方法的人製造障礙，使他們陷入困境。管理委員會成倍增長，但卻沒有發揮什麼好作用。我們所能說的只是，普遍而言，對於所有的律師，包括好的壞的、誠實的和不誠實的，他們的訴訟領域都大幅擴張，律師業在商業生活中獲得前所未有的重要性。

我們必須承認，現存的很多罪惡都可以歸罪於律師人數的過多，他們之中有許多人不論是人格或是法律知識都不夠資格從事法律實務，而且絲毫沒有改進的跡象。不過，大多數的法律業務都不是由這樣的律師所從事的。但他們是律師中的拖累，因爲幾乎每一個規避法律的計謀都是企圖爲當事人謀取私利的律師所發明的。這種律師充斥立法機構，正是他們影響那些毫無價值的法律被通過。

假如我們審視法律，就會發現法律最大的問題不是來自於法律本身或其規則，而是來自於執法者的人爲因素。出色的法官和好的律師可以增加不完善體系的靈活性和變通性。即使有最好的體系，但法官和律師的層次跟不上，那也只能招致抱怨。我們的私法體系雖有很多缺陷，但爲達成正義的訴訟結果都沒人提出抗議，一般而言，上訴法院還是建構良好的。

在刑法領域，我們必須承認，它的實際實施情況在美國的許多地方都不盡如人意。這種情形本是不應該的，因爲聯邦法院一般總是擺出嚴厲但公正的執法姿態。許多州法院做不到這一點，第一個原因應歸咎於刑法法庭的特點。我們沒有必要去大肆宣揚這些不愉快的話題，但誰都知道實際情況。主持法庭的法官並不總是配得上那個位子。然而，也許從法官的角度來看，最糟糕的是假設法官力求改善，但卻遭到終審法院的遏制，他們過於細究那些與有罪或是無罪毫不相干的技術性的事項。另一個嚴重的弊端是有德和有識的陪審員奇缺。法官既無法協助陪審團的審議，也無法糾正他們的不法行爲。

英國法庭實務

假如你走入英國的刑事法庭，一定會驚訝於它的不同風格。律師們按照樸素平實的正義原則爲他們的案件進行辯護。案件的審理簡明扼要，沒有陪審員愚蠢而拖延的詢問，公訴律師的所有行爲都很審慎，審判是平靜的、公正的。被告的律師不會作出與身份不符的可恥行爲。陪審團的成員都是社區中的德高望重之人，證人的證據可以直接提出，而無需經過爲了許可而作的冗長討論。每個人看起來都在努力得出案件的眞相。當法官給陪審團指示時，他會清楚地指明證據的確切意義。他向他們陳述的法律條文是與事實相關的，而不是唸出一大段一般陪審員聽不懂的書面法律問題說明。陪審團會比較迅速地作出判斷，於是判刑確定。

在私法領域，也許可以公正地說，基本上所有的問題都出在審判席上，出在那些不合格的陪審員身上。在民事案件的審判中，英國法院和美國法院間的差別是巨大的，不過，在法官水平很高，雙方律師均技巧純熟，經驗豐富的情況下，美國的民事審理很接近英國作法。但實際情況往往並不如此，在美國的一些法庭中，由於法官不會從法律的角度處理案件，有技巧的律師往往得不到發揮，反而處於不利地位。

英國法院的效率與許多美國法院的無效率之所以存在這麼大的差別，基本上是在於各自不同的律師界。在英國，除了在下級和地方法院，出庭律師具有唯一的發言權。沒有代理律師或初級律師可以在上級普遍管轄權的法院中審理案件。作爲在法庭上處理案件的律師，公認的要求是要有技能與有經驗。其他人不應被獲准進入法庭，浪費公眾的時間。在英國作出庭律師必須是律師學院科班出身的。律師學院享有唯一的授與律師學位的特權。代理律師或初級律師挑選那些在法庭上出席的律師，當事人採納他們的判斷。代理律師或初級律師對出庭律師的選取是依據他們對他的學識的了解。

但問題馬上就來了，在這種體制下，初出茅蘆，沒有經驗的年輕律師如何才能得到律師界的位置？答案可以在另一個專業用語的不成文的規定中找到。律師界有資深和後輩之分。資深律師不得在沒有後輩律師見習的情況下接手案件的審理。後輩律師當然可以自己接案，但在他沒有向代理律師與初級律師展示自己的能力之前是上不了法庭的，除非是由他的資深律師的經驗與技能所指導。這些事情都是屬於自我規範的，大家都遵守對於級別高低的地位及行爲的規定。當理查．貝泰爾（Richard Bethell）是大法官法庭律師席中的高級律師時，有一次，他和他指導的後輩律師一起去上訴法院。進門時，這位滿腦子都是他要在法庭發言中講些什麼的後輩律師，伸手握住門把就在他的導師前面走了進去。理查先生碰了碰他的胳膊，語調和藹但卻堅定的說：「慢一點，慢一點，我的小夥子。假如我們不能教會那些老紳士任何法律，那我們至少應該給他們上一堂禮節課。我應該走在你的前面。」

英國的體系所獲致的結果是，在法庭上處理案情是法律實務中最重要的一部分，必須由那些與當事人沒有關係的專家來完成。這種情況產生的一個結果是隱性的，但卻是最好的一個特徵。出庭律師獨自進行訴訟，完成至關重要的審問工作，整個過程不與哪位特定的當事人有所關連。他們從來不是僱傭關係。他們所處的位置是完全獨立的。他們的建議是沒有個人因素，沒有利害關係牽扯在內的。沒有人能對出庭律師說：「你應該這樣或那樣做」。或是「我希望這樣或那樣」。也沒有哪個代理律師會害怕因爲他提議或聘請誰作出庭律師而影響他與當事人之間的關係。

在法國，律師（advocats）的規矩也是如此。律師不得接受任何僱佣關係。他不能有交易，他不能對任何交易感興趣。他不能被某一個特定的當事人長期僱傭，一位受人尊敬的律師如果販賣他在法國農地上種植的水果，就必須改組或離開律師界。在英國，從來沒有哪位主要的出庭律師在公開講話中有代表某一位或某一些當事人的嫌疑。

美國律師業的標準化

在美國，律師業沒有分工。所有的律師在處理訴訟和建議權上都具有同樣的法定資格。除了個別情況下，大多數律師都擔心能力更強的律師會獨佔當事人。由於在處理訴訟上稱職的只有少數人，很自然的結果就是導致了大量訴訟處理得不好。在律師們眼中，在法庭上處理訴訟的重要性就變得遠遠低於其他的活動了。差不多誰都被看作是可以勝任出庭審理案子的。只有在審理特別重大的案件時，才根據律師的能力來選取由誰處理庭上訴訟。結果就是訴訟水準日益下降。於是律師們對法官的要求形成錯誤的看法，並散布開來。幾乎每一位律師都認爲自己完全可以勝任法官席的位置。法庭上的訴訟，再加上法官是選舉出來的，使法官的水平日益下降。在像芝加哥這樣的大城市，可以找到最過分的司法官的典型。他們中有些人甚至違反了訴訟必須用英語進行的規定。法官的選舉經常與政界議員混在一起。律師的組織稱爲律師協會，也經常反映出一些水平很低的法律思想。主要的律師在公共場合也不避諱以當事人的代表的姿態出現。他們忘了，在公眾面前，他們必須代表公眾。結果就造成一些處理大案的律師在公共場合被人們以懷疑的目光審視，再也不會認爲他有資格勝任那些公共職位。

律師業的這種普遍情況產生的另一個結果是所謂的法律事業的標準化。隨著律師的職責範圍迅速擴大，大的律師事務所應運而生，在那兒法律工作都是例行公事，就像是工廠的標準化生產。各部門的負責人商量如何做生意。特定的律師與特定案件之間所有的個人關係都不見了。案情分派給每一個職員，由他們去做，而不進行直接的指導。在美國，即使一個中等規模的律師事務所也不可能像英國的出庭律師那樣只有少數的職員。一項大的業務會衍生出許多事情，而需要僱無數的人去完成。大量調查研究的工作必須由這些僱員來做，他們的工作得不到有經驗與有成就的律師的指點。所有這種種因素帶來的結果就是使律師業變成我們今天所看到的樣子，不再是需要博學和才能的職業，而只是商業組織，只要按鈕和電鈴就可以經營。

一位號稱改革家的人會站出來說，那讓我們來制定法律以建立英國體系。只可惜這位改革家太無知了，在這個國家實行英國的體系就像讓杜牙象在大街上亂跑一樣簡直是天方夜譚。其原因對於任何律師或任何有智商的公民而言都是顯而易見的。若是這位改革家膽敢建議制定一項法律，只給一類特別的律師在法庭上唯一的發言權，那他就會在各種現代歐洲語言發出的抱怨和聲討聲中啞口無言，目瞪口呆。那些靠現行體制的延續維持生計的無數律師會馬上結成反對派，而且其力量是不可抗拒的。設想改變現行體制是毫無用處的，除非第一，說服公眾現行體制是巨大的浪費。第二，藉由慢慢地改變進入律師業的標準這個長期的過程，逐步改變現狀。應該把接受文科的高等教育這一資格作爲標準之一，批準錄用律師的委員會應予廢除。只應允許那些開設廣泛並得到認可的法律課程、並有合格證書的法律學校向法庭輸送人才。隨著時間的推移，這個職業會自行發生變革。這一步是一定會到來的。改革會很緩慢，但終究會發生，沒有必要對法律或律師業的未來感到悲觀。

法治的國度

要獲得對未來恰當的判斷，就必須回過頭去看看幾百年以前的事情。假如有人對亞里士多德說，隨著時間的推移，會有一個帝國的版圖比他昔日的學生亞歷山大的地盤遼闊得多，那兒沒有奴隸，每個人的勞動都得到報酬，從最底層到最高層的公民對政府的事務都有投票權，政府的領袖和大多數官員都是選舉出來的，一個大城市中的居民會有上百萬，那他一定會馬上說不可能。假如奧古斯都時代的羅馬人，正哀嘆共和國的喪失，聽說有這樣的帝國，那他會回答說，人心總是不穩固的，這樣的帝國一年也維持不了。

再假如，你告訴亞里士多德也好，那個羅馬人也好，在那個帝國中，有這樣一種憲法體制，由政府的書面文件保護公民的所有權利不受侵犯，不論其社會地位是高或是低，他們是不會相信的。再假如你對他們說，法院無需動用軍隊就可以對制定法律的機構說：「你的法律違背政府的憲法，因而是不能實行的。」於是這條法律就不會被實行。法院還可以對政府的行政領袖或他的任何一位官員說：「你的法案，雖然有政府的權力作後盾，但與國家的法律，特別是最高法不符，因此我們禁止你再頒布這樣的法案，並要求你予以糾正。」羅馬人聽到這兒會說，西賽羅在他最偉大的一部著作中，曾預言過這一天的到來，但是沒有人相信他。亞里士多德會回答說：「這是我模糊的夢境，但我知道這只是一個夢，因為這是一個法治而不是人治的國度。」要是埃艾・西德尼（Algernon Sydney）和哈里・維恩（Harry Vane）能預見到他們的殘酷命運能夠換來這樣的法治，一定會欣慰地說：「主啊，現在讓你的奴僕安寧地離開塵世吧，因為我已經親眼看到了救世主。」

當一個人生活在這樣的環境中，假如他有道德，有勇氣，就可以開創自己的美好生活，可以表達任何他認為對的觀點，可以滿懷希望地踏上人生的旅程時，誰也不會意識到自己生活在多大的幸福中。就算還存在很多醜惡的方面，像政府的腐敗遠遠超出很多人的想像，政府的體制臃腫，對人力財力都是巨大的浪費，有才能的人得不到重用，無能之輩卻身居要職。就算我們的法律和法庭不是總能在終審中作出公正的判決，但是這些都不能否認，我們已經做到了給人民以正義的最高和最實際的形式，法律之前人人平等。

在美國有一派政治思想，總是堅持，如果美國政府能夠採納英國的體制，由立法機構掌握至高無上的權力，以立法機構選的內閣作為行政領導機構，我們的國家就會治理得更好。這種政體形式使法國持續處於動亂狀態，現在好不容易從中恢復過來。事實是，除了英國，這種體制在任何國家也行不通。他們還堅持，這樣的政府對公眾的意見更敏感，能夠更快地作出反應。後一種說法的確不錯，而此一事實正是我們最有力的反對理由。正是這種政體形式，使得英國人口中很大的一部分人始終依靠公共救濟，先是有濟貧法，後來又有其他各種救濟。

憲政制度的鞏固

與迅速變化的英國政體相比，美國的制度則始終表現出如臨深淵般的極端保守。公眾的意見有其影響力，但行政首長藉由行使否決權一次一次地抵抗力量強大的輿論要求。多年以前，格蘭特（Grant）總統的否決把我們從不兌現紙幣的異端邪說中解救出來。後來又有克利夫蘭（Cleveland）總統抵抗銀幣自由鑄造政策的信奉者。其他的例子還有很多，其中一些就發生在近期。事實是，我們這個國家中最首要的一點是人口眾多，利益也各不相同。根本不可能讓所有愚蠢的人在某個具體的問題上都達成同樣的看法。原先人們的看法是共和國的體制只能存在於一個小的州，現在看來它只適用於很大的州。無論如何，假設國會眞地通過一些站不住腳的危險法律，總統一般都表現出較高的公民責任感。他可以行使否決權，並且在其任期結束以前，這種權力是不可動搖的。假設總統也沒有阻止，這條法律還需要通過司法部門詳細的審查，其在所有的政府機構中總是具有最高的公民責任感。美國政體最突出的一個優點就是，公眾的意見必須經過長期的考驗、篩選，去蕪存精，方能最終佔據優勢。

這些異想天開的公眾意見有兩種發洩的途徑。州有他們的立法機構，在那兒，每一種突然出現的政治思想都可以得到試驗。最容易受到公眾輿論攻擊的州成爲令人不安的例證。短視的人認爲應該由聯邦政府掌握立法權，然而要不是州有立法權，那我們的政治歷史早就是失敗的記錄，而且將繼續不得民心。我們的國家就是如此，各州相對獨立地存在，有全國通用的投票選舉權，雖然人口很混雜，流動性也很強，但從法律的角度而言，卻始終是世界上文明國家中最能保持傳統的國家之一。要構建出高度文明的法律體系需要幾世紀耐心的努力，如果對任性激進的公眾不加約束，只消幾年的時間就可以讓這個體系支離破碎。無法無天的人會帶領合眾國的州越走越偏，對無知的人散布的胡言亂語不加控制又可能毀掉另一個州，甚至幾個州可能結成聯盟企圖毀掉合眾國。但是國民的主流還在當年的制憲大會圍建出的堤壩中平穩地流動。每一個眞正熱愛這個國家的人都應該希望她作爲保持傳統的國家。

迄今爲止，我們的憲法還由最高法院保留著。世界上沒有比美國的最高法院考慮與全體國民利益的攸關的憲法問題時更威嚴的事了。法院本身就是高貴莊嚴的地方，氣氛是鎭靜和節制的。訴訟理由在交由法官聽取前要作嚴謹、細緻、全面的準備，要進行大量的調查，要關注每一個細節。討論中的法案或政策要從各個角度考量，制定這項法案的原因，涉及的一般政策，名義上公正的要求，與已確定的規則間的衝突，措辭嚴格，但是不拘泥於字面的所有理由，用於闡明解釋的各種不同的法律規章都要提出，反覆辯論、權衡、檢驗，最後由經驗和知識豐富的法官私下商議。假如提出新的論據，就有可能展開新的辯論。當最終達成某種意見時，已經是人們殫盡竭思的結果。

這種情況的形成是我們的憲法制度帶來的結果。在法律的歷史上，從未存在這樣的制度，這使美國憲法成爲法律發展中的里程碑。它是眾多精英思想的結晶，它的所有內容都是人類歷史經驗，特別是英國人的。它在普遍性和特殊性之間達成的微妙平衡使其成爲健全的與開明的判決的典範。我們可以毫無保留地盛讚其威嚴莊重的文字，它表現出英國人的最優秀之處，在不同意見面前的鎭定和自我克制，在敵對的意見之間明智的妥協。它象徵法律的全新起點，奠定以合眾國的形式締造的帝國。聯邦政府的職能與各州的職能之間達成的公正而精確的平衡應該說是令人驚嘆的智慧的結晶。任何背離國家和地方政府間的平衡，任何企圖修改聯邦政府與州政府間關係的嘗試都是不可行的。那些目光短淺認爲可以經由法律規範人們的行爲規範，將永遠是民主政府的潛在危險源。

所有的人當中，法律制定者是最應該具備歷史的價值觀。當這些制定者放眼全球，看到法律的未來是屬於聯邦共和政體時，當他考察澳大利亞聯邦政府的憲法形式和最高法院時，當他思考加拿大的各省統一在保持聯邦立法和地方立法權之間的平衡的政府機制下，當他總結人口混雜的南非所取得的非凡成就時，當他意識到這些出色的、注定要爲成千上萬的人民謀福利的社會聚合體，如果沒有從美國憲法史中汲取經驗都是不可能產生時，這位法律制定者應當站在我們崇高的憲法面前倍感謙恭和敬仰。更重要的是，當他遵循憲法所建立的最終司法法庭的歷史性決策時，當他意識到憲法以其權力、智慧以及冷靜的制約，使共和國的締造者奠定的基業萬古常青時，當他站在公民的權力與立法或行政機構的獨裁傾向之間時，他應該捫心向問：「我是誰？一個虛弱的白日的幻影，我不應該把我的魯莽和輕率看作超越法庭上積累的智慧，法庭是世界上最威嚴的，在人們把我遺忘之後很久，正義與平等的偉大結構依然崇高。」假如無法無天的人非要侵犯司法權，他們過去就是這樣，以後也還會這樣，我們知道他們是不會得逞的，因爲司法權只有一個利益，就是在公眾利益和公民權利間保持公正的平衡，無論其社會地位高低，也無論他有權有勢還是平民百姓。從傑佛遜到羅斯福，這些人們崇拜的偶像都曾經向我們政府的堡壘發起攻擊，但從來沒有在它堅不可摧的防禦工事上留下印記。法庭從沒有還擊，它不能向公眾意見發出呼籲，它只能指望普通公民冷靜清醒的態度。然而，有一種力量始終支持司法闡述法律的職責，這就是律師界的專業意見的力量。沒有立場的變節分子沒有做到這一點，但是來自律師界巨大的道德力量從未缺乏，因爲每一位優秀的律師都知道，司法權是我們整個憲法體制的根基。

第16章

國際法

「爲了見到那些平等的事情，需要所有人有一個標準，假如我雖不能但卻希望得到所有的善，甚至就像每個人在心靈深處渴望得到的一樣。假如我自己不能滿足其他人心中這相同的願望，又怎麼能看到自己的心願得到滿足呢？」

法國大法官達蓋梭（D'Aguesseau）指出把有關國家間相互關係的法律冠以萬國公法（the law of nations）是不恰當的。這位偉大的律師提議，最好把這種法稱爲「國家間的法」（the law between nations）。邊沁採納這個建議，並把它翻譯爲「國際法」（international law），同時恢復萬國公法這個名詞在羅馬法中的原義。曾經普遍認爲國際法是現代世界的產物，但現在完全可以斷定，早在古希臘城邦間的協約中，就已規定城邦的市民在另一個城邦領地中享有的權利。他們已有關於大使和國家間締約的相當完備的法規或慣例。當時的鄰邦聯盟議會（Amphictyonic Council）有一套古老的習慣法。鄰邦聯盟的盟約中允許希臘城邦間建立城邦聯盟的內容，但始終沒有形成這樣的聯邦。古羅馬人對於締結和簽署條約有著相當嚴格的習慣法規。有專門的教士團體負責條約的審核工作。羅馬人有這樣一條法規，假如持有委任狀的特使擬定一項條約而羅馬元老院拒絕簽署，那麼條約中的所有義務就要由大使向其談判方做出讓步來履行。這大大加重大使在條約談判中的責任。羅馬人還有一項既定的規矩是，只要任何外國勢力在義大利佔有一席之地，他們就永遠不會講和。羅馬人打敗迦太基人之後，又把非洲人從西西里和西班牙趕出去，在歐洲演變出一套古代的門羅主義（Monroe Doctrine）。宣布非洲人或亞洲人均不得在歐洲獲取或佔據領土。爲此，羅馬人開始與米特斯立得提六世（Mithridates the Great）在小亞細亞的戰爭，以及與塞魯卡斯一世（Seleucus）的後代在敘利亞的戰爭。羅馬人提出的另一點是保證她所有的盟友免受攻擊。凱撒在高盧開戰是由於赫爾維西亞人（Helvetians）襲擊與羅馬結盟的部落，以及厄瑞維斯塔人（Ariovistus）襲擊羅馬人的盟友引發的，至少是以這兩次襲擊爲藉口發動的戰爭。羅馬人就這樣不停地作戰，直至她的國際法的提案變爲事實。

確立國際法的意義

羅馬最終統治歐洲大陸之後，國際法在此後的幾百年中就銷聲匿跡。原因很簡單，整個文明世界都處於羅馬的統轄之下，自然沒有國際法存在的理由。所有國家間必需的一切法律都是由羅馬人提供的，野蠻人攻佔西羅馬帝國之後，使東部的羅馬政權也岌岌可危，教皇爲和平做出種種不懈努力，其中之一是在封建領主間頒布了和平教規「上帝的休戰」（Truce of God）。國際法的原則開始慢慢地抬頭，但非常遲緩，困難重重。有識之士開始不斷呼籲建立和平。十六世紀末，在蘇利（Sully）的努力爭取下，結成國家聯盟（League of Nations），羅馬得以恢復和平。

與此同時，一群荷蘭和法國律師大力推動國際法在更嚴格意義上的發展。羅馬人所謂的萬國公法不是國家間的法規，而是那些被所有文明國家認可的私法的普遍原則，用以管理各國公民的私人權利。萬國公法的這種用意已逐漸喪失，於是它就被用於描述國家間的法律。荷蘭法官格魯修斯（Grotius）沒有採用萬國公法或國際法的建議。他把他的書命名爲《戰爭與和平之法》（*The Law of War and Peace*），他在書中編撰羅馬法的普遍原則，國家間的協約，還有一些古老的關於使節及大使的法規文獻，一系列規範國家間在戰爭或和平時期的相互行爲的原則。不過，這種法律不斷改善，對許多事情都有了明確的規範，直到拿破崙戰爭爆發。瓦泰爾（Vattle）所著的《萬國法》（*The Law of Peoples*）總結到他那個年代爲止對國際法的引用。我們的憲法把本國與外國締結的條約作爲法律中重要的一部分，本書中接受現有的國際法原則。我們的最高法院很早就做出決定，已被認可的、用於文明國家間的國際法是本國法的一部分，對此我們所有的法院都要承認其效力。英國也提出同樣的結論。

美國聯邦法律的國際法性質

國際私法之所以會在美國空前盛行，是因建立在美國政府的憲法形式上的特殊結構所造成。憲法規定，我們尚且不論這明智與否，儘管美國這個聯邦對於外國而言，代表的是單一的主權國家，但除了各州間的相互關係受聯邦憲法及各種法規控制外，所有各州之間都應相互視爲外國。憲法規定一州的審判記錄可在所有其他州進行證實或獲得認可，還規定可以引渡那些被指控有罪的犯人。憲法規定任何一州的公民都應享有其他各州公民的特權和豁免權，但同時，各州法庭有權把統治他們的私法原則視爲兩個外國間會適用的法規以處理訴訟。此一偉大的修正原則來自於聯邦憲法中允許聯邦政府控制州際貿易的條文。

最初的規定是在各種情況下，聯邦法院都必須適用各州的州法院一致遵從的法規。過了一段時間以後，最高法院又爲聯邦法院演變出另一套法規。在普遍法律的規則中，假如各州的法律不同，聯邦法院將不必適用特定州的法律來處理發生在該州的訴訟，它可以按照自己的想法決定適用何條法律原則。舉例而言，伊利諾州的法庭長期以來一直認爲，支票是以支票提領存款時爲限的轉讓證書，聯邦法院不打算適用伊利諾州的規則，而會適用普遍與更精明的規則，即支票在以支票提領存款的銀行認可或支付之前對銀行存款不會有影響。於是因爲聯邦法院不會遵照交易發生的州的法律，而使有關的交易大量地成長。你會發現，這其實是一種古羅馬司法行政官的法律。

在法律的另一個領域中，聯邦政府對待各州的態度與義大利把隸屬於神聖羅馬帝國的各省說成是相互關聯一樣。中世紀時巴託羅斯就說過，相互處於紛爭狀態的省份不能爲他們自己制定法律。因此美國相互有爭議的各州也不得堅持自己的法律。在這種情況下，最高法院將援引它認爲適用的普遍法的原則，並不予考慮訴訟各方的州法律。

各州相互間有各自的主權是美國的憲法信條，但剛才的例子卻說明它們都被迫接受最高法院強加的高於各州法律的統治，雖然這種法律並沒有立法或其他的強制力量作爲其存在的後盾，而只是由最高法院判定的被認可的習慣法。誰也不會否認，在這種情況下，最高法院的裁決具有法律效力，儘管使用強制力的方法尚值得商榷。德國心理學家科勒（Kohler）把聯邦的法律比作是「超國家法」（supernational law），名稱不同，但意思指的就是國際法。

在憲法通過以前就存在著一個美國法院，根據聯邦條例（Articles of Confederation）的規定，於費城設立處理戰時捕獲敵方船舶的捕獲法庭，以裁決上報的案子。這個法庭判案的出發點是任何國家都不得違反國際法的原則，我們的最高法院也遵循這一原則。毫無疑問，它對於停泊在美國港灣的阿帕姆（Appam）艦的裁決也將持有同樣的觀點。由於阿帕姆艦無法被納入法庭的管轄範圍，於是德國的捕獲法庭接手這個案子。這就解釋令人費解的理論，即一個法庭因爲別的法庭沒有管轄權而具有管轄權。法律竟然可以如此直言不諱！

拿破崙戰爭後的那個世紀中，國際法得到突飛猛進的發展。法律的此一領域將許多事情明確做了規範，直到一九一四年第一次世界大戰爆發。值得一提的是，在南北內戰時期，美國最高法院由大法官史托威的舊案件類推而發展出「最終目的地」學說，成為國際封鎖法的一部分。在南部聯邦的整個海岸線都被封鎖之時，偷越封鎖線的人試圖禁運物資在墨西哥登陸，再越過墨西哥邊境轉運至美國的方法繞過封鎖線。然而，當這些物資抵達墨西哥港口前在公海被查獲，並被視為合法的戰利品。同樣，打著運往拿索（Nassau）的幌子，而事實是打算在拿索轉運以突破南部港口的聯邦封鎖的貨物，也被作為合法戰利品被捕獲。一次大戰期間，從美國外交部發出的有關這些國際法事務的外交文書由於文體欠成熟都不具法律效力。國際法中最終目的地的原則在這時可算確定了。

南部聯邦巡洋艦破壞案

南北內戰時期南部聯邦（Confederate）巡洋艦的活動對美國商業造成破壞。這些巡洋艦有阿拉巴馬號、佛羅里達號和仙那都號（Shenandoah）。必須說明的是，美國戰艦似乎不具備追蹤這些巡洋艦的實力。戰爭快要結束的時候，阿拉巴馬號在英吉利海峽被毀。佛羅里達號的命運很奇特，她駛入巴西的一個港口。一艘追蹤她的美國戰艦守在外面，伺機撞沉她。但她一直沒有出來，最後美國戰艦也駛入港口，停靠在佛羅里達號的旁邊。巴西政府出面告誡他們應當維護和平，並派出根本無法與之匹敵的小砲艇一字排開以示抗議。不過看起來美軍軍官的想法也是以和平為重，沒有表示出任何敵意。佛羅里達號的大部分船員都上了岸。美國戰艦偷偷靠近了佛羅里達號，並且未採取任何公開的敵對行動就將一根纜繩拴到佛羅里達號上，神不知鬼不覺地將她掛到美國戰艦上。美國戰艦就這樣用纜繩拖著佛羅里達號，很快地駛出了海港，消失在憤憤不平的巴西人視野之外。

聯邦政府當然對美軍指揮官的行動表示拒不接受，並要求他保證將佛羅里達號送回巴西港。這個消息傳來時，那位指揮官正帶著兩艘艦艇駛離乞沙比克灣（Chesapeake Bay）。接受命令後，兩艘艦艇駛入乞沙比克灣，向灣北航行。但此時佛羅里達號報告說船上發現裂縫。她在港灣中央開始下沉，最後不幸葬身海底。這位軍官被撤職，算是做做姿態。但他後來莫名其妙地又成爲海軍少將。當日內瓦仲裁法庭引述此一插曲以表明美國對待國際法的馬虎態度時引起哄堂大笑。

內戰一結束，法國皇帝被勒令從墨西哥撤軍，置可憐的墨西哥皇帝馬克西米連（Maximilian）於不顧。美國開始不斷要求英國就其對南部聯邦巡洋艦的破壞做出賠償。英國在處理美國事務上總是不可救藥地看錯形勢。他們天眞地以促進南部的自由貿易爲安撫，不想他們在戰爭中的表現大大激怒北方人。英國首相格萊斯頓（Gladstone）在外交事務上一向缺乏判斷力，這次又使用一些過激的言辭。整個北方痛恨英國的情緒愈演愈烈，並且情有可原。到一八七一年五月，漢密爾頓・費雪（Hamilton Fish）任國務卿時終於在華盛頓簽署條約，決定將爭端交由日內瓦的法庭仲裁。條約中規定的一些內容與國際法的原則不符，而這些內容將在法庭就英國對南部聯邦巡洋艦所負的責任做出審議時起決定性的作用。一八七一年十二月，在日內瓦的德維勒（deVille）旅館召開對阿拉巴馬號的仲裁法庭大會。美國人對這次著名仲裁的始末從未有切實的了解。

英美簽訂仲裁條約

代表美方的是當時被稱爲美國律師界的領袖的威廉・伊瓦茨（William M. Evarts）。他來自紐約，由麻薩諸塞州的凱萊布・庫什（Caleb Cushing）做後盾，他後來被格蘭特總統任命爲美國最高法院院長。

庫什在戰爭前的政治生涯遭到所有麻薩諸塞州人的唾罵，當時人們將參議員薩姆（Summer）的話奉爲神明。戰爭期間，庫什在行政管理上提供大量的法學資料，這些都是必備的，而且國務卿西沃德（Seward）對此可謂胸無點墨。但就在戰爭爆發前，有人將一封他寫的信其實只是一封介紹信交了出去，第二次徹底敗壞了他成爲大法官的機會。庫什在日內瓦時可以講多國仲裁人的語言，甚至包括西班牙語和義大利語。埃瓦茨和庫什得到了俄亥俄州的莫里斯・維特（Morrison R. Waite）的支持，他在格蘭特總統當年任用庫什不成時被任命爲最高法院院長。格蘭特似乎把律師當作忠誠的軍官來對待，誰打贏誰就有權得到他授予的最高獎賞。

條約中由並非精通國際法知識的英美知名人士訂立一條原則，中立國必須對其管轄區域內任何它有「合理相信的理由」對他和平共處的國家進行巡航或作戰企圖的、「裝備齊全、全副武裝」的艦隻採取「適當的注意」；如果那船艦在其管轄區域內有意處於全部或部分戰備狀態，則此中立國必須採取適當的警戒來防範有此企圖的任何艦隻離開他的管轄區域。第二條原則剛制定出來時由於說法荒唐，因而在爭端雙方的一致要求下進行修訂，現規定爲禁止中立國允許交戰國之任何一方使用其港口或水域作爲對另一方進行備戰或招募人員的基地。

第一條原則的文字表達欠缺精煉，若是由精通法律的律師表述，意思就會較清晰。像上文中用到的「合理相信的理由」這樣的說法是不恰當的。這種說法包括採取適當的注意措施以發現船隻是否具有巡洋艦或作戰的意圖嗎？還是其意思僅停留在被動地等待被侵害的國家提供消息，而不主動採取措施？如果原則規定中立國必須採取合理的注意措施，那麼，第一，要查明在其管轄區域內裝備齊全或全副武裝的船隻是否有巡航或開戰的意圖；第二，阻止其管轄區內這樣的船隻裝備或武裝起來；第三，如果那樣的船隻在其管轄區內有意處於全部或部分戰備狀態，阻止有這種企圖的任何船隻離開其管轄區。這樣一來，用正規的法律語言來表達，這些原則就明白易懂。

美國方面對於「適當的注意」提出的論點是，它必須與環境相當，對於「合理相信的理由」所採取的立場是，需要採取適當的注意措施形成可以相信的理由。而英國方面的論點是，按照我們本國以及國際的用法，「適當的注意」在實際中的定義通常是國家在處理有關自己的重要事務時表現出的關注，關於「合理相信的理由」，不需要先前的注意以形成相信。按照條約的內容，也根據先前國際的作法，特別是我們自己的實踐，我們不得不承認英國的論點是無懈可擊的。

第一條原則中完全沒有考慮的第二種情況是：假設一艘船隻已在中立國區內進入戰備狀態，並已在中立國沒有適當注意的情況下離開了中立國港口，那麼按照國際法的要求，中立國在這艘船被交戰國裝備之後，是將其視爲交戰國的軍艦呢？還是在其管轄區內若發現了這船，就當作它是剛剛在那兒裝備好的而應阻止其離開呢？還是說如果這艘船以欺詐的方式逃離中立國的領海並被裝備爲一艘正規的戰艦，那麼在其海港被欺騙的中立國就應當將其視爲一艘正規的戰艦呢？所有這些疑問都是很可能產生的，而這個晦澀難懂的條約對於這些問題則沒有作出任何回答。

不管以什麼爲根據，這些顯然是國際法的事實或提案的問題；與有利於交戰國的動機、感情或公開表示都不可能有關係。原來制定的第二條原則明顯違反國際法，在雙方的一致贊同下進行修訂。它沒有談到適當的注意，並且使人對中立國是否應確保它的港口不被用於招募人員，或者在得知消息後採取適當的注意，是否可以阻止這樣的招募產生疑問。誰也不知道關於這一點專家究竟做出什麼決定。

根據條約規定，各方政府需在開庭之時對案情進行陳述並提出辯護，我們的書面陳述看起來根本站不住腳。美國政府對此案的處理細想之下多有不妥之處，必定會受到指責，不僅針對我們仲裁期間的表現，而且還指責我們在出庭代表的選擇上缺乏尊嚴。批評自己的國家一向是討人厭的差事，但愛國主義不要求人們爲自己的國家撒謊來粉飾，除非你是國家的大使。實際上，很可能有人就仲裁講了一些實話，因爲在這個國家一般的歷史書中根本找不到什麼記錄。

美國是由班克福特・大衛（J.C.Bancroft Davis）提出訴訟的，此人有一定的外交經驗，但對於辯護並不擅長。他死時任最高法院的書記員。如果說他有什麼法律才能的話，那從他寫的案情報告及此次仲裁中並沒有顯現。需要解決的主要問題是阿拉巴馬號、佛羅里達號及仙那都號作爲南部聯邦的巡洋艦的活動。在我方的陳述中還提及若干其他的船隻，但這些沒有任何證據，甚至沒有包含它們在內的任何理由，而英國方面對這些船隻清楚地不負任何責任，所以對於怎麼會提到這些不相關的事實在令人納悶。

阿拉巴馬號建於英格蘭，並被裝備爲一艘戰艦，趁一位官員生病時，向英國政府發出警告之後，被准許駛離港口。佛羅里達號的情形則與此不同，它也建於英格蘭，被部分裝備爲戰時使用，它駛離英國港並非是由於英方的疏忽。那時它已駛入英國港的拿索碼頭。在該處被英國捕獲，但被英國捕獲法庭以其尚未裝備爲一艘戰艦爲由使其免於被訴。於是，這艘戰艦就在一個荒島上武裝起來，並很快突破海軍封鎖中隊，到達美國的莫比爾港（Mobile），在該處被編入現役，以一艘戰艦駛離港口，第二次穿過海軍封鎖中隊，後獲準進入英國港，裝上煤，成爲一艘名副其實的戰艦。

關於仙那都號責任的唯一證據就是它在澳大利亞的英國港口墨爾本徵募一部分船員，並啓航加入美國捕鯨船的掠奪活動。雖然英國人確實據理力爭，宣稱在佛羅里達號獲准出入莫比爾港之後，英方對其行爲概不負責。但英國政府應該強調，美國對於佛羅里達號沒有盡其職責，它理應表示關照以減輕其受到的損壞。出於自己的疏忽，美國准許佛羅里達號出入應當是嚴加封鎖的港口。我們對於佛羅里達和阿拉巴馬這兩艘船隻均在沒有充足的艦隊可以勝任追擊的情況下，允許它們開始掠奪航行。爲什麼在巡洋艦的追擊中使用如此不當的火力，是美國內戰最令人費解的一件事。佛羅里達號和阿拉巴馬號在海上逍遙兩年之久，其間被燒、被沉、被捕的船隻不計其數，還驅逐幾乎所有的商船，紛紛跑到英國米字旗下尋求庇護，從此以後，這面旗在美國愚蠢的航海及海事法的強制下保留了下來。

日內瓦仲裁法庭

仲裁法庭由多國成員組成，義大利提名的是位讀過一點法律的斯克洛普伯爵（Count Sclopis），他是溫文爾雅、彬彬有禮的紳士，但說話囉嗦，腦筋糊塗，不會講英語。瑞士任命的仲裁人是斯坦福利（Stampfli），他不是一名法官，但對英國顯然抱有很深的反感。有人在信中把他形容爲「無知得像匹馬，倔得像頭驢」，他也不會說英語。巴西的仲裁人是伯龍（Baron），後來又提名維斯康特（Viscount）、意泰卓巴（Itajuba），都不是法官。他沉穩冷靜，具有司法裁判的稟賦，也不懂英語。不過，他已在對英國人的聲明中表明對損失的態度：「你們很有錢，因此賠償損失時應該比得到賠償時數目大一點」。英國派出大法官考克伯恩（Cockburn），但美國應感到愧疚，沒有委派法官，卻任命查爾斯・弗朗西斯・亞當斯（Charles Francis Adams）。此人是美國駐英國的公使，早就介入這些事情，因此在仲裁開庭之前早對所有問題都形成固定的看法。這個法官席的組成簡直不成體統，其間僅有一名資深律師，他就是考克伯恩。在此值得一提的是，在一八九二年「海狗仲裁」（Fur Seal Arbitration）簽訂的條約中規定，仲裁者須由德高望重的法律顧問擔任，並要熟練運用英語。遺憾的是，一八七一年的條約沒有這些規定，但甚至在一八九二年，美國政府竟然還將參議員摩根（Morgan）歸爲著名的法律顧問。

我們已提到美方人員中有兩個明顯的瑕疵，現在只好寄望於大衛先生發揮水平。他的論辯以對英國的惡毒攻擊開始，其論述與案情並不相關，引用大量格萊斯頓、約翰・羅素（John Russell）和帕默斯頓（Palmerston）以及自由黨政治家的敵對言論，這些人以前都是支持南部聯邦的。並堅稱英國由於希望南部勝利，突然背信棄義承認南方爲交戰國，並協助建立封鎖線，還默許巡洋艦裝備。條約中承認這僅僅是出於疏忽，而辯論卻將它斷定爲實際的作戰行動。這頗有點像以有預謀的攻擊來證實由於疏忽造成的損害。

發言充滿了惡毒的敵意，對於這樣的場合大可不必。很明顯，對於英國在與此不相關的其他事情上的表現大加褒貶與要審理的純事實的問題毫不相關。任何在國際法庭面前代表美國的律師不應該屈從於這種謬論，這些謬論若是在審理一樁普通的疏忽案的法庭提出時，法官會以造成先入之見並且顯然與案情無關爲由駁回這些謬論。這就好比張三以疏忽罪爲名控告李四，張三卻向陪審團申訴李四之子曾說許多對張三不敬的話，以及李四曾把錢借給張三的敵人等等。

英方由英國最傑出的律師之一朗戴爾・帕爾默（Sir Roundell Palmer）作總結發言，他後來成爲塞爾伯恩伯爵（Earl of Selborne）及大法庭法官。發言中包括美方在答辯中強烈反對的一部分。對於「適當的注意」及關於艦艇的性質「合理相信的理由」這兩個問題。英方的陳述中特別注重引述美國政府的作法。首先，關於在一八一七和一八一八年允許裝備及允許戰艦駛離美國海港去掠奪西班牙和葡萄牙的商船，當時我們與這些國家是和平相處的。其次，關於沃克（Walker）擅自到中美洲遠航從事海盜行爲，還有羅培茲（Lopez）遠航古巴，都是從美國港口出發的。第三，關於芬尼亞（Fenian）組織對加拿大的劫掠。

這些被引述的記載都是奇恥大辱。英國在陳述中表明美國總是主張，外國政府必須先掌握到確鑿無疑的證據，方可採取扣押戰艦的行動；在戰艦以欺詐的方式事實上離開我們的中立地之後，那艘戰艦甚至可被允許將它的捕獲物帶進我們的港口；至於海盜行爲的遠航，允許戰艦在我們的港口進行裝備並徵募人員，向我們與之和平相處的國家開戰，因爲我們堅持外國政府必須提出確鑿的證據，我們才會採取行動；至於芬尼亞的遠征，他們是在城市公開招募人員，斯威尼亞將軍（General Sweeney）及其他芬尼組織成員在大眾媒體上公開聲稱召集這些人武裝劫掠加拿大。這在表明美國是如何理解「適當的注意」上當然是相關的證據。自己的程度只有如此，我們也就無權要求另一個國家比我們在自己的港口上表現出更高的注意。不過，我們急於忘卻這些丟人的國際行爲，因此強烈表示反對。法庭的態度已在仲裁初期時的決定中可以看出，即認爲所有這些證據都是不可接受的。仲裁委員會究竟以何爲依據反對英國提出異議，我們不得而知。國際法總是可以被國際慣例證實的。

大衛先生的發言中的結束部分險些使仲裁夭折。他替美國政府提出二十億美元的巨額索賠要求，作爲對所謂間接損失的賠償，這些損失來自於多方，包括南部聯邦巡洋艦的行動，僭越封鎖線及運送戰爭禁運品，以及大不列顛王國普遍的不友好行爲，還有它早年承認南部聯邦州爲交戰國。他們提出了一系列索賠要求，包括船隻從美國領海轉運中的損失，商船多付的保險費，戰爭的延期以及鎮壓叛亂的拖延所帶來的損失。正如西奧多・涅爾塞（Theodore D. Woolsey）所指出，條約清楚地予以否決這些索賠要求，條約同意爲巡洋艦在捕獲、破壞及燒毀船隻的行動中造成的直接損失予以賠償。之前進行的談判中也明確否認這種間接的損壞。任何國家都無法聽任仲裁要求其爲這種無法控制、無法確定的損害予以賠償，或就其政府認可的交戰國的行爲負責。所有知情的美國人都知道這種要求是無理和無恥的。格蘭特總統以輕蔑的口吻說這是「間接損害的花招」。查爾斯·弗朗西斯·亞當斯和國務卿費雪兩人都很清楚，這一要求是根本無效的，但美國政府卻出於國內政治的原因不敢撤回這些無理要求。

這些想法長期得到美國國務卿西沃德派出的外交使節的愚蠢支持。他從一開始就力辯，歐洲國家根本無權承認南部聯邦爲交戰國。他認爲巡洋艦都是海盜船，並且在所有的港口都應視其爲海盜船。然而，他也很清楚，我們自己封鎖南部聯邦的港口，還與其交換戰俘的作法正是承認其爲交戰國。但是，這種說法在北方到處流傳，因惑我們的人民，對國家形勢得不到正當的認識。假如西沃德是對的，那我們就沒有理由去封鎖南方，而整個封鎖線就是不合法的。美國最高法院做出反對西沃德的裁決，但是四位持異議的法官唐尼（Taney）、納爾遜（Nelson）、卡統（Catron）和克里福德（Clifford）一致認爲北方沒有合法權利封鎖南方。主張在國家中的某部分有一個維持大批軍隊的事實上的政府還不算是交戰國，完全是一派胡言。也許未來，會有精通國際法知識的嚴謹作者如實揭露西沃德在內戰時期所作的外交文書有多荒謬，然而，我們對於自己的歷史有太多的錯覺和謬見，一直視西沃德爲偉大出眾、才華橫溢的外交家。

大衛先生的案情摘要使日內瓦會議陷入僵局，英方拒絕繼續進行。最後，會議做出決定，駁回大衛的索賠要求，但沒有公開撤銷此一要求，而是由我方仲裁人查爾斯·弗朗西斯·亞當斯提議，仲裁委員會應一致宣布，將不予考慮間接的索賠要求，這算是對大衛令人震驚的不得體行爲所做的最好評判。當這一裁決宣布之時，已經提起答辯書。朗戴爾·帕爾默先生從來沒有注意到美方陳述中令人無法容忍的部分。仲裁法庭繼續開庭，對於種種問題予以考慮並做出裁定。裁決已做出之後，法庭請雙方進一步答辯，不過這僅僅是做做姿態而已。判決已經做出，記錄在案的答辯是由雙方提出。伊瓦茨先生發言，但仲裁委員會中僅有三個人聽懂他的話，因爲他講的是英語。

仲裁的結果宣判英國對阿拉巴馬號、佛羅里達號及其後勤供應艦還有仙那都號在墨爾本徵募負有責任。損害賠償金額爲一千五百五十萬美元，但未通過對國內追捕巡洋艦及被毀巡洋艦預計可獲收益的索賠要求。雖然斯坦福利想加大賠償金額，但這筆金額無疑已超過很多了。尚未發現有什麼損壞足以花掉這筆賠償金的，而其中的一大部分都顯然用在不在裁定書意圖之內的用途上。

在由美國政府出版名爲《日內瓦仲裁》（*The Geneva Arbitration*）的四冊一套的書中，可以讀到律師們提出的種種辯論。你就會發現朗戴爾・帕爾默的論證可謂標準英語的典範，其陳述清晰，論點公道。伊瓦茨先生也表現不俗，不負其盛名。克萊伯・庫什表現中庸，而維特先生的表現在此就可忽略不計，雖然他此次做律師是爲其日後當選美國大法官舖路。

每位仲裁人都發表看法。斯克洛普伯爵提出的意見遭到大家的譴責。斯坦福利和維斯康特・意大鳩巴的發言都不著邊際，因爲這兩位先生對於自己正高談闊論的國際法都一無所知。亞當斯先生則根本不是從法官的角度看問題，他的發言有一部分顯得品味不高。

從律師的角度而言，此次訴訟中眞正的法律文件是大法官考克伯恩所持的不同意見。這是很值得大家學習研究的。他毫不猶豫地認爲，在這種場合採用律師的態度是無可非議的。考克伯恩也許算得上是英國法律界最出色、最有實力的出庭律師，他在日內瓦的表現可謂不負盛名。他僅做了一件事，但卻成就提出異議這樣的大事，他精彩地總結原告著名的起訴中所用的證據。他從頭至尾對整個仲裁過程提出全面的爭辯。他對法律論點的掌握，與法律界權威人士的廣泛交往，對事實過目不忘的記憶力，從不會遺漏任何有關特定案件的文件或證據，他對大衛的所作所爲那不失分寸又入木三分的嘲諷總能活躍氣氛，他揭露美國向巴西乞求支持，他對斯坦福利表示蔑視的辯駁，使他的發言在英國人的心目中成爲壓倒一切的滔滔宏論。他在此猶如鶴立雞群，是出類拔萃的辯護律師。他具有看穿無數細節以發現重要事實的洞察力，然後圍繞著這些事實，以他那爐火純青的辯護藝術累積大量的證據。他從擁有最有力論點的佛羅里達號入手，他所掌握的答辯技巧完全打亂了對手的陣腳，他的論證是無可辯駁的。

他用國際法證實當佛羅里達號開始被裝備爲南部聯邦巡洋艦時，不管在此之前她的身份爲何，至此都應依法被認作一艘戰艦，他藉由一個美國案例證實這一點。至於阿拉巴馬號，他坦率地陳述自己的觀點，認爲英方對此是負有責任的。對仙那都號他證實了自已的論點，即英方僅被要求在防止徵募人員方面應表示應有的關注，他藉由援用美國的判例證實此點。有朝一日，當一位能勝任此重任的資深歷史學家再來書寫日內瓦仲裁這段歷史時，一定會給考克伯恩壓倒性的辯論記上一筆。

我們不能說日內瓦仲裁給國際法增加許多的知識，但此後，它使美國在履行其中立國的職責時做到廉正嚴謹，一絲不苟。內戰期間發生一件具有一定的重要性的事，指揮聖哈辛託戰役（San Facinto）的海軍代將威爾克斯（Commodore Wilkes）在公海上截獲英國汽船特倫特號（Trent），並帶走偷渡封鎖線逃到哈瓦那的南部聯邦特使梅森（Mason）和斯力德爾（Slidell）。他把他們當作戰犯帶回美國。國務卿西沃德似乎天生在法律問題上做錯事，這次又站錯立場，認爲逮捕他們是完全正當的，但林肯總統在克萊伯・庫什和賴伯（Lieber）的有力建議下，緩和西沃德的好戰態度。特使們被交出去，西沃德寫一封信，對傷害他們的感情表示安撫，他在信中聲稱美國一向支持英國的立場，但是英國持續否認此點。這份聲明中有些是眞實的，但是西沃德的資訊可能來自於國務院的庫什與賴伯。

其他仲裁案件

美國與英國有過一次奇特的仲裁，關於這件事如今大多數的美國人都很想忘掉。在一八一二年的戰爭中，英國部隊帶走大量的農奴，戰爭結束時締結的《根特條約》（*Treaty of Ghent*）中有要求對此事進行仲裁的條款。由於此事牽涉到農奴制，美國政府隨之對此表現出近乎宗教的熱情。許多年之後，英國償付一百二十萬四千九百六十美元，但沒有把呼吸英國自由空氣的黑人歸還到「自由之邦」的奴隸制下。正是像這類的事情使得英國懷疑對美國人對奴隸制的態度。

一八七二年德國皇帝就溫哥華島與它在美國作為華盛頓州領土一部分的邊界之爭提出仲裁。一八七七年，仲裁書判美國非法侵略加拿大捕魚權利，並應向加拿大償付五百五十萬美元賠償金。看起來那些貪心的美國佬本可以少賠一些錢離開加拿大的捕魚地盤的，特別是當政府打算付賠償金，使這些掠奪者對不義之財負責的時候。

我們與加拿大已有過幾次仲裁。除了已提到的這兩次，阿拉斯加與加拿大的領土邊界是於一九〇三年確立。一九一〇年最終的捕魚仲裁以另一項賠償裁定額作結。不過，從國際法的觀點來看，最為重要的一次仲裁是一八九三年的海狗仲裁。正是在這一次仲裁中，美方的詹姆斯・卡特（James C. Carter）與英方的查爾斯・盧梭（Charles Russell）之間展示各自精彩的辯術。也許加拿大是更大的贏家，因為他們在許多戰場上的自我犧牲及不屈不撓的勇猛精神證明自己是偉大的民族。

普里比洛夫群島（Pribilof Islands）是屬於美國的領土。每年到一定的季節，海狗都要回到這些群島撫育幼子。在一年中的其他季節，牠們離開海島去大陸。卡特先生演繹出一個新觀點，認為這些海狗都屬野生動物，在被捕獲之前沒有任何個人能夠對其擁有財產權，這在羅馬法、英國法及美國法中全都無可爭議，但海狗仍作爲一個物種而屬於美國的國家財產。他的整個論點建立在海狗群回到普里比洛夫群島產子這一事實上。假如這個論點站得住腳的話，那就可以據此推論即使海狗群離開了群島，也仍是我們的國家財產。因此，當牠們遷徙到大陸時，那些捕殺牠們的獵人就是非法侵害我們的國家財產。但是對於這些動物來說，到大陸覓食與來島上繁衍後代是同樣重要的，這兩者完全是自然過程，沒有輕重之分。因此整個論證是完全沒有根據的，假如應用到野禽或野鳥上的話。

卡特是位具有透徹分析力的傑出律師，但他沒有盧梭的健全的智慧。任何具有一般智力的人都看得出卡特論證中的瑕疵與缺陷。人們不禁會問，那些心智健全的律師怎麼會以爲其他有頭腦的人會接受這樣的觀點。不過需要說明的是，這種觀點是在沒有比它更好的觀點時被接受的。一個俄國人無恥地向我們那些輕信的代表出售一套僞造的俄國文件。我們在編纂案情摘要時引用了這些文件。不過就在聽取這份摘要之前，有人供認這些文件沒有任何眞實性，純屬虛構僞造。一八九二年的條約對仲裁的規定中要求仲裁者須爲德高望重的法律顧問。美國就選擇這樣的一位法律顧問，還有一位是參議員摩根。我們的法律顧問當然投了反對俄國的票，但參議員摩根毫不猶豫地投了贊成票。因此在今天他也許會被稱作是一個「百分之百的美國人」。

我們在委內瑞拉與大英帝國的邊界仲裁中的確是個參與者。克利夫蘭總統對此使用的好戰的口吻震驚了全國。在盲目聽從委內瑞拉毫無根據的領土要求而熱血沸騰了一陣之後，我們出於愧疚，請大法官福勒（Fuller）和布魯爾（Brewer），事實上是法律顧問，作出反對委方片面之辭的裁決。最糟糕的是，我們曾站在維護不誠實的政府的立場上，假如他們不是無理取鬧的話，是根本不會求助於我們的。英國外交大臣坎寧（Canning）大言不慚地聲稱發明門羅主義：「在我的召喚下，誕生了新世界，使舊秩序恢復了平衡。」也許他是這樣做的，但我們的國務卿約翰・昆西・亞當斯（John Quincy Adams）聲稱這是他的發明。假如坎寧眞地發明門羅主義，那委內瑞拉一案就簡直成了那句古老的諷世諺語了「搬起石頭砸自己的腳」。假如坎寧能夠預見到門羅主義會變成什麼樣子，那他就絕對不會對自己的主張如此冒失。

露西塔尼亞號沉船事件

國際法中有些原則據說直至一九一四年才徹底確立，在一次世界大戰期間又很快被打亂了。在美國參戰以前，外交文書的寫作明顯需要像克萊伯・庫什這樣的人提供背景資料。我們不妨以露西塔尼亞號（Lusitania）被毀爲例。這正是先寫出來然後才開始思考的最佳實例。這些事件的後果會顯示出這些事實。在一九一五年二月四日，德國政府正式向美國宣布，第一，它將擊沉所有停泊在英國水域的敵方商船，對於乘客及船員的安全不予任何考慮；第二，德方可能，或其潛水艇可能，會用魚雷誤擊中立國的船隻。如此宣布擊沉英國商船的意圖可謂駭人聽聞，對英國商船上的美國乘客不加警告，亦不採取任何安全措施。誤擊美國船隻的可能性倒是微乎其微，在所有越洋的美國乘客都搭乘英國客輪航行的情況下，這實際上是無關緊要的小事一樁。

一九一五年二月十日，美國政府抗議擊沉中立國船隻或危及中立國船隻上美國人的生命安全，但對英國客輪上的美國乘客的生命隻字未提，以此暗示著准許德方在不向載有美國乘客的英國客輪發出警告的情況下有權將其擊沉。這就是「嚴格責任通牒」，後來被拿來作爲對擊沉載有美國乘客的英國客輪露西塔尼亞號的抗議。其實根本不是這麼一回事，就德方而言，她有權聲稱，我們在通牒中承認她在甚至載有美國乘客的情況下，不加警告就擊沉敵方商船的行動是在其權利範圍內的。

在此之前不久，露西塔尼亞號船長在前一次航行中，在瀕臨危險的美國乘客提出挽救自己生命的要求下，曾掛起美國國旗。一九一五年二月十日，美國向英國就露西塔尼亞號船長在美國人自己要求下升起美國國旗一事提出抗議。國務院表示，它對英國客輪上載有很多美國乘客的緊急情況完全了解，由於另外的原因，德國有理由推定美國承認其要求是荒謬不公的。這也許是國務院缺乏知識的事實，還以爲按照國際法，這種對於中立國民的屠殺是正當的。

但爲了把事情說得明白，一九一五年二月十六日，德國又毫無保留地重申其意圖，第二次強調地打算擊沉載有美國乘客的英國客輪。這次聲明甚至無人做出應答，就這樣喪失挽救事態的第二次機會。露西塔尼亞號即將載著遊客從紐約出航。一九一五年四月二十二日過後，德國大使馮．波斯道夫（von Bernstorff）起草一份通知，並塡上四月二十二日的日期，此通知發往所有乘英國客輪去英國航行的美國人，告知他們將在公海上不加警告地遭到殺害。一九一五年五月一日，他在日報上刊出這一簽署爲「德國大使館」的通知。露西塔尼亞號將於五月一日十一點啓航，美國政府在得知船上有許多美國人，而德國使館已刊出他們將被殺害的通知，並且還知道航行時間，將經由無線電與埋伏的潛水艇取得聯繫，以便在公海上和平與合法地殺掉這些美國公民，對此竟漠然置之，既沒有要求馮．波斯道夫做出解釋，也沒有向德國發出實際的警告，更沒有譴責德國公然的意圖。這成爲美國外交史上最慘痛的一次失敗。因爲正如結局所昭示的，如果我們提出適當的抗議，應該是有效的。

於是在一九一五年五月七日那個凄慘的早上，「按照計劃」可怖地屠殺如此之多的美國人，其殘酷駭人聽聞。國內立即爆發憤怒、恐懼和仇恨的烈焰，最後政府才在選民的憤慨中發現，原來德國在公海擊沉載有美國乘客的英國船隻是違反國際法的，而且在公海上保護公民是政府的職責。對德國在二月四日和十六日發出的聲明均應予以抗議作爲回答。我們甚至沒有意識到，與此同時，美國政府也完全犧牲對擊沉載有美國貨物的英國商船提出抗議的權利。露西塔尼亞號葬身大海的當天早上，查爾斯．弗洛曼（Charles Frohman）勇敢地正視自已的命運，說道：「爲什麼要懼怕死亡呢？這是生命最美麗的冒險。」他與船一同沉入海底，現在他在「也許星星會知道的遠方」。可見，不具備充分法律知識的外交會導致多麼可怕的毀滅。

不過，露西塔尼亞號的沉船事件在國際法中確立這樣的原則：除非保證乘客及船員安全，載有中立國乘客的商船不能被合法地擊沈。德國對此原則表示贊同。至於中立國的貨物在不是禁運品的情況下是否應受到保護尚需進一步加以解釋說明。

人類種族發展的歷史以及與其他國家的來往教導我們，國家間對於正義必須表示相同的尊重，就如同文明國家中每個人對正義表示相同的尊重一樣。對於自由的基本理解，以及人人平等和尊重他人的平等權利，在國與國之間具有與人與人之間完全相同的約束力。國際法是維繫各國的正義的紐帶，爲了做到在它面前各國均平等，任何提出平等要求的國家，必須樂於將平等給予他國，它必須讓自己的公民懂得尊重他國人民的權利。做不到這一點，這個國家就無法得到與其他國家平等的位置。此一正義的原則就像適用於個人般適用於每個國家。伊麗莎白．霍克（Elizabethan Hooker）以最準確的方式詮釋此一觀念：「爲了見到那些平等的事情，需要所有人有一個標準，假如我雖不能但卻希望得到所有的善，甚至就像每個人在心靈深處渴望得到的一樣。假如我自己不能滿足其他人心中這相同的願望，又怎麼能看到自己的心願得到滿足呢？」

第17章

結語

「法律被稱作是一門公正的科學，有人說我們都是它的教士，因爲正義是我們的信仰，我們主持它神聖的儀式。」

曾經有一個人，大膽地且漫不經心地對大法官考丁漢（Cottenham）說，法律令人感到乏味。考丁漢斬釘截鐵地回答：「我否認此點」。律師們談論的話題，除了歷數法律上的趣聞軼事時，對於普通人而言，無疑是枯燥無味的。不過，在本書中我已做了最大的努力，以會使一般讀者產生興趣的方式講述法律發展的故事。一個終生埋首於法律的人，在從未接觸過法律的人的眼中，認爲也許是因爲他們沒有判斷好法律的興趣才選擇了它。多數未接觸過法律的人都憑藉著非常好的理由，對法律敬而遠之，避之危恐不及。《聖經》中有一隻豬在鼻子上戴著金飾的故事。偉大的劇作家莎士比亞以更精煉的筆觸寫道：「癩蛤蟆看似醜陋，還分泌毒液，但它的頭上卻戴著一顆珍貴的寶石。」讓我們暫且把法律比作醜陋而且有時還有毒的癩蛤蟆，牠頭頂戴著一顆珍貴的寶石，象徵社會合作的精神，使我們能夠生活在相互調節適應的環境中。如果我們能夠認識到這一點，法律不會比我們身邊的人更無趣。

法律之謎

《法律的故事》從人類還是沒有理性的動物時開始，我們沿著代代人類的足跡來看他們爲解釋法律所付出的努力，這種努力不是難以理解的神秘方式，也不使用艱澀難懂的術語，而是以人類的共識爲原則，以任何智力正常的人都能夠讀懂的方式，敘述有多少的人類生活與努力投入法理學的學科中。但是，法律自始就有一個謎。為什麼所有動物中只有人類形成與發展自覺的推理力？為什麼只有人類逃脫動物性反應的命運，可以經由有意識的行為在一定程度上改造和征服他的生存環境？我們所知的哲學理論中並不能解釋這個古老的謎。柏拉圖或伯克利或其繼承者的純粹唯心主義都不足以解開這個謎。難就難在理念依賴語言，只能靠語言來表達。無論是誰，想要提出某個觀點，他就必須使用語言。離開了語言，唯心論和形上學都無法存在。但是在人類出現以前沒有語言，而在唯心主義及形上學思想演變之前，地球和世界就是現在這個樣子，而且還將繼續維持不變，假如人類從未創造或獲得精神的力量的話。人類的思想成果都無法解開這個謎。純粹的科學家用那不可變更的法則是永遠無法解開這個超越一切人類思想和經驗的謎的。人類自己當然也無法解釋為什麼世界是這個樣子。人類自從學會思考，就在其靈魂深處知曉此點，因此法律的基本概念就是，它是由人類創造的，自始至終具有超越所有人的意圖和設想、對其自身的塑造和控制因素。假如我們深入法律最基本的概念，也就是其最終的分析，就會知道法律是建立在我們稱為「世界的道德政府」這個概念之上，人類理性的發展都是依據此一概念。

約翰生博士曾說，世界上所有的人都信奉同一種宗教。當人們問是什麼宗教時，他回答說：「那就是世界上的所有人永遠無法說出的。」不過，大部分的人都會進一步說他們是有某種宗教信仰的，假如人們對宗教的認識是可以定義的，認為宗教是具有不同思想的、有知識的人所共有的，也許就等於說，一切科學與知識是把這個生命之謎的位置擺在世界之後，在那兒隱藏著人們認為世界、人類及其發展都是這種道德統治的結果，但無法說出這種道德的本質。與這種觀念密切結合，並作為其中一部分的是對人類命運的看法，對於此點我們最好引用一位偉大律師的話，而不是神學家或哲學家的話。韋伯斯特在最高法院的辯論中，曾提出史蒂芬·傑拉德（Stephen Girard）的遺囑條文不合法，因為其意圖違背所有的宗教。他引用了《約伯記》(*Book of Job 14:7*)中最神聖的一段話說:「樹若被砍下,還可指望發芽,嫩枝生長不息,其根雖然衰老在地裏,榦也死在土中,及至得了水氣,還要發芽,又長枝條,像新栽的樹一樣。但人死亡而消滅,他氣絕,竟在何處呢?……這個問題只有上帝以及對上帝的信仰可以回答。上帝的宗教沒有回答這個問題,而是教導人們他會復生,他今生所盡的本分和職責決定他的來世。」

道德法

因此,在法律中總是有一種控制的思想,影響人們對法律以及其適用的看法,亦即人類的道德責任是一切法律的基礎。人類的道德本質應當是什麼與可能成爲什麼,所有這種理性的逐漸甦醒與增長的神聖因素即是存在於進化的概念中。當我們回過頭看人類生活時,對人類試圖用準確的語言來定義「希望得到事物的本質,以及看不到事物的證據」所作的努力並不會感到敬佩。自從人類在自然界及生命的神秘面前不再感到恐懼,不再是倦縮在這種恐懼中的可憐蟲時,他將自己的殘酷以神學代替,而且以毫不寬容與殘暴的手段,換句話說也就是可憐的野蠻人的恐佈,強迫人們信仰,並且企圖平息這種可怕的神性。

另一方面,宗教巨大的情感力或許在形成人們對法律統治的服從上產生更大的影響。縱觀歷史的長河,我們可以發現,所有文明國家的律師都是從教士的手中接過法律啓蒙思想的火炬。當火炬傳到律師手中之時,教士藉由執行道德法的儀式,使聖火依然在宗教的聖壇上燃燒著。道德法是法律體系背後的支撐,並隨著宗教的發展而不斷改善,它爲法律所作的貢獻比所有人類的法條都要大。不是宗教狂熱的普通人,都無意識地以這種長期繼承而來對道德法概念的訓練而行動。理想、對美好事物的信任、充實生活的樂趣、希望、溫柔、慈愛、自我克制以及一切「好名聲」的事物仍然是使人類做到公正與守法的最有力的本能的感情因素。沒有人比布雷克頓對這種法律與宗教的結合表達得更好了，這位寫作英國第一本法律書的老人是位律師與教士，他常常在深夜人們都已熟睡的時候辛苦地工作。他說：「法律被稱作是一門公正的科學，有人說我們都是它的教士，因爲正義是我們的信仰，我們主持它神聖的儀式。」法律的歷史中時有偉人出現，以他們的作爲告訴我們，這不是一門用詭辯騙人的學科，而是眞實地爲人類的進步作出貢獻的學科，也許它的貢獻超越其他學科的總和。

制度與習俗的發展

我們認爲已經證明這種進步是完全自然的歷程。先是人類進化到使用武器進行狩獵的時期，然後在相互接觸中產生進行交流的需要，於是口語得到發展，繼而又有對感知的結果進行判斷和思考的能力。再往後開始將動物作爲家畜豢養，使人類有更固定的生活來源。最後開始進行農作物耕種，於是人們依村落和城鎮而居，進一步使相互之間的關係更密切。

一步一步伴隨著生活方式的發展，出現各種不同的、至今還圍繞在我們身邊的制度與習俗。家庭的構成先是母系氏族社會，爾後變爲父系氏族社會。很自然地發展到由一人掌權的制度，承認父親是一家之主，對所有家庭成員都有控制權。

伴隨著這種種的變化，最先形成的概念是部落財產，每個部落都有一份。與此同時，承認每個人對私有財產和武器的所有權也成爲必要。下一個必要的概念是宗族的財產，當部落失去鬆散的聯繫之後，開始承認宗族間的血緣關係，從家族或宗族中又發展出家庭，於是家庭財產的概念也成爲必要。或許在游牧時期，還保留部落對牧場土地的所有權概念。最後人們開始爲爭奪耕地而戰，最終形成家庭的土地所有權和不可轉讓的不動產所有權制度。自從有了物物交換制，那些可以拿來易貨的個人財產或動產又使這種私有財產的概念擴展到個人財產。農業社會中，不動產還不能作爲易貨交易的商品進行交換，直到後來更高度的文明發展了商業和製造業。一旦勞動分工成爲普遍狀況，土地本身就必須成爲私有財產，否則就不能被出售或轉讓。所有這些事項和各種所有權都規定得很清楚，不需要正當的理由，因爲不會有別的可能性。

在發生這些變化的過程中，人類全體從沒有失去任何一個所獲得的步驟。但是人開始分成爲文明人與野蠻人。文明人居住在城市裏，幾百年來互相不停地開戰。野蠻人組成類似軍隊的組織，有國王與作戰的領袖，部落爲打仗而聯盟。幾個世紀中，陣容龐大的野蠻人不斷向文明開化程度更高，財產更多的文明人發起攻擊。而文明人也幾乎無一例外地吸收並教化這些侵略者。羅馬帝國幾百年來把這些野蠻人控制和排斥在文明人的地域外。最後帝國屈服了，半開化之人推翻政府，打亂有序的體制，肆虐文明人的財富。於是就開始我們今天所看到的被毀的文明從廢墟上向現代文明走來的漫長路途。

印地安人的法律觀

作者曾經有幸地看到野蠻人對法律的概念與那些層次更高、更完善的文明人的制度所形成的鮮明對比。是在一八九○年，在南猶他州的處女河上有個摩門教的小鎭。在這個小鎭以北約二十哩、更靠近處女河源頭的地方居住著遺留下來的組織紊亂的印地安部落。當地沒有印地安事務館，這三四十個印地安人就服從約束普通市民的法律的管轄。有一天，屬地地方法院的大陪審團接到一件控訴，摩門鎭的一些人作證說，印地安人，特別是他們的頭目「大水牛」殺死屬於鎮上居民的一頭小公牛和另一位居民的小母牛，全體印地安人並分食了牛肉。

此案件本身就有些蹊蹺，因爲印地安人一向安靜與和平，以前從未作過這樣的事。經由翻譯才清楚隱藏在背後的眞相。一段時間以前，屬於鎮上居民的這兩頭牛就與牛群失散了，一天夜裡，牠們沿著河流的峽谷溜到印地安人的耕地中。這些小片的耕地周圍都用柳枝作了籬笆以防止兔子跑進去，但這可攔不住牛，牠們幾乎把所有印地安人的莊稼吃光了。第二天，印地安人去見鎮裡的摩門教大主教，他被視爲是白人部落的首領，並提出適當數目的賠償要求，主教未予理睬。一星期後，印地安人又來到鎮裡，把這兩頭公牛和母牛趕走，並嚴格與認眞地把牛肉均分到小部落中的每一戶人家，甚至連牛皮也分了。按照他們的理解，他們的行爲是完全正當的自力救濟與賠償。

這個尋常的故事顯示野蠻人的看法。他們把小鎮看作是一個宗族，他們擁有這兩頭做了壞事的牛。毫無疑問，主人要爲牛的行爲負責，而主人是鎮上的白人部落。他們已提出賠償的要求，但沒有答覆，於是就依照自力救濟的合法程序，把扣押的財產按印地安種族的戶數平均分配。一個宗族或部落對另一個宗族或部落負有不可推卸的責任。這是正常的野蠻人法律，只承認宗族所有權，宗族負一切責任。

而另一方是文明人的法律，按照私有財產法，只有造成破壞的牛的主人有責任，並且對此適用的法律是所有的牛都可以隨處放養，想保護自己領地的業主必須圍建具有保護作用的籬笆。至於印地安人的自力救濟法則，在此得不到法律上的承認，他們沒有這種合法的救濟方法。因此必須在法庭上向那些有責任的個人提起訴訟，但印地安人根本不可能勝訴。與此同時，人們對印地安人「大水牛」的行爲會毫不同情地指控：卑鄙地偷盜與牽引，並趕走這頭與那頭牛，這人和那人的財產，擾亂了秩序，有失人格尊嚴等等。

很顯然，印地安人按照他們自己的法律觀念做出完全合乎誠信的舉動，只可惜他們的法律觀念早就落後幾個世紀；但同時在這種情況下也不可能說，按照法律的觀點就有權對他冠以竊盜罪的罪名。法庭所能做的一切只能是對英勇的「大水牛」發出警告，這些話還不能用印地安語翻譯給他聽，然後就把他送回家了。

巴比倫法

法律就是從這些印地安人以及部落和宗族的法律觀念，以及最後的家庭財產概念，開始發展。巴比倫人邁出的第一步是使社會普遍擁有可觀的財富，用金、銀和銅作爲貨幣帶來大量製造業和商業的利潤，以及最重要的成文法的誕生。這部成文法只是把一些重要的慣例以法律的形式記錄成文字，但未被收錄的更多，與其他體系一樣，不成文的法規總是也必然是多於成文法。這部成文法是由神交給國王的神授法，沒有任何對它進行變更的方法。這些巴比倫人中開始有人把語言用於書寫書面文件，立即成爲確立法律上的責任義務的主要方式。他們合意寫入文件的所有條款均具有約束力，它不得被攻擊或改動。不聽取有違書面文件的證據。爲使用成本低廉的書寫材料，幾乎所有的協議都可使用黏土作的文件。

此一法律體系保留所有留傳下來的野蠻人的原始規則。但是存在裁定爭議的法庭，如果人們想打官司的話，絕大部分文件都規定將爭議提交法庭裁決，並形成早期的上訴法院，以糾正初級法院的誤判。但是還沒有發展到把立法和司法權確定爲獨立於國王行使的一般權力之外的觀念。這種偉大的巴比倫文明被亞述人的入侵和征服破壞了，法律的故事由猶太人繼續撰寫。

猶太法

他們在有成文法之前也擁有悠久的原始法歷史，希伯來法經歷漸進的演變。它的歷史被經常發生的入侵和征服打斷。它曾經有過短暫的輝煌時期，後來的紛爭使國家分裂，長期處於征戰狀態。這個種族給法律帶來理性的、合乎道德規範的行爲信條，在個人對其行爲所抱有的責任感中注入宗教的因素，最終取得的成果是在法律中確立個人責任。猶太人遍及埃及和東方的各大城市，他們與古希臘文明的密切來往將巴比倫人的商業法引入猶太法，並把猶太法的教義引入古希臘的思想。

希臘法

與此同時，希臘人先在小亞細亞兩岸的愛奧尼亞，後來在雅典，把政府的一切權力來自於人民此一精闢的分析引入法律，奠定區分政府的各種權力的法律基礎。不過語句還很粗略，還不成熟。在私法領域中，希臘人幾乎爲文明的法律奠定一切必需的制度，包括對法律上的責任和義務的規定。漸漸地，幾乎所有從原始法中繼承的法規都被淘汰。國家必須爲人民伸張正義，必須爲此一目的提供法院的原則已完全確立，但希臘人最缺乏的是建立高於市民大會，有法定資格的司法審判法庭或立法機構。還不存在單獨致力於法律的專業。希臘始終沒有超越城邦國家的形式，直到羅馬的統治時強制帶來的和平，其間漫長的希臘歷史就是各城邦國家之間不斷地互相猜忌，互相征戰。

羅馬法

最終，羅馬帝國將那些古老的原始法則逐漸淘汰，並發展有法定資格的管轄法院。它對整個文明世界的征服使羅馬成爲國際事務以及財富和商業的中心。歷史上第一次有了從事法律工作的專業，這一專業首先引進的是獲得法律知識的法學方法，法律專業永遠離不開這些知識；其次是兼容並蓄的方法，將臣服於羅馬帝國的所有國家的法律制度匯總於羅馬法的體系內。羅馬法吸收原先的巴比倫、希伯來法及希臘法的精華，並由查士丁尼編纂爲法典的形式。

英國法

與此同時，日爾曼的野蠻人破壞了所有的政府制度，文明世界陷於封建制度的混亂無序之中，在這種制度下誕生現代的國家。封建制度使不動產成爲不可轉讓的，並實際上破壞一切商業。英國作爲現代國家之一，由於統治階級的諾曼人具有法律的傳統而成爲現代法律的發源地之一。他們希望使政府的自由權與法律的正常執行之間有可能達成和解。這個被稱爲英格蘭的民族就是歷史上的古伊比利亞人。他們在歷史上從事農耕和冶煉。整個西歐的伊比利亞人都遭受文明程度低得多的塞爾特人的入侵和征服。融合後的種族在羅馬人佔領時幾乎已經恢復到伊比利亞人原先的高度文明程度。羅馬人用已經完善的羅馬法又帶來更高的文明。這種文明很快地被吸收，但這個民族再一次遭受比野蠻人稍強的侵略者的征服。在此後五百年的時間裡，這個民族恢復一些古老的文化，但其他野蠻人的入侵使文明的萌芽與發展遭到抑制和扼殺。最後諾曼人終於來到這塊土地，這是當時歐洲的勢力最強大的種族，他們不是來破壞，而是來挽救的，他們的法律體系具有與羅馬帝國和羅馬法的締造者們同樣的天賦。

幾乎是緊隨其後，政府的個別權力開始發展。諾曼第國王掌握強有力的行政權和有效的立法權。法院被授予裁決公民間私人關係的法定資格。從維護治安的教條中進一步演繹出犯罪就是破壞公共秩序，應受到公共權威的懲罰的理論。最後在內戰的危急關頭，歷史上第一次形成英國的議會代表制，由上下兩院組成，英王國的各個地區都有代表席位。

處境困難的國王被迫同意發布《大憲章》使行政權受到法律的約束。議會獲得立法權，並確立只有在全國代表的一致同意下才可以徵稅的原則。同時行政權仍作爲立法權的一個組成部分。不過諾曼第政府體制中最完美的應當是陪審團制，它使得公民成爲法庭的組成部分，參與對一般公民權利的裁決。這種陪審團制在形成公民的參政意識上發揮不可估量的作用。大法官法庭作爲對陪審團的補充，以彌補陪審團制的侷限。幾個世紀以來，英國始終保持著這種司法、行政和立法權的形式。

陪審團最初的功能是作爲見證人，見證人對壓在其身上的沉重負擔感到不勝負荷。國家不打算在任何情況下放棄陪審團制，對其明顯的缺陷唯一的補救辦法是改良它的明顯缺失。幾百年的時間裡，陪審團的概念發生了變化。它的十二名成員組成審判機構，在法庭上聽取證詞，再依據證據作出裁決。經驗證明，必須制定一套規則限制證據，只能使用那些可以被適當考慮的證據，於是產生證據法。

英國人堅持採用陪審團制和普通法是明智之舉，普通法的命運和陪審團制息息相關。英國與其他的歐洲國家一樣，經歷王室想要獨攬立法和司法權的時期。在那場權力之爭中，普通法的制度和陪審團制使英國沒有形成專制政體，而法國是經歷流血的法國革命才從專制中解脫。英國人爭取自由的鬥爭不斷取得勝利，雖然也常常失去自由。那些政府的禁令以及美國憲法中記載的法律的經驗充實法律的故事。

美國法

隨著時間的推移，英國人的思想傳播到蠻夷之地。現在全世界的歷史發展都倒轉過來。野蠻人再也不能征服文明之地，而文明人開始扮演征服者的角色，對過去野蠻人的襲擊報以文明人的殘酷和壓制。英國人來到北美洲的海岸，建立美國殖民地。殖民地開拓者們受到皇家特許狀的保護，並把他們長期爲自由而戰的勝利果實所有的權利、法律和傳統作爲英國人的遺產帶到美國。殖民地與英國議會間的鬥爭開始了，在鬥爭中，「權力來自於人民」這一古老的希臘和羅馬法的信條再度成爲人們的口號。新改寫的法律是，政府的特許狀中規定的權利是不可侵犯的，盟約對統治者與臣民都有約束力。我們的自由憲章就是建立在這些觀念以及人民是掌握一切權力的社群的概念，我們將它稱爲憲法。憲法確立司法權的地位，以及最高法對政府所有的部門，以及政府中從最高到最低級別的所有官員的約束力。憲法還收錄各個時代的思想智慧的結晶，這使政府三權分立的結構成爲可能：立法、行政與司法權由各自獨立分開的部門掌握。我們又以前所未有的速度，從野蠻人手中奪取原有殖民地以西的大片土地。我們繼續不斷擴展領土，直到憲法通過時還是孩子的那一代人，活著看到共和國的旗幟「在西海岸上空飄揚」。

當我們回顧英國的法律史時，就會清楚地發現，法律發展的不同階段對那段擴張的歷史都是必不可少的，我們的憲法體現這段歷史的結果。它沒有用長篇大論定義對政府的禁律，但每一個簡短的句子都代表人類經過幾百年才確立的經驗。這些經驗決定哪些政府的原則需要保護以不受大眾、或立法或行政權的侵害。最重要的是，限制這種權力的唯一可行的辦法是，由獨立的司法機構執行不可更改的最高法所頒布的禁律。

這種遠見卓識是正確的。在一七八七到一八六〇年間，美國的政府制度在司法權力的保護下得到鞏固和加強，直到後來，國家的整體權力，整個共和國的民團，在許多血腥的場合以鬥爭解決這兩個問題：第一，當人民強加給自己的憲法製造出不可摧毀的聯盟時，憲法是否具有約束力？第二，羅馬人的烏托邦的古老信條，認爲根據自然和上帝的法則，人生來都是平等的，會不會僅僅是一部分人的理想，而是全體公民不可剝奪的權利呢？這些問題在我們的獨立紀念日上永遠地解決了，那一天，「蓋沓堡不可摧毀的聯盟」發出的槍聲回響在敵人投降的維克斯堡。最終證明法律的統治已成爲事實。之後，其他聯邦國家使我們相信，我們對政府體制進行的試驗已經成功。我們可以抱持這樣的信念，在未來的年代裡，美國最高法院對憲法問題所作的決定或許會經常在澳大利亞和加拿大的高等法院中得到闡述。

約翰・馬歇爾大法官

這時，出現一位像帕比尼安那樣有威信的法學家。華盛頓的國會大廈前豎立著一尊約翰・馬歇爾（John Marshall）的塑像，這是美國法院爲他塑立的。即使是最冷漠、最缺乏想像力的律師不會在他面前走過，而不感到崇敬之情油然而升，因爲安詳地坐在那兒，陷入敏銳的沉思中的是美國憲法最主要的奠基者，是他使政府有可能造福大眾。他除了是偉大的法官和律師，更偉大之處在於他的人格，甚至他的心靈最深處也是白璧無暇，一塵不染。他的善良和友好使他深受人民的愛戴。他與所有具有這些品格的人一樣，極富同情心。

當韋伯斯特在達特茅斯海軍學院發表完演說時，場面一定是非常壯觀。這位偉大的演說家在結尾時增添動人的感情色彩，沒有這段點睛妙語，整篇演講將是死氣沉沉，枯燥無物的，這位律師很有感召力。他那碩大的頭顱，黝黑的面孔，炯炯有神的眼睛，就連最悲觀的卡里勒（carlyle）在描述這位大力神時眼中都出現亮光。韋伯斯特在作完論辯之後開始進入總結發言，他的聲音低沉了下來，就好像他只面對馬歇爾一個人講話一般。大法官那輪廓分明的臉上沒有任何表情的變化，當韋伯斯特用辛酸的語調克制著感情對母校說：「這是一所小學校，但是有人愛著它。」他停頓了一下，聲音有些硬咽，那由於經年的思考而堆滿了皺紋的臉上神色嚴峻，雙眼中湧滿了淚水。然後，韋伯斯特提高嗓門，做了情彩的結束語。當時的場面告訴我們，人情是最偉大的。

法庭中既要保留像馬歇爾這樣的偉人的傳統，更要把他當作是正義的化身，他不僅有淵博的法律知識，還有政治家的遠見卓識，那就是對未來理想的追求和夢想。

法律的堅持

法律的命運掌握在法律專業，從它的階級中，產生了法官。對於律師可以說出很多不中聽的話，而且都是眞的。我們可以回到羅馬法的輝煌時期，讀一讀小普林尼對他那個年代律師界的譴責之詞。不過當時律師界正在構建的法律體制現在還統治著世界。法律本身也一樣，在歷史上的任何一個時期，我們都可以看到它離完善有多遠。在羅馬共和國的興盛時期，誰也躲不掉蠱惑民心的政客或煽動者的攻擊，公正名存實亡，在選舉中行賄舞弊猖狂一時。在安東尼執政時，文明世界一派和平的盛世景象，當人們富裕滿足，當私法保證每位公民都得到平等公正的對待時，公法卻使帝國成爲專制政體，當昏君當政時，任何舉足輕重的人都無法指望生活有何安全保障，除非他作個讒媚的小人或是當奴隸。創建共和國時高漲的愛國主義熱情現在已經消逝，任何一位有思想的人都寧願回到過去，儘管有種種災禍和不幸，但羅馬是自由的。整個中世紀時期，人們生活在絕望的茫茫黑夜之中。法律、安全、對生活或死亡的希望似乎都離人們而去。偉大的教皇格列高利七世在臨終時總結了這個時代：「我曾熱愛正義，痛恨邪惡，因此死於流放。」英國法發展到了十五世紀時，陪審團制解體，生活中的一切均得不到保障，法律似乎是對正義的踐踏，大家對未來都失去希望。後續的時期，野蠻的不寬容使公民完全失去言論自由的權利，僅僅爲了信仰的問題就可以把人綁在火刑柱上活活燒死。想像一我們的獨立戰爭之後，當殖民地在故意自毀時，我們的前途是多麼暗淡。在私法領域，監獄的狀況，以及因負債而被監禁的制度給人類造成難以言喻的痛苦。在內戰爆發前的十年，我們的合眾國看起來氣數將盡。

不過，當我們回顧近一千年來法律的歷史，會看到不論公法還是私法都是隱定地向前發展。我們可以頌揚那些美好的舊時光，但有誰願意回到那個時代呢？我們所看到的法律上的污點都是人類自己用手塗上的，這些手也可以將那些污點抹去。有兩件事我們可以公正地指控：刑法執行的無能和市政府的腐敗，這些都喚起公眾的情感。多如牛毛的法律以及各州間法律的差異逐漸獲得修正，目前全國的公正律師正致力於精簡法律體系，簡化法律的艱巨任務。人類在地球上第一次可以像現在這樣，不僅可以環顧自己的大地，還可以放眼整個文明世界，並且對法律的未來充滿信心。這種情況主要歸功於法治，它的功勞超越所有其他人類活動。

法律的故事告訴我們，變革要慢慢地、循序漸進地發生，如果我們突然開始亂砍我們年老的母親，只會產生邪惡。爲了某種想像的利益，我們應該攪亂標示時代進步的重要事件是不眞實的。個人的願望，某個人的理論對於法律只會產生些微的影響，或根本產生不了任何影響，因爲法律必須代表我們大家的願望與要求。它必須仍然保留著幾百年前的標準，普通有理性的人仍會遵循祖先的習俗和傳統，更主要的是他們會努力改造世界，使其造福於後代。法律最偏愛的孩子就是普通有理性的人。它還必須忠於那些已被證實的原則，因爲它肩負的是人道主義的重擔。我們絕不能把人類犯下的許多錯誤歸罪於它。它給了我們法則，讓我們公正、合理地引用它，當我們沒有做到時，非但不進行自我反省，卻反而指責它，但它始終緘默不語。

是的，我們責難她，而她，
疲倦的泰坦，雙耳已失聰，
眼睛因過度勞累而模糊，
她既不向右，也不向左，
只默默地走過去，
肩上背負著巨大的，
亞特拉斯的，近乎不可承受的重擔，
向著她命運的無邊軌道。

人與法律03

《丹諾自傳》

The Story of My Life

克萊倫斯．丹諾（Clarence Darrow）著

簡貞貞 譯　定價 249 元

丹諾是美國著名的律師，一生爲無助的窮人辯護，他的名言是：「一個人在未定罪前，都是無辜的。」在《丹諾自傳》裡，丹諾回憶他在五十多年的時間裡，爲公司、勞工以及刑事案件擔任辯護律師，處理過許多膾炙人口的案件，包括煤礦罷工事件、揭發礦場僱用童工的不人道情況、里歐波與路伯的芝加哥慘案、有名的進化論法庭辯論等等，從反對死刑的主張、爭取公民權利，以及對於司法體制的批判，勾勒出傳奇人物的一生。丹諾所關心的不只是人道主義的司法體系，他在哲學、犯罪學、勞工經濟、政治、宗教上的啓蒙貢獻，對於現在的我們正如暮鼓晨鐘一般。

本書特別根據原文重新翻譯，出版更爲信實的中文全譯本，以饗讀者大衆。

人與法律05

《辯方證人》

Witness for the Defense

伊莉莎白．羅芙托斯（Elizabeth Loftus）& 凱撒琳．柯茜（Katherine Ketcham）著

林淑貞 譯　定價 300 元

伯納多．皮加諾，一位羅馬天主教的神父，曾經被七位目擊證人宣誓指認，就是連續持械搶劫的凶手，但後來檢方撤回控訴，因爲眞凶克勞舍出面坦承犯罪。克勞舍說，他沒有早點出面，是因他原本以爲皮加諾神父不會有事。

本書取材自羅芙托斯以專家證人身份參與審判的八個眞實案例，藉由現實生活中的法庭劇，闡明心理學，尤其是有關記憶、心理學的研究心得。故事內容是根據實際個案的審判筆錄、警方報告、新聞報導等書面紀錄，並且與證人、被告、檢方、辯護律師、陪審員等訪談後所寫成。刑事審判，往往牽涉到被告的生與死、自由或監禁，被告有罪、無罪的關鍵則往往繫於證人，尤其是目擊證人的證詞。證人的證詞可信嗎？這幾乎是許多刑事審判的核心問題。但是，在心理學深入研究以前，我們對於證人的認知與記憶程序，卻可以說是一無所知。在本書中，羅芙托斯充分流露出她悲天憫人的人道理想，筆鋒常帶感情，在每個案例中，讀者都可以感受到她對無辜者的關懷、對司法正義的失望、對沉冤待雪的焦躁、對於眞相的懷疑，以及案情峰迴路轉的期待。這本書不只是專業的法庭科學報告，也是一本人道關懷的好書。

人與法律07

《毀約：哈佛法學院回憶錄》

Broken Contract：*A Memoir of Harvard Law School*

李察．卡倫伯格（Richard D. Kahlenberg）著

林婷、李玉琴 譯　定價 280 元

名劇作家約翰．葛里森說：「本書不只是回憶錄，它殘酷又誠實地描寫法學院如何把理想主義轉化爲貪婪，這是一本美國法律教育的起訴書。」

卡倫伯格是哈佛法學院一九八九年班的學生，他入學時即已決定要寫一本忠實記錄哈佛法學院的點滴。本書是所有法律人不可不讀的書，作者以說故事的方式，敘述一個哈佛法學院的成長經歷，如何從滿懷淑世理想的學生，在法學院的教育下，逐漸懷疑法律人的社會責任，而向現實金權靠攏，迷失自己，最後又重拾這些夢想。作者誠實地向讀者告解他心中的疑惑，也嚴肅地批判了現代法律教育的盲點和弊病。

人與法律13

《法律的概念》

The Concept of Law

哈特（ H.L.A. Hart）著

許家馨、李冠宜 譯　定價 380 元

毫無疑問地，《法律的概念》是二十世紀法理學經典，它對法理學及法哲學領域的貢獻是無與倫比的。從一九六一年推出以來，本書以它優美的文筆和清晰的論證，已經激發無數學生去思考與法律相關的種種問題，諸如：「什麼是法律？」、法律作爲一種規範體系的要件，以及法律、道德與正義的區別。《法律的概念》對於那些主要興趣不在法律，而是道德、政治哲學或社會學的人士也有所助益，因爲它關心的是法律思想的一般性框架，而非法律政策的評論。

本書是學習法理學與法律哲學不可或缺的經典，且已經被翻譯成許多不同語言的版本。此譯本所根據的是《法律的概念》第二版，在這個期盼已久的新版裡，哈特重新檢視他的法哲學基礎，並針對著名學者德沃京（Dworkin）等人的評論予以回應。哈特與德沃京之間長達二十年的辯論，主題從司法裁量的問題開始，延伸到法理論、倫理學和政治哲學的問題。這本發人深省的新版，勢必又將重新展開一場精采的辯論，再度成爲舉世爭議與評論的焦點，並且深受對法理學及法哲學有興趣的人之喜愛。

人與法律28

法律與文學

Law and Literature

理察．波斯納（Richard A. Posner）著

楊惠君 譯　定價 450 元

有越來越多的法律學者借用文學的方法和見解——甚至堅持法律教育必須涵蓋文學涵養所培育出來的倫理省思——來豐富他們專業上的研究，而《文學世界中的法律》一書正是這個「法律與文學運動」最重要的作品。波斯納法官藉著淵博的學識和豐富的法律經驗，擺脫法律和文學行話，以敏銳的眼光、練達的判斷力、和深入淺出的筆調，描寫這個法律與文學交集的領域。法律和文學因爲彼此社會功能的不同而產生基本差異。但這兩個領域的重要文本同樣都充滿無法釐清的曖昧和無所不在的主觀意識。本書同時也探討了這兩個領域如何相互啓發，而且擴大了研究的範圍，納入多項新主題，例如探討法律的通俗小說、法律人的文學教育、法律敘事運動、以及法官傳記。作者主張，我們可以藉著一些文學作品對法理學做深入的了解；事實上，經過精心選擇的一套探討法律的文學作品，幾乎可以替代法理學的論證著作。

人與法律42

《犯罪現場》

Henry Lee's Crime Scene Handbook

李昌鈺、提姆西．龐巴（Timothy Palmbach）、瑪琍琳．米勒（Marilyn Miller）著

李俊億 譯　定價 380 元

犯罪現場的勘驗只有一次機會，唯有正確處理犯罪現場，才能發揮鑑識科學的技術，正義也才得以伸張！

儘管有無數的舊案可以學習與改進，但我們還是不斷地看到許多未破的重大刑案，因犯罪現場勘查的疏失而未能進入司法程序。事實上，在美國及其他國家這種案件比比皆是。本書雖未按部就班地提供勘查人員處理每一個特定犯罪現場，但是卻提出許多通則與完整的步驟去規劃現場勘查，正如第七章描述邏輯樹的概念，對某些犯罪類型可能鑑別出共同的特徵與重點。本書的目的是希望看到因犯罪現場處理疏失致使犯罪審理或調查陷入膠著的現象不再發生。作者以犯罪現場勘查的實務經驗，幫助勘查人員在歷史的教訓中學習，並避免在犯罪現場勘查上犯相同的錯誤。

人與法律46

美國法導論

American Law : an introduction

勞倫斯．傅利曼（Lawrence M. Friedman）著

楊佳陵 譯　定價 420 元

本書是以美國法律制度作爲一個運轉的制度爲主題。但是，到底什麼是法律制度？法律制度從何而來？它是由什麼所組成？它從哪裡開始，又將在哪裡結束？即使是針對特定的法律制度，這些問題也不會有簡單的答案。本書是對美國法的導論，把焦點放在美國上，提供平易近人的美國法律體系介紹。書中充滿有趣的軼聞與詳細的歷史資料，把令人目眩的複雜美國法律變得能輕鬆理解。

人與法律51

法律的邏輯

Logic for Lawyers: A Guide to Clear Legal Thinking

魯格羅．亞狄瑟（Ruggero J. Aldisert）著

唐欣偉 譯　定價 300 元

從法律系的學生到法庭訴訟裡的每個角色，累積了許多訴訟的經驗，卻始終說不上來進行「莫測高深」的「法律推理」的依據是什麼。法學作品汗牛充棟，卻少了「法律理則學」這樣的專題，不是很奇怪嗎？在法學教育裡，學法律的不懂邏輯，教邏輯的不懂法律，這又是什麼怪異的場面？美國第三巡迴上訴法院院長魯格羅．亞狄瑟，終於把這個缺了一塊的拼圖給塡上了。

這本書不是一般的「邏輯概論」，大法官只就在法律推理要面對的邏輯問題，從實際的判例去說明什麼是「有瑕疵的推論」。

許多人不重視推理的邏輯，認爲邏輯處理的是形式而不是發現眞相，卻不知道形式邏輯的訓練是從事實得到判斷的過程非常重要的環節。訴訟經驗的累積使法律人「直覺式」的判斷哪些推論有誤，卻都只是「知其然不知其所以然」，法律系學生不可不讀這本書，在法庭攻防廝殺的律師和檢察官們不可不讀這本書，聽審且作出判決的法官，那更不可不讀了。

人與法律54

犯罪心理剖繪檔案

Profile of a Criminal Mind

布萊恩·隱內（Brian Innes）著

吳懿婷 譯　定價 360 元

《犯罪心理剖繪》是一本廣泛研究犯罪剖繪的書籍。作者從最早於十九世紀提出這個理論的凱薩·倫柏羅索（Cesare Lombroso）和雅柏特·貝第永（Albert Bertillon）醫師開始，檢驗犯罪學家如美國聯邦調查局行爲科學學會（the FBI's Behavioral Science Unit）的羅伯特·雷斯勒（Robert Ressler）、英國的大衛·康特（David Canter）及保羅·布立頓（Paul Britton）的理論，然後再處理晚近筆跡分析與「犯罪地域目標鎖定法」（CGT）電腦系統的發展。本書以既吸引人又具權威的方式檢驗部分二十世紀的重大案件。

人與法律61

逃避人性

Hiding from Humanity

瑪莎·納思邦（Martha C. Nussbaum）著

方佳俊 譯　定價 500元

探討法律、人性及社會的重量級著作！

有關性與色情的法律，是否應該基於「何謂令人噁心」的社會風俗習慣？是否重罪犯應該被要求在汽車保險桿上貼上標籤或穿著T恤來昭示他們的罪行？美國最具影響力的哲學家瑪莎·克雷文·納思邦，在這本震撼人心又精闢的書中，以批判的角度去探討在個人與社會生活中，以及特別是在法律中，羞恥與噁心所扮演的角色。

人與法律62

審判的歷史

The Trial

薩達卡特．卡德里（Sadakat Kadri）著

吳懿婷 譯　定價 460 元

橫跨神話世紀、黑暗時代到理性現代的法庭劇場！

從原被告在公開場合彼此對峙，刑事審判便一直蓬勃發展。在這本驚人又幽默的書中，薩達卡特．卡德里檢視了人類近四千年的法庭劇，包含了北歐神話、雅典的大理石法庭，到宗教裁判所的嚴刑拷問、女巫審判，再到一九三〇年代的莫斯科審判秀、《愛麗絲夢遊仙境》以及二十一世紀的好萊塢。審判當中正義與復仇、祕密審判與公開聽審、迷信與理性、眞實與虛妄的張力又應如何看待？在這個以「無限反恐」及「民意」爲名侵蝕法律保障的時代裡，他對審判的歷史解釋來得正是時候。

人與法律63

律師不會告訴你的事

張冀明 著　定價 300 元

80%的律師經驗不足，官司勝負掌握在你手上！

書以作者張冀明律師的親身經歷爲本，傳達出當事人與律師在面對法律訴訟時，應該抱持的態度、應做的基本功課、必須熟悉的遊戲規則，以及可以靈活操作的技巧與空間，乃至於如何與法官、檢察官、對造以及媒體溝通。作者以自身學習法律的經驗，加上實戰歷程中的轉變與體悟，歸納出二十五條訴訟心法，不論是當事人或執業律師，應用這些心法將是打贏官司的不二法門。

人與法律64

訴訟技巧

Trial Techniques

湯瑪斯・摩伊特（Thomas A. Mauet）著

蔡秋明、方佳俊 譯　定價 600 元

在《訴訟技巧》一書中，摩伊特教授開宗明義告訴讀者，要成爲一位優秀的訴訟律師，必須具備兩種能力：一、分析和準備訴訟案件的方法；二、成功的說服技巧。兩者的結合就是有效的訴訟詰辯術。這不只是技巧，更是一種藝術；只有在技巧掌握純熟之後，才有可能達到藝術的境界。

本書共十二章（第十二章爲最新增訂內容），除了關於物證、專家證人和辯論的標準技巧外，亦對說服心理學以及行爲科學作了一番概略的陳述。尤其對於近年來引進台灣的交互詰問（第五章主詰問、第七章反詰問），書中均有完整而詳細的說明。

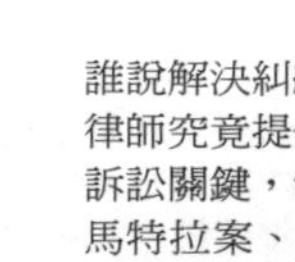

人與法律66

律師不會告訴你的事2：訴訟糾紛全攻略

張冀明 著　定價 300 元

誰說解決糾紛一定要打官司？打官司一定得請律師？

律師究竟提供哪些服務？該如何從律師那裡得到幫助？

訴訟關鍵，當事人的認知與作爲，比律師的角色更重要！

馬特拉案、威盛案、四汴頭案等衆所周知的官司背後，運籌帷幄的重要操盤手，再度現身說法。本書將再度揭開律師不會告訴你的重要內幕與技巧。

很多糾紛其實並不需要走到訴訟的地步，因爲訴訟涉及風險管理、時間與金錢成本，而這些事情是一般律師在接案前不會分析給你聽的。一旦眞的步入訴訟，我們該如何找對律師？如何判斷律師是否適任？怎麼跟律師溝通？對律師要抱持什麼樣的期待？律師在每個訴訟階段可以提供哪些幫助？這些都將在本書中一一揭露，並提供實用指引。

人與法律67

法官如何思考

How Judges Think

理察·波斯納（Richard A. Posner）著

李忠謙 譯　定價 650 元

美國著名法學家波斯納法官，深入分析法官在審理訴訟時的思考。

波斯納認爲，當傳統的法律材料足以讓法官發現事實並引用既有法條時，他們會直接那麼作，那是法律推理的部分。但是在沒有判例可循的案件裡，傳統的方法不夠用了，法官就得靠自己，以經驗、情緒、潛意識的道德觀，在茫茫大海裡領航。在這個情況下，他們已經是立法者的角色了，儘管有內在和外在的限制，例如執業倫理、相關同事的意見、上級法院的審查，以及行政部門的干預。在扮演立法者的角色時，不免會有政治傾向，就此而言，大部分的美國法官都是實用主義者，總是向前看且以政策爲考量，顧及判決結果的短期和長期的影響。

人與法律68

律師不會告訴你的事3：你最好要知道的司法真相

張冀明 著　定價 280 元

司法是一隻變形蟲，法條的解釋會變，
檢調人員的執法方式會變，法官的審判風格也會變。
在你決定打官司以前，如果不知道司法眞相，就免不了要經歷一場司法夢魘

這是一位執業二十五年的律師最眞心的告白：當你不幸遇到糾紛，訴訟是解決問題的最後也最不好的選項，因爲如果操作不當，它會帶來最悲慘的結果。

本書首度針對司法內幕與法院生態做獨家的揭露。我們的司法環境是由一群通過國家考試的人組成，包括法官、檢察官及律師等等，目的是爲了實現司法正義。然而，根據作者親身的實戰經驗及體悟，這群司法人員的心偶爾會受到「魔鬼」的引誘或攻擊，使司法成爲隨時可能改變的「變形蟲」，讓人難以掌握。

本書亦對司法的食物鏈做了一番剖析，告訴你法官有哪些類型、檢察官有多少能耐、律師是不是眞的可靠，協助你在瞭解司法眞相的情況下，做出最好的訴訟策略。

國家圖書館出版品預行編目資料

法律的故事 / 約翰・麥克西・贊恩（John Maxcy Zane）著；劉昕、胡凝 譯. --
二版. --臺北市：商周出版：家庭傳媒城邦分公司發行；2012.01
面：　公分.--（人與法律：8）
譯自：The Story of Law
ISBN 978-986-272-105-6（平裝）

1. 法律　2. 歷史

580.9　　100027665

人與法律 8

法律的故事

原著書名／The Story of Law
作　　者／約翰・麥克西・贊恩（John Maxcy Zane）
譯　　者／劉昕、胡凝
責任編輯／陳玳妮
版　　權／林心紅

行銷業務／朱書霈、蘇魯屛
總 編 輯／楊如玉
總 經 理／彭之琬
法律顧問／台英國際商務法律事務所　羅明通律師
出　　版／商周出版
城邦文化事業股份有限公司
電話：(02) 2500-7008 傳真：(02) 2500-7759
台北市中山區民生東路二段141號4樓
E-mail：bwp.service@cite.com.tw
發　　行／英屬蓋曼群島商家庭傳媒股份有限公司城邦分公司
台北市中山區民生東路二段141號4樓
書虫客服服務專線：02-25007718・02-25007719
24小時傳真服務：02-25001990・02-25001991
服務時間：週一至週五09:30-12:00・13:30-17:00
郵撥帳號：19863813　戶名：書虫股份有限公司
讀者服務信箱E-mail：service@readingclub.com.tw
歡迎光臨城邦讀書花園 網址：www.cite.com.tw

香港發行所／城邦（香港）出版集團有限公司
香港灣仔軒尼詩道235號3樓 Email：hkcite@biznetvigator.com
電話：(852) 25086231　傳真：(852) 25789337
馬新發行所／城邦（馬新）出版集團 Cite (M) Sdn. Bhd. (458372 U)
11, Jalan 30D/146, Desa Tasik, Sungai Besi,57000
Kuala Lumpur, Malaysia.
電話：(603)9056 3833　傳真：(603) 9056 2833

封面設計／李東記
排　　版／極翔企業有限公司
印　　刷／韋懋印刷事業有限公司
總 經 銷／聯合發行股份有限公司
電話：(02) 29178022　傳真：(02) 29156275

■1999年12月1日初版
2012年1月31日二版
printed in Taiwan
定價／350元

請於此處用膠水黏貼

商周出版

讀者回函卡

謝謝您購買我們出版的書籍！請費心填寫此回函卡，我們將不定期寄上城邦集團最新的出版訊息。

姓名：________________

性別：□男　□女

生日：西元________年________月________日

地址：________________

聯絡電話：________________　傳真：________________

E-mail：________________

職業：□1.學生 □2.軍公教 □3.服務 □4.金融 □5.製造 □6.資訊
□7.傳播 □8.自由業 □9.農漁牧 □10.家管 □11.退休
□12.其他________________

您從何種方式得知本書消息？

□1.書店□2.網路□3.報紙□4.雜誌□5.廣播 □6.電視 □7.親友推薦
□8.其他________________

您通常以何種方式購書？

□1.書店□2.網路□3.傳真訂購□4.郵局劃撥 □5.其他________

您喜歡閱讀哪些類別的書籍？

□1.財經商業□2.自然科學 □3.歷史□4.法律□5.文學□6.休閒旅遊
□7.小說□8.人物傳記□9.生活、勵志□10.其他________

對我們的建議：

____

____

____

____

請於此處用膠水黏貼